Susanne Hierl | Steffen Huber

Rechtsformen und Rechtsformwahl

Susanne Hierl | Steffen Huber

Rechtsformen und Rechtsformwahl

Recht, Steuern, Beratung

GABLER

Bibliografische Information Der Deutschen Nationalbibliothek
Die Deutsche Nationalbibliothek verzeichnet diese Publikation in der
Deutschen Nationalbibliografie; detaillierte bibliografische Daten sind im Internet über
<http://dnb.d-nb.de> abrufbar.

1. Auflage 2008

Alle Rechte vorbehalten
© Betriebswirtschaftlicher Verlag Dr. Th. Gabler | GWV Fachverlage GmbH, Wiesbaden 2008

Lektorat: RA Andreas Funk

Der Gabler Verlag ist ein Unternehmen von Springer Science+Business Media.
www.gabler.de

Umschlaggestaltung: KünkelLopka Medienentwicklung, Heidelberg
Druck und buchbinderische Verarbeitung: Wilhelm & Adam, Heusenstamm
Gedruckt auf säurefreiem und chlorfrei gebleichtem Papier
Printed in Germany

ISBN 978-3-8349-0641-0

Vorwort

Die Gesichtspunkte, die bei der Gründung oder Umgestaltung eines Unternehmens eine Rolle spielen, sind zunächst die Wahl der richtigen Rechtsform und deren rechtliche Voraussetzungen. Die Wahl der Rechtsform stellt mit die Weichen für die künftige Entwicklung der Gesellschaft. Sie stellt eine wichtige Rahmenbedingung für das Betreiben des Unternehmens dar.

Für die Gründung eines Unternehmens stehen verschiedene Rechtsformen zur Verfügung, wobei jede ihre spezifischen Vor- und Nachteile hat. Die Frage nach der richtigen Rechtsform kann daher nicht pauschal beantwortet werden, sondern hat unter Berücksichtigung der individuellen Motive und Zielsetzungen eines jeden Unternehmers zu erfolgen.

Neben den steuerlichen Unterschieden, die immer eine wesentliche Rolle bei der Rechtsformwahl spielen, sind auch andere Punkte wie z.B. die Haftungsregelungen, die Organisation der Gesellschaft, die Mitbestimmung etc. von Bedeutung. Die Entscheidung für eine bestimmte Rechtsform ist also von einer Vielzahl von Faktoren abhängig.

Dieses Buch versucht, einen Überblick über die wichtigsten Rechtsformen und deren Ausgestaltungen in ihrem Lebenszyklus zu geben und soll dem geneigten Leser Entscheidungshilfe und zugleich Informationsquelle sein.

Danken möchten wir dem Gabler Verlag und insbesondere Herrn RA Funk, Teamleiter Lektorat, für die freundliche Unterstützung bei der Fertigstellung des Buches.

Nürnberg/Stuttgart, im März 2008   Susanne Hierl und Steffen Huber

Inhaltsübersicht

Abkürzungsverzeichnis

a.A.	anderer Ansicht
Abs.	Absatz
a.F.	alte Fassung
AktG	Aktiengesetz
AG	Aktiengesellschaft
Anh.	Anhang
AO	Abgabenordnung
AStG	Außensteuergesetz
Aufl.	Auflage
BauGB	Baugesetzbuch
BayObLGZ	Amtliche Sammlung des Bayerischen Obersten Landgerichts in Zivilsachen
BB	Betriebs-Berater (Zeitschrift)
BewG	Bewertungsgesetz
BFH	Bundesfinanzhof
BFHE	Sammlung der Entscheidungen des Bundesfinanzhofs
BGB	Bürgerliches Gesetzbuch
BGBl	Bundesgesetzblatt
BGHZ	Entscheidungen des Bundesgerichtshofs in Zivilsachen (Entscheidungssammlung)
BMF	Bundesministerium der Finanzen
BStBl	Bundessteuerblatt
BT-Drucksache	Drucksachen des Deutschen Bundestages
BVerwG	Bundesverwaltungsgericht
bzw.	beziehungsweise
DB	Der Betrieb (Zeitschrift)
DrittelbG	Drittelbeteiligungsgesetz
DRS	Deutscher Rechnungslegungsstandard
DStR	Deutsches Steuerrecht (Zeitschrift)
EStG	Einkommensteuergesetz
etc.	et cetera
f., ff.	folgende (Singular, Plural)
FamRZ	Zeitschrift für das gesamte Familienrecht
FGG	Gesetz über die Angelegenheiten der freiwilligen Gerichtsbarkeit

gem.	gemäß
GenG	Genossenschaftsgesetz
GewO	Gewerbeordnung
GewSt	Gewerbesteuer
GewStG	Gewerbesteuergesetz
GewStR	Gewerbesteuerrichtlinien
ggf.	gegebenenfalls
GmbH	Gesellschaft mit beschränkter Haftung
GmbHG	Gesetz betreffend die Gesellschaften mit beschränkter Haftung
GmbHG-E	Entwurf eines Gesetzes zur Modernisierung des GmbH-Rechts und zur Bekämpfung von Missbräuchen (MoMiG)
GmbHR	GmbH-Rundschau (Zeitschrift)
GuV	Gewinn- und Verlustrechnung
GWB	Gesetz gegen Wettbewerbsbeschränkungen
h. A.	herrschende Ansicht
HdB.	Handbuch
HGB	Handelsgesetzbuch
h.M.	herrschende Meinung
HS	Halbsatz
i.d.F.	in der Form
i.d.R.	in der Regel
IFRS	International Financial Reporting Standards
i.G.	in Gründung
i.H.d.	in Höhe des
i.R.d.	im Rahmen des
insbes.	insbesondere
InsO	Insolvenzordnung
InsO-E	Entwurf zur Insolvenzordnung (MoMiG)
i.S.d.	im Sinne des
i.S.v.	im Sinn von
i.V.m.	in Verbindung mit
KAGG	Gesetz über Kapitalanlagegesellschaften
KG	Kommanditgesellschaft
KSt	Körperschaftsteuer
KStG	Körperschaftsteuergesetz
KStR	Körperschaftsteuerrichtlinien
KWG	Kreditwesengesetz
LG	Landgericht

MitbestG	Gesetz über die Mitbestimmung
MontanMitbestErgG	Montan-Mitbestimmungsergänzungsgesetz
MontanMitbestG	Montan-Mitbestimmungsgesetz
m.w.N.	mit weiteren Nachweisen
n.F.	neue Fassung
NJW	Neue Juristische Wochenschrift (Zeitschrift)
NJW-RR	NJW-Rechtsprechungs-Report (Zeitschrift)
NWB	Neue Wirtschaftsbriefe für Steuer- und Wirtschaftsrecht (Zeitschrift)
NZG	Neue Zeitschrift für Gesellschaftsrecht
OHG	offene Handelsgesellschaft
OLG	Oberlandesgericht
PartGG	Gesetz über Partnerschaftsgesellschaften
PublG	Gesetz über die Rechnungslegung von bestimmten Unternehmen und Konzernen (Publizitätsgesetz)
Rn.	Randnummer
Rspr.	Rechtsprechung
s.	siehe
S.	Seite
SEStEG	Gesetz über steuerliche Begleitmaßnahmen zur Einführung der Europäischen Gesellschaft und zur Änderung weiterer steuerlicher Vorschriften
sog.	so genannt
s.u.	siehe unter
Solz	Solidaritätszuschlag
SolzG	Solidaritätszuschlaggesetz
StBerG	Steuerberatungsgesetz
u.a.	unter anderem
UG	Unternehmergesellschaft
UmwG	Umwandlungsgesetz
UmwStG	Umwandlungssteuergesetz
Urt.	Urteil
USt	Umsatzsteuer
UStG	Umsatzsteuergesetz
UStR	Umsatzsteuerrichtlinien
usw.	und so weiter
u.U.	unter Umständen

v.	vom, von
VAG	Versicherungsaufsichtsgesetz
vGA	verdeckte Gewinnausschüttung
vgl.	vergleiche
VVaG	Versicherungsverein auf Gegenseitigkeit
VZ	Veranlagungszeitraum
WGGDV	Verordnung zur Durchführung des Wohnungsgemeinnützigkeitsgesetzes
WIB	Wirtschaftliche Beratung (Zeitschrift)
WM	Wertpapier-Mitteilungen (Zeitschrift)
WpHG	Wertpapierhandelsgesetz
WpÜG	Wertpapierübernahmegesetz
z.B.	zum Beispiel
ZEV	Zeitschrift für Erbrecht und Vermögensnachfolge
Ziff.	Ziffer(n)
ZIP	Zeitschrift für Wirtschaftsrecht und Insolvenzpraxis
zvE	zu versteuerndes Einkommen

Literaturverzeichnis

Baumbach/Hopt, Handelsgesetzbuch, 32. Aufl. München, 2006

Baumbach/Hueck, GmbH-Gesetz, 18. Aufl. München, 2006 (zitiert: Baumbach/Hueck/Bearbeiter)

Ebenroth/Boujong/Joost/Strohn, Handelsgesetzbuch, Band 1, 2. Aufl. München, 2008 (zitiert: E/B/J/S/Bearbeiter)

Erman, Handkommentar zum Bürgerlichen Gesetzbuch, 11. Aufl. Köln, 2004 (zitiert: Erman/Bearbeiter)

Fehrenbacher/Tavakoli, Besteuerung der GmbH & Co. KG, 1. Aufl. Wiesbaden, 2007 (zitiert: Fehrenbacher/Tavakoli, Besteuerung der GmbH & Co. KG)

Fritting/Wlotzke/Wißmann, Mitbestimmungsgesetz, 2. Aufl. München, 1978

Hegemann/Querbach, Umwandlungsrecht, 1. Aufl. Wiesbaden, 2007 (zitiert: Hegemann/Querbach, UmwR)

Hachenburg, Gesetz betreffend die Gesellschaften mit beschränkter Haftung (GmbHG), Großkommentar, 8. Aufl. Berlin, 1992–1997 (zitiert: Hachenburg/Bearbeiter)

Hüffer, Aktiengesetz, 7. Aufl. München, 2006

Karsten Schmidt, Gesellschaftsrecht, 4. Aufl. Köln, München, 2002

Kölner Kommentar zum Aktiengesetz, 3. Aufl. Köln, Berlin, München, 2004 ff. (zitiert: Kölner Kommentar AktG/Bearbeiter)

Lutter/Hommelhoff, GmbH-Gesetz, 16. Aufl. Köln, 2004

Memento, Gesellschaftsrecht, 8. Aufl. Hamburg, 2007 (zitiert: Memento, GesR)

Münchener Handbuch des Gesellschaftsrechts, Bände 1 bis 4, 2. Aufl. München, 1999–2004 (zitiert: MünchHdb. GesR Band/Bearbeiter)

Münchener Kommentar, Bürgerliches Gesetzbuch, Band 5, 4. Aufl. München, 2004 (zitiert: MüKo BGB/Bearbeiter)

Münchener Kommentar zum Aktiengesetz, 2. Aufl. München, 2000 ff. (zitiert: MünchKomm AktG/Bearbeiter)

Palandt, Bürgerliches Gesetzbuch, 65. Aufl. München, 2006 (zitiert: Palandt/Bearbeiter)

Schlegelberger, Handelsgesetzbuch, 5. Aufl. München, 1973–1992 (zitiert: Schlegelberger/Bearbeiter)

Scholz, Kommentar zum GmbH-Gesetz, Band 1, 10. Aufl. Köln, 2006 f. (zitiert: Scholz/Bearbeiter)

Schüppen/Schaub, Münchener Anwalts Handbuch Aktienrecht, München, 2005 (zitiert: MünchAnwaltsHdB. AktR/Bearbeiter)

Soergel, Bürgerliches Gesetzbuch mit Einführungsgesetzen, 13. Aufl. Stuttgart, 2000 ff. (zitiert: Soergel/Bearbeiter)

Stache, Besteuerung der GmbH, 1. Aufl. Wiesbaden, 2007 (zitiert: Stache, Besteuerung der GmbH)

Staub, Großkommentar Handelsgesetzbuch, 4. Aufl. Berlin, 1983 ff. (zitiert: Großkommentar HGB/Bearbeiter)

Staudinger, Kommentar zum Bürgerlichen Gesetzbuch, 13. Aufl. Berlin, 2003 (zitiert: Staudinger/Bearbeiter)

Ulmer/Habersack/Heussler, Mitbestimmungsrecht, 2. Aufl. München, 2006 (zitiert: Ulmer/Habersack)

Westermann, Handbuch der Personengesellschaften, Köln, Stand August 2007 (zitiert: HdB. PersGesR I/Bearbeiter)

Aufsätze

Dr. Siegfried H. Elsing, Alles entschieden bei der Gesellschaft bürgerlichen Rechts? Die Rechtsprechung zwischen Mosaik- und Meilensteinen, BB 2003, S. 909 ff.

Robert Freitag, Markus Riemenschneider, Die Unternehmergesellschaft, „GmbH light" als Konkurrenz für die Limited?, ZIP 2007, 1485 ff.

Steffen Kögel, Der nach Art und Umfang in kaufmännischer Weise eingerichtete Geschäftsbetrieb – eine unbekannte Größe, DB 1998, S. 1802 ff.

Martina Ortmann-Babel, Lars Zipfel, Unternehmenssteuerreform 2008 Teil II: Besteuerung von Personengesellschaften insbesondere nach der Einführung der Thesaurierungsbegünstigung, BB 2007, 2205 ff.

Volker Schmidt, Die Gesellschafterhaftung bei der Gesellschaft bürgerlichen Rechts als gesetzliches Schuldverhältnis, NJW 2003, S. 1897 ff.

Dr. Michael Streck, Die Unternehmenssteuerreform 2008, NJW 44/2007, 3176 ff. Rechtsformwahl, NWB S. 3031 ff.

Unternehmenssteuerreform 2008, Sonderdruck „Gestaltende Steuerberatung"

§ 1 Gründung der Gesellschaften

A. GbR

I. Allgemeines

Die Gesellschaft bürgerlichen Rechts ist eine – zumindest als Aussengesellschaft – **(teil-)rechts-** **1** **fähige Personenvereinigung**. Sie ist ein vertraglicher Zusammenschluss (durch Abschluss eines Gesellschaftsvertrags oder auch nur konkludent) mehrerer Personen zur Förderung eines gemeinsamen Zwecks (§ 705 BGB). Dieser kann wirtschaftlicher oder ideeller Art sein, wobei es keine Rolle spielt, ob die Betätigung auf Dauer oder als Gelegenheitsgesellschaft zeitlich beschränkt ist. Diese Vielfalt der Zwecke ist auch – im Gegensatz zu den typischen Unternehmensformen der KG und OHG – ihre Stärke.

1. Erscheinungsformen der GbR

Die GbR hat eine Vielzahl von Erscheinungsformen, von welchen im Folgenden – nach der **2** Unterscheidung, ob eine Innen- oder eine Aussengesellschaft vorliegt – nur einige exemplarisch aufgegriffen werden sollen.

Abhängig davon, ob die Gesellschaft nach ihrem Zweck auf die Teilnahme am Rechtsverkehr gerichtet ist oder nicht, kann eine GbR **Aussen- oder Innengesellschaft** sein. Die Abgrenzung der beiden Erscheinungsformen ist für die Praxis sehr wichtig, weil sich die Rechtsprechung des BGH zur Rechts- und Parteifähigkeit der GbR nur auf die Aussengesellschaft bezieht. Die Unterscheidung kann jedoch im Einzelfall schwierig sein.

a) Innengesellschaft

Die BGB-Innengesellschaft bleibt auf die interne Vereinbarung beschränkt, nimmt als Gesell- **3** schaft nicht am Rechtsverkehr teil und kann daher auch keine die Gesellschaft treffenden Verbindlichkeiten begründen. Sie ist im Gegensatz zur Aussengesellschaft weder rechts- noch parteifähig.[1] **Rechtsbeziehungen** entstehen vielmehr nur **im Innenverhältnis** der Gesellschafter.

Auch für die Innengesellschaft ist ein Gesellschaftsvertrag (auch konkludent) notwendig, mit dem **4** sich die Gesellschafter zur Förderung eines gemeinsamen Zweckes verpflichten. Da es für den Vertrag, wie bei der Aussengesellschaft kein Formerfordernis gibt, ist im Einzelfall zu prüfen, ob die fraglichen Personen eine Gesellschaft bilden wollen, sie also Rechtsbildungswillen haben.

Die Innengesellschaft kann vielfältige Erscheinungsformen haben, von denen die praktisch wichtigsten nachfolgend herausgegriffen sind:

- Stille Beteiligung an einem nichtkaufmännischen Unternehmen
- Stille Beteiligung am Handelsgewerbe eines anderen

---

1 Elsing BB 2003, 909 ff.

1

- Unterbeteiligung als stille Beteiligung an einem Gesellschaftsanteil
- Ehegattengesellschaft

Mit Auflösung der Innengesellschaft ist diese auch beendigt, da eine Liquidation mangels eines gesamthänderisch gebundenen Gesellschaftsvermögen nicht erforderlich ist. Jeder Innengesellschafter hat jedoch einen Anspruch auf Abrechnung und Auszahlung der im Wege einer Auseinandersetzungsrechnung zu ermitteln ist.[2]

b)   Aussengesellschaft

5   Die **Aussengesellschaft** ist dadurch gekennzeichnet, dass sie nach den unter den Gesellschaftern getroffenen Vereinbarungen als Gesellschaft am Rechtsverkehr teilnimmt und ein Gesamthandsvermögen bildet.

Die GbR als Aussengesellschaft tritt im Wirtschaftsleben in vielfältiger Gestalt auf.

6   Zum einen gehört hierzu der **Zusammenschluss von Gewerbetreibenden**, soweit kein Handelsgewerbe gemäß §§ 1 und 2 HGB vorliegt (Kleingewerbetreibende; die Gesellschaft darf also kein Handelsgewerbe betreiben; im Gegensatz zu einer freiberuflichen Betätigung) und darf keinen in Art und Umfang in kaufmännischer Weise eingerichteten Geschäftsbetrieb erfordern. Wären diese Voraussetzungen erfüllt, läge eine OHG vor.

7   Weiter war sie bislang die wichtigste Organisationsform für freiberuflich Tätige (z.B. Anwälte, Steuerberater, Wirtschaftsprüfer, Architekten), denen der Weg in die Kapitalgesellschaft aus standesrechtlichen Gründen verwehrt gewesen ist. In den letzten Jahren hat sich diese Situation grundlegend verändert, da sich nun auch Steuerberater, Rechtsanwälte oder auch Ärzte in der Gesellschaftsform der Partnerschaftsgesellschaft oder auch der Kapitalgesellschaft (zumindest der GmbH) zusammenschließen dürfen. Zu unterscheiden ist hier zwischen **reinen Bürogemeinschaften**, bei welchen sich die Zusammenarbeit auf das gemeinsame Nutzen einer bestimmten Infrastruktur beschränkt, ohne dass eine Berufsgemeinschaft besteht und **Sozietäten**, wenn die Gesellschafter auch ihren Beruf gemeinsam ausüben.

8   Die GbR ist ein wichtiges Instrument der gemeinsamen Durchführung von Geschäftsvorhaben, deren Umfang die Möglichkeit eines einzelnen Unternehmens übersteigt.

> **Beispiel:**
> Großvolumige Bauvorhaben werden von mehreren Firmen in der Form einer Arbeitsgemeinschaft („Arge") durchgeführt.[3]

9   Eine GbR kann als **Grundbesitzgesellschaft** dem Erwerb und oder dem Halten und Verwalten von Immobilien dienen. Wirtschaftlich bedeutsam sind z.B. geschlossene Immobilienfonds, Besitzgesellschaften für Betriebsgrundstücke oder der Zusammenschluss einer Investorengruppe zum Erwerb und der Bebauung eines Grundstücks.

10   Die GbR kann auch verwendet werden, um die längerfristige Kooperation von Unternehmen zu organisieren (z.B. Kartelle; § 1 GWB, §§ 2–8 GWB).

11   Zusammenschlüsse gemäß § 705 ff. BGB übernehmen nicht selten Hilfsfunktionen im Rahmen der Gesellschaftsverhältnisse, d.h. sie bilden die **Vorformen anderer Gesellschaftsformen**.

---

2   BGH v. 08.01.1990, II-ZR 115/89; NJW 1990, 574.
3   BGH v. 08.11.1978, VIII-ZR-190/77; BB 1979, 136.

> **Beispiel:**
> Die Verabredung zur Gründung einer Kapitalgesellschaft (Vorgründungsgesellschaft); die Unterbeteiligung (etwa eines Kreditgebers) an einem GmbH-Anteil (Fall einer reinen Innengesellschaft);[4] die Verpflichtung mehrerer Gesellschafter einer Kapitalgesellschaft, ihr Stimmrecht einheitlich auszuüben (Stimmrechtsbindungs- oder Konsortialvertrag).

Zu den praktisch wichtigsten Anwendungsfeldern der GbR gehören schließlich die Gelegenheitsgesellschaften des täglichen Lebens.

> **Beispiele:**
> gemeinsame Autofahrt, Lotto- und Totogemeinschaften

2. Zweck der Gesellschaft

Der Gesellschaftszweck einer GbR grenzt diese nicht nur von anderen Rechtsformen ab, sondern entscheidet auch über die praktisch wichtige Frage, ob es sich um eine Innen- oder Aussengesellschaft handelt. **12**

Gesellschaftszweck oder -gegenstand sind für die Gesellschaften von wesentlicher Bedeutung. Ohne den gemeinsamen Zweck entsteht keine Gesellschaft. Im Prinzip kann die Gesellschaft ihren Zweck frei wählen, er muss jedoch zulässig und seine Erreichung muss möglich sein. Diese generelle Grenze des Erlaubten findet sich in §§ 134 und 138 BGB: verstößt der vereinbarte Zweck gegen ein gesetzliches Verbot oder gegen die guten Sitten, ist der Gesellschaftsvertrag nichtig. **13**

Eine weitere Einschränkung ergibt sich aus § 105 Abs. 1 HGB: der Zusammenschluss zum Betrieb eines vollkaufmännischen Gewerbes unter gemeinsamer Firma ist zwingend OHG oder KG. Daraus folgt, dass die GbR keine Firma i.S.d. HGB führt; erwirbt sie die Kaufmannseigenschaft gemäß §§ 1 oder 2 HGB, wird sie automatisch zur OHG oder KG. Sie ist nicht Formkaufmann. Außerdem können bestimmte Zwecke nur in bestimmten Rechtsformen erreicht werden. Bei bestimmten Tätigkeiten muss zudem eine vorherige behördliche Genehmigung erfolgen (z.B. Immobilienwirtschaft; § 34 GewO). **14**

Der Gesellschaftszweck ist auch ein wichtiges Kriterium für die Abgrenzung der GbR von anderen, verwandten Rechtsinstituten: **15**

Bruchteilsgemeinschaft (§ 741 ff. BGB) und Bruchteilseigentum (§ 1009 ff. BGB).

3. Namensführung

Bei der Namensgebung ist darauf zu achten, dass keine Verwechslungsgefahr mit einer kaufmännischen Firma besteht. **16**

Die GbR ist nicht Kaufmann und darf deshalb **keine Firma** i.S.d. HGB führen. Zulässig ist allerdings, dass sie im Rechtsverkehr einen Namen (Rechtsbezeichnung) verwendet, dem im Hinblick auf ihre Rechts- und Parteifähigkeit besondere Bedeutung zukommt.[5] Wie dieser Name im Einzelnen zulässigerweise zu bilden ist, ist im Einzelnen nach wie vor umstritten; der BGH spricht von einer „im Verkehr verwendeten Sammelbezeichnung"[6] und hat damit den Weg frei gemacht für eine an den Bedürfnissen der Praxis ausgerichteten Namensführung.

---

4   BGH v. 11.07.1968, II-ZR-179/66; NJW 1968, 2003.
5   Palandt/Sprau, § 705 Rn. 25.
6   BGH v. 15.07.1997, XI-ZR-154/96; BGHZ 1997, 254.

17   Für die Namensführung gelten die folgenden Anforderungen:

Der **Gesellschaftsname** kann unstreitig aus den Namen aller oder mehrerer Gesellschafter gebildet werden.

Zusätze, die den Geschäftsbetrieb oder das Gesellschaftsverhältnis bezeichnen, sind zulässig sofern keine Verwechslungsgefahr mit einer kaufmännischen Firma oder der Partnerschaftsgesellschaft besteht.

Der Zusatz „Gesellschaft bürgerlichen Rechts" oder „GbR" ist zu empfehlen, auch wenn Bezeichnungen wie ARGE, Konsortium oder Gemeinschaft auf eine GbR hindeuten.

Zulässig ist auch ein verkürzter Gesamtname, der nicht alle oder gar keinen Gesellschafternamen enthält.[7]

18   Im Grundbuch sind nach h.M. stets die Namen aller Gesellschafter einzutragen. Ist wegen der Vielzahl der Gesellschafter eine Eintragung unpraktikabel, so behilft sich die Praxis mit der Einsetzung eines Grundbuchtreuhänders.

II.   Gründung

1.   Gesellschafter

19   Zur Gründung einer GbR sind **mindestens zwei Gesellschafter** erforderlich. Einpersonengründungen sind, anders als bei Kapitalgesellschaften, nicht möglich.

20   Gesellschafter einer GbR können sein:

- natürliche und juristische Personen
- alle Personen- und Kapitalgesellschaften, auch eine andere GbR
- ausländische Gesellschaften
- Genossenschaften und nicht rechtsfähige Vereine
- Vor-Gesellschaften

2.   Gesellschaftsvertrag

a)   Allgemeines

21   Die GbR beruht, wie alle Personengesellschaften, auf **Vertrag**. Der Vertrag muss mindestens die Abrede enthalten, dass sich die Gesellschafter zur **Förderung eines gemeinsamen Zwecks** zusammenschließen und dazu die vereinbarten Beiträge leisten (§ 705 BGB). Es handelt sich dabei um einen Schuldvertrag, durch den nicht nur die gegenseitigen Rechte und Pflichten der Gesellschafter, sondern zugleich das organisatorische Gefüge der Gesellschaft begründet wird. Aus der Systematik des BGB, das die Gesellschaft im besonderen Teil des Schuldrechts regelt, ergibt sich für den Gesellschaftsvertrag die Anwendbarkeit der allgemeinen Bestimmungen über Willenserklärungen und Rechtsgeschäfte. Das gilt aber nur im Grundsatz, für den die Rechtsprechung eine

---

[7]   BVerwG v. 20.02.1987, 2 C 14/84, NJW 1987, 3020.

Reihe wichtiger Ausnahmen geschaffen hat. Sie betreffen vor allem Mängel des Gesellschaftsvertrages, die seine Nichtigkeit oder Anfechtbarkeit bewirken.

Da die Gründung keinem Publizitätserfordernis unterliegt, eine Eintragung der GbR im Handelsregister also nicht erforderlich und auch nicht möglich ist, **entsteht** die Gesellschaft **mit Abschluss** des **Gesellschaftsvertrags**, sofern nicht eine abweichende Vereinbarung besteht.

Der Vertrag ist in der Regel nicht formbedürftig, so dass er schriftlich, mündlich oder durch schlüssiges (konkludentes) Verhalten abgeschlossen werden kann. Nur in Ausnahmefällen ist eine notarielle Beurkundung erforderlich. 22

Der stillschweigende oder konkludente Abschluss ist aber ausgeschlossen, wenn der Gesellschaftsvertrag wegen eines der vereinbarten Leistungsverspechen im ganzen formbedürftig ist.

> **Beispiel:**
> Ein Grundstück oder ein GmbH-Anteil werden in das Gesamthandsvermögen eingebracht (§ 313 BGB, § 15 GmbHG).

Beim Abschluss des Gesellschaftsvertrags ist außerdem darauf zu achten ob er **genehmigungsbedürftig** ist. Soll ein Erwerbsgeschäft betrieben werden (was bei OHG und KG immer der Fall ist), dann genügt es nicht, wenn der gesetzliche Vertreter für den Geschäftsunfähigen oder Geschäftsbeschränkten handelt; gem. §§ 1643, 1822 Ziff. 3 BGB ist außerdem die Genehmigung durch das Vormundschaftsgericht erforderlich. Ist der gesetzliche Vertreter oder der Betreuer ebenfalls an der Gesellschaft beteiligt, muss u.U. ein Ergänzungspfleger bestellt werden (vgl. §§ 1629 Abs. 2, 1795 BGB). Umfaßt die Beitragspflicht eines im gesetzlichen Güterstand verheirateten Gesellschafters faktisch sein ganzes Vermögen, dann ist gemäß § 1365 BGB die Einwilligung seines Ehegatten erforderlich. 23

Diese Bestimmungen gelten grundsätzlich auch für die nachträgliche Änderung des Gesellschaftsvertrages. 24

In der Praxis werden Gesellschaftsverträge, die den gemeinsamen Betrieb eines Unternehmens zum Gegenstand haben, **meist schriftlich** abgeschlossen (wenn nicht notarielle Beurkundung vorgeschrieben ist). Dabei wird regelmäßig vereinbart, dass Vertragsänderungen der Schriftform bedürfen. Danach wären mündliche Abreden entsprechend den Auslegungsvorschriften des § 125 S. 2 BGB im Zweifel nichtig. Da Gesellschaftsverträge häufig an veränderte Umstände angepaßt werden müssen, soll für sie § 125 S. 2 BGB nicht gelten: im gesellschaftsrechtlichen Zusammenhang werde Schriftform nicht als Wirksamkeitsvoraussetzung, sondern zur Klarstellung vereinbart.[8] 25

b)   Zweck der Gesellschaft

Mit der GbR können nicht nur kommerzielle, sondern **alle erdenklichen Zwecke** (kulturelle, wissenschaftliche, sportliche, gemeinschaftliche usw.) verfolgt werden; bei diesen ist freilich im Einzelfall zu prüfen, ob rechtliche Bindung gewollt ist oder eine unverbindliche Verabredung vorliegt (für diese Abgrenzung wird es häufig darauf ankommen, ob einer der Beteiligten im gemeinsamen Interesse Aufwendungen gemacht hat). Gemeinsamkeit des Zwecks bedeutet, dass jeder der Vertragsschließenden an der Erreichung des Ziels interessiert sein muss. 26

Schließlich muss der Gesellschaftsvertrag für die Gesellschafter die Pflicht begründen, den gemeinsamen **Zweck gemeinsam zu fördern**. Sonst liegt keine Gesellschaft, sondern ein Austauschvertrag vor. Besonders schwierig ist die Unterscheidung von (reinen) Innengesellschaftern (etwa 27

---

8   BGH v. 07.02.1972, II-ZR-169/69; BGHZ 58, 115 f.

1

einer stillen Gesellschaft) und „partiarischen" Austauschverträgen (z.B. Darlehen mit Gewinn-beteiligung, Dienstvertrag mit Umsatzbeteiligung usw.).

c)   Inhalt des Vertrags

28   Abhängig vom Gesellschaftszweck können im Vertrag insbesondere folgende Punkte regelungs-bedürftig sein:

- Gesellschaftszweck
- Dauer der Gesellschaft
- Geschäftsführung und Vertretung
- Beirat
- Interne Beschlussfassung
- Einlagen
- Gewinn- und Verlustbeteiligung
- Wettbewerbsverbot
- Ausscheiden eines Gesellschafters
- Tod eines Gesellschafters
- Auflösung/ Liquidation der Gesellschaft

3.   Anwendbare Rechtsvorschriften

29   Die GbR wird durch die §§ 705–740 BGB geregelt. Damit ist die Bedeutung dieser Vorschriften aber nicht erschöpft; sie gelten vielmehr gemäß §§ 105 Abs. 2, 161 Abs. 2, 233 Abs. 2 und 234 HGB sowie § 1 Abs. 4 PartGG ergänzend für OHG, KG, stille Gesellschaft und Partnerschaftsge-sellschaft; außerdem sollen sie gemäß § 54 BGB auf nichtrechtsfähige Vereine anzuwenden sein.

Die gesetzlichen Regelungen zur GbR stehen überwiegend zur Disposition der Gesellschafter, können im Gesellschaftsvertrag also dementsprechend modifiziert werden; nur soweit der Ge-sellschaftsvertrag zu einem bestimmten Punkt schweigt, kommt die gesetzliche Regelung zur An-wendung (Auffangfunktion).

B.   Vorbemerkungen/Gemeinsamkeiten der Kaufleute

I.   Firma

30   Gesellschaften, die Kaufleute sind, müssen eine **Firma** führen. Die Firma ist der Name des Un-ternehmens, unter dem es seine Geschäfte betreibt, und nicht das Unternehmen oder der Betrieb selbst. Zwischen beiden besteht jedoch eine unlösbare Verknüpfung, da die Firma nur mit dem Unternehmen zusammen und niemals selbständig veräußert werden kann.

1. Gesellschaften, die eine Firma führen müssen

Zur Firmenführung verpflichtet sind alle Handelsgesellschaften, da sie die Kaufmannseigenschaft besitzen: OHG, KG, GmbH & Co. KG, AG, GmbH. Andere Gesellschaften führen hingegen keine Firma i.S.d. HGB, da sie Nichtkaufleute sind.   31

2. Grundsätze der Firmenbildung

Die Firma setzt sich aus mehreren Teilen zusammen: einer Personen-, Sach- oder Phantasie-bezeichnung, dem Rechtsformzusatz und eventuell noch weiteren Zusätzen. Da die Firma den In-haber des Unternehmens individualisieren und den Rechtsverkehr vor Täuschung schützen soll, ist die Wahlfreiheit durch einige **Firmengrundsätze** eingeschränkt.   32

Eine **Personenfirma** lehnt sich an den Namen der Gesellschafter an (Vor- und Zunamen), die **Sachfirma** leitet sich von dem Unternehmensgegenstand ab, während eine **Phantasiefirma** reine Phantasiebezeichnungen enthält.   33

Bei der Bildung der Firma sind jedoch einige Grundsätze zu beachten: 34

Die Firma muss Kennzeichnungsfähigkeit und Unterscheidungskraft besitzen und sich von be-reits bestehenden Firmen unterscheiden (**Firmenunterscheidbarkeit**).   35

Eine Eignung zur Kennzeichnung liegt vor, wenn die Bezeichnung Namensfunktion hat (keine Bildzeichen).

Unterscheidungskraft besitzt eine Firmenbezeichnung dann nicht, wenn nach der Verkehrsauf-fassung des angesprochenen Publikums Verwechslungsgefahr mit anderen Firmen (innerhalb Deutschlands) besteht.

Jede Firma muss sich von am gleichen Ort oder in derselben Gemeinde bestehenden und im Han-delsregister eingetragenen Firmen deutlich unterscheiden (§ 30 Abs. 1 HGB). Es wird grundsätz-lich die zuerst eingetragene Firma geschützt (**Prioritätsgrundsatz**).

🛇 Praxishinweis:

Vor der notariellen Beurkundung und Eintragung der Firma in das Handelsregister empfiehlt sich die Vorab-Abfrage der Firma bei der örtlich zuständigen Industrie- und Handelskammer, da die Registergerichte den Firmennamen dort vor Eintragung regelmäßig abfragen. Ist die zulässige Firmierung bereits im Vorfeld abgeklärt, kommt es hier zu keinen Verzögerungen der Eintragung der Gesellschaft in das Handelsregister.

Rechtsformzusatz   36

Die Gesellschaften haben beim Rechtsformzusatz die Wahl zwischen der ausgeschriebenen Form oder einer zulässigen Abkürzung.

Langform/Abkürzungen	gesetzliche Regelung
Offene Handelsgesellschaft/OHG, oHG, oH, OH	§ 19 Abs. 1 Nr. 2 HGB
Kommanditgesellschaft/KG	§ 19 Abs. 1 Nr. 3 HGB
Gesellschaft mit beschränkter Haftung/GmbH	§ 4 GmbHG
Aktiengesellschaft/AG	§ 4 AktG

1

37   Firmenwahrheit

Gemäß dem Grundsatz der **Firmenwahrheit** darf die Firma nicht irreführend sein und es besteht die Pflicht, der Firma einen Rechtsformzusatz beizufügen.

Die Firma darf keine Angaben enthalten, die geeignet sind, über die geschäftlichen Verhältnisse, die für die angesprochenen Verkehrskreise wesentlich sind, irrezuführen (§ 18 Abs. 2 S. 1 HGB). Damit besteht ein **umfassendes Irreführungsverbot** für sämtliche Firmenbestandteile einschließlich der Firma als Ganzes.

Eine ersichtlich zur Irreführung geeignete Firma wird nicht in das Handelsregister eingetragen (§ 18 Abs. 2 S. 2 HGB).

38   Firmeneinheit

Nach dem Grundsatz der **Firmeneinheit** darf ein Kaufmann für ein und dasselbe Unternehmen nur eine Firma führen. Die Führung mehrerer Firmen für ein einziges Unternehmen ist grundsätzlich unzulässig.

39   Firmenöffentlichkeit

Entsprechend dem Grundsatz der **Firmenöffentlichkeit** muss die Firma durch Eintragung im Handelsregister sowie durch Pflichtangaben auf den Geschäftsbriefen der Öffentlichkeit kundgegeben werden.

II.   Angaben auf Geschäftsbriefen

40   Wegen der vereinfachten Firmenbildungsmöglichkeiten (Zulassung von Sach- und Phantasiefirma) werden nunmehr zum Schutz des Rechtsverkehrs verschärfte Anforderungen an die Pflichtangaben auf Geschäftsbriefen gestellt.

🛈 Praxishinweis:

Geschäftsbriefe sind schriftliche Mitteilungen an einen bestimmten Adressaten, die im Rahmen der Geschäftstätigkeit abgegeben werden.

Auf die Form, in der die schriftliche Mitteilung an den Adressaten gelangt, kommt es nicht an. Geschäftsbriefe sind daher auch Faxe, Fernschreiben, Telegramme, Telebriefe, Telekopien und e-mails soweit sie an bestimmte Personen gerichtet werden.

41   Die Regelungen über Angaben auf Geschäftsbriefen gelten für Einzelkaufleute (§ 37 a HGB) für die OHG (§ 125 a HGB) und die KG (§ 177 a HGB), die AG (§ 80 AktG) und die GmbH (§ 35 a GmbHG).

Nichtkaufmännische Gewerbetreibende (u.a. GbR) müssen auf Geschäftsbriefen ihren Familiennamen und einen ausgeschriebenen Vornamen angeben (§ 15 a GewO).

42   Erforderliche Angaben

Gesellschaft	erforderliche Angaben
bei allen genannten Gesellschaften	Rechtsform
	Sitz
	Registergericht
	Nummer im Handelsregister

zusätzliche erforderliche Angaben für bestimmte Gesellschaftsformen	
GmbH	alle Geschäftsführer (Familiennamen und mindestens einen ausgeschriebenen Vornamen)
	Falls ein Aufsichtrat gebildet wurde:
	Aufsichtsratsvorsitzender (Name und mindestens ein ausgeschriebener Vorname)
	Stammkapital (falls Angaben darüber gemacht werden)
	Gesamtbetrag noch ausstehender Einlagen (sofern nicht alle in Geld zu leistenden Einalgen eingezahlt sind)
AG, KGaA	Vorstandsmitglieder (Familienname und mindestens ein ausgeschriebener Vorname)/ Komplementäre
	Vorsitzender des Aufsichtsrats (Familienname und mindestens ein ausgeschriebener Vorname)
	Vorstandvorsitzender: als solcher zu bezeichnen
	Grundkapital (falls Angaben darüber gemacht werden)
	Gesamtbetrag noch ausstehender Einlagen (sofern auf die Aktien der Ausgabebetrag nicht vollständig eingezahlt ist)
GmbH & Co. KG, OHG, KG **ohne** natürliche Person als persönlich haftender Gesellschafter	Firmen der Gesellschafter
	bei persönlich haftenden Gesellschaftern in der Rechtsform der AG oder GmbH: alle für diese Gesellschaften vorgeschriebenen Angaben auf Geschäftsbriefen

Fehlen die erforderlichen Angaben bleiben die Erklärungen der Gesellschaft trotzdem gültig. Das Registergericht kann aber ein Zwangsgeld von bis zu 5.000 EURO verhängen (§ 37 a Abs. 4 HGB i.V.m. § 14 S. 2 HGB).

C.   KG

I.   Allgemeines

Die KG ist eine Gesellschaft, deren Zweck gem. § 161 Abs. 1 HGB auf den Betrieb eines Han-   43
delsgewerbes unter gemeinschaftlicher Firma gerichtet ist, wenn bei einem oder bei einigen aber nicht allen Gesellschaftern die Haftung gegenüber den Gesellschaftsgläubigern auf den Betrag einer bestimmten Vermögenseinlage beschränkt ist (**Kommanditisten**), während bei dem anderen Teil der Gesellschafter (mindestens einem) eine Beschränkung der Haftung nicht stattfindet (**Komplementär**).

Für die Gründung einer Kommanditgesellschaft sind keine besonderen Vorschriften zu beachten. Es muss lediglich ein Komplementär und ein Kommanditist vorhanden sein, die nicht personenidentisch sein dürfen. Der Abschluss des Gesellschaftsvertrags bedarf grundsätzlich keiner notariellen Beurkundung. Ein schriftlich abgefasster Gesellschaftsvertrag ist allein schon aus Dokumentations- und Nachweisgründen die Regel. In jedem Fall muss die Gesellschaft gem. § 29 HGB und die Haftsumme der Kommanditisten gem. § 172 HGB durch notarielle Anmeldung ins Handelsregister eingetragen werden.

1.   Zweck der Gesellschaft

44   Der **Gesellschaftszweck** der KG ist nach der gesetzlichen Definition der Betrieb eines Handelsgewerbes. Auch eine kleingewerbliche oder vermögensverwaltende Gesellschaft kann mit freiwilliger und konstitutiver Eintragung im Handelsregister KG werden.

a)   Handelsgewerbe

45   Ein **Handelsgewerbe** (und damit die Kaufmannseigenschaft) liegt vor, wenn zwei Kriterien erfüllt sind:

- es muss sich um eine gewerbliche Betätigung handeln (keine freiberuflichen Tätigkeit)

und

- die gewerbliche Betätigung muss nach Art und Umfang einen in kaufmännischer Weise eingerichteten Geschäftsbetrieb erfordern (§ 1 Abs. 2 HGB)

46   Ein **Gewerbe** liegt vor, wenn es sich um eine planmäßige, auf Dauer angelegte, selbständige und auf Gewinnerzielungsabsicht ausgerichtete Tätigkeit handelt. Nicht unter den handelsrechtlichen Gewerbebegriff fallen die Ausübung eines freien Berufs, die Verfolgung ideeller Ziele ohne Gewinnerzeilungsabsicht, die bloße Verwaltung eigenen Vermögens sowie wissenschaftliche und künstlerische Tätigkeiten.

47   Ein **Handelsgewerbe** liegt unabhängig vom Gegenstand des Gewerbes und von einer Handelsregistereintragung vor, wenn der Gewerbebetrieb nach Art und Umfang einen in kaufmännischer Weise eingerichteten Geschäftsbetrieb erfordert (§ 1 Abs. 2 HGB). Der Gegenbegriff dazu ist das Kleingewerbe. Entscheidend ist dabei allein das Erfordernis einer kaufmännischen Einrichtung, unabhängig davon, ob eine solche kaufmännische Einrichtung tatsächlich vorhanden ist. Grundsätzlich wird vermutet, dass jeder Gewerbebetrieb auch ein Handelsgewerbe betreibt; deshalb trägt der Kleingewerbetreibende bei einem Streit über die Eintragungspflicht die Darlegungs- und Beweislast dafür, dass das Unternehmen keinen in kaufmännischer Wiese eingerichteten Geschäftsbetrieb erfordert.

48   Für die Abgrenzung ist das Gesamtbild des Gewerbebetriebs massgebend, das sich aus allen im Einzelfall relevanten Kriterien zusammensetzt, ohne dass zahlenmäßig bezifferte Grenzwerte gesetzlich festgelegt sind. Hinsichtlich der Art des Geschäftsbetriebs kann es z.B. auf die Vielfalt der Erzeugnisse und Leistungen ankommen; hinsichtlich des Umfangs der Geschäftstätigkeit können Umsatzvolumen, Anlage- und Betriebskapital, Zahl und Funktion der Mitarbeiter sowie Größe, Anzahl und Organisation der Betriebsstätten entscheidend sein.[9]

b)   Kleingewerbliche und vermögensverwaltende Gesellschaften

49   Auch Gesellschaften, die kein Handelsgewerbe, sondern nur ein Kleingewerbe betreiben, oder solche, die lediglich eigenes Vermögen verwalten, können die Rechtsform der KG wählen, indem sie sich **freiwillig in das Handelsregister eintragen** lassen (§ 161 Abs. 2 HGB i.V.m. § 105 Abs. 2 HGB). Die Vermögensverwaltung muss dabei einem Gewerbe vergleichbar betrieben werden (z.B. Holding-, Vermögens-, Immobilienverwaltungsgesellschaften).

---

9   Kögel DB 1998, S. 1802: Entscheidungshilfen für die Frage, ob ein nach Art und Umfang in kaufmännischer Weise eingerichteter Geschäftsbetrieb erforderlich ist.

2. Praktische Bedeutung und Erscheinungsformen

Die KG ist eine – insbesondere für kleinere und mittlere Unternehmen – geeignete Rechtsform, bei der es nicht allein auf den Kapitaleinsatz, sondern vor allem auch auf den persönlichen Arbeitseinsatz der Gesellschafter ankommt. Die unbeschränkte Haftung der Komplementäre führt in der Regel zu einer höheren Kreditwürdigkeit der KG im Vergleich zu Kapitalgesellschaften. 50

Die **KG** hat im Wirtschaftsleben einen größere Bedeutung als die OHG. Ihre Beliebtheit beruht darauf, dass sich ein Kommanditist mit beschränkter Haftung an einer Personengesellschaft beteiligen kann. Die KG ist eine **geeignete Gesellschaftsform für Familiengesellschaften**, da sie eine differenzierte Beteiligung der Familienmitglieder nach ihren persönlichen Verhältnissen (z.B. Umfang der Mitarbeit, Qualifikation und Alter usw.) ermöglicht.

3. Juristische Selbständigkeit

Die KG ist als Personengesellschaft genau wie eine juristische Person rechtlich selbständig, auch wenn sie keine juristische Person ist. 51

Sie kann unter ihrer Firma Rechte erwerben und Verbindlichkeiten eingehen, Eigentum und andere dingliche Rechte an Grundstücken erwerben, vor Gericht klagen und verklagt werden (§ 124 Abs. 1 HGB). Über ihr Vermögen kann selbständig das Insolvenzverfahren eröffnet werden (§ 11 Abs. 2 InsO). Zur Zwangsvollstreckung in das Vermögen der Gesellschaft ist ein gegen die Gesellschaft gerichteter Schuldtitel erforderlich (§ 124 Abs. 2 HGB).

II. Gründung

Zur Gründung einer KG sind wenigstes zwei Personen erforderlich: 52

■ persönlich und unbeschränkt haftender Gesellschafter (**Komplementär**)

und

■ Gesellschafter, dessen Haftung auf den Betrag seiner Vermögenseinlage beschränkt ist (**Kommanditist**)

Nachfolgend wird dargestellt, wer Gesellschafter einer KG sein kann, welchen Inhalt und welche Form der Gesellschaftsvertrag haben muss und welche Anmeldepflichten beim Handelsregister bestehen.

1. Gesellschafter

Die KG kann beliebig viele Komplementäre und beliebig viele Kommanditisten haben, wobei eine höhere Anzahl an Kommanditisten die Regel ist. Einpersonengesellschaften sind nur in Ausnahmefällen möglich. 53

Das Ausscheiden des letzten Komplementärs führt zur Auflösung der KG, sofern nicht zuvor ein neuer Komplementär gewonnen werden kann.[10] Eine persönliche Haftung der verbleibenden Kommanditisten entsteht nur dann, wenn sie die KG auch ohne Komplementär werbend fortführen, dann wird die Gesellschaft zur OHG. 54

---

10 BGH v. 14.05.1952, II-ZR-40/51, NJW 1952, 875; BGHZ 6, 113.

Das Ausscheiden des letzten Kommanditisten führt hingegen zur Umwandlung der KG in eine OHG, sofern mehr als ein Komplementär verbleibt. Bleibt lediglich ein Komplementär übrig, wächst das verbleibende Vermögen dem Komplementär als Rechtsnachfolger an; die Gesellschaft erlischt ohne Liquidation. Grundsätzlich gibt es bei der Personengesellschaften keine Einpersonen-Gesellschaft.

Der ausgeschiedene Gesellschafter erhält eine Abfindung.

55   KG-Gesellschafter können sowohl natürliche Personen als auch andere Gesellschaften sein. Dabei spielt es keine Rolle, ob sie die Stellung eines Komplementärs oder eines Kommanditisten einnehmen. Dagegen kommt der nichtrechtsfähige Verein als Gesellschafter einer KG nicht in Betracht, ebensowenig wie eine Erbengemeinschaft.

Alle natürlichen Personen können Kommanditisten oder Komplementäre einer KG sein, auch die Vor-GmbH und die Vor-AG.[11]

Seit Änderung der BGH-Rechtsprechung gilt das ausdrücklich auch für die GbR.[12] Allerdings sind dann die Gesellschafter der GbR und spätere Änderungen im Gesellschafterbestand sowie von der gesetzlichen Regelung abweichende Vertretungsregelungen zu Eintragung ins Handelsregister anzumelden.

2.   Gesellschaftsvertrag

a)   Inhalt

56   Zur **Gründung** einer KG bedarf es eines **Gesellschaftsvertrags**, das heißt eines übereinstimmenden Willens mindestens zweier Personen, gemeinschaftlich ein Handelsgewerbe unter einer einheitlichen Firma zu betreiben, wobei mindestens ein Gesellschafter persönlich haftet und bei mindestens einem Gesellschafter die Haftung auf den Betrag einer bestimmten Vermögenseinlage beschränkt ist.

Die Gesellschafter einer KG können ihre Beziehungen im Innenverhältnis im wesentlichen frei regeln. Die gesetzlichen Bestimmungen über das Rechtsverhältnis der Gesellschafter untereinander (§§ 110 ff. HGB) finden nur insoweit Anwendung als nicht der Gesellschaftsvertrag etwas anderes bestimmt.

57   Regelungspunkte eines KG-Gesellschaftsvertrags:

- Namen der Gesellschafter
- Höhe der Pflicht- und Hafteinlagen der Kommanditisten
- Gesellschaftszweck
- Dauer der Gesellschaft
- Sitz der Gesellschaft
- Firma
- Geschäftsführung und Vertretung (Leitungsmacht)
- Beirat
- Interne Beschlussfassung

---

11   BGH v. 09.03.1981, II ZR 54/80, NJW 1981, 1373.
12   BGH v. 16.07.2001, II-ZB-23/00; BB 2001, 2338.

- Einlagen und deren Bewertung
- Gewinn- und Verlustbeteiligung
- Befreiung vom Wettbewerbsverbot
- Übertragbarkeit von Gesellschaftsanteilen
- Ausscheiden und Ausschluss von Gesellschaftern
- Nachfolge
- Auflösung und Liquidation der Gesellschaft

b) Form

Der Gesellschaftsvertrags ist grundsätzlich an **keine bestimmte Form** gebunden. Er kann daher schriftlich, mündlich oder sogar durch schlüssiges (kokludentes) Handeln abgeschlossen werden. In letzterem Fall muss sich die stillschweigende Vereinbarung auch auf die beschränkte Haftung der Kommanditisten und eine bestimmte Haftsumme erstrecken.[13] In der Regel empfiehlt sich zu Beweiszwecken die Schriftform. Der Gesellschaftsvertrag muss ausnahmsweise notariell beurkundet werden, wenn eine Einlage oder Leistung schon für sich allein formbedürftig ist (z.B. Einbringung eines GmbH-Anteils, § 15 Abs. 4 GmbHG oder eines Grundstücks). Dies gilt jedoch nicht, wenn es nur zur Nutzung überlassen wird.[14]   58

Enthält der Gesellschaftsvertrag – auch nur die bedingte – Verpflichtung zum Erwerb oder zur Veräußerung eines Grundstücks, so muss er insgesamt vor einem Notar abgeschlossen werden (§ 311b Abs. 1 BGB).

3. Entstehung

Im **Innenverhältnis** der Gesellschafter zueinander entsteht die KG mit Abschluss des Gesellschaftsvertrags (§ 161 Abs. 2 HGB; § 109 HGB). Im **Aussenverhältnis** zu Dritten ist zu unterscheiden: 59

Sie entsteht bereits mit **Aufnahme ihrer Geschäfte** (§ 161 Abs. 2 HGB; § 123 Abs. 2 HGB), wenn der Gesellschaftszweck auf den Betrieb eines Handelsgewerbes gerichtet ist und Anhaltspunkte dafür vorliegen, dass das Unternehmen eine entsprechende Ausgestaltung und Einrichtung in Kürze erfahren wird. Nicht erforderlich ist, dass das Unternehmen schon in vollem Unfang in Betrieb gesetzt wurde. Ausreichend ist vielmehr bereits eine erste, einem **Dritten gegenüber vorgenommene Vorbereitungshandlung** (z.B. Eröffnung eines Bankkontos[15] oder Verhandlungen über einen Kauf eines Betriebsgrundstücks).   60

Spätestens entsteht sie mit der **Eintragung in das Handelsregister** (§ 161 Abs. 2 HGB, 123 Abs. 1 HGB); hat eine Gesellschaft ihre Geschäfte bereits vor Eintragung begonnen, so ist die Eintragung nur deklaratorischer Natur.   61

Betreibt eine Gesellschaft **kein Handelsgewerbe** (z.B. Kleingewerbetreibende, Vermögensverwaltungsgesellschaften, §§ 2, 105 Abs. 2 HGB), so kann sie sich freiwillig als KG ins Handelsregister eintragen lassen; die **Eintragung** ist dann **konstitutiv** für die Entstehung der KG.   62

---

13   Baumbach/Hopt, § 161 Rn. 7.
14   BGH v. 09.10.1974, IV ZR 169/73; NJW, 1974, 2278.
15   BGH v. 26.04.2004; II-ZR-120/02; DB 2004, 1359.

4. Gründung durch Umwandlung

63 Eine KG kann auch aus einer bereits bestehenden OHG hervorgehen. In Betracht kommt insbesondere der Fall der Fortsetzung der Gesellschaft mit dem Erben eines OHG-Gesellschafters als Kommanditisten (§ 139 HGB).

Die OHG kann aber auch durch Vertragsänderung als KG weitergeführt werden. Die Identität der Gesellschaft bleibt hierbei gewahrt. Dies gilt auch dann, wenn alle bisherigen Gesellschafter ausgewechselt werden.[16] Die KG wird ohne weiteres Inhaber des Vermögens der bisherigen OHG und an ihrer Stelle Schuldner.

Auch die Umwandlung anderer Gesellschaften in Kommanditgesellschaften ist möglich. Sie folgt den im Umwandlungsgesetz vorgesehenen Regelungen (s.u. § 9 Umwandlungen).

5. Beitragspflichten

64 Die Rechte und Pflichten der Gesellschafter sind gekennzeichnet durch den **Grundsatz der Gleichbehandlung aller Gesellschafter**.[17]

Aufgrund des Grundsatzes der **Vertragsfreiheit** steht den Gesellschafters jedoch auch die weitestgehende Freiheit zu, ihre Beziehungen untereinander selbst zu regeln und auch von dem Gleichheitsgrundsatz abweichende Vereinbarungen zu treffen (§ 109 2. HS HGB). Die Rechte und Pflichten der Gesellschafter ergeben sich daher insbesondere aus dem Gesellschaftsvertrag. Dem Kommanditisten kommen in erster Linie Verwaltungs- und Kontrollrechte sowie das Recht auf Gewinnbeteiligung zu.

Jedem Gesellschafter, auch dem Kommanditisten, steht unabhängig von der Regelung des Gesellschaftsvertrags das Recht zu, Sozialansprüche gegen einen Mitgesellschafter im eigenen Namen geltend zu machen und auf Leistung an die Gesellschaft einzuklagen (**actio pro socio**).

D. GmbH

I. Allgemeines

65 Die **GmbH** ist eine **Handelsgesellschaft** mit einer eigenen **Rechtspersönlichkeit**, die zu jedem gesetzlich zulässigen Zweck gegründet werden kann und für deren Verbindlichkeiten grundsätzlich nur das Gesellschaftsvermögen haftet.

1. Juristische Selbständigkeit

66 Die GmbH ist eine juristische Person (§ 13 Abs. 1 GmbHG). Inhaber von Rechten und Pflichten ist die Gesellschaft als solche, nicht der einzelne Gesellschafter. Sie kann Eigentum erwerben, vor Gericht klagen und verklagt werden, über ihr Eigentum kann das Insolvenzverfahren eröffnet werden (§ 11 Abs. 1 InsO), und zur Zwangsvollstreckung in ihr Vermögen ist ein gegen die Gesellschaft gerichteter vollstreckbarer Schuldtitel erforderlich.

---

16 BGH 08.11.1965, II ZR 223/64; NJW 1966, 499.
17 Baumbach/Hopt, § 109 Rn. 29.

Sie hat ein im Gesellschaftsvertrag festgesetztes Stammkapital, das der Summe der von den Gesellschaftern zu leistenden Stammeinlagen entspricht und mindestens 25.000,00 EUR betragen muss.

Unabhängig von ihrer Tätigkeit ist die GmbH kraft Rechtsform Handelsgesellschaft (§ 13 Abs. 3 GmbHG, § 6 HGB). Das bedeutet, dass die Vorschriften für Kaufleute auf sie immer anwendbar sind.

2. GmbH-Reform (Referentenentwurf MoMiG)

Das Bundesjustizministerium hat einen Referentenentwurf für eine Reform der GmbH vorgelegt (Entwurf eines Gesetzes zur Modernisierung des GmbH-Rechts und zur Bekämpfung von Missbräuchen, MoMiG, vom 29.05.2006). Am 23.05.2007 hat das Bundeskabinett den Regierungsentwurf des MoMiG beschlossen. Vorgesehen ist eine umfassende Novellierung des geltenden Rechts. Ziel ist es, die Rechtsform der GmbH für den Deutschen Mittelstand attraktiver zu machen, indem die Gründung der GmbH erleichtert und beschleunigt wird, die GmbH für internationalen Wettbewerb um ausländischen Rechtsformen gewappnet wird und sie gegen Missbrauch besser geschützt wird, vor allem in der Insolvenz. In der öffentlichen Anhörung zum Regierungsentwurf am 23.01.2008 wurde klar, dass erheblicher Nachbesserungsbedarf gegeben ist. Der Gesetzentwurf wird nunmehr im Rechtsausschuss und im Ausschuss für Wirtschaft und Technologie abschließend beraten. Dann folgt die zweite und dritte Lesung des Gesetzes im Deutschen Bundestag und der „zweite Durchgang" der Reform im Bundesrat. Wahrscheinlich tritt das Gesetz zu Beginn des zweiten Quartals 2008 in Kraft.

Nachfolgend wird ein kurzer Überblick über den Regierungsentwurf gegeben, wobei die Erkenntnisse der Expertenanhörung nicht eingearbeitet wurden:

Die Regierung schlägt ein zweigleisiges Vorgehen vor: einerseits wird das Stammkapital der „normalen" GmbH auf 10.000,00 EURO herabgesetzt und das Kapitalerhaltungsrecht entschlackt, andererseits mit der Unternehmergesellschaft (UG) eine neue Subspezies der GmbH mit einem Stammkapital von mindestens 1 EURO höchstens 9.999,00 EURO geschaffen, die im Hinblick auf ihre Finanzverfassung besonders strengen Regelungen unterliegen soll. Insbesondere soll der Verzicht auf das Stammkapital dadurch kompensiert werden, dass die GmbH eine (gesetzliche) Gewinnrücklage zu bilden hat.

Die UG soll insbesondere Kleingewerbetreibenden und Existenzgründern den Zugang zur Haftungsbeschränkung eröffnen und hinsichtlich Gründung und Betrieb ein so großes Maß an Flexibilität, Leichtigkeit und Schnelligkeit ermöglichen, dass ein Ausweichen auf ausländische Gesellschaftsformen überflüssig wird.

Für den Rechtsverkehr soll die Unterscheidung des Mindeststammkapitals durch eine gegenüber der normalen GmbH geänderten Firmierung der Gesellschaft als „Unternehmergesellschaft (haftungsbeschränkt)" oder „UG (haftungsbeschränkt)" kenntlich gemacht werden. Da gem. § 4 GmbHG im GmbH-Recht die Führung eines Rechtsformzusatzes zwingend ist, kommt eine Abkürzung des Zusatzes „haftungsbeschränkt" für die UG nicht in Betracht.

Gem. § 5a Abs. 2 S. 2 GmbHG-E ist eine Sacheinlage in die UG verboten. Ein Verstoß hiergegen ist nichtig (§ 134 BGB).

Gem. § 2 Abs. 1a GmbHG-E bedarf der Gesellschaftsvertrag einer GmbH und damit auch einer UG keiner notariellen Beurkundung, wenn er unter Verwendung der Mustersatzung gem. Anlage 1 zum GmbHG-E schriftlich abgefasst ist, die Unterschriften der Gesellschafter öffentlich beglaubigt werden, die Gesellschaft von nicht mehr als drei Gesellschaftern gegründet wird und bei der Gründung keine Sacheinlagen vereinbart werden.

Der entscheidende wirtschaftliche Unterschied zwischen normaler GmbH und UG besteht in der gem. § 5a GmbH-E angeordneten Verpflichtung, der UG zur Bildung einer Gewinnrücklage, in die ein Viertel des um einen etwaigen Verlustvortrags geminderten Jahresgewinns einzustellen ist. Die in die Rücklage eingestellten Mittel stehen folglich für Gewinnausschüttungen an die Gesellschafter nicht zur Verfügung. Die Pflicht zur Rücklagenbildung entfällt erst mit der Umwandlung der UG in eine „normale" GmbH aufgrund Erhöhung des Stammkapitals auf mindestens 10.000,00 EURO gem. § 5a Abs. 5 GmbHG-E.[18]

II.   Gründung

68   Auch die Gründung einer GmbH durch eine einzige natürliche oder juristische Person (Einpersonen-GmbH) ist möglich (§ 1 GmbHG). Für diese gelten allerdings aus Gründen des Gläubigerschutzes einige Sonderregelungen.

Bei der **Gründung** der GmbH sind **drei Phasen** zu unterscheiden. Die **Vorgründungsgesellschaft**, die durch Abschluss des Vorgründungsvertrages entsteht. Die **Vor-GmbH**, die durch die notarielle Beurkundung der Gründungsurkunde und des Vorgesellschaftsvertrags zustandekommt und die **GmbH**, die mit Eintragung im Handelsregister entsteht (§ 11 Abs. 1 GmbHG). Die Eintragung ist dabei konstitutiv.

1.   Vorgründungsgesellschaft

69   Bis zum Abschluss des notariellen GmbH-Vertrags besteht eine sogenannte **Vorgründungsgesellschaft**, die durch die formlose Gründungsabsprache der Gesellschafter entsteht. Ihrer Rechtsnatur nach ist sie entweder eine GbR oder OHG.

Zur Übertragung der Aktiva und Passiva auf die Vorgesellschaft sind Einzelübertragung und Schuldübernahme (mit Einwilligung des Gläubigers) erforderlich, da diese Gesellschaft nicht mit der Vorgründungsgesellschaft identisch ist.

2.   Vorgesellschaft

70   Mit Abschluss des notariellen Gesellschaftsvertrags entsteht eine **Vorgesellschaft** (auch **Vor-GmbH** genannt), die erst mit Eintragung der GmbH im Handelsregister endet. Die Vorgesellschaft ist eine gesetzlich nicht geregelte Personenvereinigung eigener Art, die bis auf die fehlende Rechtsfähigkeit der späteren GmbH entspricht. Auf sie sind neben dem Gesellschaftsvertrag die GmbH-Regeln anwendbar, soweit diese nicht die Eintragung ins Handelsregister voraussetzen. Mit der Eintragung ins Handelsregister wandelt sich die Vorgesellschaft automatisch mit allen Aktiva und Passiva in eine GmbH.

71   Zweck der Vorgesellschaft ist es, als notwendige Vorstufe zur juristischen Person deren Entstehung zu fördern und bis dahin das schon eingebrachte Vermögen zu verwalten und zu erhalten.

---

18   Freitag/Riemenschneider ZIP 2007, 1485 ff.

Die Vorgesellschaft ist unbeschränkt handlungsfähig. Sie kann Trägerin von Rechten und Pflichten werden und sie ist insolvenzfähig. Sie kann Gesellschafterin einer anderen Kapital- oder Personengesellschaft sein und als solche auch ins Handelsregister eingetragen werden.

Die Vorgesellschaft kann nach aussen durch ihre Organe (insbes. Geschäftsführer) auftreten. Die Geschäftsführer werden nach den gesetzlichen GmbH-Regeln oder der Satzung bestellt und abberufen. Der Umfang ihrer Vertretungsmacht wird dabei durch den Gesellschaftszweck begrenzt.

Die Vorgesellschaft ist namens- und firmenrechtsfähig. Bei der Firma ist aus Gründen des Schutzes des Rechtsverkehrs der Zusatz „in Gründung" oder „i.G." erforderlich.

Betreibt die Vorgesellschaft ein Handelsgewerbe, so ist sie Handelsgesellschaft und damit den Regeln des HGB über Buchführungspflicht, Prokura, Handlungsvollmacht und Handelsgeschäfte (§§ 343 ff. HGB) unterworfen.

Die Vorgesellschaft wird durch endgültige Ablehnung der Eintragung ins Handelsregister, durch Gesellschafterkündigung oder durch Gesellschafterbeschluss aufgelöst. Die Liquidation wird nach umstrittener BGH-Rechtsprechung entsprechend den GbR-Regeln durchgeführt.

3.   Gesellschaftsvertrag/Satzung

a)   Inhalt

Der **notarielle Gesellschaftsvertrag ("Satzung")** ist ein mehrseitiger Vertrag, der zum einen die Satzung der Gesellschaft darstellt, d.h. die Beziehungen zwischen der GmbH und den Gesellschaftern sowie die Organisation und die Rechtsstellung der Gesellschaft regelt, und zum anderen die Gesellschafter zur Errichtung der Gesellschaft, d.h. zur Mitwirkung bis zu Eintragung der GmbH ins Handelsregister verpflichtet.

Der notarielle Gesellschaftsvertrag kann nach verschiedenen Inhalten unterteilt werden:

- **obligatorischen Mindestinhalt**, der zwingend in den Gesellschaftsvertrag aufgenommen werden muss
- **„freiwilligen" Satzungsinhalt**, der, wenn er geregelt werden soll, nur wirksam im Gesellschaftsvertrag vereinbart werden kann; den Gesellschaftern können so im Rahmen der Gesetze umfangreiche mitgliedschaftliche Nebenpflichten auferlegt oder Rechte eingeräumt werden.
- **unechter Satzungsinhalt** (Regelungen, die je nach Wunsch der Gesellschafter entweder im notariellen Vertrag oder außerhalb desselben vereinbart werden können). Sogar schuldrechtliche Rechte und Pflichten einzelner oder mehrerer Gesellschafter oder der Gesellschaft können in den Vertragstext mit aufgenommen werden (unechte Satzungsbestandteile).

Der notarielle GmbH-Gesellschaftsvertrag muss immer enthalten (§ 3 Abs. 1 GmbHG; **obligatorischer Mindestinhalt**):

- Firma und Sitz der Gesellschaft
- Gegenstand des Unternehmens
- Betrag des Stammkapitals
- Betrag der von jedem Gesellschafter zu leistenden Stammeinlage; jeweils mit Angabe der Gesellschaftsgründer

72

73

74

75

76

1

Fehlt eine Bestimmung bzw. ist eine Bestimmung über den Unternehmensgegenstand nichtig, so kann bei Gericht beantragt werden, dass die Gesellschaft für nichtig erklärt wird (Nichtigkeitsklage; § 75 GmbHG).

77   Die **Firma** der Gesellschaft muss nach dem Namen immer die Bezeichnung „Gesellschaft mit beschränkter Haftung" oder eine allgemein verständliche Abkürzung (z.B. GmbH oder „gesellschaft mbH") enthalten (§ 4 GmbHG).

78   Der **Sitz** der GmbH ist im Gesellschaftsvertrag gem. § 4 a GmbH zu bestimmen.

79   **Unternehmensgegenstand** bedeutet die konkrete Art der Tätigkeit der GmbH, mittels derer der Gesellschaftszweck erreicht werden soll; er ist ein Teilaspekt des Gesellschaftszwecks. Der konkrete Tätigkeitsbereich ist möglichst exakt und individuell anzugeben.

80   Die Gründung einer GmbH ohne zunächst geplante wirtschaftliche Betätigung (**Vorratsgründung**/Mantelgründung) ist möglich, wenn durch die Bezeichnung des Unternehmensgegenstandes deutlich wird, dass die Gesellschaft als sog. Mantel der späteren Aufnahme eines Geschäftsbetriebs dienen soll; ausreichend hierfür ist die Angabe „Verwaltung des eigenen Vermögens". Der Vorteil einer Mantelverwendung liegt vor allem darin, dass der mit einer Neugründung verbundene Zeitaufwand verringert wird.

b) Form des Gesellschaftsvertrags

81   Der Gesellschaftsvertrag muss **notariell** abgeschlossen und von sämtlichen Gesellschaftern bzw. deren Vertretern **unterzeichnet** werden (§ 2 Abs. 1 GmbHG).

Die Formvorschriften gelten nicht für Nebenabreden zwischen den Gesellschaftern.

Der gesamte Gesellschaftsvertrag muss in einem einzigen Schriftstück enthalten sein und von allen Gesellschaftern, bzw. deren Vertretern, unterzeichnet werden. In der Praxis werden in der Urkunde häufig die Gründungsbestimmungen (Rahmenprotokoll) vom Gesellschaftsvertrag (Satzung) getrennt.

Wird die vorgeschriebene **Form nicht eingehalten**, so ist der **Gesellschaftsvertrag nichtig**. Eine nachträgliche formgerechte Bestätigung der Errichtung durch formgerechte Wiederholung oder die Eintragung ins Handelsregister heilen jedoch den Formmangel.

4. Kapitalaufbringung

82   Die Festlegung des Stammkapitals und der Stammeinlage gehört zu den zwingenden Bestimmungen des Gesellschaftsvertrags der GmbH. Ohne diese Festlegungen darf die Gesellschaft nicht in das Handelsregister eingetragen werden. Die Stammeinlagen können nicht nur bar, sondern auch als Sacheinlagen erbracht werden. Bei diesen ist jedoch zu beachten, dass sie bereits bei der Anmeldung voll geleistet sein müssen und dass die Bewertung Schwierigkeiten bereiten kann. Darüber hinaus kann die Finanzierung auch durch Nachschüsse und Darlehen der Gesellschafter erfolgen.

a)   Allgemeines

Das **Stammkapital** dient der Aufbringung und Erhaltung des Gesellschaftsvermögens. Es ist eine   83
feste Größe und bestimmt die Summe von Geld oder geldwerten Einlagen, die von den Gesellschaftern mindestens zu erbringen sind.

Das zur Erhaltung des Stammkapitals erforderliche Vermögen darf nicht an die Gesellschafter
ausgeschüttet werden (**Rückzahlungsverbot**; § 30 GmbHG und § 31 GmbHG).

Das Stammkapital ist eine auf EURO lautende feste Größe und wir in der Satzung ausdrücklich
festgelegt. Es muss mindestens 25.000,00 EURO betragen (§ 5 Abs. 3 S. 2 GmbHG).

Die **Stammeinlage** ist der Betrag, den der einzelne Gesellschafter als Einlage auf das Stamm-   84
kapital zu erbringen verpflichtet ist. Jeder Gesellschafter muss eine Stammeinlage und damit die
Verpflichtung zu einer Leistung an die GmbH übernehmen. Bei Gründung der Gesellschaft kann
jeder Gesellschafter nur eine Stammeinlage übernehmen. Diese Übernahme ist notwendiger Teil
des Gesellschaftsvertrags (§ 3 Abs. 1 Nr. 4 GmbHG). Die Untergrenze der Stammeinlage beträgt
100,00 EURO, eine Obergrenze besteht nicht. Ihr Betrag muss in EURO durch fünfzig teilbar sein
(§ 5 Abs. 3 S. 2 GmbHG).

Wenn der Gesellschaftsvertrag nicht ausdrücklich etwas anderes bestimmt, muss die Einlageleistung in Geld erfolgen. Daneben kann die Einlageleistung auch in sonstigen Gegenständen bestehen, soweit sie zur Aufbringung des Stammkapitals geeignet sind (**Sacheinlagen**).

Zulässig ist auch die Verbindung von Geld- und Sacheinlagen.

b)   Höhe von Stammkapital und Stammeinlagen   85

	Mindestsumme in €
Stammkapital	25.000,00
Stammeinlage	100,00, teilbar durch 50
Mindesteinlage bei Anmeldung zum Handelsregister	12.500,00 insgesamt (§ 7 Abs. 2 S. 2 GmbHG)
Bareinlagen	je ein Viertel (§ 7 Abs. 2 S. 1 GmbHG)
Sacheinlagen	voll (§ 7 Abs. 3 GmbHG)

c)   Abweichende Vereinbarungen unter den Gesellschaftern

Die Vereinbarung einer den **Nennbetrag** der Stammeinlage **unterschreitenden Einlageleistung**   86
ist verboten. Der Verstoß gegen das Verbot hat die Unwirksamkeit der Beteiligung an der Gesellschaft zur Folge.

Ein **Mehrbetrag** ist zulässig; insoweit handelt es sich jedoch nicht um eine Stammeinlage, sondern um ein Agio (Aufgeld), das eine Nebenleistung darstellt.

1

d)   Erbringung der Einlagen

87   Die Einlagen werden **grundsätzlich bar in Geld** erbracht, möglich sind jedoch auch **Sachein-lagen** und **Mischformen**. Alle Leistungen auf die Stammeinlage müssen so erbracht werden, dass sie sich endgültig in der freien Verfügbarkeit der Geschäftsführer befinden (§ 8 Abs. 2 GmbHG).

88   Überweist der Gesellschafter seine Bareinlage auf ein Konto der GmbH und **fließt** dieser Betrag innerhalb weniger Tage wieder an den Gesellschafter **zurück**, so ist die Einlage nicht erbracht worden, weil sie nicht endgültig zur freien Verfügung der Geschäftsführung gestanden hat. Das **Hin- und Herzahlen** ist als einheitlicher, sich selbst neutralisierender Vorgang zu sehen.

89   Eine **gemischte Sacheinlage** liegt dann vor, wenn der Wert der vorgesehenen Sachleistung den Anrechnungsbetrag der Stammeinlage übersteigt und der Gesellschafter deshalb für die Differenz von der Gesellschaft eine Vergütung in Geld – gegebenenfalls als Gutschrift für ein Darlehen des Gesellschafters – oder in anderen Werten erhält.[19]

Es handelt sich um ein einheitliches Rechtsgeschäft, für das die Sachgründungsvorschriften gelten. Die **gemischte Sacheinlage** bedarf daher der Festsetzung im Gesellschaftsvertrag.

Von der gemischten Sacheinlage ist die **Mischeinlage aus Geld- und Sacheinlagen** zu unterscheiden. Auch sie stellt ein einheitliches Rechtsgeschäft dar und muss daher im Gesellschaftsvertrag festgesetzt werden.

90   Die Gesellschafterversammlung muss die Einzahlungen auf die Stammeinlagen einfordern (§ 46 Nr. 2 GmbHG).

Insbesondere darf sie die Leistung nicht erlassen (**Erlassverbot**; § 19 Abs. 2 S. 1 GmbHG), stunden (134 BGB) oder gegen die Forderung eines Gesellschafters aufrechnen (§ 19 Abs. 5 GmbHG).

91   **Verdeckte** oder **verschleierte Sacheinlagen** liegen dann vor, wenn die Gesellschafter anstelle der nach dem Gesellschaftsvertrag geschuldeten Bareinlage faktisch eine Sacheinlage erbringen. Sollen Einlagen gemacht werden, die nicht in Geld, sondern in anderen Vermögenswerten bestehen, bedarf dies jedoch einer förmlichen Festsetzung im Gesellschaftsvertrag (§ 5 Abs. 4 GmbHG).

Charakteristisch für alle genannten Fälle der verdeckten Sacheinlage ist ein **objektiv enger sachlicher und zeitlicher Zusammenhang** zwischen Geschäft und Gegengeschäft, etwa zwischen Bareinzahlung und Forderungstilgung.

Rechtsfolge einer verdeckten Sacheinlage ist zunächst, dass die Bareinlage als nicht wirksam erbracht angesehen wird und der Gesellschafter sie noch schuldet. Wirtschaftlich betrachtet muss der Gesellschafter die Bareinlage also zweimal leisten. Auch das schuldrechtliche Gegengeschäft ist nichtig (§ 19 Abs. 5 GmbHG, § 134 BGB), ebenso das dingliche Erfüllungsgeschäft (§ 27 Abs. 3 S. 1 AktG analog).

92   Die GmbH kann bei Gründung selbst keine Stammeinlage übernehmen; eine Übernahme ist unwirksam.

93   **Sacheinlage** ist jede Einlage auf das Stammkapital, die nicht in Geld zu leisten ist. Als Sacheinlagen kommen grundsätzlich nur verkehrsfähige Vermögensgegenstände mit einem feststellbaren wirtschaftlichen Wert in Betracht (§ 27 Abs. 2 AktG analog; z.B. bewegliche und unbewegliche Sachen, beschränkte dingliche Rechte und Mitgliedschaften, Know-how, Kundenstamm).

Anders als die Bareinlage müssen Sacheinlagen zum Zeitpunkt der Anmeldung zum Handelsregister vollständig zur freien Verfügung der Geschäftsführer stehen (§ 7 Abs. 3 GmbHG). Die

---

19   Baumbach/Hueck/Fastrich, § 5 Rn. 20.

Gründer müssen eine Sacheinlagevereinbarung im Gesellschaftsvertrag beschließen, einen Sachgründungsbericht (§ 5 Abs. 4 S. 2 GmbHG) erstellen; außerdem muss die Sacheinlage mit dem Wiederbeschaffungswert am Tag der Anmeldung der Gesellschaft zum Handelsregister bewertet werden, massgeblich ist hierbei der Tag der Registeranmeldung.

Im Gesellschaftsvertrag muss jeweils der Betrag der Stammeinlage festgesetzt werden, auf die sich die Sacheinlage bezieht.

Erreicht der Wert einer Sacheinlage im Zeitpunkt der Anmeldung der Gesellschaft zur Eintragung in das Handelsregister nicht den Betrag der dafür übernommenen Stammeinlage, muss der Gesellschafter eine Geldeinlage in Höhe des Fehlbetrags leisten (§ 9 Abs. 1 GmbHG).

5.   Besonderheiten der Einpersonen-GmbH

Unter einer **Einpersonen-GmbH** (oder **Einmann-GmbH**) versteht man eine GmbH, die nur einen einzigen Gesellschafter hat. Gesellschafter kann sowohl eine natürliche als auch eine juristische Person sein.   94

Eine Einpersonen-GmbH endet, wie die Mehrpersonen-Gesellschaft, durch Auflösung und anschließendem Erlöschen.

Entstehung/Einpersonen-Gründung   95

Eine Einpersonen-GbmH kann dadurch entstehen, dass sie von vornherein nur von einem Gesellschafter gegründet wird (**Einpersonen-Gründung**). Die Einpersonen-Gründung ist durch § 1 GmbHG ausdrücklich zugelassen.

Die Gründung vollzieht sich vom Grundsatz her nach denselben Regeln wie die Mehrpersonen-Gründung.

Vorgesellschaft   96

Eine **Einpersonen-Vorgesellschaft** ist nach umstrittener Rechtsprechung genau wie die Mehrpersonen-Vorgesellschaft teilrechtsfähig.

Eine **Vorgründungsgesellschaft** ist bei der Einpersonen-Gesellschaft begrifflich nicht möglich. Bei dieser handelt es sich um eine Personengesellschaft, bei der es keine Einpersonen-Gesellschaften gibt.

Sicherung nicht eingezahlten Stammkapitals   97

Wenn das Stammkapital nicht in voller Höhe sofort einbezahlt wird, muss der Alleingesellschafter für den nicht eingezahlten Teil des Stammkapitals eine Sicherung bestellen.

E.   AG

I.   Allgemeines

Die Aktiengesellschaft ist eine Gesellschaft mit eigener Rechtspersönlichkeit (§ 1 Abs. 1 S. 1 AktG). Den Gläubigern gegenüber haftet nur die Gesellschaft und diese mit ihrem Vermögen, nicht auch die Aktionäre persönlich (§ 1 Abs. 1 S. 2 AktG).   98

1.   Juristische Person

99   Die Aktiengesellschaft ist eine **juristische Person**, die mit Eintragung im Handelsregister entsteht (§ 41 Abs. 1 S. 1 AktG). Inhaber von Rechten und Pflichten ist die Gesellschaft als solche, nicht der einzelne Gesellschafter. Sie kann Eigentum erwerben, vor Gericht klagen und verklagt werden, über ihr Vermögen kann das Insolvenzverfahren eröffnet werden (§ 11 Abs. 1 InsO), und zur Zwangsvollstreckung in ihr Vermögen ist ein gegen die Gesellschaft gerichteter vollsteckbarer Schuldtitel erforderlich.

Auch die Gründung der Einpersonen-AG ist möglich, für die aber einige Sonderregelungen gelten.

100   Praktische Bedeutung

Die AG war traditionell vornehmlich die Rechtsform für große Unternehmen und dabei gleichsam Sammelbecken für Kapitalbeträge einer Vielzahl von kleineren Anlegern (Publikumsgesellschaft) und kleinere Unternehmen wurden vor allem in GmbHs betrieben. Seit der Einführung der sog. kleinen Aktiengesellschaften hat die Bedeutung der Aktiengesellschaft im Wirtschaftsleben deutlich zugenommen, was sich nicht zuletzt an der ständig wachsenden Zahl von Gründungen von bzw. Umwandlungen in Aktiengesellschaften zeigt.

2.   Aktiengattungen

101   Eine Aktiengesellschaft hat die Wahl zwischen verschiedenen Aktiengattungen zu wählen, welche im folgenden näher beschrieben werden sollen.

a)   Nennbetragsaktien

Diese müssen auf einen ziffernmäßig festgelegten Betrag – den **Nennbetrag** – lauten, z.B. 5 EURO (§ 6 AktG; Mindestnennbetrag 1 EURO; voller EURO-Betrag notwendig, § 8 Abs. 2 AktG; Stückelung in verschiedene Nennbeträge möglich); dieser bezeichnet den Betrag, der auf die Aktie geleisteten oder noch zu leistenden Einlage. Die Nennbeträge und die Zahl der Aktien jeden Nennbetrags sind in der Satzung festzulegen.

Zur Änderung der Aktiennennbeträge ist eine Satzungsänderung erforderlich.

Der Anteil des Grundkapitals und damit der Umfang der Mitgliedschaftsrechte, der durch die Nennbetragsaktie verkörpert wird, ergibt sich aus dem Verhältnis des Nennbetrags einer Aktie zum Nennbetrag des Grundkapitals (§ 8 Abs. 4 AktG, § 1 Abs. 2 AktG).

Eine Ausgabe zu einem höheren Betrag als dem Nennwertbetrag ist möglich (**Überpariemission** § 9 Abs. 2 AktG). Der überschießende Betrag ist **Agio** und bei der Gründung in der Satzung und bei der Kapitalerhöhung im Erhöhungsbeschluss festzusetzen. Das Agio ist von den Gründern bzw. den Übernehmern in vollem Umfang zu erbringen.

b)   Stückaktien

102   Jede einzelne **Stückaktie** repräsentiert einen gleich großen Bruchteil am Grundkapital, da alle Stückaktien in gleichem Umfang am Grundkapital beteiligt sind (§ 8 Abs. 3 S. 2 AktG; mindestens 1 EURO; keine vollen EURO-Beträge notwendig, z.B. 5, 73 EURO rechnerischer Betrag).

Die von den Gründern/Aktionären geschuldete Einlage bzw. der Umfang ihrer Mitgliedschaftsrechte ist derart zu bestimmen, dass das Grundkapital durch die Anzahl der Stückaktien geteilt wird.

Ebenso wie bei Nennbetragsaktien können die Stückaktien mit einem Agio ausgegeben werden.

Zu einer Änderung des auf die Stückaktie entfallenden Betrages kommt es immer dann, wenn die Zahl der Stückaktien geändert wird, ohne dass der Nennbetrag des Grundkapitals in gleichem Umfang eine Änderung erfährt. Wird das Grundkapital ohne Ausgabe neuer Aktien heraufgesetzt, erhöht sich der auf die Stückaktie entfallende Betrag automatisch. Bei Kapitalherabsetzungen ermäßigt sich der auf die Stückaktie entfallende Betrag, ohne dass es eines gesonderten Beschlusses bedürfte.

c) Aktienart

In der Satzung muss angegeben werden, ob die Aktien auf den Inhaber oder auf den Namen lauten.   103

ca) Inhaberaktie

Die **Inhaberaktie** beurkundet, dass der Inhaber der Urkunde mit einem bestimmten Betrag oder Bruchteil als Aktionär an der AG beteiligt ist (deklaratives Wertpapier, depot- und börsenfähig).

Die wertpapiermäßige Verbriefung als Inhaberpapier hat insbesondere die folgenden Wirkungen:

Legitimationswirkung: Besitz der Aktie begründet die widerlegliche Vermutung, dass der Besitzer auch Inhaber des materiellen Mitgliedschaftsrechts ist; (§ 793 Abs. 1 BGB, 1006 Abs. 1 S. 1 BGB).

Rechtsscheinwirkung: wirksamer (gutgläubiger) Erwerb möglich (§ 935 BGB, § 936 BGB), auch wenn die Inhaberaktie zuvor gestohlen wurde, verloren gegangen oder sonst abhanden gekommen ist.

cb) Namensaktie

Die **Namensaktie** beurkundet, dass eine mit bestimmten Namen bezeichnete Person mit einem bestimmten Betrag oder Bruchteil an der AG beteiligt ist (geborenes Orderpapier und deklaratives Wertpapier; depot- und börsenfähig, wenn blanko indossiert). Es hat eine Aufnahme in das Aktienregister zu erfolgen.   104

Vinkulierte Namensaktien   105

Die Anteilsrechte können auch als **vinkulierte Namensaktien** begründet werden; hier bindet die Satzung die Übertragung an die Zustimmung der AG (Vinkulierung, § 68 Abs. 2 AktG; Schutz vor Überfremdung, Kontrolle des Aktionärskreises, Aufrechterhaltung der bisherigen Beteiligungsverhältnisse).

In bestimmten Fällen müssen vinkulierte Namensaktien ausgegeben werden:

- Nebenleistungen sind vereinbart (§ 55 Abs. 1 S. 1 AktG)
- Entsendungsrechte in den Aufsichtsrat vorgesehen sind oder
- es sich um Aktien von Wirtschaftsprüfungs- und Buchführungsgesellschaften (§ 28 Abs. 5 S. 2 WPO, § 130 Abs. 2 WPO), Steuerberatungsgesellschaften (§ 50 Abs. 5 S. 2 StBerG) oder gemeinnützigen Wohnungsbaugesellschaften handelt (§ 3 Abs. 5 WGGDV).

1

Die Vinkulierung ist in der Satzung durch die Aktionäre festzulegen. Die nachträgliche Anordnung der Vinkulierung bedarf der Zustimmung aller Aktionäre (§ 180 Abs. 2 AktG).

Namensaktien müssen zwingend ausgegeben werden, wenn die Einlage zuzüglich eines etwaig geschuldeten Agios noch nicht voll geleistet ist (§ 10 Abs. 2 AktG).

Wirkung der Verbriefung

Die wertpapiermäßige Verbriefung als Oderpapier hat insbesondere folgende Wirkungen:

Legitimationswirkung: gegenüber AG unwiderlegliche Vermutung, dass der Besitzer der Aktie auch der Inhaber der Mitgliedschaftsrechte ist (§ 67 Abs. 2 AktG); Dritten gegenüber nur, wenn er in der Urkunde als Berechtigter genannt ist.

Rechtsscheinwirkung

Hier ist das Verhältnis zur AG betroffen. Ein guter Glaube der AG an die Mitgliedschaft des im Aktienregister Eingetragenen ist nicht erforderlich. Dritten gegenüber kommt dem Rechtsscheingedanken vor allem bei gutgläubigen Erwerb Bedeutung zu. Dieser ist möglich, wenn der nichtberechtigte die Aktie in Händen hält und durch eine ununterbrochene Kette von Indossamenten die Übertragung nachweist (§ 68 Abs. 1 AktG).

d)   Aktienregister

106   Werden Namensaktien ausgeben, so ist die AG zur Führung eines **Aktienregisters** verpflichtet. Zweck dieses Registers ist es, den jeweiligen Aktionär ersichtlich zu machen.

In das Aktienregister müssen eingetragen werden:

- Name, Vorname
- Adresse
- Geburtsdatum (§ 67 Abs. 1 AktG) des Inhabers der Namensaktie
- die Stückzahl oder die Aktiennummer
- soweit vorhanden, die Nennbeträge der Aktien

Die Eintragung hat zur Folge, dass der Eingetragene gegenüber der Gesellschaft als Aktionär gilt. Seine Aktionärseigenschaft wird im Verhältnis zur AG ohne Zulassung eines Gegenbeweises fingiert (§ 67 Abs. 2 AktG). Dementsprechend kann nur der Eingetragene Aktionärsrechte (z.B. Stimmrechte und Teilnahmerechte) ausüben und sich die Gesellschaft nur an den Eingetragenen halten (z.B. Zahlung rückständiger Einlagen).

107   Löschung

Ist jemand zu Unrecht in das Aktienregister eingetragen, so kann die Gesellschaft die Eintragung löschen, wenn sie zuvor die Beteiligten von der Löschung benachrichtigt und ihnen eine angemessene Frist zum Widerspruch gesetzt hat (§ 67 Abs. 5 AktG).

Zulässig ist, teilweise Inhaberaktien und teilweise Namensaktien vorzusehen, was in der Satzung aber ebenfalls aufgenommen werden muss. Die Zahl der Aktien jeder Art muss nicht angegeben werden.

e) Stammaktien

Stammaktien sind Aktien, die ihrem Inhaber das Stimm- und Dividendenrecht entsprechend dem Anteil am Grundkapital gewähren (§ 12 Abs. 1 S. 1 AktG). Dies ist der Normalfall. 108

Vorzugsaktien sind Aktien, die in irgendeiner Weise mit einem Vorrecht ausgestattet sind. Die Einräumung solcher Vorrechte ist auch für einen Teil des Aktienbestandes möglich. In der Regel sind sie stimmrechtslos, aber auch eine Beibehaltung des Stimmrechts ist möglich. Bei Beibehaltung des Stimmrechts verfügen die Stimmrechtsaktien über Vorrechte bei der Verteilung des Gewinns (z.B. Mehrdividende) oder des Liquidationsüberschusses. Sie bilden eine besondere Aktiengattung, unterliegen also nicht den Bestimmungen über stimmrechtslose Vorzugsaktien. 109

Stimmrechtslose Vorzugsaktien sind Aktien ohne Stimmrecht, mit einem Vorzug bei der Verteilung des Bilanzgewinns und einem Recht auf Nachzahlung der in den Vorjahren ausgefallenen Dividenden (§ 139 AktG). Der Vorzug auf den Bilanzgewinn bedeutet, dass die den Vorzugsaktionären zustehende Dividende erst an diese auszuschütten ist, bevor die Ausschüttung an die übrigen Aktionäre erfolgen darf. Der Gewinnvorzug wirkt sich daher nur aus, wenn der Gewinn nicht ausreicht, um alle Aktionäre in entsprechender Höhe zu bedenken. Die Höhe des Vorzugs muss objektiv bestimmbar sein. 110

Neben der Priorität der Gewinnverteilung kann die Satzung auch eine Mehrdividende, d.h. eine zusätzliche Dividendenberechtigung vorsehen. Das zudem bestehende Recht auf Nachzahlung hat zur Folge, dass eine nicht gezahlte Vorzugsdividende aus dem Ausschüttungsbetrag späterer Dividenden nachgezahlt werden muss, bevor eine Dividende auf andere Aktien ausgezahlt werden darf.

Solche stimmrechtslosen Vorzugsaktien dürfen nur bis zur Hälfte des Grundkapitals ausgegeben werden.

II. Gründung der AG

Eine AG kann durch einen oder mehrere Gesellschafter gegründet werden (§ 2 AktG). 111

Jede natürliche Person sowie alle juristischen Personen des Privatrechts als auch des öffentlichen Rechts können sich an der Gründung einer Aktiengesellschaft beteiligen.

Auch Personenhandelsgesellschaften (OHG und KG, einschließlich ihrer besonderen Erscheinungsformen als AG & Co. KG bzw. GmbH & Co. KG) können an der Gründung einer AG teilnehmen, ebenso eine GbR. Daneben ist die Beteiligungsfähigkeit von Vorgesellschaften (Vor-AG, Vor-GmbH) allgemein anerkannt.

1. Vorphase

Bei der Gründung der Aktiengesellschaft lassen sich häufig drei, mindestens aber zwei Stufen unterscheiden: die Vorgründungsgesellschaft, die Vorgesellschaft und die Entstehung der AG durch Eintragung. 112

Erst mit der Eintragung der Gesellschaft im Handelsregister entsteht die AG als juristische Person (§ 41 Abs. 1 S. 1 AktG). Es handelt sich bei ihr um die gleiche Gesellschaft wie die Vorgesellschaft, diese verwandelt sich lediglich durch die Eintragung von einer Gesamthand zu einer juristischen Person.[20]

a)   Vorgründungsgesellschaft

113   Mit der Einigung zur Gründung einer Aktiengesellschaft entsteht häufig eine so genannte **Vorgründungsgesellschaft**. Diese ist GbR (regelmäßig in der Form einer Innengesellschaft) mit dem Zweck, eine AG zu errichten; betreibt die Vorgründungsgesellschaft bereits ein Handelsgewerbe, so ist sie eine OHG. Mit der Beurkundung der Satzung wird die Vorgründungsgesellschaft regelmäßig wegen Zweckerreichung beendet, sofern die Gesellschaft nicht wegen Vorhandenseins von Gesamthandsvermögen noch gesondert liquidiert werden muss.

b)   Vorgesellschaft

114   Ab der notariellen Beurkundung der Satzung (§ 23 Abs. 1 AktG) bis zur Eintragung als AG entsteht als notwendiges Durchgangsstadium eine so genannte **Vorgesellschaft** (**Vor-Aktiengesellschaft**), die bereits ein eigenständiger Rechtsträger ist. Auf ihre Rechtsverhältnisse findet das Aktienrecht bereits insoweit Anwendung, als die jeweilige Bestimmung nicht bereits die Eintragung der Gesellschaft ins Handelsregister voraussetzt.

Die Vorgesellschaft ist im eigenen Namen aktiv und passiv parteifähig, beteiligten- und beschwerdefähig im Eintragungsverfahren, insolvenzfähig, scheck- und wechselfähig, kontofähig, komplementärfähig, gründerfähig sowie grundbuchfähig usw. Im Rechtsverkehr wird sie durch ihren Vorstand vertreten.

115   Für die Auflösung der Vorgesellschaft durch Beschluss ist eine Dreiviertelmehrheit erforderlich, für Auflösung und Liquidation gelten grundsätzlich die allgemeinen Regeln. Einen weiteren Auflösungsgrund stellt die rechtskräftige Ablehnung des Eintragungsantrags dar. Die Auflösung der Gesellschaft führt zu ihrem Eintritt in das Liquidationsstadium.

2.   Ablauf der Gründung

116   Die Gründung der Aktiengesellschaft vollzieht sich in folgenden Schritten:

- Feststellung der Satzung durch notarielle Beurkundung (§ 23 Abs. 1 AktG) mit Übernahme aller Aktien durch die Gründer → Gesellschaft ist errichtet (§ 29 AktG); **Vorgesellschaft**
- Bestellung des ersten Aufsichtsrats und des Abschlussprüfers für das erste Geschäftsjahr durch die Gründer; die Bestellung bedarf jeweils der notariellen Beurkundung (§ 30 Abs. 4 AktG; § 30 Abs. 4 AktG)
- Bestellung des ersten Vorstands durch den Aufsichtsrat (§ 30 Abs. 4 AktG)
- Einforderung der Einlagen durch den Vorstand
- Erstellung eines Gründungsberichts (§ 32 AktG; Angabe von z.B. Grundkapital, Höhe der jeweiligen Einlagen, Datum der Feststellung der Satzung, Wahl des ersten Organs etc.) durch alle Gründer und ggf. Durchführung einer bzw. mehrerer Gründungsprüfungen (§ 33 AktG). In besonderen Fällen muss ein externer Gründungsprüfer eingeschaltet werden (§ 33 Abs. 2 AktG; z.B. dann, wenn eine Gründung mit Sacheinlage oder Sachübernahme vorliegt)

---

20   Hüffer, § 41 Rn. 6, a.A. Gesamtrechtsnachfolge.

Die Prüfung muss sich auf alle Umstände erstrecken, die für die späteren Aktionäre und Gläubiger von Belang sein können (§ 43 AktG).

◼ Anmeldung zum Handelsregister und Eintragung

3. Besonderheiten bei Sachgründung

Bei einer **Sachgründung** sind in dem Bericht die wesentlichen Umstände darzulegen, von denen   117
die Angemessenheit der Leistungen (mindestens Wertgleichheit) für Sacheinlage oder Sachübernahme abhängt. Es müssen insbesondere angegeben werden:

◼ die vorausgegangenen Rechtsgeschäfte, die auf den Erweb des Vermögensgegenstandes durch die Gesellschaft hingezielt haben,

◼ die Anschaffungs- und Herstellungskosten der im Wege der Sacheinlage oder der Sachübernahme übertragenen Gegenstände aus den letzten beiden Jahren vor der Feststellung der Satzung und

◼ beim Übergang eines Unternehmens auf die Gesellschaft die Betriebserträge aus den letzten beiden Geschäftsjahren (der um außerordentliche Aufwendungen bzw. Erträge bereinigte Jahresüberschuss/Jahresfehlbetrag)

Ggf. sind Fehlanzeigen zu machen.

Externer Gründungsprüfer   118

In bestimmten Fällen muss eine zusätzliche Prüfung des Gründungsvorgangs durch einen externen **Gründungsprüfer** erfolgen (§ 33 Abs. 2 AktG),

◼ wenn ein Verwaltungsmitglied zu den Gründern gehört

◼ wenn bei der Gründung für Rechnung eines Verwaltungsmitglieds Aktien übernommen werden,

◼ wenn sich ein Verwaltungsmitglied einen besonderen Vorteil oder für die Gründung oder ihre Vorbereitung eine Entschädigung oder Belohnung ausbedungen hat

4. Einlagen

Das Gesetz unterscheidet zwei Gründungsformen, die Bargründung und die Sachgründung (teil-   119
weise auch als qualifizierte Gründung bezeichnet). Die Gründungsarten schließen einander nicht aus.

Bei der **Bargründung**, die das Gesetz als Regelfall ansieht erbringt der Aktionär seine Einlage in   120
Form von gesetzlichen Zahlungsmitteln oder durch Gutschrift auf ein Konto eines Kreditinstituts oder eines gleichgestellten Unternehmens (§ 54 Abs. 3 AktG).

Hinsichtlich der **Sachgründung** lassen sich zwei Formen unterscheiden, die Sacheinlage und die   121
Sachübernahme (§ 27 Abs. 1 AktG). Bei der Sachgründung haben die Gründer einen Gründungsbericht zu erstellen.

Bei der **Sacheinlage** leistet der Aktionär seine Einlage nicht durch bare oder unbare Zahlung des   122
Ausgabebetrags, sondern in anderer Weise; alles, was nicht bare oder als Barzahlung zugelassene unbare Zahlung ist, stellt eine Sacheinlage dar. Dabei muss der jeweilige Gegenstand auch einlagefähig sein.

Möglich sind auch Mischformen bei der Einlageleistung, nämlich die gemischte Sacheinlage und die Mischeinlage.

123 Eine **Sachübernahme** liegt vor, wenn die Gesellschaft vorhandene oder herzustellende Vermögensgegenstände übernehmen soll und sich ein Gründer oder ein Dritter hierfür bereits „verbindlich" gemacht hat (§ 27 Abs. 1 S. 2 AktG).

124 Einforderung der Einlage

Der Vorstand fordert die (Mindest-)Einlagen ein. Sowohl die Barleistungen als auch die Sacheinlagen sind zur endgültig freien Verfügung des Vorstand zu leisten. Der Vorstand muss in die Lage versetzt werden, im Rahmen seiner Organstellung über diese ohne Einschränkungen verfügen zu können.

125 Bei **Bareinlagen** muss der eingeforderte Betrag mindestens ein Viertel des geringsten Ausgabebetrags und – sofern die Satzung ein Aufgeld (Agio) vorsieht – das Aufgeld in voller Höhe umfassen (§ 36 Abs. 2 AktG, § 36 a Abs. 1 AktG).

126 Bei Sacheinlagen durch:[21]

- dingliches Rechtsgeschäft (Übereignung, Übertragung von Forderungen)
- innerhalb eines Zeitraums von fünf Jahren, gerechnet ab der Eintragung der Gesellschaft in das Handelsregister (§ 36 a Abs. 2 S. 2 AktG),
- keine dingliche Übertragung (z.B. Gebrauchsgewährung von Betriebsanlagen; Nutzung der Ausbeutung von Grundstücken), Gesellschaft muss schon vor der Anmeldung in die Lage versetzt worden sein, das Objekt tatsächlich zu gebrauchen oder zu nutzen (§ 36 a Abs. 2 S. 1 AktG).

5. Satzung und Gründungsprotokoll

a) Zwingende Angaben

127 Das Gesetz unterscheidet zwischen Angaben, die in der Urkunde stehen müssen (§ 23 Abs. 2 AktG), und Bestimmungen, die die eigentliche Satzung enthalten muss (§ 23 Abs. 3 und 4 AktG). Diese Aufteilung entspricht der in der Praxis üblichen Aufteilung der Angaben in ein Gründungsprotokoll und der diesem Protokoll beigefügten eigentlichen Satzung („Satzung im engeren Sinn").

aa) Zwingende Angaben in der Urkunde

128 Nach § 23 Abs. 2 AktG sind in der Urkunde anzugeben:

- die Gründer (Aktionäre, die die Satzung feststellen und damit auch Aktien übernehmen)
- die Aktienübernahmen
- Nennbetragsaktien: Nennbetrag und der Ausgabebetrag der Aktien
- Stückaktien: Zahl der übernommenen Stückaktien und Ausgabebetrag

Es ist nicht zulässig, teilweise Nennbetragsaktien und teilweise Stückaktien vorzusehen.

Sind mehrere Gattungen geschaffen worden, muss auch die Gattung der Aktien angegeben werden, die jeder Gesellschafter übernimmt.

- der einzuzahlende Betrag

---

21 Hüffer, § 36 a Rn. 4.

ab)　Zwingende Satzungsangaben

Nach § 23 Abs. 3 und 4 AktG muss die Satzung bestimmen:

129

- Firma und Sitz der Gesellschaft (§ 4 AktG Bezeichnung der Firma als „Aktiengesellschaft" oder mit einer allgemein verständlichen Abkürzung – „etwa AG").
- Gegenstand des Unternehmens
- Höhe des Grundkapitals (mindestens 50.000,00 €; §§ 6 ff. AktG)
- Zerlegung des Grundkapitals und Aktiengattungen
- Angabe, ob Namens- oder Inhaberaktien
- Zahl der Vorstandsmitglieder
- Form der Bekanntmachung (§ 23 Abs. 4 AktG; frei wählbar)

b)　Weitere Satzungsbestimmungen

Über den in jedem Fall zwingenden Satzungsinhalt hinaus gibt es Regelungen, die entweder frei-　130
willig aufgenommen werden können oder die, sofern eine entsprechende Vereinbarung getroffen
worden ist, zwingend in der Satzung festzulegen sind. Dies betrifft Regelungen zur Umwandlung
von Aktien auf Verlangen eines Aktionärs, zu Pflichtbekanntmachungen der AG (z.B. Erwerb
einer Mehrheitsbeteiligung durch die AG, Nachfrist bei Ausschluss säumiger Aktionäre, Änderungen im Aufsichtsrat; § 25 AktG), Sondervorteilen (§ 26 AktG), Gründungsaufwand, Sacheinlagen und Sachübernahmen (§ 27 AktG).

Zulässigkeitsgrenzen　131

Man unterscheidet hinsichtlich der Zulässigkeit von weiteren Satzungsbestimmungen zwischen
solchen, die vom Gesetz abweichen (nur zulässig soweit ausdrücklich zugelassen) und solchen,
die das Gesetz ergänzen (§ 23 Abs. 2 AktG).

6.　Nachgründung, § 52 AktG

Hierunter versteht das Gesetz schuldrechtliche Verträge der Gesellschaft, die in den ersten zwei　132
Jahren nach ihrer Eintragung ins Handelsregister mit Gründern oder mit zu mehr als 10 % an der
Grundkapitalziffer der AG beteiligten Aktionären (oder ihnen gleichzustellenden Personen, z.B.
Treugeber, Treuhänder) geschlossen werden und nach denen die Gesellschaft Vermögensgegen-
stände für eine den zehnten Teil des Grundkapitals übersteigende Vergütung erwerben soll. Diese
Verträge müssen zu ihrer Wirksamkeit gewisse Voraussetzungen erfüllen, sie müssen insbeson-
dere schriftlich abgefasst (§ 52 Abs. 2 AktG), geprüft (§ 52 Abs. 3, 4 AktG, Nachgründungsbe-
richt) und öffentlich gemacht werden; außerdem muss die Hauptversammlung zustimmen (§ 52
Abs. 1, 2, 5 AktG) und eine Eintragung beim Handelsregister erfolgen (§ 52 Abs. 6–9 AktG). Ohne
die Einhaltung dieser Kriterien sind sowohl der schuldrechtliche Vertrag als auch die dinglichen
Erfüllungsgeschäfte unwirksam (§ 52 Abs. 1 S. 1 und 2 AktG).

Bei Verletzung von Pflichten im Zusammenhang mit dem Abschluss des Nachgründungsvertrages
(z.B. überhöhte Gegenleistung der Gesellschaft) haften die Mitglieder des Vorstands und des Aufsichtsrats gegenüber der AG auf Schadensersatz (§ 93 AktG, § 116 AktG, § 53 AktG, § 46 AktG).

Bis zur Eintragung im Handelsregister ist der Nachgründungsvertrag schwebend unwirksam und　133
verpflichtet im Grundsatz weder die Gesellschaft noch den anderen Vertragsteil. Gleichwohl be-

steht auch während dieser Schwebezeit eine Bindung des anderen Vertragsteils insoweit, als dieser zunächst an seine Erklärung gebunden ist.

7. Kapitalaufbringung

134 Die Höhe des Grundkapitals ist in der Satzung anzugeben (§ 23 Abs. 2 Nr. 3 AktG) und wird im Handelsregister eingetragen (§ 39 Abs. 1 S. 1 AktG). Entsprechendes gilt bei der Kapitalerhöhung (§ 190 AktG). Der Mindestbetrag des Grundkapitals beträgt 50.000,00 EURO (§ 7 AktG). Der Betrag des Grundkapitals muss mit dem Gesamtbetrag aller auszugebenden Nennbetragsaktien oder dem auf die einzelnen Stückaktien entfallenden anteiligen Betrag identisch sein (§ 9 AktG; zum geringsten Ausgabebetrag § 8 Abs. 2 und 3 AktG, § 9 AktG).

Die Aufbringung des hiernach erforderlichen Betrags stellt das Gesetz in einer Vielzahl von Vorschriften sicher, in denen sich ein allgemeines Prinzip, der Grundsatz der realen Kapitalaufbringung, widerspiegelt.

135 Sondervorteile und Gründungsaufwand, den die Gesellschaft übernehmen soll, müssen in der Satzung festgesetzt werden (§ 26 AktG). Ohne eine solche Festsetzung sind die Verträge und die Rechtshandlungen zu ihrer Ausführung der Gesellschaft gegenüber unwirksam; die hiernach notwendigen Festsetzungen können nach Eintragung nicht mehr nachgeholt werden.

136 Entsprechende Bestimmungen zur Notwendigkeit der Festsetzung in der Satzung bestehen auch für die Sachübernahme (§ 27 AktG).

137 Übernahme aller Aktien

Erst mit der Übernahme aller Aktien ist die Gesellschaft gegründet (**Einheitsgründung**).

138 Die Ausgabe von Aktien für einen geringeren Betrag als den Nennbetrag oder den auf die einzelne Stückaktie entfallenden anteiligen Betrag des Grundkapitals ist nicht zulässig (**Verbot der Unterpariemission**). Möglich ist nur die Ausgabe von Aktien zu dem entsprechenden oder einem höheren Betrag (§ 9 AktG).

Für die Sacheinlage ist festgelegt, dass ihr Wert dem geringsten Ausgabebetrag und bei Ausgabe der Aktien für einen höheren als diesen auch dem Mehrbetrag entsprechen muss (§ 36 a Abs. 2 S. 3 AktG).

139 Von Bareinlagen vor der Anmeldung der Gesellschaft zur Eintragung in das Handelsregister muss der eingeforderte Betrag mindestens ein Viertel des geringsten Ausgabebetrags sowie – wenn vereinbart – das Agio (Aufgeld) umfassen, damit die Kapitalgrundlage der Gesellschaft zumindest in dieser Hinsicht von vornherein gesichert ist (§ 36 a AktG, § 36 Abs. 2 AktG, § 9 Abs. 1 AktG).

140 Die ordnungsgemäße Leistung setzt bei Bareinlagen voraus, dass diese in einer der zugelassenen Leistungsformen erfolgt ist (§ 54 Abs. 3 AktG).

141 Die Leistung zur endgültigen freien Verfügung des Vorstands ist Voraussetzung für die Befreiungswirkung der Leistung (§ 54 Abs. 3 AktG). Fehlt sie, hat der Gründer seine Einlageverpflichtung nicht erfüllt.

142 Aktionäre und ihre Vormänner können von ihren Leistungspflichten nicht befreit werden (§ 66 Abs. 1 AktG, § 54 AktG, § 65 AktG). Die Einlageschuld darf insbesondere nicht erlassen werden.[22] Ebenso ist eine Aufrechnung gegen eine Forderung der Gesellschaft nach diesen Bestimmungen unzulässig. Nur durch eine ordentliche Kapitalherabsetzung oder die Kapitalherabsetzung durch

---

22 Hüffer, § 66 Rn. 4.

Einziehung von Aktien können Aktionäre von der Einlageverpflichtung befreit werden, jeweils jedoch beschränkt auf die Höhe des herabgesetzten Betrags (§ 66 Abs. 3 AktG).

Rechtsgeschäfte, die den genannten Beschränkungen widersprechen (§ 66 Abs. 1 oder Abs. 2   143
AktG) sind nichtig (§ 134 BGB). Etwaige Gegenansprüche des Aktionärs können weder zur Aufrechnung verwendet werden (§§ 812 ff. BGB) noch gewähren sie ein Zurückbehaltungsrecht (§ 273 BGB).

8.   Verbot der verdeckten Sacheinlage

Die Vorschriften über die **Sachgründung** (**Sacheinlagen und Sachübernahme**) sind im Hinblick   144
auf die ihnen zugrundeliegenden Grundsatz der realen Kapitalaufbringung zwingend und umgehungsfest. Es ist deshalb – was in der Praxis verbreitet nach wie vor übersehen wird – unzulässig, einen zum Gründungszeitpunkt wirtschaftlich einheitlich gewollten Vorgang in zwei rechtlich getrennte Geschäfte – eine Bargründung und einen anschließenden Erwerb des Vermögensgegenstandes durch die Gesellschaft – aufzuspalten.

Da hier der Gesellschaft nach den Vorstellungen der Beteiligten im wirtschaftlichen Ergebnis   145
anstelle der Bareinlage eine Sacheinlage zugeführt werden soll, wird ein solches (unzulässiges) Vorgehen allgemein als verdeckte Sacheinlage bezeichnet.

Eine **verdeckte Sacheinlage** liegt vor, wenn die Gründer spätestens im Zeitpunkt der Errichtung   146
der Gesellschaft d.h. der notariellen Beurkundung der Satzung (§ 23 AktG), eine Abrede darüber getroffen haben, dass der Gesellschaft im wirtschaftlichen Ergebnis eine andere als die in der Satzung vereinbarte Bareinlage zukommen soll.

Eine Abrede der Gründer, dass der Gesellschaft eine andere als in der Satzung vereinbarte Bareinlage zukommen soll, wird vermutet, wenn ein enger zeitlicher (Frist von sechs Monaten) und   147
sachlicher Zusammenhang zwischen der Leistung der Einlage und der Übertragung des Gegenstandes besteht.

Verdeckte Sacheinlagen sind unzulässig und führen dazu, dass die Bareinlage zum einen nicht   148
zum endgültigen Verbleib bei der Gesellschaft geleistet worden ist. Es fehlt deshalb an der im Gesetz geforderten Leistung zur endgültigen freien Verfügung des Vorstands (§ 36 Abs. 2 AktG, § 37 Abs. 1 AktG). Der Zahlung der Bareinlage kommt deshalb auch keine Befreiungswirkung zu. Zum andern sind die Ausführungsgeschäfte, da es an der erforderlichen Festsetzung der Sacheinlage in der Satzung (§ 27 Abs. 1 AktG) fehlt, der Gesellschaft gegenüber unwirksam. Im Ergebnis muss der Gründer deshalb seine Bareinlage noch einmal ordnungsgemäß erbringen, kann aber auf der anderen Seite den unwirksam eingebrachten Gegenstand von der Gesellschaft herausverlangen. Die Verwaltungsmitglieder und die übrigen Gründer, ggf. auch die Hintermänner und der Gründungsprüfer haften (§ 46 ff. AktG). Darüber hinaus können sich die Beteiligten gem. § 399 AktG strafbar machen.

Anders als im GmbH-Recht kann eine **verdeckte Sacheinlage** im **Aktienrecht** nach Eintragung   149
der Gesellschaft im Handelsregister **nicht geheilt** werden, da dies gesetzlich ausdrücklich ausgeschlossen ist; nur vor Eintragung der Gesellschaft kann die Einlageverbindlichkeit durch Satzungsänderung von der Bar- in eine Sacheinlageverbindlichkeit abgeändert werden (§ 27 Abs. 4 AktG).

Hiervon zu unterscheiden ist die **Neuvornahme des Geschäfts**, die in den ersten zwei Jahren nach   150
der Eintragung der Gesellschaft in das Handelsregister, jedoch nur unter den besonderen Nachgründungsvoraussetzungen zulässig ist (§ 52 AktG); da der Gesetzgeber mit der Nachgründung

verdeckte Sacheinlagen erfassen wollte, ist die Vorschrift über den Gesetzeswortlaut hinaus auch dann anwendbar, wenn das Rechtsgeschäft nach der Zweijahresfrist „repariert" werden soll. Unter Treuepflichtaspekten kann ein Gründer verpflichtet sein, an der „Reparatur" einer verdeckten Sacheinlage im Wege der Nachgründung mitzuwirken.

9. Die kleine Aktiengesellschaft

151 Die **Einpersonen-AG** ist genauso wie die Aktiengesellschaft mit mehreren Aktionären eine juristische Person. Grundsätzlich gelten für sie dieselben Regeln wie für die mehrgliedrige AG.

152 Als **Gründer** kommen neben natürlichen Personen auch juristische Personen oder Personengesellschaften in Betracht. Die Gründung der Einpersonen-Aktiengesellschaft erfolgt, wie bei der mehrgliedrigen Gesellschaft durch Feststellung der Satzung. Die Erklärung wird mit ihrer notariell beurkundeten Abgabe wirksam (§ 23 AktG).[23] Mit der Errichtung (Feststellung der Satzung) entsteht, ebenso wie bei der Einpersonengründung der GmbH, eine Einpersonen-Vor-AG, die vom sonstigen Vermögen des einzigen Aktionärs zur trennen und an die die Einlage zu leisten ist.

153 Besonderheiten sieht das Gesetz hinsichtlich der Kapitalaufbringung vor.

Wird die Gesellschaft durch nur eine Person errichtet, so hat der Gründer zusätzlich für den Teil der Geldeinlage, der den geforderten Betrag übersteigt, eine **Sicherung zu bestellen** (§ 36 Abs. 2 S. 2 AktG; § 7 Abs. 2 S. 3 GmbHG entsprechend; Sicherheiten des § 232 BGB). Der eingeforderte Betrag muss bei Bareinlagen mindestens ein Viertel des Nennbetrags und bei Ausgabe der Aktien zu einem höheren als den Nennbetrag auch den Mehrbetrag umfassen.

154 Inhalt der Registeranmeldung

In der Anmeldung der Gesellschaft zur Eintragung in das Handelsregister ist zu erklären, dass die eben genannten Voraussetzungen der Kapitalaufbringung erfüllt sind (§ 37 AktG).

Bei nicht vollständiger Einlagenleistung ist somit zu erklären, dass die Sicherheit bestellt wurde. Dies umfasst die genauen Angaben welcher Art die Sicherung ist, wie sie bestellt wurde und wie hoch der Wert anzusetzen ist.

F. GmbH & Co. KG

I. Allgemeines

155 Bei der GmbH & Co. KG handelt es sich um eine Mischform der beiden Gesellschaftsformen der GmbH und der KG. Die GmbH übernimmt die Aufgabe des vollhaftenden Komplementärs und haftet aber ihrerseits wieder nur mit ihrem Gesellschaftsvermögen. Diese Gesellschaftsform kann auch als Einpersonen-GmbH & Co. KG gegründet werden.

Bezüglich der Gründungsvoraussetzungen und anderen Kennzeichen dieser Gesellschaftsform kann grundsätzlich auf die Ausführungen zu den beiden Gesellschaftsformen der KG und der GmbH verwiesen werden.

---

23   Hüffer, § 2 Rn. 4 a.

1.   Juristische Person

Auch die GmbH & Co. KG ist als Kommanditgesellschaft eine Personengesellschaft (§ 161 Abs. 1 HGB). **156**

Eine KG und damit auch die GmbH & Co. KG ist auf den Betrieb eines Handelsgewebes unter gemeinschaftlicher Firma gerichtet, aber auch für kleingewerbliche und rein vermögensverwaltende Gesellschaften ist diese Rechtsform möglich.

Die Geschäftsbriefe der GmbH & Co. KG müssen im Vergleich zu denen der „einfachen" KG zusätzliche Angaben zur Komplementär-GmbH enthalten.

In der GmbH & Co. KG sind zwei grundsätzlich unterschiedliche Gesellschaftsformen miteinander verbunden ohne dass den beteiligten Gesellschaften ihre Selbständigkeit genommen wird (**Grundtypenvermischung**).

Die Rechtsverhältnisse dieser einzelnen Gesellschaften bestimmen sich nach den für sie geltenden Spezialgesetzen: das GmbH-Gesetz für die GmbH und das Handelsgesetzbuch für die KG.

Auf einige Besonderheiten wird im Folgenden eingegangen.

2.   Vorteile der GmbH & Co. KG

Die GmbH & Co. KG hat gegenüber der „einfachen" Kommanditgesellschaft mehrere Vorteile. So brauchen die Gesellschafter, welche die Geschäftsführung und Vertretung ausüben, nicht die unbeschränkte persönliche **Haftung** zu übernehmen. Damit ist die GmbH & Co. KG faktisch eine Personengesellschaft mit beschränkter Haftung. **157**

Gegenüber der „einfachen" Kommanditgesellschaft besteht weiterhin der Vorteil, dass die **Geschäftsführung** auch gesellschaftsfremden Dritten anvertraut werden kann (**Fremdorganschaft**). **158**

Gegenüber der GmbH bietet die GmbH & Co. KG den Vorteil, dass sie nicht der Drittelbeteiligung der Arbeitnehmer im Aufsichtsrat unterliegt (§ 1 DrittelbG). Der paritätischen **Mitbestimmung** nach dem Mitbestimmungsgesetz 1976 unterliegt sie nur dann, wenn die GmbH-Anteile mehrheitlich von den Kommanditisten gehalten werden (§ 4 MitbestG), was möglicherweise durch entsprechende Gestaltung vermieden werden kann. **159**

Bei der GmbH & Co. KG wird grundsätzlich die Komplementär-GmbH wie eine GmbH besteuert, die Gesellschaft insgesamt wie eine einfache KG. **160**

Unternehmensformen wie z.B. die GmbH & Co. KG werden oft mit dem Ziel gestaltet, eine möglichst geringe Steuerbelastung zu erreichen.

🛇 Praxishinweis:

Es wird jedoch davor gewarnt, eine bestimmte Unternehmensform ausschließlich aus diesem Grund zu wählen; der steuerliche Aspekt sollte vielmehr bei der Entscheidung für eine Rechtsform nur einer neben anderen sein.

Neben der Besteuerung sind noch zahlreiche andere Gesichtspunkte zu berücksichtigen, die bei einzelnen Unternehmen unterschiedlich ins Gewicht fallen können. Aus diesem Grund kann die Frage, welche Gesellschaftsform günstiger ist, nur für den konkreten Einzelfall beantwortet werden. Die steuerlichen Vorteile einer Rechtsform hängen unter anderem vom Jahresergebnis der Gesellschaft, den Leistungsvergütungen, der Eigenkapitalausstattung sowie den persönlichen Verhältnissen der Gesellschafter ab. **161**

Sofern rechtlich keine zwingenden Gründe für die Errichtung einer GmbH & Co. KG bestehen, kann die Frage, welche Gesellschaftsformen aus steuerlichen Gesichtspunkten zu wählen ist, aufgrund eines von der Gründung durchzuführende Steuerbelastungsvergleichs entschieden werden.

162 Erscheinungsformen

In der Praxis tritt die GmbH & Co. KG in zahlreichen Formen in Erscheinung, der **personengleichen GmbH & Co. KG** (die Gesellschafter in der GmbH mit den Kommanditisten in der KG identisch), der **nichtpersonengleichen GmbH & Co. KG** (die Gesellschafter der GmbH nicht mit denen der KG identisch), der **Einpersonen-GmbH & Co. KG** (Komplementärin der KG ist in diesem Fall eine Einpersonen-GmbH, deren Gesellschafter zugleich Geschäftsführer der GmbH und einziger Kommanditist der KG ist), der **mehrstöckigen GmbH & Co. KG** (GmbH & Co. KG, an der als einziger Komplementär und/oder Kommanditist eine zweite GmbH & Co. KG beteiligt ist) oder der **Einheitsgesellschaft** (KG Alleingesellschafterin der Komplementär-GmbH ist, d.h. alle Anteile in ihrer eigenen Komplementär-GmbH hält).

II.   Gründung

163 Zur Neugründung der GmbH & Co. KG ist die Errichtung einer Komplementär-GmbH und einer KG nötig.

1.   Gesellschafter

164 **Komplementär-GmbH**

Die GmbH ist bei der typischen GmbH & Co. KG die einzige persönliche haftende Gesellschafterin der KG und entsteht erst mit Eintragung ins Handelsregister. Zuvor durchläuft sie die Gründungsstadien der Vorgründungsgesellschaft (in Form einer GbR oder OHG) und der Vor-GmbH. Beide Vorstadien können Komplementärin einer KG sein.

Kommanditisten

Alle natürlichen und juristischen Personen sowie Personengesellschaften wie OHG, KG und GbR können Kommanditisten einer KG sein.

2.   Gesellschaftsvertrag

165 Zur Gründung der GmbH sowie der KG ist jeweils der Abschluss eines entsprechenden Gesellschaftsvertrags notwendig.

166 Der Abschluss des Gesellschaftsvertrags ist nur für die **GmbH formbedürftig**; vorgeschrieben ist notarielle Beurkundung (§ 2 Abs. 1 GmbHG). Für den Inhalt werden lediglich bestimmte Mindestanforderungen aufgestellt (§ 3 GmbHG); ansonsten gelten die Vorschriften des GmbH-Gesetzes.

Keine Form ist für den Gesellschaftsvertrag der **KG** erforderlich, dieser kann insbesondere auch stillschweigend abgeschlossen sein. Die stillschweigende Vereinbarung muss sich dann aber auch auf die beschränkte Haftung und eine bestimmte Haftsumme eines der Gesellschafter erstrecken.

Darüber hinaus gilt für die GmbH und KG der Grundsatz der Vertragsfreiheit, der es den Vertragsparteien grundsätzlich freistellt, welche Regelungen sie untereinander treffen. Begrenzt wird diese Freiheit lediglich durch einige Rechtsnormen, deren Anwendung zwingend vorgeschrieben ist, sowie durch bestimmte gesellschaftsrechtliche Kernprinzipien.

Die **inhaltliche Abstimmung** der beiden Rechtsbereiche von GmbH und KG sowie die Verzahnung der beiden Gesellschaftsverträge sind unbedingt notwendig. Denn die gesetzlichen Regelungen für GmbH und KG sind so unterschiedlich, dass sich ansonsten ganz unterschiedliche Rechtsfolgen für GmbH und KG ergeben würden. Daher muss anhand der betrieblichen und persönlichen Daten ein auf die Gesellschaft und den Gesellschafter zugeschnittener Vertrag erstellt werden. Die Koordinierung der unterschiedlichen Gesetzesvorschriften der Kapital- und Personengesellschaft ist möglich, da es sich weitgehend um dispositive, einzelvertraglich abänderbare Bestimmungen handelt.

167

Die Schwerpunkte der Vertragsgestaltung ergeben sich dabei aus den Gründen für einen Zusammenschluss der Gesellschaft.

Aufeinander abzustimmende Regelungen

168

Einen Überblick über die gesetzlichen Regelungen bei der GmbH und der KG, die aufeinander abgestimmt werden müssen, vermittelt die nachfolgende Tabelle.

Abzustimmende Regelungen	GmbH (gesetzliche Regelung)	KG (gesetzliche Regelung)
Gesellschafterbeschlüsse	einfache Mehrheit	Einstimmigkeit
Gewinnbezugsrecht	Gewinnverwendungsbeschluss mit verschiedenen Gestaltungsmöglichkeiten, Verteilung nach Anteilen	4 % des Kapitalanteils, darüber hinaus nach einem den Umständen angemessenen Verhältnis der Anteile
Abtretung von Geschäftsanteilen	frei übertragbar	einstimmiger Beschluss erforderlich
Zwangsvollstreckung in einen Anteil	keine Auswirkungen auf die GmbH	Privatgläubiger kann kündigen, Kommanditist scheidet dann aus
Kündigung eines Gesellschafters	nicht vorgesehen	mit Frist von sechs Monaten zum Jahresende
Ausschluss eines Gesellschafters	durch Beschlussfassung aufgrund einer gesellschaftsvertraglichen Regelung	auf Antrag durch Gesellschafterbeschluss oder durch Beschlussfassung aufgrund einer gesellschaftsvertraglichen Regelung
Vererbung	frei vererblich; Erben halten den Anteil als Erbengemeinschaft	Erben von Kommanditisten treten einzeln ein

Die **Firma** der GmbH & Co. KG muss eine Bezeichnung enthalten, die die Haftungsbeschränkung kennzeichnet.

169

GmbH und KG müssen **gesondert** zum **Handelsregister** angemeldet werden. Für die GmbH erfolgt dies durch den oder die Geschäftsführer (§§ 7, 8 GmbHG). Die KG ist durch sämtliche Gesellschafter anzumelden (§ 108 Abs. 1 HGB). Hier haben sowohl die Geschäftsführer der GmbH als deren Vertreter als auch sämtliche Kommanditisten zu zeichnen. Die Anmeldung muss für alle Gesellschafter der KG Namen, Vornamen, Geburtsdatum und Wohnort enthalten (§ 106 HGB) sowie auch stets die Vertretungsmacht der persönlich haftenden Komplementär-GmbH. Ferner

170

ist der Betrag der Einlage jedes Kommanditisten anzugeben (§ 162 Abs. 1 HGB). Mit der Einlage ist in dieser Vorschrift die Haftsumme, nicht die Pflichteinlage gemeint.

Die Anmeldung erfolgt durch Einreichung einer öffentlich beglaubigten schriftlichen Erklärung beim Handelsregister (§ 12 Abs. 1 HGB).

171 Der **Umfang der Kapitalausstattung** der GmbH & Co. KG richtet sich nach den jeweiligen gesetzlichen Bestimmungen (GmbH: siehe Tabelle § 1 Rn. 85; KG: Rn. 64).

Ein Kommanditist, der gleichzeitig Gesellschafter der Komplementär-GmbH ist, darf hierbei nicht seinen GmbH-Anteil als Einlage erbringen. Eine solche Einlage gilt den Gesellschaftsgläubigern gegenüber als nicht geleistet mit der Folge, dass der Kommanditist weiterhin persönlich bis zur Höhe seiner Einlage haftet (§ 172 Abs. 6 HGB). Die Komplementär-GmbH kann, muss aber keine Einlage erbringen.

172 Im **Insolvenzfall** ist die GmbH & Co. KG den Kapitalgesellschaften weitgehend gleichgestellt.

173 Die Bestimmungen des GmbH-Gesetzes über **Eigenkapital ersetzende Gesellschafterleistungen** und die von der Rechtsprechung dazu entwickelten Regeln sind für die GmbH & Co. KG sinngemäß anzuwenden. An die Stelle der GmbH-Gesellschafter treten die Gesellschafter der Komplementär-GmbH sowie die Kommanditisten (§ 172 a HGB i.V.m. §§ 32 a, 32 b GmbHG).

§ 2 Übertragung der Gesellschaftsanteile zu Lebzeiten

Die Möglichkeiten der Übertragung einer Gesellschaftsbeteiligung spielt eine bedeutende Rolle bei der Rechtsformwahl. Dabei reichen die Interessen von einfacher Fungibilität der Gesellschaftsbeteiligung, z.B. bei zukünftig beabsichtigter Aufnahme von Finanzinvestoren, bis zur stark eingeschränkten Verfügbarkeit bei Unternehmen, die nur einen bestimmten, im Voraus definierten Personenkreis zugänglich sein sollen.   1

A.   Gesellschaft bürgerlichen Rechts

I.   Grundsatz

Neben der Möglichkeit, einen Gesellschafterwechsel durch Austritt des alten Gesellschafters und durch Eintritt des neuen Gesellschafters in die Gesellschaft bürgerlichen Rechts zu vollziehen, ist seit einer Entscheidung des Reichsgerichts im Jahre 1944 allgemein anerkannt, dass die Gesellschafterstellung auch unmittelbar vom Altgesellschafter auf den Neugesellschafter übertragen werden kann. Nach allgemeiner Auffassung bedarf es jedoch für eine Übertragung eines Gesellschaftsanteils der Zustimmung sämtlicher weiterer Gesellschafter. Liegt diese Zustimmung nicht vor, so ist eine wirksame Übertragung der Gesellschaftsanteile von einem Altgesellschafter auf den Neugesellschafter nicht möglich.[1]   2

Beabsichtigt ein Gesellschafter, lediglich einen Teil seines Gesellschaftsanteils zu übertragen, so muss sich die Zustimmung der anderen Gesellschafter konkret auf die teilweise Übertragung beziehen.[2]   3

Von dem Erfordernis der Zustimmung sämtlicher übriger Gesellschafter zur Übertragung des Gesellschaftsanteils kann gesellschaftsvertraglich abgewichen werden. Damit ist es möglich, geringere Mehrheitserfordernisse zu regeln, bis hin zur freien Verfügbarkeit über die Gesellschaftsanteile.   4

II.   Formelle Erfordernisse

Die Übertragung eines Gesellschaftsanteils einer Gesellschaft bürgerlichen Rechts erfolgt im Wege der Abtretung gem. §§ 413, 398 BGB, unabhängig davon, ob das zugrundeliegende Kausalgeschäft ein Kauf, eine Schenkung, ein Tausch etc. ist. Infolge dessen ist die Abtretung des Gesellschaftsanteils grundsätzlich formfrei möglich. Dies gilt auch dann, wenn die Gesellschaft bürgerlichen Rechts Eigentümerin von Vermögensgegenständen ist, deren unmittelbare Übertragung formbedürftig wäre, wie z.B. bei Grundstücken. Zwischenzeitlich wird dies von einer wachsenden Auffassung im Schrifttum für die Fälle bestritten, in denen der einzige Zweck der Gesellschaft in dem Halten des Grundbesitzes besteht.[3] Der Bundesgerichtshof hat jedoch in einer älteren Entschei-   5

---

1   Palandt/Sprau, § 719 Rn. 6.
2   Erman/H. P. Westermann, § 719 Rn. 13; MüKo BGB/Ulmer, § 719 Rn. 48 m.w.N.
3   K. Schmidt GesR § 58 IV 3. b) aa); MüKo BGB/Ulmer, § 719 Rn. 35 ff.; Staudinger/Wufka, § 313 Rn. 124.

dung die Ausdehnung des Formzwanges abgelehnt.[4] Somit ist die Abtretung eines Gesellschaftsanteils sogar mündlich möglich, wobei aus Nachweisgründen Schriftform zu empfehlen ist.

III.   Haftung von Veräußerer und Erwerber

6   Für die Verbindlichkeiten, die im Zeitpunkt der Übertragung des Gesellschaftsanteils begründet waren, haftet der Altgesellschafter für einen Zeitraum von fünf Jahren unbeschränkt mit seinem privaten Vermögen weiter (vgl. § 736 Abs. 2 BGB i.V.m. § 160 HGB). Hinsichtlich des Fristbeginns dürfte es auf den Zeitpunkt der Kenntniserlangung des Gläubigers von der Anteilsübertragung ankommen, mit der Folge, dass die Frist bei mehreren Gläubigern unterschiedlich beginnen kann.[5] Weitere Voraussetzung der Haftung des Altgesellschafters ist, dass die Altverbindlichkeit innerhalb der fünfjährigen Nachhaftungsfrist fällig und daraus Ansprüche gegen ihn festgestellt sind oder eine gerichtliche oder behördliche Vollstreckungshandlung vorgenommen oder beantragt wird (§ 160 Abs. 1 HGB). Der Altgesellschafter läuft mithin Gefahr, dass ihn seine früheren Mitgesellschafter anteilig in Anspruch nehmen, falls diese von einem Gesellschaftsgläubiger für Altverbindlichkeiten in Anspruch genommen werden und keine Befriedigung aus dem Gesellschaftsvermögen erlangen.

7   Darüber hinaus haftet auch der Neugesellschafter für die vor seinem Eintritt begründeten Verbindlichkeiten nicht nur beschränkt auf das Gesellschaftsvermögen, sondern wohl auch persönlich.[6]

IV.   Rechtsfolgen der Anteilsübertragung

8   Mit der Übertragung des Gesellschaftsanteils rückt der Neugesellschafter in die Gesellschafterstellung des Altgesellschafters mit allen mit der Gesellschaftsbeteiligung verbundenen Rechten und Pflichten ein. Dies betrifft ohne weitere Vereinbarung zunächst grundsätzlich nur die nicht abspaltbaren Gesellschafterrechte und -pflichten, wie z.B. Informationsrechte, Stimmrechte etc., nicht jedoch die höchstpersönlichen Rechte. Sollen auch die mit dem Gesellschaftsverhältnis verbundenen sonstigen selbständig übertragbaren Vermögensansprüche und -verpflichtungen des Altgesellschafters auf den Neugesellschafter übergehen, bedarf dies einer ausdrücklichen Vereinbarung zwischen Alt- und Neugesellschafter. Soweit Ansprüche und Verbindlichkeiten eines Altgesellschafters gegenüber der Gesellschaft ihre Rechtsgrundlage nicht im Gesellschaftsverhältnis haben, gehen diese auf den Erwerber grundsätzlich nur bei ausdrücklicher Übertragung und Vorliegen der sonstigen Voraussetzungen (z.B. § 415 BGB) über.

9   Ist der Erwerber eines Anteils an einer Gesellschaft bürgerlichen Rechts bereits im Zeitpunkt der Übertragung des Gesellschaftsanteils Gesellschafter der Gesellschaft bürgerlichen Rechts, so hat der Erwerber nach erfolgter Übertragung nicht etwa zwei Gesellschaftsanteile an der Gesellschaft. Vielmehr vereinigen sich die beiden Gesellschaftsanteile zu einem Gesellschafsanteil; die Beteiligung ist wie bei der OHG und der KG grundsätzlich eine einheitliche.[7] Ausnahmen von diesem Grundsatz gelten in den Fällen der Sonderzuordnung von Anteilen z.B. durch Testamentsvoll-

---

4   BGH v. 31.01.1983, II ZR 288/81, BGHZ 86, 367.
5   Palandt/Sprau, § 736 Rn. 14.
6   MünchHdB. GesR I/Piehler/Schulte, § 10 Rn. 125.
7   BGH BB 1989, 1361, 1363.

streckung, dingliche Belastung mit Pfandrechten oder Nießbrauch, Vor- und Nacherbschaft oder Treuhandverhältnissen.[8]

Werden alle Anteile auf einen Mitgesellschafter übertragen, wächst diesem Mitgesellschafter das   10
Gesellschaftsvermögen im Wege der Gesamtrechtsnachfolge an und die Gesellschaft wird ohne
Liquidation beendet. Zu demselben Ergebnis, d.h. zur Beendigung der Gesellschaft, führt die
Übertragung sämtlicher Gesellschaftsanteile auf einen einzigen Erwerber.

B.   Personenhandelsgesellschaften

Im Zusammenhang mit der Übertragbarkeit der Gesellschaftsanteile bei Personengesellschaften   11
ist zu unterscheiden zwischen der Übertragbarkeit der Gesellschaftsanteile an einer OHG bzw.
eines Anteils des Komplementärs einer Kommanditgesellschaft und von Kommanditanteilen.

I.   Übertragbarkeit von Gesellschaftsanteilen an einer OHG bzw. des Anteils eines Komplementärs einer Kommanditgesellschaft

1.   Grundsatz

Der Gesellschaftsanteil an einer OHG und der Anteil des Komplementärs an einer Kommandit-   12
gesellschaft sind unter denselben Voraussetzungen übertragbar wie ein Anteil an einer Gesellschaft bürgerlichen Rechts. Aufgrund der Personenbezogenheit der Gesellschafterstellung in der
OHG und der Kommanditgesellschaft sind die Gesellschaftsanteile kraft Gesetzes vinkuliert.[9] Infolge dessen ist eine Übertragung von (Teil-)Gesellschaftsanteilen an einer OHG grundsätzlich
nur mit Zustimmung sämtlicher Gesellschafter möglich, es sei denn, im Gesellschaftsvertrag der
Gesellschaft werden abweichende Anforderungen (z.B. einfache Mehrheit oder zustimmungsfreie
Übertragbarkeit) aufgestellt.

2.   Formelle Erfordernisse

Die Übertragung von Gesellschaftsanteilen an einer OHG bzw. des Anteils eines Komplementärs   13
an einer Kommanditgesellschaft erfolgt unter Anwendung der §§ 413, 398 BGB. Grundsätzlich ist
die Übertragung eines Gesellschaftsanteils an einer OHG bzw. eines Anteils eines Komplementärs
an der Kommanditgesellschaft nicht formbedürftig. Dies gilt selbst dann, wenn zum Vermögen
der Gesellschaft Grundstücke oder Anteile an einer GmbH gehören.

3.   Haftung von Veräußerer und Erwerber

Gesellschafter einer OHG und der Komplementär einer Kommanditgesellschaft haften für die   14
Verbindlichkeiten der Gesellschaft persönlich und unbeschränkt mit ihrem Privatvermögen.

---

8   K. Schmidt GesR § 45 I 2 b).
9   K. Schmidt GesR § 45 III 2 c).

Dies gilt auch nach der Übertragung ihres Gesellschaftsanteils auf Neugesellschafter für Verbindlichkeiten, die im Zeitpunkt der Übertragung begründet waren (sog. Nachhaftung gemäß § 160 HGB). Die Nachhaftung ist beschränkt auf sämtliche Verbindlichkeiten der Gesellschaft, die vor der Übertragung des Gesellschaftsanteils begründet waren und die in einem Zeitraum von fünf Jahren nach der Übertragung des Gesellschaftsanteils fällig und daraus Ansprüche gegen den Gesellschafter festgestellt sind oder eine gerichtliche oder behördliche Vollstreckungshandlung vorgenommen oder beantragt wird. Die Nachhaftungsfrist beginnt mit dem Tag der Eintragung des Ausscheidens des Gesellschafters aus der Gesellschaft (§ 160 Abs. 1 Satz 2 HGB).

15   Der Neugesellschafter haftet gem. § 128 HGB nicht nur für Verbindlichkeiten, die in Zeiten seiner Zugehörigkeit zur Gesellschaft begründet werden, sondern gem. § 130 HGB darüber hinaus auch für Altverbindlichkeiten, die schon vor der Anteilsübertragung bestanden haben. Soweit es die Übertragung eines Anteils eines Komplementärs an einer Kommanditgesellschaft betrifft, gilt dies für den Erwerber, wenn dieser ebenfalls persönlich haftender Gesellschafter wird (§§ 161 Abs. 2, 130 HGB). Die Haftung des Neugesellschafters für Altverbindlichkeiten kann nicht durch eine Vereinbarung mit dem Altgesellschafter ausgeschlossen werden. Eine derartige Vereinbarung hat keine Außenwirkung gegenüber Dritten (vgl. § 130 Abs. 2 HGB).

4.   Rechtsfolgen der Anteilsübertragung

16   Wie bei der Gesellschaft bürgerlichen Rechts erwirbt der Erwerber mit Wirksamkeit der Übertragung des Gesellschaftsanteils insbesondere die Beteiligung des Veräußerers am Gesellschaftsvermögen. Dies bedeutet den Übergang der Mitgliedschaft mit allen Rechten und Pflichten auf den Erwerber. Ausgenommen hiervon sind sogenannte höchstpersönliche Rechte des Veräußerers. Diese gehen nicht über und erlöschen für den Fall einer Vollübertragung des Gesellschaftsanteils.

17   Erwirbt ein Mitgesellschafter von einem anderen Gesellschafter einen Gesellschaftsanteil, ist der erwerbende Gesellschafter nach der Übertragung an der OHG bzw. der KG mit lediglich einer einheitlichen Beteiligung beteiligt. Es gelten dieselben Ausnahmen wie bei der Gesellschaft bürgerlichen Rechts.[10]

18   Werden alle Anteile auf einen Mitgesellschafter übertragen, wächst diesem Mitgesellschafter das Gesellschaftsvermögen der OHG bzw. KG im Wege der Gesamtrechtsnachfolge an und die Gesellschaft wird ohne Liquidation beendet. Zu demselben Ergebnis, d.h. zur Beendigung der Gesellschaft, führt die Übertragung sämtlicher Gesellschaftsanteile auf einen einzigen Erwerber.

5.   Handelsregisteranmeldung

19   Im Gegensatz zur Anteilsübertragung bei einer Gesellschaft bürgerlichen Rechts muss die Übertragung eines Gesellschaftsanteils bei einer OHG bzw. einer KG zur Eintragung ins Handelsregister angemeldet werden. Diese Anmeldung, die in notariell beglaubigter Form zu erfolgen hat, ist von sämtlichen Gesellschaftern einschließlich des veräußernden Altgesellschafters vorzunehmen (vgl. §§ 107, 108 HGB). Eine Bevollmächtigung ist zulässig, jedoch bedarf die Vollmacht ebenfalls der notariellen Beglaubigung.

---

10   Vgl. § 2 Rn. 9.

II.   Übertragung eines Kommanditanteils

1.   Grundsatz

Die Übertragung einer Kommanditbeteiligung weist gegenüber der Übertragung eines Gesell-   20
schaftsanteils an einer OHG oder einer Komplementärbeteiligung im Grundsatz keine Besonderheiten auf. Sie ist, sofern der Gesellschaftsvertrag nichts Abweichendes regelt, nur mit Zustimmung sämtlicher weiterer Gesellschafter und ohne Beachtung einer bestimmten Form zulässig.
Auch hinsichtlich der Rechtsfolgen einer Anteilsübertragung und dem Erfordernis der Handelsregisteranmeldung kann auf die Ausführungen zur OHG (Abschnitt I.4.) verwiesen werden.

2.   Haftung von Veräußerer und Erwerber

Besonderheiten ergeben sich im Zusammenhang mit der Übertragung eines Kommanditanteils   21
bei der Haftung des veräußernden Gesellschafters und des Erwerbers für Altverbindlichkeiten.

Wird eine Kommanditbeteiligung übertragen, übernimmt der Neugesellschafter den Kommanditanteil des Altgesellschafters. Hat der Altgesellschafter seine Hafteinlage erbracht und wurde
ihm diese nicht zurückgezahlt, trifft weder den Veräußerer noch den Erwerber eine weitere Haftung. Sofern die Hafteinlage im Zeitpunkt der Übertragung des Kommanditanteils noch nicht
oder nicht voll erbracht ist, haften sowohl der Altgesellschafter als auch der Neugesellschafter
nach Übertragung des Kommanditanteils in Höhe der noch zu erbringenden Hafteinlage.

Aufgrund der Regelung des § 176 Abs. 2 HGB ist bei einer Übertragung eines Kommanditanteils   22
darauf zu achten, dass die Übertragung aufschiebend bedingt auf Eintragung der Sonderrechtsnachfolge im Handelsregister erfolgt. Ansonsten haftet der Neugesellschafter für die in dem Zeitraum zwischen Übertragung des Kommanditanteils und Eintragung der Sonderrechtsnachfolge
im Handelsregister begründeten Verbindlichkeiten unbeschränkt.[11]

D.   Die Übertragung von Geschäftsanteilen an einer GmbH

I.   Grundlagen

Im Gegensatz zu Anteilen an einer Personengesellschaft sind die Geschäftsanteile einer GmbH   23
gem. § 15 Abs. 1 GmbHG grundsätzlich ohne Einschränkung veräußerlich. Mit anderen Worten:
Ein Geschäftsanteil einer GmbH kann kraft Gesetzes ohne Zustimmung der anderen Gesellschafter und/oder der Gesellschaft übertragen werden.

Eingeschränkt wird diese freie Veräußerlichkeit durch den Genehmigungszwang bei der Teilung   24
eines Geschäftsanteiles sowie durch die in § 15 Abs. 5 GmbHG eingeräumte Möglichkeit, strengere Anforderungen an die Abtretung von Geschäftsanteilen in der Satzung zu regeln oder die
Abtretung ganz auszuschließen.

Von dieser Möglichkeit der Einschränkung der Übertragbarkeit der Geschäftsanteile wird häufig   25
Gebrauch gemacht durch die Vereinbarung sog. Vinkulierungsklauseln.[12]

---

11   Baumbach/Hopt, § 176 Rn. 9.
12   Vgl. Abschnitt D. III.

II. Formelle Anforderungen

26 Die Übertragung von Geschäftsanteilen bedarf gem. § 15 Abs. 3 und 4 GmbHG der notariellen Beurkundung. Dies gilt nicht nur für die schuldrechtliche Vereinbarung, sondern auch für das dingliche Rechtsgeschäft, d.h. die Abtretung des Geschäftsanteils gemäß §§ 413, 398 BGB und betrifft die Erklärungen beider Vertragsparteien, so dass die Erklärungen (Annahme oder Angebot) in zwei getrennten Urkunden abgegeben werden können; ein formloses Angebot und/oder eine formlose Annahme scheiden jedoch aus.

27 Trotz der Beurkundungspflicht der Anteilsübertragung ist die Bevollmächtigung einer Person zur Vertretung beim Abschluss des Verpflichtungsgeschäfts und des Abtretungsvertrages formfrei möglich. Dies folgt aus § 167 Abs. 2 BGB, wonach das Formerfordernis für das abzuschließende Rechtsgeschäft auf die Vollmacht keine Anwendung findet.

III. Vinkulierungsklauseln

28 Die Satzung kann durch Vorsehen bestimmter Vinkulierungsklauseln die freie Veräußerbarkeit der Geschäftsanteile einschränken. Diese können ihrem Inhalt nach grundsätzlich in vier verschiedene Gruppen eingeteilt werden:

- Genehmigungsvorbehalt für die Gesellschaft, für bestimmte Organe oder Gremien, für einzelne Gesellschafter oder Dritte
- Bestimmte Anforderungen an den Erwerber
- Vereinbarung von Vorkaufs- oder Vorerwerbsrechten für Gesellschafter oder Dritte bzw. einer Andienungspflicht des veräußernden Gesellschafters
- Formale Anforderungen.

29 Grundsätzlich ist die Abtretung schwebend unwirksam, solange die Voraussetzungen einer Vinkulierungsklausel nicht erfüllt sind.[13] Bei nachträglicher Erfüllung der Voraussetzungen der Vinkulierungsklausel wird die Abtretung nachträglich wirksam, sofern es sich um die Erfüllung der formalen Anforderungen bzw. die nachträgliche Genehmigung der Abtretung handelt. Erfüllt ein Erwerber hingegen erst nach der Abtretung die persönlichen Anforderungen, bleibt die Abtretung unwirksam.

IV. Haftung von Veräußerer und Erwerber

30 Der Veräußerer haftet für vor Anmeldung der Anteilsübertragung gemäß § 16 Abs. 1 GmbHG fällige Leistungen wie z.B. rückständige, eingeforderte Einlagepflichten, Nachschüsse und Nebenleistungspflichten, Ansprüche aus Differenzhaftung nach § 9 GmbHG, Ansprüche aus §§ 24 und 31 III GmbHG etc.[14]

31 Der Erwerber haftet einerseits für alle nach Anmeldung fällig werdenden Leistungen als Gesellschafter, andererseits gemäß § 16 Abs. 3 GmbHG gesamtschuldnerisch mit dem Veräußerer auch für alle bei Anmeldung bereits fälligen Leistungen des Veräußerers, und zwar auch für solche aus der Zeit früherer Anteilsinhaber.[15]

---

13 Baumbach/Hueck/Fastrich, § 15 Rn. 46; Lutter/Hommelhoff, § 15 Rn. 33; Hachenburg/Sudberger, § 15 Rn. 118.
14 Baumbach/Hueck/Fastrich, § 16 Rn. 12.
15 Baumbach/Hueck/Fastrich, § 16 Rn. 12.

V. Rechtsfolgen der Abtretung

Der Geschäftsanteil geht im Wege der Einzelrechtsnachfolge mit allen mitgliedschaftlichen Rechten und Pflichten auf den Erwerber über. Höchstpersönliche Rechte und Pflichten, die an die Person des veräußernden Gesellschafters geknüpft sind, gehen hingegen grundsätzlich nicht auf den Erwerber über.   32

Anders als bei Personengesellschaften, bei denen sich zwei oder mehrere Anteile eines Gesellschafters an der Gesellschaft automatisch zu einem einheitlichen Anteil vereinigen, behalten die Geschäftsanteile gem. § 15 Abs. 2 GmbHG ihre Selbständigkeit. Infolge dessen kann ein Gesellschafter einer GmbH mehrere Geschäftsanteile gleichzeitig besitzen. Eine Zusammenlegung der Geschäftsanteile zu einem Geschäftsanteil ist aber möglich, sofern die Stammeinlagen voll einbezahlt sind und keine Nachschusspflicht besteht und die Geschäftsanteile darüber hinaus keine unterschiedlichen Rechte und Pflichten vermitteln und nicht unterschiedlich belastet sind.[16]   33

Außerdem ist aufgrund der Zulässigkeit einer Ein-Mann-GmbH der Erwerb sämtlicher Geschäftsanteile durch eine Person möglich, ohne dass, wie bei Personen(handels)gesellschaften, die Gesellschaft beendet wird.   34

VI. Sonstige Formalitäten

Im Verhältnis zur Gesellschaft bedarf es zur Legitimation des Erwerbers der Anmeldung der Anteilsübertragung (§ 16 Abs. 1 GmbHG). Die Anmeldung ist formlos möglich, schriftliche Anmeldung wird empfohlen. Die Anmeldung ist zwar kein Wirksamkeitserfordernis für die Abtretung, bis zur Anmeldung gilt der zuletzt angemeldete bzw. sonst legitimierte Veräußerer gegenüber der Gesellschaft jedoch weiterhin als Gesellschafter mit allen Rechten und Pflichten, u.a. sind Gewinnausschüttungen an den Veräußerer und nicht den Erwerber zu leisten.   35

Änderungen in der Gesellschafterstruktur, auch bloße Änderung der Beteiligungsquote, sind ferner dem Handelsregister durch Einreichung einer aktualisierten Gesellschafterliste durch die Geschäftsführer in vertretungsberechtigter Anzahl bekannt zu machen (§ 40 Abs. 1 GmbHG). Die Anteilsübertragung ist außerdem von dem beurkundenden Notar gegenüber dem Handelsregister anzuzeigen (§ 40 Abs. 1 Satz 3 AktG).

VII. Die Übertragung von Teil-Geschäftsanteilen

Eine der wenigen gesetzlichen Beschränkungen der Übertragbarkeit von Geschäftsanteilen besteht darin, dass Geschäftsanteile nicht ohne Weiteres nur teilweise übertragen werden können. Grundsätzlich sind Geschäftsanteile unteilbar. Ausnahmsweise, bei Vorliegen eines wirtschaftlichen Grundes, wie z.B. der Veräußerung eines Teil-Geschäftsanteils, ist eine Teilung zulässig, wobei die nachfolgende Veräußerung des Teilgeschäftsanteils kraft Gesetzes nur mit Genehmigung der Gesellschaft stattfinden kann. Insoweit knüpft das Gesetz durch § 17 Abs. 1 GmbHG an die Übertragung von Teilgeschäftsanteilen strengere Anforderungen als an die Übertragung eines gesamten, ungeteilten Geschäftsanteils.   36

---

16 Lutter/Hommelhoff, § 15 Rn. 7; MünchHdB. GesR III/Jasper, § 24 Rn. 219.

37   Die Teilung kann nur im Zusammenhang mit einer konkreten Veräußerung des Teilgeschäftsanteils erfolgen. Eine Vorratsteilung von Geschäftsanteilen ist unzulässig.[17]

38   Die Teilgeschäftsanteile müssen den gesetzlichen Anforderungen an Mindestnennbetrag und Teilbarkeit genügen (§ 17 Abs. 4 i.V.m. § 5 Abs. 1 und 3 GmbHG).

VIII.   Geplante Änderungen im Rahmen des MoMiG

39   Im Zusammenhang mit der Übertragung von Geschäftsanteilen einer GmbH sieht das MoMiG in drei Punkten eine Änderung vor. Zum einen wird die Gesellschafterliste aufgewertet, zum anderen soll § 17 GmbHG aufgehoben und durch eine Änderung in § 46 GmbHG ersetzt werden.

40   Die Aufwertung der Gesellschafterliste durch die Änderung des § 16 GmbHG i.V.m. § 40 GmbHG hat zur Folge, dass – anders als nach bisherigem Recht – im Verhältnis zur Gesellschaft die Anmeldung des Erwerbs bei der Gesellschaft nicht mehr ausreicht. Erforderlich ist vielmehr die Eintragung in die beim Handelsregister aufgenommene Gesellschafterliste. Hierbei handelt es sich zwar nicht um eine Wirksamkeitsvoraussetzung für den Übergang des Geschäftsanteils, jedoch kann der neue Gesellschafter ohne Eintragung, die entweder durch die Geschäftsführung der Gesellschaft oder den beurkundenden Notar zu veranlassen ist, seine Gesellschafterrechte nicht geltend machen.

41   Desweiteren soll zukünftig ein gutgläubiger Erwerb von Geschäftsanteilen zugelassen werden (§ 16 Abs. 3 GmbHG-E), vorausgesetzt, der Veräußerer ist in der Gesellschafterliste als Gesellschafter eingetragen und die in § 16 Abs. 3 GmbHG-E vorgesehenen Ausnahmetatbestände sind nicht verwirklicht.

42   Durch die Änderung der Mindeststückelung in § 5 Abs. 2 GmbHG-E wird die Teilung und Zusammenlegung von Geschäftsanteilen wesentlich erleichtert. Da der Gesetzgeber zudem die Auffassung vertritt, dass es Sache der Gesellschafter sei, ob und was sie an Teilungen und Zusammenlegungen von Geschäftsanteilen zulassen wollen, wird mit der Streichung des § 17 GmbHG konsequenterweise das Verbot der Vorratsteilung und das Verbot, mehrere Teile von Geschäftsanteilen gleichzeitig auf denselben Erwerber zu übertragen, aufgehoben. Nach dem MoMiG ist eine Teilung von Geschäftsanteilen zukünftig jederzeit möglich, sofern die Gesellschaft zustimmt (§ 46 GmbHG-E).

E.   Aktiengesellschaft

43   Einer der großen Vorteile der Aktiengesellschaft gegenüber der Gesellschaft mit beschränkter Haftung ist die Möglichkeit der formlosen Übertragung der Aktie an einen Dritten. Im Einzelnen ist zwischen der Übertragung von Inhaberaktien und der Übertragung von Namensaktien zu unterscheiden.

I.   Übertragung von Inhaberaktien

44   Nach der heute herrschenden Meinung findet die Übertragung von Inhaberaktien und der durch die Inhaberaktie verbrieften Rechte und Pflichten nach §§ 929 ff. BGB durch Einigung und Übergabe statt. Aufgrund der Anwendung der §§ 929 ff. auf die Übertragung einer Aktie ist ein gut-

---

17   OLG Frankfurt DB 1977, 2180; Lutter/Hommelhoff, § 17 Rn. 2; Hachenburg/Sudberger, § 17 Rn. 7.

gläubiger Erwerb der Aktie nach § 932 BGB, § 366 HGB möglich.[18] Befindet sich die Aktie in Sonderverwahrung, kann eine physische Übergabe des Aktienpapiers nicht erfolgen. Vielmehr wird den Anforderungen der §§ 929 ff. BGB dadurch genügt, dass zwischen dem Verwahrer und dem Erwerber ein neues Besitzmittlungsverhältnis abgeschlossen wird.

Eine neuere Auffassung der aktienrechtlichen Literatur ist der Meinung, dass die Übertragung einer Inhaberaktie auch durch Abtretung der Rechte aus der Inhaberaktie gem. §§ 413, 398 BGB erfolgen kann.[19] Da die Rechtsprechung hierzu noch keine Entscheidung treffen musste, sollte bis auf Weiteres an der herkömmlichen Übertragungsart in Form von Einigung und Übergabe festgehalten werden. 45

II.   Übertragung von Namensaktien

Namensaktien können auf zweierlei Arten übertragen werden, einerseits durch Indossament gem. § 68 Abs. 1 Satz 1 AktG i.V.m. Art. 13, 16 WG, wobei nach herrschender Meinung zusätzlich noch die Übereignung der Aktienurkunde durch Einigung und Übergabe gem. §§ 929 BGB erforderlich ist. Im Unterschied zur Inhaberaktie kann eine Namensaktie sogar im Falle ihres Abhandenkommens gutgläubig erworben werden. Durch Blankoindossament wird die Namensaktie der Inhaberaktie gleichgestellt. 46

Darüber hinaus sind die durch die Namensaktie verbrieften Rechte des Aktionärs durch Abtretung gem. §§ 413, 398 ff. BGB übertragbar. Als weiteres Erfordernis hat die Rechtsprechung zusätzlich die Übergabe der Aktienurkunde nach § 929 Satz 1 BGB bzw. Vereinbarung eines Übergabesurrogats aufgestellt. 47

Damit der Erwerber seine Rechte aus der Namensaktie auch ausüben kann, bedarf es sowohl bei der Übertragung durch Indossament als auch bei der Übertragung durch Abtretung der Eintragung des Erwerbers in das Aktienregister. 48

III.   Übertragung vinkulierter Namensaktien

In der Praxis findet sich häufig eine satzungsmäßige Vinkulierung der Namensaktien. Dies bedeutet, dass die Übertragung der Namensaktie zu ihrer Wirksamkeit noch der Zustimmung der Gesellschaft bedarf. Neben der satzungsmäßigen Vinkulierung sieht auch das Gesetz für bestimmte Fälle eine notwendige Vinkulierung vor, wie z.B. in den §§ 55, 101 Abs. 2 Satz 2 AktG. 49

Die Zustimmung der Gesellschaft ist Voraussetzung für die Wirksamkeit der dinglichen Übertragung der Aktien bzw. der Rechte aus der Aktie. Sie wird durch den Vorstand erteilt, § 68 Abs. 2 Satz 2 AktG. In der Satzung können noch weitere Anforderungen an die Zustimmung geregelt werden, wie z.B. die Zustimmung des Aufsichtsrates oder der Hauptversammlung. Desweiteren ist es möglich, in der Satzung bestimmte Kriterien festzulegen, die bei der Entscheidung über die Erteilung der Zustimmung zu berücksichtigen sind. Handelt es sich um vinkulierte Namensaktien, so ist dies auf der Aktienurkunde kenntlich zu machen. 50

---

18   Nicht so bei GmbH-Anteilen und Anteilen einer Personengesellschaft.
19   Habersack/Mayer WM 2000, 1678 ff.

IV. Zusätzliche Regelung über die Übertragbarkeit von Aktien in Aktionärsvereinbarungen

51   Die Tatsache, dass nur wenige gesetzliche Regelungen im Aktienrecht dispositiv sind und daher hiervon in der Satzung nur im beschränkten Masse abgewichen werden kann, werden häufig Aktionärsvereinbarungen abgeschlossen, in denen bestimmte Regelungsinhalte vereinbart werden, die nicht in der Satzung der Aktiengesellschaft verankert werden können. Diese Aktionärsvereinbarungen haben zwar nur schuldrechtlichen Charakter, können aber für Verstöße gegen die darin getroffenen Regelungen Sanktionen vorsehen.

52   Häufiger Regelungsgegenstand derartiger Aktionärsvereinbarungen ist die Beschränkung der Fungibilität der Aktien. Zum Beispiel kann der Personenkreis, auf den die Aktie ohne Zustimmung der Parteien der Aktionärsvereinbarung übertragen werden kann, eingeschränkt werden. Zwar ist der Aktionär trotz dieser Regelung nach wie vor in der Lage, die Aktie wirksam auf eine dritte Person zu übertragen. Durch bestimmte Regelungsmechanismen ist es aber möglich, die Zustimmung der Poolbeteiligten zur Übertragung der Aktien in der Hauptversammlung z.B. vom Beitritt des Erwerbers zu der Aktionärsvereinbarung bzw. von der Zugehörigkeit des Erwerbers zu einem bestimmten Personenkreis abhängig zu machen. Besitzen die Poolbeteiligten in der Hauptversammlung eine Mehrheit, wird durch die Regelungen in der Aktionärsvereinbarung die freie Verfügbarkeit der Aktien verhindert. Bei Personenhandelsgesellschaften bzw. Gesellschaften mit beschränkter Haftung sind entsprechende Regelungen in den Gesellschaftsverträgen bzw. Satzungen möglich, bei Aktiengesellschaften nach herrschender Meinung hingegen nicht. Deshalb muss auf eine Aktionärsvereinbarung ausgewichen werden.

Weitere in der Praxis häufig anzutreffende Bestandteile einer Aktionärsvereinbarung sind Andienungspflichten, Vorerwerbs- und Vorkaufsrechte bzw. Mitveräußerungsregelungen (sogenannte take-along- bzw. drag-along-Klauseln).[20]

V. Haftung von Veräußerer und Erwerber

53   Mit der Aktie geht die Einlagepflicht als nicht isolierbarer Teil der Mitgliedschaft grundsätzlich auf den Erwerber über, d.h. der Erwerber haftet für rückständige Einlagen des Veräußerers. Der Veräußerer wird i.d.R. mit Übertragung der Aktie von seiner Pflicht zur Erbringung der Einlage frei.

54   Ausnahmen von diesem Grundsatz können sich beim gutgläubigen Erwerb von Aktien und im Zusammenhang von Sacheinlageverpflichtungen des Veräußerers ergeben.[21]

VI. Formalitäten im Zusammenhang mit der Übertragung von Aktien

55   Neben der Änderung des Aktienbuches können mit der Übertragung von Aktien noch weitere Melde- und Anzeigepflichten einhergehen. Zu beachten sind z.B. die Mitteilungspflichten des

---

20   Vgl. MünchAnwaltsHdB. AktR/Sickinger, § 11 Rn. 16 ff. mit Formulierungsvorschlägen.
21   Hüffer, § 54 Rn. 4.

Erwerbers gegenüber der Aktiengesellschaft gemäß §§ 20 ff. AktG, die Mitteilungspflicht der Aktiengesellschaft gegenüber dem Handelsregister gemäß § 42 AktG für den Fall, dass ein Aktionär allein oder neben der Gesellschaft sämtliche Aktien hält und für börsennotierte Aktiengesellschaften die Meldepflichten gemäß § 21 WpHG.

§ 3 Tod eines Gesellschafters

1 Der Tod eines Gesellschafters löst nach den gesetzlichen Bestimmungen je nach Rechtsform unterschiedliche Rechtsfolgen aus. Danach ist zu unterscheiden zwischen dem Tod eines Gesellschafters einer Gesellschaft bürgerlichen Rechts sowie den persönlich haftenden Gesellschaftern in einer OHG und einer KG und dem Tod eines Kommanditisten bzw. dem Tod eines Gesellschafters einer Kapitalgesellschaft.

A. Tod eines Gesellschafters einer Personengesellschaft

I. Tod eines unbeschränkt haftenden Gesellschafters

2 Stirbt ein unbeschränkt haftender Gesellschafter einer Personengesellschaft, wird nach den gesetzlichen Regelungen die Gesellschaft bürgerlichen Rechts aufgelöst. Bei der OHG bzw. der KG scheidet ein unbeschränkt haftender Gesellschafter hingegen mit seinem Tod aus und die Gesellschaft wird mit den verbleibenden Gesellschaftern fortgeführt. War der verstorbene Gesellschafter einziger Komplementär einer KG, sind die Rechtsfolgen streitig.[1]

II. Tod eines Kommanditisten

3 Der Tod eines Kommanditisten führt nach § 177 HGB zur Fortsetzung der Gesellschaft mit den Erben, die als Kommanditisten im Wege der Sonderrechtsnachfolge in die Gesellschaft eintreten.

III. Gestaltungsformen im Gesellschaftsvertrag

4 Entsprechen die gesetzlichen Folgen beim Tod eines Gesellschafters nicht den Vorstellungen der Gesellschafter, kann hiervon im Gesellschaftsvertrag abgewichen werden. In Betracht kommen die Vereinbarung einer Fortsetzungsklausel, einer (qualifizierten) Nachfolgeklausel oder einer Eintrittsklausel.

1. Fortsetzungsklausel

5 Enthält der Gesellschaftsvertrag eine sog. Fortsetzungsklausel, wird die Gesellschaft mit den überlebenden Gesellschaftern unter Ausschluss der Erben fortgeführt. Dies entspricht der gesetzlichen Rechtslage beim Tod eines Komplementärs. Den Erben steht nur ein Abfindungsanspruch zu, dessen Erfüllung mit einem entsprechenden Liquiditätsabfluss aus der Gesellschaft verbunden ist und dementsprechend häufig gesellschaftsvertraglich durch Buchwertklauseln oder vergleichbare Regelungen beschränkt wird. Ob der Gesellschaftsvertrag für den Fall des Todes eines Gesellschafters zulässigerweise einen gänzlichen Ausschluss des Abfindungsanspruches vorsehen kann, ist nicht abschließend geklärt. Der BGH hat dies in einer älteren Entscheidung für zulässig

---

1   Vgl. § 11 Rn. 52.

gehalten, sofern der Abfindungsausschluss den Fortbestand der Gesellschaft unter den übrigen Gesellschaftern sichern sollte.[2]

2.   Nachfolgeklausel

In der Praxis am weitesten verbreitet sind sog. Nachfolgeklauseln, aufgrund derer die Erben eines verstorbenen Gesellschafters mit dem Erbfall in dessen Gesellschafterstellung einrücken. Je nachdem ob die Gesellschaft mit allen oder nur bestimmten, „qualifizierten" Erben fortgesetzt wird, spricht man von einfachen oder qualifizierten Nachfolgeklauseln. Hierbei kann gem. § 139 Abs. 1 HGB jeder Erbe eines persönlich haftenden Gesellschafters sein Verbleiben in der Gesellschaft davon abhängig machen, dass ihm unter Belassung des bisherigen Gewinnanteils die Stellung eines Kommanditisten eingeräumt wird. Da bei einer einfachen Nachfolgeklausel alle Erben im Verhältnis ihrer Erbquoten in die Gesellschaftsbeteiligen einrücken, stellt sich für die Gesellschaft kein Abfindungsproblem. Eine Erbengemeinschaft in Bezug auf die Personengesellschaftsbeteiligung entsteht hier im Übrigen insbesondere aus haftungsrechtlichen Gründen nicht; vielmehr wird der Personengesellschaftsanteil im Erbfall automatisch „gesplittet".[3] Dies birgt die Gefahr einer Zersplitterung der Beteiligung. Zur Wahrung der Entscheidungseffektivität sollte daher eine Vertreterklausel in den Gesellschaftsvertrag aufgenommen werden, wonach die Erben ihre Mitgliedschaftsrechte durch einen gemeinschaftlichen Vertreter auszuüben haben.

Abfindungsprobleme können bei einer qualifizierten Nachfolgeklausel entstehen. Da der Gesellschaftsanteil des Erblassers auch dann in voller Höhe auf den gesellschaftsvertraglich qualifizierten Erben übergeht, wenn dieser nur zu einem Bruchteil am Nachlass beteiligt ist, kann dieser dem weichenden, nicht in die Gesellschafterstellung nachrückenden Erben, zum Ausgleich verpflichtet sein.[4] Auch wenn sich dieser Ausgleichsanspruch nicht gegen die Gesellschaft richtet, sondern unter den Erben abzuwickeln ist, bleibt hiervon die Liquidität der Gesellschaft meist nicht unberührt. Stehen dem qualifizierten Erben keine sonstigen Mittel zur Verfügung, so ist er zur Erfüllung des Ausgleichanspruchs auf entsprechende Entnahmen aus dem Gesellschaftsvermögen angewiesen, die den finanziellen Spielraum des Unternehmens einengen und dessen Wettbewerbsfähigkeit beeinträchtigen können.

3.   Eintrittsklausel

Durch die Vereinbarung einer sog. Eintrittsklausel kann schließlich auch Personen, die nicht zum Kreise der Erben gehören, ein Anspruch auf Aufnahme in die Gesellschaft eingeräumt werden. Da die Person des Eintrittsberechtigten wegen der mit der Eintrittsklausel verbundenen Abkoppelung vom Erbrecht im Zeitpunkt des Erbfall noch nicht feststehen muss, bietet diese Gestaltung insbesondere in den Fällen Vorteile, in denen der Erblasser die Bestimmung des Nachfolgers in den Gesellschaftsanteil über den Erbfall hinausschieben und einem Dritten übertragen möchte.[5] Für die Eintrittsklausel spricht ferner, dass sie dem Erben eines unbeschränkt haftenden (Personen-)Gesellschafters im Gegensatz zur erbrechtlichen Nachfolgeklausel nicht die vorstehend beschriebene Wahlmöglichkeit des § 139 HGB einräumt. Der Berechtigte einer Eintrittsklausel hat allerdings ein Wahlrecht, ob er von dem Angebot auf Aufnahme Gebrauch macht oder nicht;

---

2   BGH v. 22.11.1956, II ZR 222/55, BGHZ 22, 186, 194; vgl. auch BGH WM 1971, 1338.
3   Grundsatz der Sondererbfolge vgl. BGH v. 22.11.1956, II ZR 222/55, BGHZ 22, 186, 192.
4   BGH v. 10.02.1977, II ZR 120/75, BGHZ 68, 225, 236 ff.
5   Vgl. Ebenroth/Lorz WiB 1995, 689, 692.

ein automatischer Übergang der Beteiligung im Erbfall, mit allen Rechten und Pflichten, findet nicht statt. Um die Ungewissheit zu beseitigen, ob von dem Eintrittsrecht Gebrauch gemacht wird, sollte im Gesellschaftsvertrag in jedem Fall eine Frist für die Erklärung festgelegt werden.

B.   Rechtsnachfolge in Kapitalgesellschaftsanteile

9   Kapitalgesellschaftsanteile sind ohne gesetzliche Einschränkungen vererblich und gehen mit allen Rechten und Pflichten auf den oder die Erben über; Letztere rücken in Erbengemeinschaft in die Rechtsposition des Erblassers ein. Die Miterben können ihre Rechte hinsichtlich der ihnen angefallenen Anteile jedoch nur gemeinschaftlich ausüben (vgl. § 18 GmbHG), wobei es bei der GmbH im Interesse der Gesellschaften zweckmäßig ist, entsprechend den aktienrechtlichen Regelungen in § 69 Abs. 1 AktG gesellschaftsvertraglich die Bestellung eines gemeinsamen Vertreters vorzuschreiben. Bei angeordneter Testamentsvollstreckung nimmt der Testamentsvollstecker die Rechte der Miterben gegenüber der Gesellschaft wahr.[6] Gesellschaftsvertragliche Sonderrechte wie z.B. eine persönliche Geschäftsführungsbefugnis oder ein erhöhter Gewinnanteil sind im Zweifel höchstpersönlicher Natur und gehen demnach nicht ohne Weiteres auf die Erben über. Die Satzung sollte zu ihrem Schicksal daher klare Aussagen treffen.

10   Angesichts der freien Vererblichkeit von Kapitalgesellschaftsanteilen ist die Satzungsgestaltung bei personalistisch strukturierten Kapitalgesellschaften von dem Bemühen geprägt, die freie Übertragbarkeit zumindest einzuschränken. Bei der Aktiengesellschaft kann die Satzung die Einziehung der Aktien beim Tode eines Aktionärs vorsehen, wobei die Vorschriften zur Kapitalherabsetzung (§ 237 AktG) zu beachten sind. Ein genereller Ausschluss der Vererblichkeit ist jedoch ebenso wenig möglich wie eine Verpflichtung der Erben, die Aktien bei Vorliegen entsprechender Voraussetzungen auf einen Dritten zu übertragen. Eine entsprechende Abtretungsverpflichtung würde gegen das aktienrechtliche Verbot der Begründung von Nebenverpflichtungen verstoßen (§ 54 AktG).

11   Bei der GmbH kommt die Vereinbarung statutarischer Einziehungs- und Zwangsabtretungsklauseln dem ebenfalls unzulässigen Ausschluss der Vererblichkeit der Anteile am nächsten. So kann die Satzung z.B. vorsehen, dass der Geschäftsanteil beim Tod eines Gesellschafters eingezogen werden kann, sofern der Erbe nicht über bestimmte Qualifikationen verfügt. Hierbei können die Erben einer Einziehung zuvorkommen, indem die nichtqualifizierten Erben ihre Beteiligung auf die nachfolgeberechtigten Erben übertragen. Alternativ zur Einziehung und Zwangsabtretung kann auch ein Ankaufsrecht zugunsten der verbleibenden Gesellschafter vereinbart werden.

---

6   Ausführlich Ebenroth/Lorz WiB 1995, 689, 690.

§ 4 Geschäftsführung und Vertretung

Geschäftsführung und Vertretung bei Personengesellschaften und Kapitalgesellschaften weisen Unterschiede auf. Aber selbst bei den Personengesellschaften unter einander gibt es Unterschiede bei Geschäftsführung und Vertretung, die bei der Wahl der Rechtsform mitunter von Bedeutung sein können. 1

A. Gesellschaft bürgerlichen Rechts

I. Allgemeines

Die gesetzlichen Bestimmung zur Geschäftsführung und Vertretung der Gesellschaft bürgerlichen Rechts finden sich in den §§ 709–715 BGB. Im Folgenden ist unter Geschäftsführung jede Tätigkeit zu verstehen, die für die Gesellschaft wahrgenommen wird, zur Förderung des Gesellschaftszwecks bestimmt ist und nicht die Grundlagen der Gesellschaft betrifft.[1] Die Geschäftsführung umfasst sowohl tatsächliche als auch rechtsgeschäftliche Handlungen mit und ohne Außenwirkung. Ungewöhnliche Geschäfte, solange sie vom Gesellschaftszweck umfasst sind und nicht zu einer Änderung der Grundlagen des Gesellschaftsvertrages führen, gehören ebenfalls zur Geschäftsführung. Ausgenommen von der Geschäftsführung sind sog. Grundlagengeschäfte, d.h. Maßnahmen, die auf eine Änderung der Grundlagen der Gesellschaft zielen, wie z.B. ihren Zweck oder ihre Organisation. Hierzu gehören weiter die Aufnahme neuer Gesellschafter, die Erhöhung der Beiträge, die Änderung des Gesellschaftszwecks etc. Die Entscheidung über die Vornahme von Grundlagengeschäften obliegt der Gesellschafterversammlung, die Ausführung des entsprechenden Gesellschafterbeschlusses ist aber eine Maßnahme der Geschäftsführung. 2

Die Begriffe Geschäftsführungsbefugnis und Geschäftsführung sind nicht deckungsgleich, die Geschäftsführung umfasst sowohl die Geschäftsführungsbefugnis als auch die Vertretung der Gesellschaft. Der Umfang der Geschäftsführungsbefugnis ist im Gesellschaftsvertrag zu regeln, hilfsweise setzen der Gesellschaftszweck und die gesetzlichen Regeln des § 709 BGB die Grenzen. 3

Geschäftsführungsbefugnis und Vertretung bilden ein Begriffspaar. Während die Geschäftsführungsbefugnis das rechtliche Dürfen im Innenverhältnis bestimmt, bedeutet die Vertretungsmacht das rechtliche Können im Außenverhältnis. Bei der Gesellschaft bürgerlichen Rechts ist nach der gesetzlichen Regelung der Umfang von Vertretungsmacht und Geschäftsführungsbefugnis deckungsgleich (§ 714 BGB). Dies gilt dann nicht mehr, wenn im Gesellschaftsvertrag die Vornahme bestimmter Geschäftsführungsmaßnahmen von der Zustimmung der Gesellschafterversammlung abhängig gemacht wird bzw. Gesellschafter einer Geschäftsführungsmaßnahme widersprechen (§ 711 BGB). Dadurch wird die Geschäftsführungsbefugnis beschränkt, während die Vertretungsmacht hiervon unberührt bleibt. 4

Für die Gesellschaft bürgerlichen Rechts gilt wie für die Personenhandelsgesellschaften, dass nur Gesellschafter Geschäftsführer sein und die Gesellschaft gesetzlich vertreten können.[2] Man nennt dies den Grundsatz der Selbstorganschaft, d.h. die Geschäftsführung und die organschaftliche Vertretung sind Ausfluss der Mitgliedschaft und damit den Gesellschaftern vorbehalten. Aus dem 5

---

1   MüKo BGB/Ulmer, § 709 Rn. 7; Soergel/Hadding, § 709 Rn. 9.
2   BGH NJW 1960, 1997; BGH WM 1982, 394.

4

Grundsatz der Selbstorganschaft folgt, dass eine Abspaltung von Geschäftsführung und organschaftlicher Vertretung vom Gesellschaftsanteil nicht zulässig ist und somit weder Geschäftsführung noch organschaftliche Vertretung auf einen Dritten übertragen werden können. Eine organschaftliche Fremdgeschäftsführung ist nicht zulässig. Die Bestellung Dritter als Fremdorgan ist allenfalls mittelbar über Hilfskonstruktionen möglich. Nichts desto trotz können Geschäftsführungsaufgaben auf Dritte im Rahmen eines Anstellungs- oder Auftragsverhältnisses übertragen werden.[3] Dieser Dritte ist dann jedoch kein organschaftlicher Geschäftsführer im Sinne der §§ 709 ff. BGB. Ihm kann seine Befugnis ohne sein Zutun wieder entzogen werden. Ausnahmsweise anerkennt der BGH bei Publikums-BGB-Gesellschaften, dass einem im Gesellschaftsvertrag benannten Dritten die Geschäftsführung übertragen werden kann und weder seine Vollmacht während einer bestimmten Dauer widerrufen noch sein Anstellungsverhältnis gekündigt werden kann, es sei denn es liegt ein wichtiger Grund vor.[4]

6   Wie bereits ausgeführt, sind Geschäftsführung und organschaftliche Vertretung Ausfluss der Mitgliedschaft. Infolge dessen ist jeder Gesellschafter aufgrund seiner Gesellschafterstellung zur Geschäftsführung berechtigt, soweit der Gesellschaftsvertrag nichts anderes bestimmt. Dieses Recht kann einem Gesellschafter gegen seinen Willen gemäß § 712 Abs. 1 BGB bei Vorliegen eines wichtigen Grundes durch einstimmigen Beschluss der übrigen Gesellschafter oder aufgrund anderweitiger gesellschaftsvertraglicher Regelungen entzogen werden. Solange einem Gesellschafter einer Gesellschaft bürgerlichen Rechts das Recht zur Geschäftsführung zusteht, ist er auch verpflichtet, an der Geschäftsführung mitzuwirken. In welchem Umfang der einzelne Gesellschafter bei der Geschäftsführung mitwirken muss, bestimmt sich nach dem Gesellschaftsvertrag. Für seine Mitwirkung erhält der Geschäftsführer einen Aufwendungsersatz nach § 713 BGB i.V.m. §§ 669, 670 BGB. Soll der Gesellschafter darüber hinaus noch eine gesonderte Geschäftsführervergütung erhalten, bedarf dies einer separaten Vereinbarung. Wie diese gesonderte Vergütung ausgestaltet wird, z.B. als Erhöhung des Gewinnanteils des Geschäftsführers oder als Sondervergütung steht im freien Belieben der Gesellschafter.

II.   Geschäftsführung

7   Gesetzlicher Regelfall der Geschäftsführung bei einer Gesellschaft bürgerlichen Rechts ist die einstimmige Gesamtgeschäftsführung (§ 709 Abs. 1 BGB). Durch gesellschaftsvertragliche Bestimmungen kann von dem gesetzlichen Regelfall abgewichen werden. Einstimmige Gesamtgeschäftsführung bedeutet, dass die Führung der Geschäfte der Gesellschaft allen Gesellschaftern gemeinschaftlich zusteht und jedes Geschäft der Zustimmung aller Gesellschafter bedarf. Dass der gesetzliche Regelfall in der Praxis erhebliche Komplikationen mit sich bringt, ist offensichtlich. Denn bereits die Stimmenthaltung eines einzigen Gesellschafters verhindert das betreffende Geschäft. Um die Handhabung des gesetzlichen Regelfalles, des Einstimmigkeitsgrundsatzes, zu erleichtern, wird es als zulässig anerkannt, dass einzelne Gesellschafter von den anderen Gesellschaftern eine allgemeine oder auf bestimmte Handlungen bezogene Ermächtigung erhalten, die sie im Rahmen der Ermächtigung zur Einzelgeschäftsführung berechtigt.[5]

8   Da nur ausnahmsweise eine Pflicht der Gesellschafter zur Zustimmung zu Geschäftsführungsmaßnahmen besteht, ist der Einstimmigkeitsgrundsatz in der Praxis regelmäßig nicht praktikabel. In der Regel wird im Gesellschaftsvertrag der Einstimmigkeitsgrundsatz durch einfache

---

3   BGH WM 1994, 237, 238.
4   BGH NJW 1982, 2495 ff.
5   MünchHdB. GesR I/v. Ditfurth, § 7 Rn. 28.

oder qualifizierte Mehrheit ersetzt. Die überstimmte Minderheit, sofern die notwendige Mehrheit erreicht wird, ist verpflichtet, an der Geschäftsführungsmaßnahme mitzuwirken, falls dies für die Vertretung gegenüber Dritten notwendig ist.[6]

Abweichend von dem gesetzlichen Regelfall der Gesamtgeschäftsführung kann in dem Gesell- 9
schaftsvertrag außerdem bestimmt werden, dass alle oder bestimmte Gesellschafter berechtigt sind, alleine zu handeln. Ist eine solche Regelung im Gesellschaftsvertrag enthalten, so steht jedem der anderen geschäftsführungsbefugten Gesellschafter ein Widerspruchsrecht gegen die Vornahme eines Geschäftes zu. Macht ein geschäftsführungsbefugter Gesellschafter von seinem Widerspruchrecht Gebrauch, muss die Geschäftsführungsmaßnahme unterbleiben, es sei denn, der Gesellschaftsvertrag enthält eine Regelung, wonach bei Widerspruch gegen eine Geschäftsführungsmaßnahme sämtliche Geschäftsführer über die Maßnahme abstimmen. Wie bei sonstigen Geschäftsführungsmaßnahmen ist jeder Geschäftsführer zum Widerspruch nur in dem Umfang berechtigt, wie er selbst geschäftsführungsbefugt ist, und hat sich der Gesellschafter bei der Ausübung des Widerspruchsrecht von den Interessen der Gesellschaft leiten zu lassen.[7]

Das Widerspruchsrecht betrifft nur das rechtliche Dürfen, d.h. die Geschäftsführungsbefugnis. 10
Folglich schränkt ein Widerspruch gegen eine Geschäftsführungsmaßnahme die Vertretungsmacht eines geschäftsführenden Gesellschafters im Außenverhältnis nicht ein, d.h. trotz Vorliegen eines Widerspruchs abgeschlossene Rechtsgeschäfte sind wirksam. Im Zweifel hat sich der gegen den Widerspruch handelnde Geschäftsführer schadenersatzpflichtig gemacht.

§ 710 BGB regelt den Ausschluss der übrigen Gesellschafter von der Geschäftsführung, wenn 11
diese durch Gesellschaftsvertrag einem oder mehreren Gesellschaftern übertragen wird. Wird von dieser gesetzlichen Ermächtigung Gebrauch gemacht, entfällt das Widerspruchsrecht derjenigen Gesellschafter, die von der Geschäftsführung ausgeschlossen sind. Wird von der gesetzlichen Ermächtigung zugunsten mehrerer Gesellschafter Gebrauch gemacht, d.h. die Geschäftsführung auf mehrere Gesellschafter übertragen, so gilt für diese Geschäftsführergruppe mangels abweichender gesellschaftsvertraglicher Regelungen für ihre Geschäftsführung wiederum der gesetzliche Regelfall des Einstimmigkeitsprinzips (§ 710 Abs. 2 BGB i.V.m. § 709 Abs. 1 BGB). Fällt bei Gesamtgeschäftsführung einzelner Gesellschafter der vorletzte Geschäftsführer dauerhaft weg, ist nach Auffassung des BGH im Zweifel der letzte Geschäftsführer nicht allein geschäftsführungsbefugt, sondern sollen alle Gesellschafter nach § 709 Abs. 1 BGB wieder gesamtgeschäftsführungsbefugt sein.

Ein Geschäftsführer unterliegt während seiner gesamten Tätigkeit der Auskunftspflicht. Er hat 12
von sich aus den Gesellschaftern die erforderlichen Informationen zu geben. Daneben hat er auf Verlangen zusätzlich Auskunft über den Stand der Geschäfte zu erteilen. Nach Beendigung seiner Geschäftsführungstätigkeit hat ein Geschäftsführer über seine Tätigkeit Rechenschaft abzulegen, deren Umfang sich nach § 259 BGB richtet. Erst nach ordnungsmäßiger Rechnungslegung kann ein geschäftsführender Gesellschafter wirksam entlastet werden.[8] Hat ein Geschäftsführer seine Pflichten schuldhaft verletzt und wurde er noch nicht entlastet, so haftet er der Gesellschaft auf Schadenersatz. Anstelle des sonst üblichen Haftungsmaßstabes (§ 276 BGB) haftet der Geschäftsführer nur für diejenige Sorgfalt, die er in eigenen Angelegenheiten anzuwenden pflegt (§ 708 BGB).

Unter bestimmten Umständen besteht nach § 712 BGB auch die Möglichkeit, die Geschäftsfüh- 13
rungstätigkeit eines Gesellschafters aus wichtigem Grund zu beenden, ohne im Übrigen seine

---

6   MüKo BGB/Ulmer, § 709 Rn. 49; Soergel/Hadding, § 709 Rn. 17.
7   MüKo BGB/Ulmer, § 711 Rn. 10.
8   BGH WM 1983, 912.

Gesellschafterstellung oder den Bestand der Gesellschaft zu berühren. Grundsätzlich ist dies nur bei übertragener Geschäftsführung gemäß § 710 BGB möglich. Weicht der Gesellschaftsvertrag hingegen nicht von dem gesetzlichen Regelfall der Gesamtgeschäftsführung nach § 709 BGB ab, ist eine Entziehung der Geschäftsführungsbefugnis nach § 712 BGB nach derzeit herrschender Meinung nicht möglich.[9] Die Entziehung der Geschäftsführungsbefugnis setzt das Vorliegen eines wichtigen Grundes, wie z.B. „grobe Pflichtverletzung" und „Unfähigkeit" (vgl. § 712 BGB) voraus. Sie erfolgt durch einstimmigen Beschluss der anderen Gesellschafter, sofern der Gesellschaftsvertrag keine geringere Mehrheit zulässt. Von sich aus kann sich ein geschäftsführender Gesellschafter von seiner Pflicht zur Geschäftsführung nur entledigen, soweit es sich um die übertragene Geschäftsführung (§ 710 BGB) handelt und ein wichtiger Grund vorliegt. Seine gesetzliche Geschäftsführungspflicht hingegen kann ein Gesellschafter nicht „kündigen".[10]

III.   Vertretung

14   Die Vertretungsmacht bestimmt das „rechtliche Können" der geschäftsführenden Gesellschafter im Außenverhältnis. Ein im Namen der Gesellschaft vorgenommenes Rechtsgeschäft bindet die Gesellschaft bürgerlichen Rechts nur, soweit der Handelnde sich im Rahmen seiner Vertretungsmacht bewegt. Wie bei der Geschäftsführungsbefugnis gilt, dass die Mitgliedschaft jedes Gesellschafters grundsätzlich auch die organschaftliche Vertretungsmacht für die Gesellschaft umfasst.[11] Der Umfang der Vertretungsmacht eines Gesellschafter richtet sich dabei i.d.R. nach dem Umfang seiner Geschäftsführungsbefugnis (§ 714 BGB). Ist der Gesellschafter einzelgeschäftsführungsbefugt, so ist er im Zweifel auch einzelvertretungsberechtigt. Dies gilt selbst bei Wegfall eines von zwei Gesamtvertretern; der verbleibende Gesamtvertreter kann die Gesellschaft in diesem Fall nicht allein vertreten, vielmehr führt dies korrespondierend zur Geschäftsführungsbefugnis zur Gesamtvertretungsbefugnis aller verbleibenden Gesellschafter.[12]

15   Der Widerspruch gegen eine Geschäftsführungsmaßnahme nach § 711 BGB berührt – wie vorstehend ausgeführt – die Vertretungsmacht des Handelnden nicht.[13] Ein Entzug der Vertretungsmacht eines Gesellschafters ist nur unter den Voraussetzungen des § 712 BGB, also bei Vorliegen eines wichtigen Grundes, und i.d.R. nur zusammen mit dem Entzug der Geschäftsführungsbefugnis möglich (§ 715 BGB), da die Vertretungsmacht Ausfluss des Mitgliedschaftsrechts eines Gesellschafters ist. Die Voraussetzungen und Wirkungen der Entziehung der Vertretungsmacht entsprechen denen der Entziehung der Geschäftsführungsbefugnis. Ein Gesellschafter kann sich seiner Vertretungsmacht nicht durch Kündigung der Vertretungsmacht entledigen. Vielmehr bedarf es insoweit der Kündigung der Geschäftsführungsbefugnis, wodurch er im Zweifel auch seine Befugnis verliert, die Gesellschaft zu vertreten.[14]

---

  9   Staudinger/Keßler, § 712 Rn. 2.
 10   Staudinger/Keßler, § 712 Rn. 8; Soergel/Hadding, § 712 Rn. 7.
 11   Soergel/Hadding, § 714 Rn. 7.
 12   BGH NJW 1964, 1624.
 13   BGH NJW 1955, 825, 826.
 14   Soergel/Hadding, § 715 Rn. 6.

B.   Geschäftsführung und Vertretung bei der OHG

Die gesetzlichen Regelungen zur Geschäftsführung und Vertretung in der OHG finden sich in den §§ 114 bis 117 HGB (Geschäftsführung) sowie in den §§ 125 bis 127 HGB (Vertretung). In vielen Punkten stimmen diese Regelungen mit den Regelungen zur Gesellschaft bürgerlichen Rechts überein, insbesondere gilt auch bei der OHG das Prinzip der Selbstorganschaft. Es gibt aber auch zahlreiche Unterschiede, die nachfolgend dargestellt werden.   16

I.   Geschäftsführung

1.   Grundlagen

Die Geschäftsführung der OHG ist Ausfluss der Gesellschafterstellung. Infolge dessen ist jeder Gesellschafter zur Geschäftsführung berechtigt und verpflichtet (§ 114 Abs. 1 HGB). Diese jedem Gesellschafter kraft Gesetzes zugestandene Geschäftsführungsbefugnis kann, sofern der Gesellschaftsvertrag keine abweichende Regelung enthält, einzelnen Gesellschaftern nur unter den Voraussetzungen des § 117 HGB entzogen werden.   17

Da das Recht zur Geschäftsführung unmittelbar mit der Gesellschafterstellung verbunden ist, geht dieses Recht bei Ableben eines Gesellschafters auf dessen Erben, die den Gesellschaftsanteil von Todes wegen erwerben, über.

Die Pflicht zur Geschäftsführung der einzelnen OHG-Gesellschafter betrifft die Gesellschafter persönlich. Eine Übertragung der Geschäftsführungsbefugnis auf Dritte bzw. Bevollmächtigte ist daher nicht möglich, wohl aber die Übertragung einzelner Angelegenheit der Geschäftsführung auf Mitarbeiter. Durch Gesellschaftsvertrag kann sogar die Befugnis eingeräumt werden, die Geschäftsführung durch Dritte ausüben zu lassen und hierfür Generalvollmacht zu erteilen. Hierdurch erwirbt der Dritte jedoch nicht die organschaftliche Stellung des Gesellschafters, diese bleibt hiervon unberührt.[15] Die fehlende Übertragbarkeit der Geschäftsführungsbefugnis wie der Vertretungsbefugnis ist Ausfluss des Grundsatzes der Selbstorganschaft, wonach nur ein Gesellschafter organschaftlicher Geschäftsführer sein und die Gesellschaft gesetzlich vertreten kann, eine organschaftliche Fremdgeschäftsführung scheidet bei der OHG somit wie bei der Gesellschaft bürgerlichen Rechts aus. Etwas anderes gilt bei Kapitalgesellschaften, deren Geschäftsführer auch Nichtgesellschafter sein können.   18

Gegen den Grundsatz der Selbstorganschaft wird verstoßen, wenn einem Dritten im Rahmen eines Anstellungs- oder Auftragsverhältnisses die Ausübung der Geschäftsführungsbefugnisse in einem Umfang überlassen werden, der einer Übertragung der Geschäftsführungsbefugnis gleichkommt. Die geschäftsführenden Gesellschafter müssen daher die übertragenen Aufgaben jederzeit wieder an sich ziehen und die Vollmacht widerrufen können.[16]

---

15   BGH NJW 1962, 738, 739.
16   BGH v. 12.12.1966, II ZR 41/65, BGHZ 46, 291, 296.

2.   Umfang der gesetzlichen Geschäftsführungsbefugnis

a)   Gesamt- oder Einzelgeschäftsführungsbefugnis

19   Kraft Gesetzes sind sämtliche geschäftsführenden Gesellschafter alleine zur Geschäftsführung berechtigt (§ 115 HGB). Die Geschäftsführer haben also anders als bei der Gesellschaft bürgerlichen Rechts nicht gemeinsam zu handeln.

20   Die (Einzel-)Geschäftsführungsbefugnis erstreckt sich jedoch nur auf Handlungen, die der gewöhnliche Betrieb des Handelsgewerbes der Gesellschaft mit sich bringt (§ 116 HGB). Bei Geschäftsführungsmaßnahmen, die darüber hinausgehen, sogenannte außergewöhnliche Geschäfte, bedarf es zunächst eines zustimmenden Beschlusses sämtlicher Gesellschafter, bevor die Geschäftsführungsmaßnahme durchgeführt werden darf. Diese Beschränkung gilt jedoch nur im Innenverhältnis zwischen den Gesellschaftern und den geschäftsführenden Gesellschaftern, im Außenverhältnis (Vertretungsmacht) ist die Vornahme des außergewöhnlichen Geschäftes auch ohne Zustimmung der Gesellschafter wirksam.

21   Einzige Ausnahme von dem Grundsatz, dass die geschäftsführenden Gesellschafter stets alleine zu handeln berechtigt sind, besteht im Hinblick auf die Bestellung von Prokuristen. Diese kann gem. § 116 Abs. 3 HGB i.d.R. nur durch sämtliche geschäftsführenden Gesellschafter gemeinsam erfolgen.

b)   Widerspruchsrecht (§ 115 HGB)

22   Die Befugnis der geschäftsführenden Gesellschafter, alleine zu handeln, wird durch das Widerspruchsrecht eines geschäftsführenden Gesellschafters eingeschränkt. Jeder geschäftsführende Gesellschafter hat hierdurch die Möglichkeit, einer Geschäftsführungsmaßnahme eines anderen geschäftsführenden Gesellschafters zu widersprechen, mit der Folge, dass die Geschäftsführungsmaßnahme unterbleiben muss. Durch das Widerspruchsrecht sind die geschäftsführenden Gesellschafter gezwungen, sich zu einigen. Dies kann, bei fehlender Konsensfähigkeit, zu einer Lähmung der Gesellschaft führen, weshalb in dem Gesellschaftsvertrag für diese Konstellationen Regelungsmechanismen einzubauen sind.

Das Widerspruchsrecht kann nur von geschäftsführenden Gesellschaftern ausgeübt werden und nur in dem Umfang, in dem der ausübende geschäftsführende Gesellschafter selbst zur Geschäftsführung befugt ist. Bei der Ausübung des Widerspruchsrechts muss sich der geschäftsführende Gesellschafter von den Interessen der Gesellschaft leiten lassen. Die geschäftsführenden Gesellschafter sind sogar verpflichtet, einer Geschäftsführungsmaßnahme zu widersprechen, sofern diese offensichtlich nachteilig für die Gesellschaft ist.[17]

23   Erklärt ein geschäftsführender Gesellschafter wirksam Widerspruch gegen eine Geschäftsführungsmaßnahme, so hat diese zu unterbleiben, es sei denn, der Widerspruch wurde pflichtwidrig erhoben. Führt der handlungswillige Gesellschafter die Geschäftsführungsmaßnahme trotz des wirksamen Widerspruchs aus, ist diese im Außenverhältnis wirksam. Er macht sich jedoch im Innenverhältnis schadenersatzpflichtig und läuft Gefahr, dass ihm die Geschäftsführungsbefugnis aus wichtigem Grund entzogen wird (§ 117 HGB) oder er aus der Gesellschaft ausgeschlossen wird (§ 140 HGB).

---

17   MünchHdB. GesR I/v. Ditfurth, § 53 Rn. 43.

3.   Vertragliche Geschäftsführungsbefugnis

§ 109 2. Halbsatz HGB eröffnet die Möglichkeit, die Rechte und Pflichten der Gesellschafter un-   24
tereinander und damit auch die Geschäftsführungsbefugnis im Rahmen des Gesellschaftsvertrages grundsätzlich abweichend von den gesetzlichen Vorschriften zu regeln. Hierbei kann es
sich z.B. handeln um

- den Ausschluss einzelner Gesellschafter von der Geschäftsführung durch Übertragung der
  Geschäftsführungsbefugnis auf bestimmte Gesellschafter;

- die Anordnung von Gesamtgeschäftsführung anstelle der gesetzlich vorgesehenen Einzelgeschäftsführung dergestalt, dass entweder alle Geschäftsführer einer Geschäftsführungsmaßnahme zustimmen müssen oder eine bestimmte Anzahl von Geschäftsführern gemeinsam
  geschäftsführungsbefugt ist;

- Aufteilung der Zuständigkeiten der geschäftsführenden Gesellschafter für einzelne Ressorts
  unter Umständen mit der weitergehenden Regelung, dass geschäftsführenden Gesellschaftern
  bei Geschäftsführungsmaßnahmen, die nicht in ihr Ressorts fallen, kein Widerspruchsrecht
  zusteht.

4.   Notgeschäftsführung

Droht einem Gegenstand des Gesellschaftsvermögens oder der Gesellschaft selbst ein Schaden, ist   25
jeder Gesellschafter zur Notgeschäftsführung entsprechend § 744 Abs. 2 BGB berechtigt, unabhängig davon, ob der handelnde Gesellschafter auch ohne die Existenz der Notlage zur Geschäftsführung befugt wäre. Dieses Recht zur Notgeschäftsführung kann nicht durch Gesellschaftsvertrag oder Widerspruch eines Geschäftsführers eingeschränkt werden.

Liegen die Umstände für die Ausübung des Notgeschäftsführungsrechts vor, hat dies nicht die Ver-   26
tretungsberechtigung des handelnden Gesellschafters zur Folge. Ist der handelnde Gesellschafter
aus welchen Gründen auch immer nicht zur organschaftlichen Vertretung der Gesellschaft befugt, darf er auch im Falle der Ausübung des Notgeschäftsführungsrechts nicht im Namen der
Gesellschaft nach außen auftreten, sondern muss im eigenen Namen und auf eigenes Risiko nach
außen handeln. Bei berechtigter Notgeschäftsführung kann der handelnde Gesellschafter aber
von der Gesellschaft Ersatz seiner erforderlichen Aufwendungen verlangen (§ 110 HGB).

5.   Haftung

Neben einer Zuwiderhandlung gegen einen wirksamen Widerspruch macht sich ein geschäfts-   27
führender Gesellschafter gegenüber der Gesellschaft schadenersatzpflichtig, wenn er schuldhaft
gegen seine Pflichten verstößt. Er haftet dabei für diejenige Sorgfalt, die er in eigenen Angelegenheit anzuwenden pflegt (§ 105 Abs. 3 HGB i.V.m. § 708 BGB), für grobe Fahrlässigkeit und
für Vorsatz. Die Beschränkung des Haftungsmaßstabes auf diejenige Sorgfalt, die er in eigener
Angelegenheit anzuwenden pflegt, anstelle der im Verkehr erforderlichen Sorgfalt (§ 276 Abs. 2
BGB), findet keine Anwendung bei Publikumsgesellschaften. Bei diesen gilt der für Kapitalgesellschaften maßgebliche Haftungsmaßstab. Danach haftet der geschäftsführende Gesellschafter für
die Sorgfalt eines ordentlichen Geschäftsmannes.[18]

---

18   BGH v. 12.11.1979, II ZR 174/77, BGHZ 75, 321, 327.

28   Eine Pflichtverletzung liegt bei Unterlassung gebotener oder Vornahme unzweckmäßiger Geschäftsführungshandlungen wie bei Überschreitung der Geschäftsführungsbefugnis vor. In die letzte Fallgruppe ist z.B. die Vornahme einer Geschäftsführungsmaßnahme trotz wirksamen Widerspruchs eines anderen geschäftsführenden Gesellschafters einzuordnen.

6.   Entlastung

29   Anders als für die Gesellschaft mit beschränkter Haftung existiert keine höchstrichterliche Entscheidung, die das Bestehen eines Anspruchs eines Geschäftsführers auf Entlastung ablehnt.[19] Im Recht der OHG ist somit zweifelhaft, ob den geschäftsführenden Gesellschaftern ein klagbarer Anspruch auf Entlastung zusteht. Wendet man die für die GmbH geltenden Grundsätze auf die Personenhandelsgesellschaften an, ist der geschäftsführende Gesellschafter darauf verwiesen, eine negative Feststellungsklage mit dem Inhalt, dass keine Ersatzansprüche bestehen, zu erheben.[20]

II.   Vertretung

1.   Grundlagen

30   Die organschaftliche Vertretung der OHG ist in den §§ 125 ff. HGB geregelt. Danach ist jeder Gesellschafter ermächtigt, im Namen und mit Wirkung für und gegen die OHG zu handeln, sofern im Gesellschaftsvertrag nichts Abweichendes geregelt ist (§ 125 Abs. 1 HGB). Die Vertretungsmacht der einzelnen Gesellschafter erstreckt sich dabei auf alle gerichtlichen und außergerichtlichen Geschäfte und Rechtshandlungen einschließlich der Veräußerung und Belastung von Grundstücken sowie der Erteilung und des Widerrufs einer Prokura (§ 126 Abs. 1 HGB). Sie kann im Verhältnis zu Dritten nicht beschränkt werden (§ 126 Abs. 2 HGB) und ist im Gegensatz zur Geschäftsführungsbefugnis auch nicht auf Handlungen im Rahmen des gewöhnlichen Betriebs des Handelsgewerbes beschränkt. Lediglich Rechtshandlungen, die die Grundlagen des Gesellschaftsverhältnisses betreffen, sind nicht von der Vertretungsmacht umfasst.[21]

31   Eine weitere Möglichkeit der Einschränkung der Vertretungsmacht ist in § 126 Abs. 3 HGB enthalten. Danach kann die Vertretungsmacht unter bestimmten Umständen auf den Betrieb einer von mehreren Niederlassungen beschränkt werden.

32   Für die organschaftliche Vertretungsmacht gilt wie für die Geschäftsführungsbefugnis der Grundsatz der Selbstorganschaft. Danach steht ausschließlich den persönlich haftenden Gesellschaftern die organschaftliche Vertretung der Gesellschaft zu, mit der Folge, dass ein Ausschluss sämtlicher persönlich haftender Gesellschafter von der Vertretung der Gesellschaft bzw. eine Übertragung der organschaftlichen Vertretung auf Nicht-Gesellschafter nicht zulässig ist; eine organschaftliche Fremdgeschäftsführung scheidet bei der OHG aus. Die Bevollmächtigung Dritter zur Vertretung der Gesellschaft im Außenverhältnis wird durch den Grundsatz der Selbstorganschaft aber nicht ausgeschlossen. Daneben existieren einige wenige Ausnahmen von dem Grundsatz der Selbstorganschaft, z.B. in der Liquidation der Gesellschaft. Im Rahmen des Liquidationsverfahrens ist es den Gesellschaftern möglich, ausschließlich Dritte zu Liquidatoren zu bestellen.[22]

---

19   BGH v. 20.05.1985, II ZR 165/84, BGHZ 94, 324, 326 ff.
20   Vgl. hierzu MünchHdB. GesR I/v. Ditfurth, § 53 Rn. 33.
21   BGH NJW 1952, 537, 538.
22   Weitere Ausnahmen vom Grundsatz der Selbstorganschaft vgl. MünchHdB. GesR I/v. Ditfurth, § 54 Rn. 14 ff.

2.   Gesetzliche Regelung der Vertretungsbefugnis

Korrespondierend zur Einzelgeschäftsführungsbefugnis sämtlicher Gesellschafter ist gem. § 125   33
Abs. 1 HGB jeder Gesellschafter alleine zur Vertretung der Gesellschaft befugt, sofern der Gesellschaftsvertrag keine abweichenden Regelungen enthält. Der Grundsatz der Einzelvertretungsbefugnis führt mitunter gelegentlich zu sich widersprechenden Willenserklärungen zweier Gesellschafter. Es ist streitig, welche Willenserklärung in diesem Fall Vorrang genießt. Auf jeden Fall heben sich die Willenserklärungen bei gleichzeitigem Zugang gegenseitig auf und sie entfalten keine Rechtswirkung. Die Abgabe von Willenserklärungen gegenüber der Gesellschaft ist immer gegenüber einem vertretungsbefugten Gesellschafter allein möglich (§ 125 Abs. 2 Satz 3 HGB).

Eine durch einen von der Vertretung ausgeschlossenen oder nur zur Gesamtvertretung befugten   34
Gesellschafter vorgenommene Vertretungshandlung ist (schwebend) unwirksam. Sie kann gem.
§ 177 Abs. 1 BGB von der Gesellschaft, in diesem Fall vertreten durch die vertretungsbefugten Gesellschafter, nachträglich genehmigt werden.

3.   Gesellschaftsvertragliche Regelung der Vertretungsbefugnis

Die gesetzlichen Regelungen zur Vertretungsmacht, mit Ausnahme der Passivvertretung, sind in   35
dem in den §§ 125 ff. HGB zugelassenen Rahmen durch Gesellschaftsvertrag abänderbar. Somit ist es möglich,

- einzelne Gesellschafter von der Vertretung auszuschließen (§ 125 Abs. 1 HGB);
- Gesamtvertretung, auch gemischte Gesamtvertretung, anstelle der Einzelvertretungsbefugnis anzuordnen (§ 125 Abs. 2 Satz 1 und Abs. 3 HGB);
- einzelne Gesellschafter mit Gesamtvertretungsbefugnis für die Vornahme bestimmter Geschäfte oder Rechtshandlungen mit Einzelvertretungsbefugnis auszustatten (§ 125 Abs. 2 Satz 2 HGB).

Bei der Anordnung gemischter Gesamtvertretung ist aufgrund des Grundsatzes der Selbstorgan-   36
schaft darauf zu achten, dass neben der Möglichkeit der Vertretung der Gesellschaft durch einen Gesellschafter zusammen mit einem Prokuristen auch weiterhin die Möglichkeit der Vertretung der Gesellschaft durch zwei Gesellschafter gemeinsam bestehen muss.[23]

4.   Handelsregistereintragung

Zum Schutz des Rechtsverkehrs sind sämtliche Einzelheiten, soweit sie die Vertretungsmacht   37
betreffen, und spätere Änderungen im Handelsregister einzutragen. Dies gilt auch bei Übereinstimmung der Vertretungsverhältnisse mit den gesetzlichen Regelungen. Die entsprechende Handelsregisteranmeldung ist von sämtlichen Gesellschaftern, unabhängig von deren Vertretungsbefugnis, vorzunehmen (§ 108 Abs. 1 HGB). Die Rechtsfolgen aus der (fehlenden) Eintragung von eintragungspflichtigen Tatsachen zur Vertretungsmacht ergeben sich aus § 15 HGB.

---

23   Baumbach/Hopt, § 125 Rn. 20.

III. Beendigung von Geschäftsführung und Vertretung

1. Entziehung der Geschäftsführungs- und Vertretungsbefugnis (§§ 117, 127 HGB)

38 Nach dem HGB kommt zur Beendigung der Geschäftsführung und Vertretung eines Gesellschafters nur die Entziehung der Geschäftsführungs- und Vertretungsbefugnis gem. §§ 117, 127 HGB in Betracht. Dies setzt das Vorliegen eines wichtigen Grundes voraus, der nicht näher definiert wird, aber dann vorliegen dürfte, wenn Umstände gegeben sind, die nach Treu und Glauben und unter Abwägung der widerstreitenden Interessen den übrigen Gesellschaftern die unveränderte Fortdauer der Geschäftsführung oder Vertretung des einzelnen Gesellschafters unzumutbar machen.[24]

39 Die Entziehung der Geschäftsführungs- und Vertretungsbefugnis ist bei der OHG sogar dann zulässig, wenn sie den einzigen geschäftsführungsbefugten Gesellschafter betrifft.[25]

40 Die §§ 117, 127 HGB setzen für die Entziehung der Geschäftsführungs- bzw. Vertretungsbefugnis eine gerichtliche Entscheidung aufgrund einer Gestaltungsklage aller übrigen Gesellschafter voraus. Hiervon kann durch gesellschaftsvertragliche Regelung abgewichen werden, z.B. durch Aufstellen eines nichtabschließenden Katalogs wichtiger Gründe i.S.d. §§ 117, 127 HGB , die Zulassung der Entziehung der Geschäftsführungs- und Vertretungsbefugnis ohne Vorliegen eines wichtigen Grundes auf der Grundlage eines Mehrheitsbeschlusses oder die Modifikation des Entziehungsverfahrens durch Zulassung der Entziehung aufgrund Gesellschafterbeschlusses anstelle einer gerichtlichen Entscheidung.

41 Die Entziehung wird mit Mitteilung des entsprechenden Gesellschafterbeschlusses gegenüber dem betroffenen Gesellschafter bzw. mit Rechtskraft der gerichtlichen Entscheidung wirksam.

2. Niederlegung

42 Da das HGB keine Regelung über die Amtsniederlegung enthält, ist fraglich, ob Gesellschafter ihre Geschäftsführungs- und Vertretungsbefugnis niederlegen können. Für die Gesellschaft bürgerlichen Rechts regelt § 712 Abs. 2 BGB diesen Sachverhalt beschränkt auf die gesellschaftsvertraglich übertragene Geschäftsführung. Die herrschende Meinung wendet § 712 Abs. 2 BGB über den Verweis in § 105 Abs. 3 HGB auch bei der OHG an. Über den Wortlaut des § 712 Abs. 2 BGB hinaus anerkennt die herrschende Meinung aber außerdem das Recht zur Niederlegung aus wichtigem Grund nicht nur bei der gesellschaftsvertraglich eingeräumten, sondern auch bei der gesetzlich bestimmten Geschäftsführungs- und Vertretungsbefugnis.[26] Dies gilt auch, wenn der einzige geschäftsführungs- und vertretungsbefugte Gesellschafter sein Amt niederlegt.[27]

43 Einzige Voraussetzungen für die Amtsniederlegung sind das Vorliegen eines wichtigen Grundes, d.h. Vorliegen von Umständen, die dem geschäftsführenden Gesellschafter die Fortführung der

---

24 MünchKomm. HGB/Karsten Schmidt, § 127 Rn. 15; E/B/J/S/Mayen, § 117 Rn. 7.
25 Abweichend hiervon bei einzigem Komplementär einer KG vgl. BGH v. 09.12.1968, II ZR 33/67, BGHZ 51, 198, 200.
26 Baumbach/Hopt, § 114 Rn. 19; MünchHdB. GesR I/v. Ditfurth, § 55 Rn. 2.
27 Abweichend hiervon bei einzigem Komplementär einer KG vgl. BGH v. 09.12.1968, II ZR 33/67, BGHZ 51, 198, 200.

Geschäfte der Gesellschaft in der gesellschaftsvertraglich festgelegten Art unzumutbar machen, sowie, dass die Niederlegung nicht zur Unzeit erfolgt. Legt der Gesellschafter sein Amt zur Unzeit nieder, macht er sich ggf. schadenersatzpflichtig.

Mit Zugang der Niederlegung an alle Gesellschafter wird die Niederlegung wirksam. **44**

3. Sonstige Beendigungsgründe

Neben der Entziehung und der Niederlegung kommen als weitere Beendigungsgründe der Geschäftsführungs- und Vertretungsbefugnis die Auflösung der OHG sowie sonstige, im Gesellschaftsvertrag enthaltene Bestimmungen, wie z.B. Beendigung aufgrund längerer Krankheit oder Überschreiten einer bestimmten Altersgrenze, in Betracht. **45**

C. Kommanditgesellschaft

I. Allgemeines

Zur organschaftlichen Geschäftsführung sind bei einer Kommanditgesellschaft ausschließlich die Komplementäre berechtigt. Kommanditisten sind mangels abweichender gesellschaftsvertraglicher Bestimmungen von der Geschäftsführung ausgeschlossen. Kraft Gesellschaftsvertrag kann den Kommanditisten Geschäftsführungsbefugnis eingeräumt werden. Von der organschaftlichen Vertretung der Kommanditgesellschaft sind die Kommanditisten aber zwingend ausgeschlossen (§ 170 HGB). Soll ein Kommanditist die Kommanditgesellschaft im Außenverhältnis vertreten können, muss ihm entweder durch Gesellschaftsvertrag oder durch den persönlich haftenden Gesellschafter namens der Gesellschaft Vollmacht, auch Generalvollmacht, oder z.B. Prokura eingeräumt werden. **46**

Werden dem Kommanditisten Rechte auf Geschäftsführung innerhalb des Gesellschaftsvertrages eingeräumt, können diese grundsätzlich nur durch Änderung des Gesellschaftsvertrages entzogen werden.[28] **47**

Zur Rechtsstellung der Komplementäre im Zusammenhang mit deren Geschäftsführungs- und Vertretungsbefugnis gilt grundsätzlich das zur OHG Ausgeführte entsprechend.[29] **48**

II. Besonderheiten zur Geschäftsführung und Vertretung bei einer Kommanditgesellschaft

Folgende Besonderheiten zur Geschäftsführung und Vertretung bei einer Kommanditgesellschaft im Vergleich zur OHG sind zu beachten: **49**

■ Kommanditisten können Handlungen der geschäftsführenden Gesellschafter, soweit diese nicht über den gewöhnlichen Betrieb des Handelsgewerbes der Gesellschaft hinausgehen, nicht widersprechen (§ 115 Abs. 1 Satz 2 HGB);

---

28 Baumbach/Hopt, § 164 Rn. 8.
29 Vgl. Ausführungen in Abschnitt B.

- Für die Vornahme außergewöhnlicher Geschäftsführungsmaßnahmen ist ein Beschluss sämtlicher, auch der nicht geschäftsführungsbefugten Gesellschafter, also einschließlich der Kommanditisten, notwendig, sofern der Gesellschaftsvertrag die Rechte der Kommanditisten nicht einschränkt, z.B. durch Ausschluss des Stimmrechts der Kommanditisten oder durch Einführen eines Mehrheitserfordernisses;

- Der Gesellschaftsvertrag kann den Kommanditisten neben der Übertragung der Geschäftsführung auch andere Rechte auf Mitwirkung an der Geschäftsführung, z.B. Weisungsrechte gegenüber den Komplementär-Gesellschaftern, einräumen;[30]

- Die Entziehung der Geschäftsführungs- und Vertretungsbefugnis eines Komplementärs ist anders als bei der OHG nicht zulässig, wenn sie den einzigen Komplementär betrifft;[31]

- Die Amtsniederlegung des einzigen geschäftsführungs- und vertretungsbefugten Gesellschafters ist anders als bei der OHG ebenfalls nicht zulässig;[32]

- Ein geschäftsführender Kommanditist haftet gegenüber der Gesellschaft wie ein persönlich haftender Gesellschafter, gegenüber Dritten hingegen selbst bei alleinigem Weisungs- und Geschäftsführungsrecht nicht nach § 128 HGB wie ein persönlich haftender Gesellschafter.[33]

- Die Entziehung der einem Kommanditisten eingeräumten Geschäftsführungsbefugnis erfolgt nach Maßgabe des § 117 HGB nicht durch bloßen Gesellschafterbeschluss, es sei denn, der Gesellschaftsvertrag sieht ein abweichendes Verfahren vor.[34]

III. Kapitalgesellschaft & Co. KG

50 Grundsätzlich sind die in Abschnitt B. und Abschnitt C. I und II getroffenen Aussagen auf die Kapitalgesellschaft & Co. KG übertragbar. Das gilt sowohl für die Rechtsstellung der Komplementär-GmbH als auch für die Rechtsstellung der Kommanditisten. Besonderheiten ergeben sich aber aus der Rechtsform des Komplementärs. Handelt es sich hierbei um eine Gesellschaft mit beschränkter Haftung, gelten für die Bestellung bzw. Abberufung der Geschäftsführer der GmbH die gesetzlichen Vorschriften des GmbHG bzw. die gesellschaftsvertraglichen Modifikationen. Sind die Gesellschafter der Komplementär-GmbH und der KG personenidentisch, haben die Kommanditisten aufgrund ihrer Gesellschaftereigenschaft bei der Komplementär-GmbH sehr viel weitreichendere Einflussmöglichkeiten auf die Geschäftsführung der GmbH & Co. KG als bei einer normalen Kommanditgesellschaft mit einer natürlichen Person als unbeschränkt haftendem Gesellschafter. Insbesondere obliegt die Bestellung und Abberufung der Geschäftsführer der GmbH den Kommanditisten als Gesellschafter der GmbH. Darüber hinaus steht den Kommanditisten als Gesellschafter der GmbH ein Weisungsrecht gegenüber den Geschäftsführern der GmbH zu.

51 Die Geschäftsführer, die regelmäßig in einem Anstellungsverhältnis mit der GmbH stehen, haften auch der KG aus diesem Anstellungsvertrag, da insoweit eine Schutzwirkung für die KG besteht.[35] Hinsichtlich der Einzelheiten zur Geschäftsführung und Vertretung in der (Komplementär)-GmbH wird auf die Ausführungen in Abschnitt D. verwiesen.

---

30 BGH v. 17.03.1966, II ZR 282/63, BGHZ 45, 204.
31 Vgl. BGH v. 09.12.1968, II ZR 33/67, BGHZ 51, 198, 200.
32 Vgl. BGH v. 09.12.1968, II ZR 33/67, BGHZ 51, 198, 200.
33 BGH v. 17.03.1966, II ZR 282/63, BGHZ 45, 204.
34 Streitig, vgl. BGH ZIP 2004, 2284.
35 Baumbach/Hopt, Anh. § 177 a Rn. 28.

D.   Gesellschaft mit beschränkter Haftung

I.   Allgemeines

Die Geschäftsführung und Vertretung einer GmbH weist erhebliche Unterschiede zur Geschäfts-   52
führung und Vertretung bei Personen(handels)gesellschaften auf. Dies hängt insbesondere damit
zusammen, dass bei einer GmbH der Grundsatz der Selbstorganschaft nicht gilt, es also keine „geborenen" Geschäftsführer gibt, weshalb z.B. unproblematisch organschaftliche Fremdgeschäftsführung möglich ist. Die fehlende gesetzliche Geschäftsführungs- und Vertretungsbefugnis der
Gesellschafter wird durch ihr Weisungsrecht gegenüber den Geschäftsführern ausgeglichen.

Kraft Gesetzes muss die GmbH einen oder mehrere Geschäftsführer haben (§ 6 Abs. 1 GmbHG).   53
Dieser muss von dem nach dem Gesellschaftsvertrag zuständigen Gesellschaftsorgan bestellt wer-
den, da es – wie vorstehend ausgeführt – keine „geborenen" Geschäftsführer gibt, es sei denn, die
Satzung weist einer bestimmten Person oder Personengruppe die Geschäftsführung zu (36 Abs. 3
Satz 2 GmbHG).

II.   Geschäftsführung

1.   Umfang der Geschäftsführungsbefugnis

Aus dem Gesetz lässt sich herleiten, dass die Geschäftsführung alles erfasst, was erforderlich ist   54
zur Verwirklichung des Unternehmensgegenstandes. Der Geschäftsführer hat somit unter anderem folgende Aufgaben zu erfüllen:

- Sämtliche Führungsfunktionen;
- Leitung des Tagesgeschäfts;
- Ausführung der Entscheidungen der Gesellschafter im Unternehmen;
- Sicherstellung einer ordnungsgemäßen Buchführung ;
- Aufstellung des Jahresabschlusses;
- Einberufung der Gesellschafterversammlung.

Neben möglichen Beschränkungen der Geschäftsführungsbefugnis in der Satzung oder aufgrund   55
eines Gesellschafterbeschlusses enthält insbesondere § 46 GmbHG weitere Beschränkungen. Danach sind bestimmte, in § 46 GmbHG aufgelistete Aufgaben und Maßnahmen den Gesellschaftern vorbehalten. Dies gilt außerdem für die Festlegung der Unternehmenspolitik sowie für alle
ungewöhnlichen Maßnahmen.[36] Hat der Geschäftsführer ernsthafte Zweifel an der Zustimmung
der Gesellschafter zu einem Rechtsgeschäft, ist er ebenfalls gehalten, die Zustimmung der Gesellschafter einzuholen.[37] Eine Beschränkung der Geschäftsführungsbefugnis der Geschäftsführer ist
außerdem durch Übertragung eines Teils der Geschäftsführungsbefugnis auf z.B. einen Beirat
möglich. Die Vertretungsmacht der Geschäftsführer in den ihnen gesetzlich zwingend zugewiesenen Aufgaben, wie z.B. die Insolvenzantragspflicht und die Aufstellung des Jahresabschlusses,

---

36   BGH NJW 1984, 1461, 1462; Scholz/Schneider, § 37 Rn. 12 ff.
37   Lutter/Hommelhoff, § 37 Rn. 11.

muss aber bei den Geschäftsführern verbleiben.[38] Eine Übertragung der Geschäftsführungsbefugnis auf gesellschaftsfremde Dritte, die nicht zugleich Geschäftsführer sind, ist hingegen nur in Ausnahmefällen zulässig.[39]

56 Zusätzlich zur eigentlichen Beschränkung der Geschäftsführungsbefugnis kann die Geschäftsführungsbefugnis durch Zustimmungsvorbehalten zugunsten z.B. eines Beirats oder der Gesellschafterversammlung eingeschränkt werden. Diese Zustimmungsvorbehalte können in der Satzung oder in der Geschäftsordnung für die Geschäftsführung enthalten sein. Fehlt in einem solchen Fall die erforderliche Zustimmung, muss der Geschäftsführer die Geschäftsführungsmaßnahme unterlassen, andernfalls kann er sich schadenersatzpflichtig machen.

57 Außerdem ist der Geschäftsführer, anders als bei den Personengesellschaften, an die Weisungen der Gesellschafter gebunden. Dies stellt auch eine Art der Beschränkung der Geschäftsführungsbefugnis dar. Die Weisungsbefugnis kann für einzelne Maßnahmen oder einen begrenzten Kreis von Geschäftsführungsmaßnahmen auf andere Gesellschaftsgremien oder einzelne Gesellschafter übertragen werden. Die Übertragung auf gesellschaftsfremde Dritte ist nur unter engen Voraussetzungen zulässig.[40]

58 Neben Beschränkungen der Geschäftsführungsbefugnis sind auch Erweiterungen der Geschäftsführungsbefugnis kraft Satzung zulässig, z.B. durch Übertragung der Kompetenz zur Feststellung des Jahresabschlusses oder zur Entscheidung über die Ergebnisverwendung, wozu nach der gesetzlichen Regelung die Gesellschafter zuständig sind. Für die Übertragung dieser Aufgaben bedarf es nicht zwingend einer Satzungsregelung; es reicht auch ein Beschluss mit satzungsändernder Mehrheit aus.

2. Gesamtgeschäftsführungsbefugnis

59 Das Gesetz geht im Grundsatz von der Gesamtgeschäftsführungsbefugnis sämtlicher Geschäftsführer gemeinsam aus. Eine Aufteilung der Geschäftsführungsaufgaben unter den Geschäftsführern ist zulässig. Grundlegende Entscheidungen müssen aber trotz Zuweisung von Verantwortungsbereichen an einzelne Geschäftsführer von allen Geschäftsführern gemeinsam getroffen werden.

3. Gesellschaftsvertragliche Modifikation der Gesamtgeschäftsführungsbefugnis

60 In der Satzung oder in dem Bestellungsbeschluss kann allen oder einzelnen Geschäftsführern Einzelgeschäftsführungsbefugnis eingeräumt werden. Diese kann – im Gegensatz zur Einzelvertretung – auf bestimmte Geschäfte beschränkt werden. Außerdem ist es zulässig, einen Vorsitzenden der Geschäftsführung zu bestimmen, dem in Abstimmungen der Geschäftsführung ein Stichentscheid zusteht, sofern mindestens drei Geschäftsführer bestellt sind.

61 Trotz Einzelgeschäftsführungsbefugnis obliegen den Geschäftsführern weiterhin ihre gesetzlichen Pflichtaufgaben und bleibt die Gesamtverantwortung bestehen.

---

38 Lutter/Hommelhoff, § 37 Rn. 12; Baumbach/Hueck/Zöllner/Noack, § 37 Rn. 9.
39 Vgl. MünchHdB. GesR III/Marsch-Barner/Diekmann, § 44 Rn. 62.
40 Vgl. MünchHdB. GesR III/Marsch-Barner/Diekmann, § 44 Rn. 69.

4.   Überschreitung der Geschäftsführungsbefugnis

Überschreitet ein Geschäftsführer seine Geschäftsführungsbefugnis, haftet er der Gesellschaft   62
nach § 43 GmbHG für den dadurch entstanden Schaden. Leistet ein Geschäftsführer einer Weisung der Gesellschafter nicht Folge, können die Gesellschafter die Weisung im Wege einer Leis-
tungs- oder Unterlassungsklage durchsetzen. Der Geschäftsführer läuft außerdem Gefahr, gem.
§ 38 GmbHG abberufen und aus wichtigem Grund gekündigt zu werden.

III.   Vertretung

1.   Vertretungsorgan

Vertretungsorgan der Gesellschaft mit beschränkter Haftung im Rechtsverkehr ist der Geschäfts-   63
führer (§ 135 Abs. 1 GmbHG). Diese Kompetenz kann nicht durch Gesellschaftsvertrag auf Dritte
oder die Gesellschafter übertragen oder eingeschränkt werden. Zulässig ist aber, neben dem Geschäftsführer einen Generalbevollmächtigten mit gleicher rechtsgeschäftlicher Vertretungsmacht
zu ernennen. Anders als bei einer OHG oder einer KG kann die Vertretungsmacht des Geschäftsführers nicht auf eine Niederlassung beschränkt werden.[41]

2.   Umfang der Vertretungsmacht

Der Geschäftsführer vertritt die GmbH außergerichtlich und gerichtlich. Grundsätzlich kann   64
dieser Umfang nicht, auch nicht in der Satzung, beschränkt werden.

Die außergerichtliche Vertretung beinhaltet die Abgabe und die Entgegennahme von Willens-   65
erklärungen sowie die Abgabe und Entgegennahme von geschäftsähnlichen Handlungen. Der
Geschäftsführer ist hierbei nicht an die Zustimmung von Dritten, z.B. der Gesellschafterversammlung, gebunden.

Für bestimmte Rechtsgeschäfte bedarf der Geschäftsführer jedoch kraft Gesetzes der Zustim-   66
mung der Gesellschafter. Dies gilt z.B. für bestimmte Umwandlungsmaßnahmen wie den Ab-
schluss eines Verschmelzungsvertrages oder bei Geschäften, die nach ihrer Größenordnung und
Bedeutung über den bisherigen Geschäftsbetrieb der GmbH hinausgehen (§ 49 Abs. 2 GmbHG).
Bei Rechtsgeschäften zwischen Gesellschaftern und der Gesellschaft wirken Beschränkungen der
Geschäftsführungsbefugnis wie die Beschränkung der Vertretungsmacht, mit der Folge, dass sich
der Gesellschafter bei einem Rechtsgeschäft mit der Gesellschaft nicht auf die Wirksamkeit des
Rechtsgeschäfts berufen kann, falls der Geschäftsführer bei Abschluss des Rechtsgeschäfts seine
Vertretungsbefugnis überschritten hat.[42]

Die Vertretung der Gesellschaft vor Gerichten obliegt ebenfalls dem Geschäftsführer. Bei be-   67
stimmten Anmeldungen zum Handelsregister (Registergericht) besteht sogar das Erfordernis,
dass sämtliche Geschäftsführer, nicht nur Geschäftsführer in zur Vertretung berechtigender Anzahl, die Anmeldung zum Handelsregister vornehmen müssen (§ 78 Halbsatz 2 GmbHG).

Bei Prozessen zwischen der Gesellschaft und einem Geschäftsführer wird die Gesellschaft nicht   68
von dem betroffenen Geschäftsführer vertreten. Hat die Gesellschaft keinen Aufsichtsrat oder

---

41   Scholz/Schneider, § 35 Rn. 23.
42   Baumbach/Hueck/Zöllner/Noack, § 35 Rn. 42.

Beirat, auf den die Kompetenz zur Vertretung der Gesellschaft gegenüber dem Geschäftsführer übertragen worden ist, müssen die Gesellschafter einen Prozessvertreter bestimmen.[43]

3.   Vertretungsmacht

a)   Gesamtvertretung

4

69   Gem. § 35 Abs. 2 Satz 2 GmbHG geht das Gesetz – wie bei der Geschäftsführungsbefugnis – von dem Grundsatz der Gesamtvertretung aus. Sind mehrere Geschäftsführer bestellt, sind diese demnach nur gemeinsam zur Vertretung berechtigt. Ist hingegen nur ein Geschäftsführer bestellt oder fallen sämtliche Geschäftsführer bis auf einen weg, ist der verbleibende Geschäftsführer alleine zur Vertretung berechtigt. Anders verhält es sich, wenn der Gesellschaftsvertrag bestimmt, dass die Geschäftsführer nur gemeinsam zur Vertretung der Gesellschaft berechtigt sind. In diesem Falle wird der verbleibende Geschäftsführer nicht automatisch alleinvertretungsberechtigt, vielmehr muss ein neuer Geschäftsführer bestellt oder der Gesellschaftsvertrag geändert werden.[44]

70   Für die wirksame Abgabe von Willenserklärungen gegenüber der GmbH ist jedoch auch bei Gesamtvertretung die Abgabe gegenüber einem Geschäftsführer ausreichend (sog. Passivvertretung, § 35 Abs. 3 Satz 3 GmbHG).

b)   Gesellschaftsvertragliche Änderung der gesetzlichen Regel-Vertretungsmacht

71   In der Satzung kann von dem gesetzlichen Regelfall der Gesamtvertretung abgewichen werden. Darüber hinaus können selbst unter Beibehaltung der gesetzlichen Regelung die Geschäftsführer sich untereinander für die Vornahme bestimmter Geschäfte ermächtigen, für den anderen zu handeln, so dass praktisch eine Einzelvertretung für bestimmte Geschäfte möglich ist.

72   Als abweichende Regelung der Vertretungsmacht durch die Satzung kommen in Betracht

- die modifizierte Gesamtvertretung, die anstelle eines Handelns sämtlicher Geschäftsführer das Handeln durch eine bestimmte Anzahl der Geschäftsführer ausreichen lässt;
- die Einzelvertretung, durch die allen oder einzelnen Geschäftsführern das Recht eingeräumt wird, die Gesellschaft alleine zu vertreten;
- unechte (gemischte) Gesamtvertretung, die die Vertretung der Gesellschaft durch Zusammenwirken eines Prokuristen und eines Geschäftsführers oder durch zwei Geschäftsführer gemeinschaftlich ermöglicht, sofern mindestens zwei Geschäftsführer bestellt sind.

73   Gesellschaftsvertragliche oder in Gesellschafterbeschlüssen enthaltene Beschränkungen der Vertretungsmacht haben keine Außenwirkung (§ 37 Abs. 2 GmbHG). Infolgedessen ist eine Beschränkung der Einzelvertretungsmacht auf bestimmte Rechtsgeschäfte nicht mit Wirkung gegenüber Dritten möglich.

---

43   OLG Brandenburg GmbHR 1998, 599, 600.
44   Scholz/Schneider, § 35 Rn. 129; BGH WM 1975, 157; Lutter/Hommelhoff, § 35 Rn. 25.

4.   Insichgeschäfte

Grundsätzlich ist es den Geschäftsführern unmöglich, Insichgeschäfte i.S.d. § 181 BGB zu tätigen. Um wirksam ein Rechtsgeschäft zwischen sich und der GmbH abzuschließen, bedarf es entweder einer entsprechenden Satzungsregelung oder einer Befreiung von den Beschränkungen des § 181 BGB durch die Gesellschafterversammlung oder das in der Satzung hierfür für zuständig benannte Organ sowie der Eintragung dieser Befreiung im Handelsregister. Eine Befreiung kann auch nur für einzelne Rechtsgeschäfte erteilt werden.   74

Der Befreiung von den Beschränkungen des § 181 BGB durch Satzungsregelung oder durch Gesellschafterbeschluss bedarf es auch bei einer Ein-Mann-GmbH, bei der der alleinige Gesellschafter zugleich einziger Geschäftsführer ist (§ 35 Abs. 4 GmbHG).   75

IV.   Bestellung und Abberufung der Geschäftsführer

1.   Allgemeines

Für die Bestellung und Abberufung der Geschäftsführer ist kraft Gesetzes die Gesellschafterversammlung zuständig (§ 46 Nr. 5 GmbHG). Gem. § 6 Abs. 1 GmbHG muss mindestens ein Geschäftsführer bestellt sein. Unter bestimmten Voraussetzungen erhöht sich diese Mindestzahl auf zwei.[45] Mangels entsprechender Satzungsregelung entscheidet die Gesellschafterversammlung über die Anzahl der Geschäftsführer (§ 46 Nr. 5 GmbHG).   76

Zu Geschäftsführern können Gesellschafter oder – abweichend von der Rechtslage bei Personengesellschaften – andere, gesellschaftsfremde Personen, bestellt werden. Streitig ist, ob auch Personen, die nicht im Inland leben und nicht jederzeit ohne besondere Erlaubnis nach Deutschland einreisen können, wirksam zum Geschäftsführer bestellt werden können.[46] Außer dem Erfordernis, dass der Geschäftsführer eine natürliche, unbeschränkt geschäftsfähige Person sein muss, stellt das Gesetz keine weiteren Anforderungen auf. In der Satzung können noch weitere Qualifikationen gefordert werden, wie z.B. die Absolvierung eines bestimmten Studienganges oder das Unterschreiten einer bestimmten Altersgrenze.   77

Ausgeschlossen, d.h. nicht wirksam zu Geschäftsführern bestellt werden können Personen, die in einem Zeitraum von fünf Jahren vor Bestellung zum Geschäftsführer rechtskräftig wegen einer Insolvenzstraftat verurteilt wurden oder unter bestimmten Umständen Personen, die einem Berufs- oder Gewerbeverbot unterliegen (§ 6 Abs. 2 Sätze 3 und 4 GmbHG). Ferner ist es nicht möglich, gleichzeitig Geschäftsführer zu sein und dem die Geschäftsführung überwachenden Organ, in der Regel dem Aufsichtsrat oder einem Beirat der Gesellschaft, anzugehören. Diese beiden Ämter sind nicht kompatibel.   78

2.   Bestellungsakt

Die Geschäftsführer müssen bereits bei der Gründung bestellt werden. Bei der Bestellung handelt es sich um einen körperschaftlichen Akt. Dieser ist zu unterscheiden von dem rechtsgeschäftlichen Dienstverhältnis.   79

---

45   Vgl. § 33 MitbestG, § 13 MontanMitbestG, § 13 MontanMitbestErgG.
46   Vgl. MünchHdB. GesR III/Heinrich, § 6 Rn. 9 a.

80   Zuständig für die Bestellung der Geschäftsführer sind grundsätzlich die Gesellschafter, mit Ausnahme der Fälle, in denen ein Pflichtaufsichtsrat eingerichtet werden muss. Diesem obliegt regelmäßig auch die Befugnis zur Bestellung der Geschäftsführer.

81   Durch gesellschaftsvertragliche Regelung kann, soweit kein Pflichtaufsichtsrat existiert, das Recht zur Bestellung der Geschäftsführer durch die Gesellschafterversammlung delegiert werden. In Betracht kommen alle anderen in der Satzung vorgesehenen Gremien, wie z.B. ein Beirat oder ein Personalausschuss, aber auch einzelne Gesellschafter.

82   Die Übertragung der Bestellungskompetenz auf gesellschaftsfremde Personen ist hingegen nicht zulässig. Dasselbe gilt für Gremien oder Ausschüsse, die allein oder maßgeblich mit gesellschaftsfremden Dritten besetzt sind bzw. deren Besetzung maßgeblich gesellschaftsfremden Dritten obliegt.[47]

83   Obliegt die Bestellung der Geschäftsführer entsprechend der gesetzlichen Regelung der Gesellschafterversammlung, so bedarf es für den Bestellungsbeschluss der einfachen Mehrheit (§ 47 Abs. 1 GmbHG), sofern keine abweichende Mehrheit in der Satzung vorgegeben ist. Wurde das Bestellungsrecht auf ein anderes Gesellschaftsorgan übertragen, richten sich die Mehrheits- und Formerfordernisse nach den für dieses Gesellschaftsorgan geltenden Bestimmungen.

84   Der Beschluss muss die Bestellung zum Geschäftsführer beinhalten sowie die Entscheidung über Einzel- und Gesamtvertretungsbefugnis und über die Befreiung von den Beschränkungen des § 181 BGB, abhängig von der Regelung der Vertretungsmacht in der Satzung. Daneben können noch weitere Einzelheiten in dem Beschluss enthalten sein, wie Beginn und/oder Ende des Amtes, eine bestimmte Altersgrenze etc. Fehlt ein Anfangstermin, beginnt das Amt des Geschäftsführers mit der Annahme der Bestellung durch den Geschäftsführer.

3.   Abberufung und sonstige Beendigungstatbestände

85   Nach § 38 Abs. 1 GmbHG gilt der Grundsatz der freien Abberufbarkeit von Geschäftsführern. Anders als Vorstandsmitglieder einer Aktiengesellschaft können demnach Geschäftsführer bei Fehlen anderslautender Satzungsklauseln jederzeit frei, d.h. ohne Vorliegen von Gründen, abberufen werden. Dies gilt ohne Einschränkung auch für Geschäftsführer, die gleichzeitig Gesellschafter sind und für die Fälle, dass nach Abberufung eines Geschäftsführers kein vertretungsfähiges Organmitglied verbleibt (Abberufung des einzigen Geschäftsführers oder Abberufung eines von zwei kraft Satzung nur gesamtvertretungsberechtigten Geschäftsführern).

86   Ausnahmen von dem Grundsatz der freien Abberufbarkeit gelten kraft Gesetzes im Falle einer mitbestimmten GmbH. Auf diese findet § 84 AktG Anwendung, wonach die Abberufung von Geschäftsführern durch den Aufsichtsrat nur bei Vorliegen eines wichtigen Grundes zulässig ist.

87   Außerdem kann die Abberufbarkeit in der Satzung beliebig geregelt werden. Als Grenze dient lediglich die Abberufung bei Vorliegen eines wichtigen Grundes, die nicht ausgeschlossen werden kann. Dies gilt selbst dann, wenn einer bestimmten Person das Amt des Geschäftsführers in der Satzung im Wege eines Sonderrechts eingeräumt wird.[48] Die Abberufung obliegt wie die Bestellung grundsätzlich der Gesellschafterversammlung (§ 46 Nr. 5 GmbHG). In der Satzung kann die Zuständigkeit auf ein anderes Organ verlagert werden. Hat die GmbH einen mitbestimmten Aufsichtsrat, ist der Aufsichtsrat zwingend und ausschließlich für die Abberufung der Geschäftsführung zuständig.

---

47   Streitig; vgl. Scholz/Schneider, § 6 Rn. 34 m.w.N.
48   Baumbach/Hueck/Zöllner/Noack, § 38 Rn. 7 ff.

Die Abberufung erfolgt, mangels abweichender Satzungsregelung, durch Beschluss der Gesell- 88
schafterversammlung, der der einfachen Mehrheit der abgegebenen Stimmen bedarf. Dies gilt
nach herrschender Meinung zwingend für eine Abberufung aus wichtigem Grund.[49] Bei der Abberufung aus wichtigem Grund ist der abzuberufende Geschäftsführer, sofern er zugleich Gesellschafter ist, von der Ausübung seines Stimmrechts ausgeschlossen (§ 47 Abs. 4 GmbHG).

Mit Kundgabe des Abberufungsbeschlusses gegenüber dem abzuberufenden Geschäftsführer 89
wird die Abberufung wirksam. Ist der Abzuberufende bei der Beschussfassung gegenwärtig, wirkt
die Abberufung daher gegenüber ihm sofort. In allen sonstigen Fällen wirkt die Abberufung gegenüber dem abzuberufenden Geschäftsführer mit Zugang der Mitteilung seiner Abberufung.

Als sonstige Beendigungsgründe für die Organstellung kommen die Befristung des Organverhält- 90
nisses in der Satzung und im Bestellungsbeschluss des Bestellungsorgans, der Tod des Geschäftsführers, die Amtsunfähigkeit gem. § 6 Abs. 2 sowie die Amtsniederlegung durch den Geschäftsführer in Betracht.

Ist in der Satzung nichts anderes geregelt, kann ein Geschäftsführer sein Amt jederzeit und fristlos 91
durch Niederlegung beenden. Die Niederlegungserklärung muss gegenüber dem Bestellungsor-
gan abgegeben werden. Die Satzung kann das Recht zur Niederlegung einschränken, indem sie
z.B. bestimmte Fristen vorsieht. Einen vollständigen Ausschluss der Amtsniederlegung, auch für
den Fall des Vorliegens eines wichtigen Grundes, ist hingegen nicht zulässig.

Von der Beendigung der organschaftlichen Geschäftsführung ist die Beendigung des Anstel- 92
lungsverhältnisses zu unterscheiden. Zwar kann in der Kündigung des Anstellungsverhältnisses
gleichzeitig der Widerruf der Bestellung liegen, dies ist jedoch nicht zwingend. Beruft die Gesellschafterversammlung einen Geschäftsführer ab, muss sie gleichzeitig die Kündigung des Anstellungsverhältnisses aussprechen. Kündigt ein Geschäftsführer, wird in der Regel gleichzeitig eine
Amtsniederlegung anzunehmen sein.

4. Anmeldepflicht zum Handelsregister

Die Bestellung, die Abberufung sowie jede Änderung der Vertretungsmacht der Geschäftsführer 93
sind unverzüglich zum Handelsregister anzumelden (§ 39 GmbHG). Die Eintragung im Handelsregister hat jedoch keine konstitutive Wirkung, d.h. die Bestellung, Abberufung oder Änderung
der Vertretungsmacht sind auch ohne Eintragung im Handelsregister wirksam. Im Außenverhältnis zu Dritten ist jedoch § 15 Abs. 1 HGB zu berücksichtigen. Zuständig für die Handelsregisteranmeldung sind die verbleibenden Geschäftsführer in zur Vertretung berechtigender Anzahl.

E. Aktiengesellschaft

I. Grundlagen

Die Organisationsverfassung der Aktiengesellschaft ist durch eine Dreigliederung gekennzeich- 94
net. Demnach ist die Hauptversammlung der Aktionäre der Satzungsgeber (§ 119 AktG), der Aufsichtsrat das Kontroll- und Überwachungsorgan (§ 111 Abs. 1 AktG) und der Vorstand gem. § 76
Abs. 1 AktG das Leistungsorgan der Aktiengesellschaft. Die Leitungsfunktion des Vorstands ist
außer in § 76 Abs. 1 AktG auch in den §§ 77 Abs. 1, 78 Abs. 1 AktG verankert. Diese Vorschriften

---

49 Lutter/Hommelhoff, § 38 Rn. 16; BGH WM 1988, 23.

weisen dem Vorstand zwingend die Geschäftsführung und die Vertretung der Aktiengesellschaft zu.

95   Gem. § 76 Abs. 1 AktG hat der Vorstand die Gesellschaft unter eigener Verantwortung zu leiten. Diese Funktion ist zu unterscheiden von der Geschäftsführung der Gesellschaft. Beide Funktionen sind kraft Gesetzes dem Vorstand zugewiesen. Im Unterschied zur Leitungsfunktion kann die Geschäftsführung unter anderem auch auf einzelne Vorstandsmitglieder oder gesellschaftsfremde Dritte übertragen werden.

96   Die Leitungsfunktion des Vorstandes umfasst insbesondere die Unternehmensplanung, Unternehmenskoordination und -kontrolle. Da die Leitungsfunktion kraft Gesetzes zwingend dem Vorstand zugewiesen ist, sind Überlegungen über die Auslagerung von Unternehmensfunktionen an der zwingenden Leitungsfunktion des Vorstandes auszurichten. Hilfsfunktionen können hingegen unproblematisch auf Dritte übertragen werden.

97   Im Gegensatz zur Geschäftsführung einer Gesellschaft mit beschränkter Haftung ist der Vorstand einer Aktiengesellschaft nicht an Weisungen anderer Gesellschaftsorgane oder einzelner Aktionäre oder Dritter gebunden. Dies gilt sowohl im Verhältnis zum Aufsichtsrat als auch zur Hauptversammlung. Dem Aufsichtsrat obliegt zwar die Überwachung des Vorstands gem. § 111 Abs. 1 AktG, jedoch können Maßnahmen der Geschäftsführung nicht auf den Aufsichtsrat übertragen werden (§ 111 Abs. 4 Satz 1 AktG). Auch etwaige Zustimmungsvorbehalte für bestimmte Geschäftsführungsmaßnahmen führen nicht dazu, dass der Aufsichtsrat den Vorstand positiv zu einem bestimmten Verhalten zwingen kann.

98   Die Hauptversammlung kann über Fragen der Geschäftsführung nur mit bindender Wirkung beschließen, wenn der Vorstand gem. § 119 Abs. 2 AktG eine entsprechende Beschlussfassung verlangt hat. In allen anderen Fällen führt die Eigenverantwortlichkeit des Vorstandes dazu, dass er bei der Ausübung seiner Leitungsaufgabe nicht das Einverständnis der Hauptversammlung einholen muss. Lediglich ausnahmsweise, wenn die beabsichtigte Geschäftsführungsmaßnahme in schwerwiegender Weise in die Mitgliedschaftsrechte der Aktionäre eingreift, z.B. im Fall der Veräußerung wesentlicher Vermögensgegenstände der Aktiengesellschaft, darf der Vorstand nicht ohne Zustimmung der Hauptversammlung handeln.[50]

99   Vorstandsmaßnahmen, die der Vorstand in diesen Ausnahmefällen ohne Zustimmung der Hauptversammlung durchgeführt hat, sind im Außenverhältnis wirksam, da die Vertretungsmacht des Vorstandes gem. § 78 Abs. 1, 82 Abs. 1 AktG unbeschränkbar ist. Der Vorstand macht sich in diesem Fällen aber unter Umständen persönlich schadenersatzpflichtig, wenn er den ungeschriebenen Zustimmungsvorbehalt der Hauptversammlung missachtet.

100   Der Grundsatz der Weisungsunabhängigkeit kann außerdem in Konzernsachverhalten eingeschränkt sein, insbesondere bei Bestehen eines Beherrschungsvertrages oder eines faktischen Konzernverhältnisses.

---

50   Vgl. BGH v. 25.02.1982, II ZR 174/80, BGHZ 83, 122 ff. (Holzmüller-Entscheidung); BGH NJW 2004, 1860 ff. (Gelatine-Entscheidung).

II. Bestellung und Abberufung der Vorstandsmitglieder, Beendigung des Vorstandsmandats

1. Persönliche Anforderungen an Vorstandsmitglieder

Das Aktiengesetz stellt nur wenige Voraussetzungen auf, die eine Person erfüllen muss, damit sie Mitglied des Vorstandes einer Aktiengesellschaft werden kann. Gem. § 76 Abs. 2 AktG können nur natürliche, unbeschränkt geschäftsfähige Personen Vorstandsmitglieder werden. Juristische Personen oder andere Gesellschaften sind vom Vorstandsamt ausgeschlossen. Weiteres Ausschlusskriterium ist gem. § 105 Abs. 1 AktG die Mitgliedschaft im Aufsichtsrat der Aktiengesellschaft. Nicht zum Ausschluss führt hingegen die Eigenschaft als Aktionär derselben Aktiengesellschaft. Weitere Bestellungshindernisse sind in § 76 Abs. 3 Satz 3 und Satz 4 AktG geregelt. **101**

Die herrschende Meinung geht davon aus, dass außerdem in der Satzung weitere Eignungsvoraussetzungen aufgestellt werden können. Das Auswahlermessen des Aufsichtsrates muss aber trotz der zusätzlichen Anforderungen erhalten bleiben.[51] **102**

2. Bestellung von Vorstandsmitgliedern

Bestellt wird der Vorstand einer Aktiengesellschaft durch den Aufsichtsrat (§ 84 Abs. 1 Satz 1 AktG). Je nachdem, was in der Satzung geregelt ist, besteht der Vorstand aus einer oder mehreren Personen. Ab einer bestimmten Höhe des Grundkapitals der Aktiengesellschaft (EUR 3,0 Mio.) muss der Vorstand mindestens aus zwei Personen bestehen. Enthält die Satzung eine Bestimmung, wonach eine Mindest- oder Höchstzahl von Vorstandsmitgliedern festgelegt wird, obliegt die Entscheidung über die Anzahl der Vorstandsmitglieder innerhalb dieses Rahmens dem Aufsichtsrat. **103**

Die Bestellungskompetenz des Aufsichtsrats ist zwingend, d.h. weder Satzung noch Hauptversammlung können hiervon abweichen. Außerdem kann die Bestellung eines Vorstandsmitgliedes nicht von der Zustimmung Dritter abhängig gemacht werden.[52] Ebenso ist eine Verpflichtung des Aufsichtsrats gegenüber Dritten zur Bestellung bestimmter Personen zu Vorstandsmitgliedern nichtig. **104**

Die Bestellung des Vorstandsmitgliedes erfolgt durch Beschluss des Aufsichtsrats (§ 108 Abs. 1 AktG), der der einfachen Mehrheit der vorhandenen Stimmen im Aufsichtsrat bedarf. Zur wirksamen Bestellung ist außerdem die Einverständniserklärung des künftigen Vorstandsmitgliedes erforderlich. Werden mehrere Vorstandsmitglieder bestellt, ist für jedes einzelne Vorstandsmitglied ein gesonderter Beschluss zu fassen. Die Übertragung der Beschlussfassung über die Bestellung auf einzelne Aufsichtsratsmitglieder oder auf einen Ausschuss des Aufsichtsrats ist ebenso wenig zulässig wie die Anordnung einer qualifizierten Mehrheit in der Satzung der Aktiengesellschaft.[53] **105**

Von der organschaftlichen Bestellung als Vorstandsmitglied ist der Abschluss des schuldrechtlichen Anstellungsvertrages, für den auf Seiten der Aktiengesellschaft ebenfalls der Aufsichtsrat zuständig ist, zu unterscheiden. **106**

---

51 MünchHdB. GesR IV/Wiesner, § 20 Rn. 3; Hüffer, § 76 Rn. 26; a.A. Kölner Kommentar AktG/Mertens, § 76 Rn. 117.
52 MünchKomm AktG/Hefermehl/Spindler, § 84 Rn. 9.
53 Kölner Kommentar AktG/Mertens, § 108 Rn. 46.

3.   Dauer des Vorstandsmandates

107   § 84 Abs. 1 Satz 1 AktG begrenzt die Dauer des Vorstandsmandates auf höchstens fünf Jahre. Die Bestellung für eine kürzere Zeitdauer ist zulässig, dabei ist jedoch zu beachten, dass eine willkürliche, kurzfristige Bestellung der Unabhängigkeit des Vorstands widersprechen würde.[54] Außerdem legt eine zu kurze Amtsdauer die Umgehung des Grundsatzes, wonach der Widerruf der Bestellung von Vorstandsmitgliedern nur aus wichtigem Grund möglich ist, nahe. Eine Mindestdauer von einem Jahr wird in der Literatur als unproblematisch angesehen.[55]

4.   Wiederbestellung

108   Bereits gewählte Vorstandmitglieder können für eine weitere Amtsperiode von höchstens fünf Jahre wiederbestellt werden (§ 84 Abs. 1 Satz 2 AktG). Hierfür ist ein erneuter Bestellungsbeschluss des Aufsichtsrats notwendig.

109   Eine automatische Verlängerung des Vorstandsmandats nach Ablauf einer Amtsperiode ist ebenso wenig möglich, wie eine verbindliche Zusage zur Wiederbestellung durch den Aufsichtsrat.

110   Gem. § 84 Abs. 1 Satz 3 AktG darf der Aufsichtsratsbeschluss über die Wiederbestellung für eine erneute fünfjährige Amtsperiode frühestens ein Jahr vor Ablauf der bisherigen Amtszeit gefasst werden.

5.   Widerruf der Bestellung

111   Korrespondierend zur Bestellungskompetenz obliegt dem Aufsichtsrat auch die Kompetenz zum Widerruf der Bestellung. Dieser kann nur bei Vorliegen eines wichtigen Grundes durch Beschluss des Gesamtaufsichtsrats, der der einfachen Mehrheit bedarf, erfolgen. Eine abweichende Regelung in der Satzung, wonach die Bestellung ohne Vorliegen eines wichtigen Grundes widerrufen werden kann, ist unzulässig.

112   Ein wichtiger Grund zum Widerruf der Vorstandsbestellung liegt vor, wenn die Fortsetzung des Organverhältnisses bis zum Ende der Amtszeit für die Aktiengesellschaft unzumutbar ist, unabhängig davon, ob der wichtige Grund in der Person des Vorstandsmitgliedes liegt oder ein Verschulden des Vorstandesmitgliedes vorliegt.[56] Gem. § 84 Abs. 3 Satz 2 AktG ist ein wichtiger Grund insbesondere in einer groben Pflichtverletzung oder in der Unfähigkeit zur ordnungsmäßigen Geschäftsführung oder in einem Vertrauensentzug durch die Hauptversammlung zu sehen, sofern der Vertrauensentzug nicht auf einem offenkundig unsachlichen Grund beruht. Hat die Hauptversammlung dem Vorstandsmitglied das Vertrauen entzogen, besteht trotz allem keine Verpflichtung des Aufsichtsrates, die Vorstandsbestellung zu widerrufen, da der Aufsichtsrat die Entscheidung über den Widerruf eigenverantwortlich zu treffen hat.

113   Der Widerruf der Vorstandsbestellung führt nicht automatisch zu einer Kündigung des Anstellungsverhältnisses mit dem Vorstandmitglied. Dieses muss gesondert gekündigt werden.

---

54   Kölner Kommentar AktG/Mertens, § 84 Rn. 20.
55   MünchKomm AktG/Hefermehl/Spindler, § 84 Rn. 30.
56   Hüffer, § 84 Rn. 26 ff.; BGH ZIP 1992, 769, 771.

6.   Beendigung des Vorstandsmandats aus sonstigen Gründen

Neben dem Widerruf der Vorstandsbestellung aus wichtigem Grund gem. § 84 Abs. 3 AktG **114** kommt eine Beendigung des Vorstandsmandats durch einseitige Amtsniederlegung durch das Vorstandsmitglied sowie die einvernehmliche Beendigung des Organverhältnisses in Betracht. Die Niederlegung ist jederzeit möglich, es sei denn, die Amtsniederlegung ist missbräuchlich, d.h. sie erfolgt zur Unzeit. Für die einvernehmliche Beendigung des Organverhältnisses, die ebenfalls jederzeit möglich ist, ist neben der Erklärung des Vorstandsmitgliedes ein Beschluss des Gesamt-Aufsichtsrats erforderlich.[57]

7.   Verfahren

Die Bestellung, der Widerruf der Bestellung sowie sämtliche sonstigen Änderungen im Zusam- **115** menhang mit dem Vorstand sind zur Eintragung in das Handelsregister durch Vorstandsmitglieder in vertretungsberechtigter Zahl anzumelden (§ 81 AktG). Scheidet der Alleinvorstand aus, ist dessen Nachfolger für die Anmeldung zuständig.[58] Die Anmeldung und die Eintragung haben lediglich deklaratorische Bedeutung. Gem. § 15 Abs. 1 HGB können die Änderungen des Vorstands, solange sie noch nicht im Handelsregister eingetragen sind, Dritten jedoch nur entgegengehalten werden, wenn diese positive Kenntnis von der Rechtsänderung haben.

III.   Geschäftsführung

Die Geschäftsführung umfasst die Leitungsfunktion des Vorstandes sowie jede sonstige Einzel- **116** maßnahme, die der Vorstand intern oder gegenüber Dritten trifft. Teil der Geschäftsführung ist somit auch die Vertretung der Aktiengesellschaft nach außen.

Im Gegensatz zum GmbH-Recht, wo die Geschäftsführungsbefugnis nur die Vornahme der ge- **117** wöhnlichen Geschäftsführungsmaßnahmen umfasst und die sogenannten Grundlagengeschäfte der Gesellschafterversammlung obliegen, bedarf es bei der Aktiengesellschaft einer solchen Unterscheidung nicht, da der Vorstand auch für wesentliche Entscheidungen zuständig ist und § 119 AktG abschließend die Zuständigkeiten der Hauptversammlung regelt.[59]

1.   Gesetzliche Regelung der Geschäftsführungsbefugnis

Das AktG geht gem. § 77 Abs. 1 AktG von der Gesamtgeschäftsführung sämtlicher Vorstands- **118** mitglieder aus, sofern der Vorstand aus mehreren Personen besteht. Der Vorstand darf daher nur handeln, wenn sämtliche stimmberechtigten Vorstandsmitglieder der Geschäftsführungsmaßnahmen konkludent oder ausdrücklich zugestimmt haben. Ein bestimmtes Formerfordernis für die Beschlussfassung ist gesetzlich nicht vorgesehen. Eine Stellvertretung bei der Beschlussfassung ist unzulässig. Abwesende Vorstandsmitglieder müssen daher ihre Erklärung z.B. durch einen Boten überbringen lassen.[60]

---

57   BGH v. 24.11.1980, II ZR 182/79, BGHZ 79, 38, 43 ff.
58   Hüffer, § 81 Rn. 5.
59   Hüffer, § 77 Rn. 4.
60   MünchKomm AktG/Hefermehl/Spindler, § 77 Rn. 10.

2.   Abweichende Regelung der Geschäftsführung

119   In der Satzung oder in einer Geschäftsordnung für den Vorstand kann von dem gesetzlichen Grundsatz der Gesamtgeschäftsführung abgewichen werden (§ 77 Abs. 1 Satz 2 AktG). In Betracht kommen z.B.

- Gesamtgeschäftsführung mit mehrheitlicher Willensbildung,
- Einzelgeschäftsführungsbefugnis,
- Einzelgeschäftsführungsbefugnis mit Ressort-Beschränkung,
- Unechte (gemischte) Gesamtgeschäftsführung.[61]

120   Maßnahmen, die von der dem Gesamt-Vorstand gem. § 76 Abs. 1 AktG zugewiesenen Leitungsfunktion umfasst sind, fallen unabhängig von einer abweichenden Regelung der Geschäftsführungsbefugnis in der Satzung ebenso in den Zuständigkeitsbereich des Gesamtvorstandes wie die kraft Gesetzes zwingend dem Gesamtvorstand zugewiesenen Entscheidungsbereiche.[62] Für diese Bereiche kann die Satzung oder die Geschäftsordnung ein von dem gesetzlich vorgesehenen Einstimmigkeitserfordernis abweichendes Mehrheitserfordernis festlegen. Dabei sollte jedoch darauf geachtet werden, dass Pattsituationen vermieden werden. Dies ist z.B. durch Einräumung eines Stichentscheidrechts zugunsten eines Vorstandsmitglieds (z.B. des Vorsitzenden) möglich, solange der Vorstand mindestens aus drei Mitgliedern besteht. Für einen zweigliedrigen Vorstand besteht diese Möglichkeit nicht, weil dies dort auf ein Alleinentscheidungsrecht des begünstigten Vorstandsmitgliedes hinausliefe.

3.   Geschäftsordnung des Vorstandes

121   Gem. § 77 Abs. 2 AktG kann sich der Vorstand eine Geschäftsordnung geben, wenn nicht die Satzung den Erlass der Geschäftsordnung dem Aufsichtrat übertragen hat oder der Aufsichtsrat eine Geschäftsordnung für den Vorstand erlässt. Sofern der Vorstand die Geschäftsordnung erlässt, beschließt er hierüber einstimmig. Der Aufsichtsrat kann eine vom Vorstand erlassene Geschäftsordnung nicht ändern, sondern nur durch eine neue ersetzen.[63]

122   Einzelfragen der Geschäftsordnung können auch in der Satzung verbindlich geregelt werden. Eine vollständige Vorwegnahme der Geschäftsordnung in der Satzung dürfte hingegen unzulässig sein.

123   Bei mitbestimmten Gesellschaften muss bei der Aufstellung der Geschäftsordnung die gem. § 33 MitbestG zwingende Zuständigkeit des Arbeitsdirektors für einen Kernbereich Arbeit und Soziales beachtet werden.

IV.   Vertretung der Gesellschaft

124   Die Aktiengesellschaft wird gem. § 78 Abs. 1 AktG durch den Vorstand gerichtlich und außergerichtlich vertreten. Diese Befugnis kann weder durch Beschluss noch durch Satzung auf Dritte oder ein anderes Gesellschaftsorgan übertragen[64] oder beschränkt werden (§ 82 AktG). Auch

---

61   Vgl. MünchAnwaltsHdB. AktR//Tomat, § 22 Rn. 50 ff.
62   Hüffer, § 77 Rn. 17.
63   Kölner Kommentar AktG/Mertens, § 77 Rn. 45.
64   MünchKomm AktG/Hefermehl/Spindler, § 78 Rn. 15.

die interne Beschränkung der Geschäftsführungsbefugnis führt nicht zu einer Beschränkung der Vertretungsmacht des Vorstandes im Außenverhältnis.

Eine Beschränkung der Vertretungsbefugnis kann sich allenfalls aus dem Gesetz ergeben, wie z.B. 125
aus § 112 AktG, wonach Vorstandmitgliedern gegenüber die AG durch den Aufsichtsrat vertreten wird.

Im Fall der Liquidation wird die aufgelöste Aktiengesellschaft gem. § 269 AktG durch die Abwick- 126
ler vertreten, die nicht zwingend mit dem Vorstand identisch sein müssen.

1.   Gesetzliche Regelung der Vertretung

Das Gesetz geht gem. § 78 Abs. 2 AktG korrespondierend zur Gesamtgeschäftsführungsbefug- 127
nis von einer Gesamtvertretung sämtlicher Vorstandsmitglieder aus, sofern der Vorstand aus mehreren Personen besteht. Wird in der Satzung eine bestimmte Anzahl an Vorstandsmitgliedern festgelegt, die Gesamtvertretung jedoch beibehalten, kann die Aktiengesellschaft bei Wegfall eines Vorstandsmitgliedes (z.B. durch Widerruf der Bestellung oder Amtsniederlegung) nur dann durch die verbleibenden Vorstandsmitglieder vertreten werden, wenn noch die erforderliche Anzahl an Vorstandsmitgliedern vorhanden ist. Wird die von der Satzung festgelegte Zahl von Vorstandsmitgliedern unterschritten, ist die Aktiengesellschaft bis zur Neubestellung eines weiteren Vorstandmitgliedes handlungsunfähig. Lediglich für die Entgegennahme von Willenserklärungen, die gegenüber der Aktiengesellschaft abzugeben sind, genügt die Abgabe gegenüber einem Vorstandsmitglied auch bei einem mehrköpfigen Vorstand (Einzelvertretung bei der Passivvertretung).[65]

2.   Abweichende Regelung der Vertretungsmacht

Von der in der Praxis unpraktikablen Gesamtvertretungsmacht gem. § 78 Abs. 2 AktG kann gem. 128
§ 78 Abs. 3 AktG durch entsprechende Regelung in der Satzung abgewichen werden. In Betracht kommt z.B. die gemeinschaftliche Vertretung durch zwei oder mehrere Vorstandsmitglieder, die alleinige Vertretung der Gesellschaft durch einzelne Vorstandsmitglieder oder die Vertretung der Gesellschaft durch Zusammenwirken von Vorstandsmitgliedern gemeinsam mit einem Prokuristen (sogenannte unechte Gesamtvertretung).

In der Satzung muss die Vertretungsmacht für die Vorstandsmitglieder nicht definitiv festgelegt 129
werden. Vielmehr ist es möglich, dem Aufsichtsrat die Entscheidung über die Vertretungsmacht der einzelnen Vorstandmitglieder im Rahmen der durch die Satzung zugelassenen Vertretungsbefugnis zu überlassen, der diese Entscheidung durch Beschluss trifft. Die Hauptversammlung hingegen kann nicht durch Satzung zur Änderung der Vertretungsmacht des Vorstandes ermächtigt werden. Insoweit ist die Hauptversammlung auf die Änderung der Vertretungsbefugnis im Wege der Satzungsänderung verwiesen.

Wird einem Vorstandsmitglied Einzelvertretungsmacht eingeräumt, kann diese nicht beschränkt 130
werden (§ 82 Abs. 1 AktG).

Für einzelne Geschäfte können zur Gesamtvertretung befugte Vorstandsmitglieder gem. 131
§ 78 Abs. 4 AktG einzelne Vorstandsmitglieder zur alleinigen Vornahme ermächtigen. Diese Einzel-

---

65   Hüffer, § 78 Rn. 13.

ermächtigungen dürfen jedoch nicht so umfassend sein, dass der in § 78 Abs. 1 AktG verankerte Grundsatz der Gesamtvertretung in unzulässiger Weise umgangen würde.[66]

V. Besondere Vorstandsmitglieder

1. Der Vorstandsvorsitzende

132 Besteht der Vorstand aus mehreren Mitgliedern, kann der Aufsichtsrat durch Beschluss des Gesamtaufsichtsrats einen Vorstandsvorsitzenden bestimmen (§ 84 Abs. 1 AktG). Dieser ist auf den Geschäftsbriefen (§ 80 Abs. 1 Satz 2 AktG) und im Anhang des Jahresabschlusses (§ 285 Nr. 10 Satz 2 HGB) zu nennen. Im Übrigen repräsentiert der Vorstandsvorsitzende den Vorstand als Kollegialorgan, er ist Sitzungsleiter und Koordinator der Vorstandsarbeit.

133 Dem Vorstandsvorsitzenden kann durch Satzung oder Geschäftsordnung ein Stichentscheid oder ein Veto-Recht eingeräumt werden. Er ist jedoch nicht gegenüber den übrigen Vorstandsmitgliedern weisungsbefugt.[67]

2. Stellvertretende Vorstandsmitglieder

134 § 94 AktG eröffnet die Möglichkeit, stellvertretende Vorstandsmitglieder zu bestellen. Es handelt sich dabei um echte Vorstandsmitglieder mit allen Rechten und Pflichten eines Vorstandsmitgliedes,[68] die lediglich nach Maßgabe der Geschäftsordnung hinter den anderen Vorstandsmitgliedern zurückstehen.[69] Das stellvertretende Vorstandsmitglied ist im Handelsregister als Vorstandsmitglied, nicht als stellvertretendes Vorstandsmitglied, einzutragen.[70]

3. Arbeitsdirektor

135 Nach den Bestimmung des MontanMitbestG, des MontanMitbestErgG und des MitbestG muss dem Vorstand als weiteres Mitglied ein Arbeitsdirektor angehören. Dieser ist gleichberechtigtes Vorstandsmitglied. Dem Sinn und Zweck der Einrichtung eines Arbeitsdirektors entspricht es, ihm als Aufgabenbereich die Wahrung der sozialen und wirtschaftlichen Belange der Arbeitnehmer zu übertragen.

136 Für die Bestellung und Abberufung des Arbeitsdirektors gelten nach den einschlägigen Spezialgesetzen spezielle Mehrheitserfordernisse.

VI. Organpflichten des Vorstandes

137 Den Vorstandsmitgliedern obliegen kraft Gesetzes bestimmte organschaftliche Pflichten. Hierbei handelt es sich unter anderem um

---

66 BGH NJW 1961, 506.
67 Hüffer, § 84 Rn. 21.
68 BayObLGZ 1997, 107, 111 ff.
69 Kölner Kommentar AktG/Mertens, § 94 Rn. 2.
70 BGH NJW 1998, 1071, 1072.

- die Pflicht, bei der Geschäftsführung die Sorgfalt eines ordentlichen und gewissenhaften Geschäftsleiters anzuwenden (§ 93 Abs. 1 Satz 1 AktG);
- die Einhaltung ihrer organschaftlichen Treuepflichten;
- die Pflicht zur Berichterstattung gegenüber dem Aufsichtsrat (§ 90 AktG);
- die Verschwiegenheitspflicht bezüglich vertraulicher Angaben und Geheimnisse der Aktiengesellschaft;
- die Pflicht zur Einberufung einer Hauptversammlung, sofern ein Verlust in Höhe der Hälfte des Grundkapitals besteht (§ 92 Abs. 1 AktG);
- die Pflicht zur Beantragung der Eröffnung des Insolvenzverfahrens bei Zahlungsunfähigkeit oder Überschuldung der Gesellschaft (§ 92 Abs. 2 AktG).

§ 5   Die Versammlung der Anteilseigner

1   Neben der Geschäftsführung ist unabhängig von der Rechtsform die Gesamtheit der Gesellschafter weiteres Organ der Gesellschaft. Die Zuständigkeiten und Rechte dieses Organs sind bei den Rechtsformen aber unterschiedlich ausgeprägt. Dies liegt z.B. daran, dass es bei der Aktiengesellschaft zwingend noch ein drittes Organ, den Aufsichtsrat, gibt, der die Überwachungsfunktion übernimmt und die Personalkompetenz innehat. In einer OHG und einer Gesellschaft bürgerlichen Rechts sind die Gesellschafter nach dem gesetzlichen Regelfall als „geborene" Geschäftsführer ohnehin an der Geschäftsführung beteiligt, weshalb es insoweit von Gesetzes wegen keiner gesonderten Zuständigkeit der Gesamtheit der Gesellschaft bedarf. Und bei der Kommanditgesellschaft werden dem Komplementär aufgrund seiner unbeschränkten Haftung im Vergleich zu den Kommanditisten weitergehende Rechte eingeräumt, so dass auch hier die Zuständigkeit der Gesamtheit der Gesellschafter begrenzt ist. Die meisten Rechte kraft Gesetzes stehen der Gesamtheit der Gesellschafter in der GmbH zu.

A.   Personengesellschaften

I.   Allgemeines

2   Weder die gesetzlichen Vorschriften zur Gesellschaft bürgerlichen Rechts im BGB noch die zur OHG bzw. KG im HGB enthalten Regelungen über die Gesellschafterversammlung. Im Recht der Personengesellschaften geht man davon aus, dass die Gemeinschaftssphäre nur darin besteht, das Handeln der in der Gesellschaft zusammengeschlossenen natürlichen Personen zu organisieren, die im Übrigen sowohl durch BGB-Gesellschaftsrecht (§ 709 BGB) als auch nach § 119 HGB alle zusammen und einstimmig ihre Entscheidungen zu treffen haben, so dass besondere Vorkehrungen für die Dokumentation der gefassten Entschlüsse und für den Minderheitenschutz entbehrlich erscheinen. Dem entspricht es, dass die Vorstellung von einer Gesellschafterversammlung als dem obersten Organ des Verbandes dem Personengesellschaftsrecht fremd ist.[1]

3   Enthält der Gesellschaftsvertrag keine abweichende Regelungen, können die Gesellschafter in den Fällen, in denen sie kraft Gesetzes einen Beschluss fassen bzw. einer Maßnahme zustimmen müssen, dies im Umlaufverfahren, durch Briefwechsel oder anderweitig fassen. Eine Gesellschafterversammlung ist – anders als bei Kapitalgesellschaften – nicht erforderlich. Sogar formfreie Beschlussfassung oder stillschweigende Beschlussfassung durch übereinstimmendes schlüssiges Verhalten ist möglich.[2]

4   Unabhängig von der gesetzlich eingeräumten Freiheit ist es u.a. zum Schutz von Minderheiten sinnvoll, zumindest wenn der Gesellschaftsvertrag anstelle des Einstimmigkeitsprinzips Mehrheitsbeschlüsse (unter Beachtung des Bestimmtheitsgrundsatzes) zulässt, im Gesellschaftsvertrag auch das Verfahren der Beschlussfassung zu regeln. Deshalb finden sich in Gesellschaftsverträgen von Personengesellschaften in der Regel Vorschriften über die Gesellschafterversammlung und die Beschlussfassung korrespondierend zu den Regelungen bei den Kapitalgesellschaften.

---

1   HdB. PersGesR I/Westermann, Rn. 472.
2   Baumbach/Hopt, § 119 Rn. 27.

II. Zuständigkeiten der Gesellschafterversammlung

Da selbst vertragsändernde Beschlüsse vom Grundsatz her nicht in einer Versammlung gefasst werden müssen, sondern die Erklärungen auch von den Gesellschaftern einzeln und nacheinander abgegeben werden können, ist es die freie Entscheidung der Gesellschafter, in welchen Fällen der Gesellschaftsvertrag die Beschlussfassung im Rahmen einer Gesellschafterversammlung anordnen soll. Um Streitigkeiten zu vermeiden, ist regelmäßig in Gesellschaftsverträgen die Klausel zu finden, dass die Gesellschafter ihre Beschlüsse in Gesellschafterversammlungen fassen. Dies bedeutet, dass die Entscheidung über sämtliche Maßnahmen, die in den Zuständigkeitsbereich der „Gesellschafter" fallen, in Gesellschafterversammlungen getroffen werden. Hierbei handelt es sich insbesondere um

- Gesellschaftsvertragsänderungen,
- sämtliche Beschlüsse, die die Grundlagen der Gesellschaft betreffen, wie z.B. die Auflösung der Gesellschaft, die Umwandlung der Gesellschaft, die Aufnahme neuer Gesellschafter oder ein Gesellschafterwechsel, die Feststellung der Bilanz oder Ergebnisverwendungsmaßnahmen,
- die Zustimmung zu außergewöhnlichen Geschäftsführungsmaßnahmen (§ 116 Abs. 2 HGB),
- die Wahl des Abschlussprüfers.

Insbesondere bei der Kommanditgesellschaft, bei der die Rechte des Kommanditisten gegenüber dem Komplementär stark eingeschränkt sind, kann der Gesellschaftsvertrag die Gegenstände einer Beschlussfassung abweichend vom Gesetz regeln, z.B. auf alle Gesellschaftsangelegenheiten erweitern. Es besteht weitgehend Gestaltungsfreiheit.

B. Gesellschaft mit beschränkter Haftung

Willensbildungsorgan in der Gesellschaft mit beschränkter Haftung ist die Gesamtheit der Gesellschafter (vgl. § 45 Abs. 1, § 53 Abs. 1 GmbHG). In letzter Konsequenz bestimmt die Gesamtheit der Gesellschafter die Geschicke der GmbH. Dies wird insbesondere durch das Weisungsrecht gegenüber der Geschäftsführung (§ 37 Abs. 1 GmbHG) und die Zuständigkeit für die Änderung des Gesellschaftsvertrags (§ 53 Abs. 1 GmbHG) deutlich. Aufgrund der Zuständigkeit für die Änderung des Gesellschaftsvertrages ist die Gesamtheit der Gesellschafter in der Lage, die Angelegenheiten der Gesellschaft einschließlich der Zuständigkeitsregelungen nach ihrem Willen zu ordnen („Kompetenzkompetenz"). Sie entscheidet demzufolge auch darüber, welche Organe die Gesellschaft hat und welche Recht und Pflichten den einzelnen Organen neben den gesetzlich zwingend zugeteilten zugeordnet werden.

I. Zuständigkeiten kraft Gesetzes

Die Zuständigkeiten der Gesamtheit der Gesellschafter ergeben sich aufgrund der weitreichenden Gestaltungsfreiheit im GmbH-Recht regelmäßig aus dem Gesellschaftsvertrag, hilfsweise aus dem Gesetz und in einigen Fällen aus ungeschriebener Zuständigkeitszuweisung. Unterliegt die GmbH der Unternehmensmitbestimmung, verändert sich die Zuständigkeitsordnung.

9 Neben § 46 GmbHG, der einen umfangreichen Katalog an Zuständigkeiten der Gesamtheit der Gesellschafter beinhaltet, befinden sich sowohl im GmbHG als auch in anderen Gesetzen weitere Vorschriften, die der Gesamtheit der Gesellschafter zusätzliche Zuständigkeiten zuweisen. Folgende gesetzliche Zuständigkeiten sind von Bedeutung:

1. Grundlagengeschäfte

10 Alle Maßnahmen, die auf der Ebene des Gesellschaftsvertrages liegen, sog. Grundlagengeschäfte, befinden sich im Zuständigkeitsbereich der Gesellschafter. Hierzu gehören insbesondere die Änderung des Gesellschaftsvertrages, auch im Rahmen einer Kapitalerhöhung oder Kapitalherabsetzung, die Beschlüsse über die Umwandlung der Gesellschaft, die regelmäßig einer Mehrheit von 75 % der abgegebenen Stimmen bedürfen, soweit im Gesellschaftsvertrag nichts Abweichendes geregelt ist, der Abschluss eines Unternehmensvertrages im Sinne des § 291 Abs. 1 AktG, der auf Seiten der beherrschten GmbH der Zustimmung sämtlicher Gesellschafter und auf Seiten der herrschenden GmbH einer Dreiviertel-Mehrheit bedarf und die Auflösung der Gesellschaft aufgrund Beschlusses, der ebenfalls einer Dreiviertel-Mehrheit bedarf, solange der Gesellschaftsvertrag keine abweichende Mehrheit vorsieht. Eine Übertragung dieser Zuständigkeiten auf ein anderes Organ ist nicht zulässig.

2. Maßnahmen, die unmittelbar die Gesellschafter betreffen

11 Maßnahmen, die unmittelbar die Mitgliedschaft der Gesellschafter betreffen, liegen ebenfalls im Zuständigkeitsbereich der Gesellschafter. Hierzu gehören z.B.

- die Beschlussfassung über die Erhebung einer Ausschlussklage der GmbH gegen einen Gesellschafter aus wichtigem Grund,
- die Beschlussfassung über die Einforderung ausstehender Stammeinlagen (§ 46 Nr. 2 GmbHG), solange die Gesellschafter die Verfügungsbefugnis nicht aufgrund Liquidation der GmbH oder Zwangsvollstreckungsmaßnahmen eines Gesellschaftsgläubigers verloren haben,
- die Beschlussfassung über die Einforderung (§ 26 Abs. 1 GmbHG) und Rückzahlung (§ 46 Nr. 3 GmbHG) von Nachschüssen, sofern der Gesellschaftsvertrag dies überhaupt zulässt,
- die Beschlussfassung über die Teilung von Geschäftsanteilen bzw. die Einziehung von Geschäftsanteilen (§ 46 Nr. 4 Fall 1 und Fall 2 GmbHG),
- die Beschlussfassung über die Geltendmachung bestimmter Ersatzansprüche der Gesellschaft gegen einzelne Gesellschafter (§ 46 Nr. 8 GmbHG),
- die Beschlussfassung über die Auskunfts- und Einsichtsverweigerung gegenüber Gesellschaftern (§ 51a Abs. 2 Satz 2 GmbHG).

12 Einzelne dieser Zuständigkeiten können in der Satzung auf andere Organe übertragen werden.

3.   Maßnahmen, die einen Bezug zu anderen Organen aufweisen

Der Gesamtheit der Gesellschafter als oberstem Organ der GmbH obliegt die Kompetenz zur Er-   13
nennung, Weisung, Kontrolle und Abberufung der Mitglieder der anderen Organe. Dies gilt unter anderem für

- die Bestellung und Abberufung von Geschäftsführern (§ 46 Nr. 5 GmbHG) und als Annexkompetenz auch für den davon streng zu trennenden Abschluss, die Änderung und die Aufhebung des Anstellungsvertrages mit einem Geschäftsführer,[3]
- die Erteilung von Weisungen gegenüber den Geschäftsführern (§ 37 Abs. 1 GmbHG),
- die Prüfung und Überwachung der Geschäftsführung (§ 46 Nr. 6 GmbHG),
- die Billigung der Geschäftsführung für einen zurückliegenden Zeitraum im Wege der Entlastung (§ 46 Nr. 5 Fall 3 GmbHG),
- die Geltendmachung bestimmter Ansprüche der Gesellschaft gegen die Geschäftsführer (§ 46 Nr. 8 GmbHG) sowie für die Vertretung der Gesellschaft in Prozessen gegen die Geschäftsführer (§ 46 Nr. 8 GmbHG),
- die Bestellung und Abberufung der Mitglieder eines freiwilligen Aufsichtsrats bzw. der Anteilseigner eines mitbestimmten Aufsichtrats sowie deren Entlastung,
- die Bestellung, Abberufung und Entlastung der Liquidatoren.

4.   Weitere Einzelmaßnahmen im Zuständigkeitsbereich der Gesellschafter

Neben den vorstehend aufgeführten Maßnahmen gibt es noch weitere Einzelmaßnahmen, die in   14
den Zuständigkeitsbereich der Gesellschafter fallen, wie z.B. die Bestellung von Prokuristen und von Handlungsbevollmächtigten zum gesamten Geschäftsbetrieb, die Befreiung der Geschäftsführer von den Beschränkungen des § 181 BGB, die Bestellung des Abschlussprüfers des Jahresabschlusses einer prüfungspflichtigen GmbH, die Feststellung des Jahresabschlusses und die Beschlussfassung über die Verwendung des Bilanzgewinns.

II.   Zuständigkeiten kraft Gesellschaftsvertrag und ungeschriebene Zuständigkeiten

Für außergewöhnliche Geschäftsführungsmaßnahmen besteht eine ungeschriebene Zuständig-   15
keit der Gesamtheit der Gesellschafter. Die Geschäftsführung muss daher vor Umsetzung der Maßnahme einen Gesellschafterbeschluss herbeiführen.

Dies gilt insbesondere, wenn die Geschäftsführungsmaßnahme den von den Gesellschaftern fest-   16
gelegten geschäftspolitischen Grundsätzen widerspricht[4] oder das Geschäft wegen außerordent-

---

3   BGH GmbHR 1995, 373, 375; 1997, 547, 548.
4   Lutter/Hommelhoff, § 37 Rn. 11.

licher wirtschaftlicher Bedeutung unter hohem Risiko Ausnahmecharakter hat oder weitreichend in Rechte der Gesellschafter eingreift.[5]

17   Darüber hinaus kann der Gesellschaftsvertrag die Zuständigkeiten der Gesamtheit der Gesellschafter detaillierter regeln, diese zugunsten der Geschäftsführung oder eines anderen Organs einschränken bzw. durch Einführung eines Katalogs zustimmungspflichtiger Geschäftsführungsmaßnahmen konkretisieren und erweitern.

III.   Entscheidungsfindung der Gesamtheit der Gesellschafter

18   Die Gesamtheit der Gesellschaft entscheidet in den ihr zugewiesenen Angelegenheiten durch Beschluss. Die Beschlüsse werden in der Regel in Gesellschafterversammlungen gefasst, können aber bei entsprechender Vereinbarung im Gesellschaftsvertrag z.B. auch im Umlaufverfahren gefasst werden.

19   Soweit gesetzlich oder im Gesellschaftsvertrag keine andere Mehrheit vorgeschrieben ist, wie z.B. bei Satzungsänderungen etc., bedarf es zur Beschlussfassung der einfachen Mehrheit der abgegebenen Stimmen (§ 47 Abs. 1 GmbHG).

20   Die Einberufung und Abhaltung einer Gesellschafterversammlung ist kraft Gesetzes an die Einhaltung bestimmter Form- und Fristerfordernisse geknüpft (§§ 48 ff. GmbHG), die durch Satzungsregelung verschärft, aber auch abgeschwächt werden können.

C.   Hauptversammlung der Aktiengesellschaft

21   Die Hauptversammlung einer Aktiengesellschaft ist wie die Gesellschafterversammlung in einer GmbH Organ der Gesellschaft. Die Rechte der Hauptversammlung sind jedoch bei weitem nicht so umfassend wie die der Gesellschafterversammlung einer GmbH.

22   Um Entscheidungen zu treffen, muss die Hauptversammlung Beschlüsse fassen. Dies geschieht auf gem. §§ 121 ff. AktG durch den Vorstand einberufenen Hauptversammlungen. Lediglich, wenn alle Aktionäre erschienen sind oder sich vertreten lassen, kann auch eine Aktionärsversammlung, die nicht ordnungsgemäß gem. den §§ 121 ff. AktG einberufen wurde, als Hauptversammlung Beschlüsse fassen (§ 121 Abs. 6 AktG).

I.   Die Zuständigkeiten der Hauptversammlung

23   Gem. § 119 Abs. 1 AktG beschließt die Hauptversammlung in den im Gesetz und in der Satzung ausdrücklich bestimmten Fällen. Dem Enummerationsprinzip folgend, lassen sich die Hauptversammlungskompetenzen abschließend aufzählen.[6]

---

5   Lutter/Hommelhoff, § 37 Rn. 11; BGH v. 25.02.1982, II ZR 1747/80, BGHZ 83, 122, 131 ff.
6   MünchHdB. GesR IV/Semler, § 34 Rn. 9.

1. Strukturentscheidungen

Strukturveränderungen greifen stark in die bestehende Aktiengesellschaft und in die Mitgliedschaftsrechte der Aktionäre ein. Daher bedürfen derartige Strukturmaßnahmen regelmäßig der Zustimmung der Hauptversammlung. Hierzu gehören insbesondere

24

- Satzungsänderungen (§ 179 AktG),

- die Zustimmung zur Übertragung des gesamten Vermögens (§ 179 a AktG),

- Maßnahmen der Kapitalbeschaffung und der Kapitalherabsetzung (§§ 182 ff. AktG),

- die Auflösung der Gesellschaft (§ 262 Abs. 1 Nr. 2 AktG),

- der Abschluss von Unternehmensverträgen (§§ 291 ff. AktG),

- die Durchführung eines Squeeze out (§ 327 a AktG),

- Umwandlungen nach dem Umwandlungsgesetz.[7]

2. Personalentscheidungen

Einige Maßnahmen, die andere Organe betreffen, fallen, um das Macht- und Kontrollsystem in der Aktiengesellschaft ausgeglichen zu gestalten, in den Zuständigkeitsbereich der Hauptversammlung. Hierdurch kann die Hauptversammlung zwar trotzdem keinen direkten Einfluss auf die Entscheidungen der anderen Organe nehmen. Durch die Besetzung der Organe hat sie aber mittelbaren Einfluss auf deren Entscheidungen.

25

Insbesondere gilt dies im Hinblick auf den Aufsichtsrat, dessen Mitglieder die Hauptversammlung nach § 101 Abs. 1 AktG bestellt und nach § 103 Abs. 1 AktG auch abberuft, sofern nicht die speziellen mitbestimmungsrechtlichen Regelungen Anwendung finden oder die Satzung Vorschlags- und Entsenderechte enthält.

26

Über die alleinige Kompetenz zur Entlastung des Vorstandes und des Aufsichtsrats (vgl. § 120 AktG) hält die Hauptversammlung ein weiteres Druckmittel sowohl gegenüber den anderen Organen als solchen als auch gegenüber jedem einzelnen Mitglied dieser Organe in der Hand, da die Entlastung auch nur einzelnen Mitgliedern dieser Organe verweigert werden kann. Gerade gegenüber dem Vorstand, dem die Hauptversammlung keine Weisungen erteilen und ihn nicht selbst abberufen kann, sind die Aktionäre auf dieses Druckmittel angewiesen. Stärkstes Druckmittel der Hauptversammlung gegenüber einem Vorstand ist jedoch der Entzug des Vertrauens nach § 84 Abs. 3 Satz 2 AktG, da dies ein Grund zum Widerruf der Bestellung durch den Aufsichtsrat darstellt.

27

Als weitere Personalentscheidung steht der Hauptversammlung das Recht zur Bestellung des Abschlussprüfers bzw. Konzernabschlussprüfers nach § 119 Abs. 1 Nr. 4 AktG, 318 HGB zu. Die Hauptversammlung kann hierbei von dem Beschlussvorschlag des Aufsichtsrats abweichen.

28

3. Sonstige Zuständigkeiten

Über die Zuständigkeit bei Strukturmaßnahmen und den Personalentscheidungen ist die Hauptversammlung außerdem noch in einer Reihe weiterer Fälle zuständig, wie z.B. unter bestimmten

29

---

7   Einen umfassenden Katalog liefern MünchAnwaltsHdB. AktR/Binge/Thölke, § 25 Rn. 13.

Umständen für die Feststellung des Jahresabschlusses (§§ 172 Satz 1, 173 AktG) und für die Verwendung des Bilanzgewinns (§ 174 AktG).

II.   Zustimmungsvorbehalt der Hauptversammlung für Geschäftsführungsmaßnahmen in Ausnahmefällen

30   Grundsätzlich hat die Hauptversammlung keinen Einfluss auf Fragen der Geschäftsführung, ihr steht insoweit gem. § 119 Abs. 2 AktG keine Entscheidungsbefugnis zu. Die Hauptversammlung hat auch – anders als die Gesellschafterversammlung einer GmbH – keine Weisungsbefugnis gegenüber dem Vorstand. Dies schließt § 76 Abs. 1 AktG ausdrücklich aus. Ebenso wenig ist es der Hauptversammlung möglich, über den Aufsichtsrat Einfluss auf den Vorstand zu nehmen. Insoweit fehlt es zum einen an der Weisungsgebundenheit des Aufsichtsrates gegenüber der Hauptversammlung, zum anderen an der Weisungsgebundenheit des Vorstands gegenüber dem Aufsichtsrat in Geschäftsführungsfragen.[8] Eine Ausdehnung des Einflusses der Hauptversammlung auf Geschäftsführungsmaßnahmen in der Satzung, z.B. in Form eines Katalogs zustimmungspflichtiger Geschäfte, ist unzulässig.[9]

31   Die Mitwirkung der Hauptversammlung bei bestimmten Geschäftsführungsmaßnahmen sowie die Sicherstellung der Interessenwahrung der Hauptversammlung bei der Vornahme von Geschäftsführungsmaßnahmen wird allein durch den Zustimmungsvorbehalt der Hauptversammlung bei der Durchführung von Kapital- und Strukturmaßnahmen sowie die Zuständigkeit für bestimmte Personalentscheidungen gewährleistet.

32   Zusätzlich hierzu hat der Vorstand aber gem. § 119 Abs. 2 AktG die Möglichkeit, die Hauptversammlung dadurch in die Geschäftsführung einzubinden, dass Fragen der Geschäftsführung der Hauptversammlung zur Entscheidung vorgelegt werden. Hintergrund hierfür ist die Verringerung des Haftungsrisikos des Vorstandes (vgl. § 93 Abs. 4 Satz 1 AktG). Voraussetzung für die Annahme einer Verringerung des Haftungsrisikos ist, dass die Hauptversammlung vor Durchführung der zur Entscheidung gestellten Geschäftsführungsmaßnahme beschließt.

33   Der Vorstand ist an die Entscheidung der Hauptversammlung gebunden, d.h. der Vorstand hat die Geschäftsführungsmaßnahme je nach Beschluss der Hauptversammlung zu unterlassen oder durchzuführen.[10] Außer in den unter III. 2 beschriebenen Sachverhalten wird selten von der Möglichkeit nach § 119 Abs. 2 AktG zur Einbindung der Hauptversammlung in die Geschäftsführung Gebrauch gemacht.

III.   Ungeschriebene Zustimmungsvorbehalte der Hauptversammlung

34   Erstmals in der „Holzmüller"-Entscheidung des BGH[11] hat der BGH entschieden, dass die Geschäftsführungskompetenz des Vorstandes auch außerhalb der gesetzlich geregelten Hauptversammlungszuständigkeiten unter dem Vorbehalt der Achtung des Mitgliedschaftsrechts der

---

8   Kölner Kommentar AktG/Mertens, Vorbemerkung § 95 Rn. 4.
9   MünchHdB. GesR IV/Semler, § 34 Rn. 33.
10   Kölner Kommentar AktG/Zöllner, § 119 Rn. 37; Großkommentar AktG/Mülbert, § 119 Rn. 54.
11   BGH v. 25.02.1982, II ZR 174/80, BGHZ 83, 122, 131.

Aktionäre in allen seinen Ausprägungen steht. Diese Rechtsprechung hat der BGH in seinen „Gelatine"-Entscheidungen fortentwickelt.[12] Danach ist eine Mitwirkung der Hauptversammlung bei Geschäftsführungsmaßnahmen, auch wenn dies gesetzlich nicht vorgesehen ist, nicht ausgeschlossen. Eine solche Mitwirkung kommt jedoch nur in engen Grenzen, nämlich dann in Betracht, wenn sie an der Kernkompetenz der Hauptversammlung, über die Verfassung der Gesellschaft zu bestimmen, rühren und in ihren Auswirkungen einem Zustand nahezu entsprechen, der allein durch eine Satzungsänderung herbeigeführt werden kann.

In der „Holzmüller"-Entscheidung hat der BGH diese Voraussetzungen als verwirklicht angesehen, da 80 % der Aktiva einer AG von dieser auf eine Tochtergesellschaft übertragen wurden und infolge dessen der Einfluss des Aktionärs auf diese Aktiva geschmälert wurde. In den „Gelatine"-Entscheidungen war die Umstrukturierung des Beteiligungsbesitzes maßgeblich für eine Machtverschiebung zulasten der Aktionäre und damit für die Annahme des ungeschriebenen Zustimmungsvorbehaltes.   35

Insgesamt haben die drei Entscheidungen des BGH zu Rechtsunsicherheit geführt, da für jeden Einzelfall erneut geprüft werden muss, ob ein ungeschriebener Zustimmungsvorbehalt der Hauptversammlung gegeben ist. Diese Rechtsunsicherheit kann auch durch Regelungen in der Satzung, z.B. einen generellen Verzicht auf Zuständigkeit der Hauptversammlung in nicht im Gesetz geregelten Fällen oder durch Konkretisierung der Erheblichkeitsschwelle nicht entschärft werden.[13]   36

Geschäftsführungsmaßnahmen, die aufgrund des ungeschriebenen Zustimmungsvorbehalts der Hauptversammlung der Zustimmung der Hauptversammlung bedurft hätten, sind ohne Vorliegen der Zustimmung im Außenverhältnis wirksam.[14] Jeder einzelne Aktionär kann jedoch die Unterlassung der Maßnahme gerichtlich erzwingen, sofern die Zustimmung nicht nachgeholt wird. Nach Durchführung der Geschäftsführungsmaßnahme kann ein Aktionär ggf. die Rückgängigmachung der Geschäftsführungsmaßnahme verlangen, auf jeden Fall können Schadenersatzansprüche der Gesellschaft gegen die Vorstandsmitglieder persönlich geltend gemacht werden.   37

Hat die Hauptversammlung die Zustimmung zu einer Geschäftsführungsmaßnahme verweigert, darf der Vorstand die Maßnahme nicht durchführen.   38

---

12 BGH NJW 2004, 1860; BGH NZG 2004, 575.
13 Weitere Ausführungen zur „Holzmüller"- und „Gelatine"-Entscheidung sowie die Folgerungen hieraus vgl. MünchAnwaltsHdB. AktR/Binge/Thölke, § 25 Rn. 56 ff.
14 BGH NJW 2004, 1860, 1863.

§ 6 Beirat, Aufsichtsrat

A. Einführung

1   Die Errichtung eines Aufsichtsrates als weiteres Organ der Gesellschaft neben den Gesellschaftern und der Geschäftsführung ist grundsätzlich nur bei der Aktiengesellschaft zwingend. Bei allen anderen, in diesem Buch vorgestellten Rechtsformen verzichtet der Gesetzgeber auf dieses Kontrollorgan und räumt den Gesellschaftern mehr oder weniger umfangreiche Kontrollrechte ein. Sind die GmbH und die GmbH & Co. KG mitbestimmt, ist auch bei diesen Rechtsformen ein Aufsichtrat zwingend einzurichten.

2   Außerhalb der gesetzlich zwingend vorgesehenen Fälle ist es häufig trotzdem sinnvoll, die unternehmerische Macht aufzuteilen auf die operative Geschäftsführung und einen Beirat, der die Funktion einer begleitenden Kontrolle übernimmt. Dies ist auch als weiteres Organ neben einem Aufsichtsrat möglich. Grund hierfür ist, dass die Gesellschafter mit dem Beirat einerseits ein Gremium erhalten, das aufgrund seiner Kompetenz die Zukunft des Unternehmens häufig besser gestalten und sichern kann als die Gesellschafter. Andererseits kann durch die Übertragung bestimmter Kompetenzen eine Lähmung der Gesellschaft bei anhaltenden Meinungsverschiedenheiten unter den Gesellschaftern vermieden werden. Der Beirat wirkt dabei, je nach Ausgestaltung seiner Rechte, als kritischer „Sparingspartner" der Geschäftsführung und bildet die neutrale Brückenfunktion zwischen Fremdmanagement und Gesellschaftern.

3   Die Zusammensetzung eines Beirats muss auf die speziellen Bedürfnisse des Unternehmens ausgerichtet sein, damit das Ziel, sich durch den Beirat Kompetenz „einzukaufen", die das Unternehmen voranbringt, erreicht wird.

4   Die Einsetzung eines Beirats bei einer Personengesellschaft und einer (mitbestimmungsfreien) GmbH muss ausdrücklich im Gesellschaftsvertrag erfolgen. Hinsichtlich der Einzelheiten kann auf die einschlägigen Vorschriften des Aktienrechts verwiesen werden. Sinnvoller ist aber eine detaillierte, auf das jeweilige Unternehmen zugeschnittene Regelung im Gesellschaftsvertrag oder in einer Beiratsordnung, vor allem dann, wenn der Beirat als weiteres Organ neben einem Aufsichtsrat installiert wird. Diese Bestimmungen sollten insbesondere regeln

- die Anzahl der Beiratsmitglieder,
- die Zuständigkeit für Bestellung und Abberufung der Mitglieder,
- die Einzelheiten zur Beschlussfassung (insbesondere Mehrheitserfordernisse),
- die Zuständigkeiten des Beirats,
- die Innere Ordnung,
- die Vergütung.

5   Um den Beirat die Erfüllung seiner Aufgaben, die häufig in der Überwachung der Geschäftsführung, in der Personalkompetenz in Bezug auf die Geschäftsführung und in der Genehmigung der kurz- und mittelfristigen Unternehmensplanung sowie ggf. von Einzelgeschäftsführungsmaßnahmen zu sehen sein werden, zu ermöglichen, muss ihm das entsprechende Instrumentarium wie z.B. Informations- und Auskunftsrechte bzw. Vorlage- und Berichtspflichten an die Hand gegeben werden.

Neben der Einsetzung eines sog. „starken" Beirats mit den im vorstehenden Absatz beschriebenen   6
Aufgaben kommt auch ein lediglich beratender Beirat in Betracht, dessen Aufgaben sich dann
auf die Beratung der Geschäftsführung und der Gesellschafter sowie auf die Konfliktlösung beschränken, oder ein sog. „schlafender" Beirat, der nur für bestimmte Situationen vorgesehen ist
wie z.B. für Pattsituationen in der Geschäftsführung oder unter den Gesellschaftern.

Der Beirat ist unter Beachtung der allgemeinen gesellschaftsrechtlichen Grundsätze und der   7
zwingenden Kompetenzverteilung frei gestaltbar. Sofern nicht ausdrücklich bestimmt, stehen die
Zuständigkeiten des Beirats im Zweifel auch der Gesellschafterversammlung zu (konkurrierende
Zuständigkeit), die den Beirat mit einfacher Mehrheit überstimmen kann. Sofern dem Beirat Zu-
ständigkeiten ausschließlich übertragen worden sind, können die Gesellschafter Beschlüsse des
Beirats nur mit gesellschaftsvertragsändernder Mehrheit überstimmen.

In den folgenden Abschnitten werden ausschließlich der Aufsichtsrat einer GmbH oder einer AG   8
behandelt, da insoweit – anders als im Personengesellschaftsrecht – gesetzliche Regelungen existieren, die beachtet werden müssen.

B.   Gesellschaft mit beschränkter Haftung

I.   Überblick

Bei der GmbH ist nach der Grundkonzeption des GmbHG kein Aufsichtsrat zu installieren. Viel-   9
mehr stellt es das GmbHG in das Ermessen der Gesellschafter, ob die GmbH einen Aufsichtsrat haben soll (fakultativer Aufsichtsrat). Entscheiden sich die Gesellschafter zur Bildung eines
Aufsichtsrats, so sind gem. § 52 Abs. 1 GmbH bestimmte aktienrechtliche Vorschriften über den
Aufsichtsrat entsprechend anzuwenden, solange der Gesellschaftsvertrag nichts Abweichendes
bestimmt.

Aufgrund einer Reihe von spezialgesetzlichen Vorschriften ist bei Vorliegen bestimmter Voraus-   10
setzungen auch bei der GmbH zwingend ein Aufsichtsrat einzurichten (obligatorischer Aufsichtsrat). Dies gilt insbesondere nach dem DrittelbG, dem MitbestG und dem MontanMitbestG.

Neben einem Aufsichtsrat kann zusätzlich noch ein Beirat oder ein Gesellschafterausschuss gebil-   11
det werden.[1] Dies macht allerdings nur Sinn, wenn bei der GmbH ein Pflichtaufsichtsrat besteht.
Zur Vermeidung von Kompetenzkonflikten sollten die Zuständigkeiten eines solchen Gremiums
von den Kompetenzen des Aufsichtsrats klar abgegrenzt werden.

Der Aufsichtsrat steht grundsätzlich zwischen den Geschäftsführern und der Gesellschafterver-   12
sammlung. Aufgrund seiner Kontrollfunktion ist er den Geschäftsführern übergeordnet. Der Gesellschafterversammlung ist der Aufsichtsrat der GmbH – anders als der Aufsichtsrat der AG im
Verhältnis zur Hauptversammlung – untergeordnet. Die Gesellschafterversammlung kann – anders als die Hauptversammlung – Beschlüsse des Aufsichtsrates jederzeit ändern oder aufheben[2],
mit Ausnahme der Entscheidungen, für die der Aufsichtsrat aufgrund zwingender gesetzlicher
Regelung ausschließlich zuständig ist.

Die Aufsichtsratsmitglieder sind, unabhängig davon, ob sie von den Gesellschaftern oder von der   13
Belegschaft gewählt oder entsandt worden sind, in der Amtsführung frei von Weisungen.

---

1   Scholz/Schneider, § 52 Rn. 38 ff.
2   Lutter/Hommelhoff, § 52 Rn. 2.

II. Fakultativer Aufsichtsrat

14 Die Einzelheiten über einen fakultativen Aufsichtsrat sind im Gesellschaftsvertrag zu regeln. Sofern der Gesellschaftsvertrag keine Regelung enthält, sind gem. § 52 GmbHG einzelne Vorschriften des AktG, auf die verwiesen wird, anzuwenden. Zwingend, und daher nicht durch Satzung abdingbar, sind die Bestimmungen des § 52 Abs. 2 und Abs. 3 GmbHG.

1. Errichtung und Dauer des fakultativen Aufsichtsrats

15 Ein fakultativer Aufsichtsrat kann nur gebildet werden, wenn dies im Gesellschaftsvertrag vorgesehen ist. Andererseits kann der fakultative Aufsichtsrat jederzeit durch Änderung der Satzung aufgehoben werden.

16 Die Anzahl der Aufsichtsratsmitglieder ist im Gesellschaftsvertrag zu regeln. Dabei kann eine bestimmte Mindest- und/oder Höchstzahl festgelegt werden. Bei Fehlen einer gesellschaftsvertraglichen Bestimmung besteht der Aufsichtsrat aus drei Mitgliedern (§ 95 Satz 1 AktG).

17 Hinsichtlich der Mitglieder des fakultativen Aufsichtsrats bestehen keine gesetzlichen Beschränkungen. Der Gesellschaftsvertrag kann jedoch bestimmte persönliche oder sachliche Voraussetzungen für die Aufsichtsratsmitglieder aufstellen. Unabhängig davon kommen nur natürliche und unbeschränkt geschäftsfähige Personen in Betracht (§ 100 Abs. 1 AktG).

18 Aufgrund der Inkompatibilität zwischen dem Geschäftsführeramt und einem Aufsichtsratsmandat kann ein Aufsichtsratsmitglied nicht zugleich Geschäftsführer sein. Dies gilt auch für Prokuristen oder zum Geschäftsbetrieb ermächtigte Handlungsbevollmächtigte.[3] Außerdem können gesetzliche Vertreter abhängiger Unternehmen nicht Mitglieder des Aufsichtsrats des herrschenden Unternehmens sein (§ 52 Abs. 1 GmbHG i.V.m. § 100 Abs. 2 Satz 2 Nr. 2 AktG).

19 Üblicherweise werden die Mitglieder des Aufsichtsrats von der Gesellschafterversammlung gewählt. Der Gesellschaftsvertrag kann die Zuständigkeit aber auch auf ein anderes Gremium übertragen oder Entsendungsrechte einzelner Gesellschafter sowie ein Kooptationsverfahren vorsehen.

20 Mit der Annahme der Bestellung durch das gewählte Aufsichtsratsmitglied beginnt dessen Aufsichtsratsamt, es sei denn, der Gesellschaftsvertrag oder der Bestellungsbeschluss legen einen späteren Zeitpunkt fest. Die Bestellung von Aufsichtsratsmitgliedern ist unverzüglich im Bundesanzeiger und in den anderen Gesellschaftsblättern bekannt zu machen und zum Handelsregister einzureichen (§ 52 Abs. 2 GmbHG).

21 Das Aufsichtsratsmandat endet entweder durch Ablauf der in der Satzung festzulegenden Amtszeit, durch Amtsniederlegung oder durch Abberufung des Aufsichtsratsmitgliedes, die jederzeit möglich ist und die eines Beschlusses des zuständigen Organs mit der im Gesellschafsvertrag festgelegten Mehrheit bedarf, bei entsandten Mitgliedern durch Abberufung durch den Entsendungsberechtigten.

22 Eine gerichtliche Abberufung auf Antrag des Aufsichtsrats ist – anders als bei der Aktiengesellschaft – nicht möglich und kann auch nicht durch entsprechende Satzungsregelung begründet werden.

23 Im Übrigen kann das Aufsichtsratsmandat durch Tod, durch Verlust der durch Gesetz und der Satzung vorgeschriebenen persönlichen Voraussetzungen, durch Verschmelzung der Gesellschaft

---

3 Lutter/Hommelhoff, § 52 Rn. 10.

auf einen anderen Rechtsträger, bei Aufspaltung und Formwechsel sowie durch Vollbeendigung der Gesellschaft erlöschen.

2. Aufgaben des fakultativen Aufsichtsrats

Die Aufgaben des fakultativen Aufsichtsrats sind in der Satzung zu definieren. In der Regel obliegt ihm die Überwachung der Geschäftsführung, d.h. er hat die Geschäftsführung auf Rechtmäßigkeit, Ordnungsmäßigkeit und Wirtschaftlichkeit zu überprüfen.[4] **24**

Darüber hinaus werden häufig Zuständigkeiten der Gesellschafterversammlung an den Aufsichtsrat delegiert, wie z.B. die Bestellung, Anstellung, Abberufung und Kündigung der Geschäftsführer. Als weiteres Instrument der Überwachung können einzelne Geschäftsführungsmaßnahmen an die Zustimmung des Aufsichtrats geknüpft werden, soweit die Geschäftsführung nicht im Ganzen auf den Aufsichtsrat übertragen wird.[5] In seltenen Fällen obliegt dem Aufsichtrat die Vertretung der GmbH. **25**

Als weitere gesetzliche Aufgabe weist § 52 Abs. 1 Satz 1 GmbHG i.V.m. § 111 Abs. 3 AktG dem Aufsichtrat die Kompetenz zur Einberufung von Gesellschafterversammlungen zu, wenn es das Wohl der Gesellschaft erfordert. **26**

3. Innere Ordnung des fakultativen Aufsichtsrats

Die innere Ordnung des Aufsichtsrats wird oft durch eine Geschäftsordnung näher geregelt. In dieser Geschäftsordnung kann unter anderem festgelegt werden, wie der Aufsichtsrat einzuberufen ist, wer die Sitzungen leitet, wie die Beschlüsse zu fassen sind und welche Mehrheiten gelten. Darüber hinaus kann z.B. die Bildung von Ausschüssen vorgesehen werden.[6] **27**

4. Sonstige Rechte und Pflichten der Mitglieder des fakultativen Aufsichtsrats

Die Aufsichtsratsmitglieder haben Anspruch auf eine Vergütung ihrer Tätigkeit. Die Höhe dieser Vergütung ist in der Satzung oder durch Gesellschafterbeschluss festzulegen. Zusätzlich haben die Aufsichtsratsmitglieder Anspruch auf Erstattung ihrer Aufwendungen im Zusammenhang mit ihrer Aufsichtsratstätigkeit. **28**

Übernehmen die Aufsichtsratsmitglieder auch außerhalb ihrer Tätigkeit als Aufsichtsrat ergänzende Tätigkeiten für die Gesellschaft, so bedürfen die betreffenden Verträge unter Umständen, insbesondere wenn es sich um ergänzende Rechtsberatung oder steuerliche Beratung handelt, zu ihrer Wirksamkeit der Zustimmung des Aufsichtsrats (§ 52 GmbHG i.V.m. § 114 Abs. 1 AktG). **29**

Die Aufsichtsratsmitglieder haben über sämtliche vertrauliche Angaben und Geheimnisse der Gesellschaft, die ihnen im Rahmen ihrer Tätigkeit als Aufsichtsratsmitglied bekannt geworden sind, Stillschweigen zu bewahren. Diese Verschwiegenheitspflicht gilt nicht gegenüber den Geschäftsführern und den Gesellschaftern (§ 51a GmbHG). **30**

---

4 Lutter/Hommelhoff, § 52 Rn. 11.
5 Lutter/Hommelhoff, § 52 Rn. 10.
6 Weitere Ausführungen zur inneren Ordnung vgl. MünchAnwaltsHdB. AktR/Marsch-Barner/Diekmann, § 48 Rn. 46 ff.

III.   Aufsichtsrat nach dem Drittelbeteiligungsgesetz

31   Ein obligatorischer Aufsichtsrat bei einer GmbH ist nur zu errichten, wenn dies gesetzlich vorgesehen ist, wie z.B. nach dem DrittelbG und nach dem MitbestG. Die Unterschiede zwischen einem obligatorischen Aufsichtsrat nach dem DrittelbG und einem fakultativen Aufsichtsrat liegen vor allem darin, dass die Einzelheiten zum obligatorischen Aufsichtsrat im Gesetz festgelegt sind, so z.B.

- Größe des Aufsichtsrats,
- Bestellungsverfahren für die Aufsichtsratmitglieder,
- Länge und Beginn der Amtszeit,
- Aufgaben des Aufsichtsrats,
- Innere Ordnung.

32   Von diesen gesetzlichen Vorgaben kann nur in eingeschränktem Umfang in der Satzung abgewichen werden. Neben einem Aufsichtsrat im Sinne des DrittelbG kann ein Beirat eingerichtet werden, der zusätzliche, einem Aufsichtsrat nach DrittelbG nicht zwingend zugewiesene Aufgaben wahrnehmen kann.[7] Dieser Beirat kann ausschließlich mit Anteilseignervertreter besetzt werden.[8]

IV.   Aufsichtsrat nach dem Mitbestimmungsgesetz

33   Die vorstehenden Ausführungen zum Aufsichtsrat nach dem DrittelbG gelten auch für den obligatorischen Aufsichtsrat nach MitbestG. Auch für diesen sind die wesentlichen Einzelheiten unabdingbar im MitbestG geregelt. Neben den Voraussetzungen, unter denen ein Aufsichtsrat einzurichten ist, unterscheidet sich der Aufsichtsrat nach MitbestG gegenüber dem Aufsichtsrat nach DrittelbG insbesondere

- in der Größe,
- darin, dass dem Aufsichtsrat nach MitbestG die Kompetenz zur Bestellung und Abberufung der Geschäftsführer zusteht,
- in der Zusammensetzung.[9]

C.   Der Aufsichtsrat der Aktiengesellschaft

I.   Grundlagen

34   Anders als bei der GmbH ist bei der Aktiengesellschaft ein Aufsichtsrat stets einzurichten, nicht nur, wenn dies spezialgesetzlich (z.B. nach DrittelbG, nach MitbestG) angeordnet ist. Die den Aufsichtsrat betreffenden Bestimmungen sind in den §§ 95 ff. AktG enthalten und werden durch die Regelungen z.B. des DrittelbG bzw. des MitbestG ergänzt. Erfüllt eine Aktiengesellschaft nicht

---

7   Lutter/Hommelhoff, § 52 Rn. 38.
8   Nähere Ausführungen zum Aufsichtsrat nach DrittelbG vgl. MünchHdB. GesR III/Marsch-Barner/Diekmann, § 48 Rn. 92 ff.
9   Weitere Erläuterungen zum Aufsichtsrat nach MitbestG vgl. MünchHdB. GesR III/Marsch-Barner/Diekmann, § 48 Rn. 140 ff.

die Voraussetzungen des MitbestG, des MontanMitbestG, des MontanMitbestErgG sowie des DrittelbG, besteht der Aufsichtsrat nur aus Anteilseignervertretern. Als Mindestgröße sieht § 95 Satz 1 AktG drei Aufsichtsratsmitglieder vor. Kraft Satzung kann eine höhere aber keine niedrigere Anzahl festgelegt werden. Die Anzahl der Aufsichtsmitglieder muss grundsätzlich durch drei teilbar sein. § 95 Satz 4 AktG legt in Abhängigkeit der Höhe des Grundkapitals die Mindestanzahl von Aufsichtsratsmitgliedern fest.

Erfüllt eine Aktiengesellschaft die Voraussetzungen des MitbestG, so hat dies neben anderen Ab-   35
weichungen von den aktienrechtlichen Regelungen in Bezug auf die Rechte und Pflichten des Aufsichtsrats insbesondere zur Folge, dass der Beschluss des Aufsichtsrats über die Bestellung der Vorstandsmitglieder abweichend von der aktienrechtlichen Regelung einer 2/3-Mehrheit bedarf (§ 32 Abs. 2 MitbestG) und die Beteiligungsrechte, die ein mitbestimmtes Unternehmen in einem anderen mitbestimmten Unternehmen ausübt, bei Grundlagenentscheidungen nicht durch den Vorstand alleine, sondern durch den Vorstand aufgrund von Beschlüssen des Aufsichtsrats ausgeubt werden (§ 32 MitbestG).

II. Zuständigkeiten und Aufgaben des Aufsichtsrats

1. Überwachung und Kontrolle des Vorstands

Hauptaufgabe des Aufsichtsrats ist die Kontrolle und Überwachung der Geschäftsführung des   36
Vorstands, soweit es die Leitungs- und Führungsentscheidungen sowie wesentliche Einzelmaßnahmen betrifft.[10] Insoweit hat der Aufsichtsrat die Geschäftsführung des Vorstands darauf hin zu überprüfen, ob diese rechtmäßig sowie ordnungsgemäß und darüber hinaus zweckmäßig und wirtschaftlich ist.[11] Die Überwachung der Geschäftsführung umfasst sowohl die vergangenheitsorientierte Kontrolle, insbesondere durch Prüfung des Jahresabschlusses und des Lageberichts sowie der Berichte des Vorstandes gem. § 90 Abs. 1 Satz 1 Nr. 2, 3 AktG, als auch die präventive Überwachung der geplanten Geschäftätigkeit mittels Zustimmungsvorbehalten zu bestimmten Arten von Geschäften nach § 111 Abs. 4 Satz 2 AktG und die Berichtpflicht des Vorstands über die beabsichtigte Geschäftspolitik und grundsätzliche Fragen der Unternehmensplanung.

2. Weitere Aufgaben des Aufsichtsrats

Neben der Kontroll- und Überwachungsfunktion obliegen dem Aufsichtsrat kraft Gesetzes noch   37
weitere Aufgaben. Hierzu gehören insbesondere:

- die Bestellung und Abberufung der Vorstandsmitglieder sowie der Abschluss, die Änderung und die Kündigung von deren Anstellungsverträgen (§ 84 Abs. 1 AktG),
- der Erlass einer Geschäftsordnung für den Vorstand (§ 77 Abs. 2 AktG),
- die Zustimmung zu bestimmten Arten von Geschäften (§ 111 Abs. 4 Satz 2 AktG),
- die Zustimmung zu Verträgen mit Aufsichtsratsmitgliedern (§ 114 AktG),
- die Zustimmung zur Begebung eines genehmigten Kapitals (§ 204 Abs. 1 AktG),
- die Vertretung der Gesellschaft gegenüber dem Vorstand (§ 112 AktG),

---

10 Hüffer, § 111 Rn. 3.
11 BGH v. 25.02.1991, II ZR 188/89, BGHZ 114, 127, 129.

- die Beauftragung des Abschlussprüfers (§ 111 Abs. 1 Satz 3 AktG),
- die Prüfung und Feststellung des Jahresabschlusses (§§ 171, 172 AktG).[12]

38   Die Satzung kann die Rechte und Pflichten des Aufsichtsrats, mit Ausnahme vom gesetzlich geregelten Fall des § 111 Abs. 4 Satz 2 AktG, wonach die Durchführung von Geschäftsführungsmaßnahmen von der Zustimmung des Aufsichtsrates abhängig gemacht werden kann, weder erweitern noch einschränken.[13]

III.   Begründung und Beendigung der Mitgliedschaft im Aufsichtsrat

1.   Persönliche Voraussetzungen

39   Vorbehaltlich spezialgesetzlicher Regelungen setzt das AktG für die Mitglieder eines Aufsichtsrats lediglich voraus, dass es sich hierbei um natürliche, unbeschränkt geschäftsfähige Personen handelt. Diese dürfen aufgrund der Inkompatibilität einer gleichzeitigen Mitgliedschaft im Aufsichtsrat und Vorstand nicht zugleich Mitglied des Vorstands, dauernder Stellvertreter von Vorstandsmitgliedern, Prokurist oder zum gesamten Geschäftsbetrieb ermächtigter Handlungsbevollmächtigter sein (§ 105 Abs. 1 AktG). Im Ausnahmefall kann sich die Mitgliedschaft im Aufsichtsrat und im Vorstand überschneiden, wenn für einen begrenzten Zeitraum von höchstens einem Jahr einzelne Aufsichtsratmitglieder fehlende oder verhinderte Vorstandsmitglieder ersetzen (§ 105 Abs. 2 AktG). In diesem Zeitraum ruht dann die Tätigkeit als Aufsichtsratsmitglied.

40   Eine weitere Einschränkung enthält § 100 Abs. 2 Satz 1 Nr. 1 AktG, der für die einzelnen Aufsichtsratsmitglieder eine Höchstzahl von 10 Aufsichtsratsmandaten vorsieht. Für konzerninterne Aufsichtsratsmandate enthält § 100 Abs. 2 Satz 2 AktG eine Ausnahmeregelung.

41   § 100 Abs. 2 AktG enthält noch weitere Einschränkungen, die bei der Wahl eines Aufsichtsratsmitgliedes beachtet werden müssen. Ein Verstoß gegen § 100 Abs. 2 AktG hat die Nichtigkeit des Wahlbeschlusses zur Folge bzw. führt bei nachträglichem Eintritt eines Hinderungsgrundes zum Erlöschen der Mitgliedschaft kraft Gesetzes.[14]

42   Die Satzung kann weitere persönliche Voraussetzungen für Vertreter von Anteilseignern aufstellen.

2.   Bestellung der Aufsichtsratmitglieder

43   Aufsichtsratsmitglieder werden i.d.R. durch die Hauptversammlung im Wege eines Beschlusses, der der einfachen Stimmenmehrheit bedarf, bestellt. Abweichend hiervon kann die Satzung Entsendungsrechte vorsehen (§ 101 Abs. 2 AktG). Arbeitnehmervertreter werden nach den entsprechenden Regelungen des MitbestG bzw. DrittelbG i.V.m. der Wahlordnung bestellt. Für Anteilseignervertreter können gem. § 101 Abs. 3 AktG Ersatzmitglieder bestellt werden.

---

12   Eine umfassendere Auflistung der Aufgaben des Aufsichtsrats enthält MünchAnwaltsHdB. AktR/Tomat, § 23 Rn. 60.
13   Hüffer, § 111 Rn. 1.
14   Hüffer, § 100 Rn. 11.

Gehört dem Aufsichtsrat nicht die nötige Zahl von Mitgliedern an und ist die rechtzeitige Ersetzung des fehlenden Aufsichtsratmitgliedes nicht zu erwarten, bestellt das zuständige Gericht auf Antrag des Vorstands das Aufsichtratsmitglied (§ 104 Abs. 1 AktG).   44

3.   Amtszeit

Gem. § 102 Abs. 1 AktG können Aufsichtsratmitglieder nicht für längere Zeit als bis zur Beendigung der Hauptversammlung bestellt werden, die über die Entlastung für das vierte Geschäftsjahr nach dem Beginn der Amtszeit beschließt. Das Geschäftsjahr, in dem die Amtszeit beginnt, wird nicht mitgerechnet. Diese Höchstdauer ist zwingend (§ 23 Abs. 5 AktG). Eine kürzere Amtszeit ist zulässig.[15]   45

Die Amtszeit eines gerichtlich bestellten Aufsichtsratmitgliedes endet mit Bestellung des fehlenden Aufsichtsratmitgliedes durch das zuständige Organ (§ 104 Abs. 5 AktG).   46

4.   Vorzeitige Beendigung des Aufsichtsratsmandats

Ein Aufsichtsratsmandat endet vor Ablauf der Amtszeit, wenn   47

- die persönlichen Voraussetzungen gem. § 100 Abs. 1, Abs. 2 Nr. 2, 3 AktG wegfallen,
- ein von der Hauptversammlung gewähltes Aufsichtsratsmitglied abberufen wird durch Beschluss der Hauptversammlung, der, solange die Satzung nichts Abweichendes regelt, einer Mehrheit von 75 % der abgegebenen Stimmen bedarf,
- ein entsandtes Aufsichtsratsmitglied von dem Entsendungsberechtigten abberufen wird (§ 103 Abs. 2 AktG),
- ein Aufsichtsratsmitglied, in dessen Person ein wichtiger Grund vorliegt, auf Antrag des Aufsichtsrats vom zuständigen Gericht abberufen wird (§ 103 Abs. 3 AktG),
- Arbeitnehmervertreter nach den spezialgesetzlichen Regelungen abberufen werden,
- ein Aufsichtsratsmitglied sein Aufsichtsratsmandat ggf. innerhalb der von der Satzung festgelegten Frist oder unter Angabe der von der Satzung anerkannten wichtigen Gründe niederlegt,
- ein Aufsichtsratsmitglied stirbt,
- die Gesellschaft beendet wird.[16]

5.   Innere Ordnung des Aufsichtsrats

Die innere Ordnung des Aufsichtsrats ist im Gesetz nur rudimentär geregelt. Es besteht die Möglichkeit, aber auch die Notwendigkeit, in der Satzung oder in einer Geschäftsordnung für den Aufsichtsrat weitergehende Regelungen zu treffen. Zum Erlass der Geschäftsordnung ist grundsätzlich der Aufsichtsrat selbst zuständig, der hierüber mit der einfachen Stimmenmehrheit beschließt.   48

Gesetzlich geregelt zur inneren Ordnung sind u.a.:   49

- Wahl eines Vorsitzenden und mindestens eines Stellvertreters (§ 107 Abs. 1 AktG),

---

15   Kölner Kommentar AktG/Mertens, § 102 Rn. 8.
16   Hüffer, § 103 Rn. 16 mit weiteren Beispielen.

- Kompetenz des Vorsitzenden zur Einberufung von Aufsichtsratssitzungen (§ 110 AktG),

- allgemeine Regelungen zur Beschlussfähigkeit und -fassung des Aufsichtsrats (§ 108 AktG).

50   Einige dieser Bestimmungen sind zwingender Natur, andere gelten hingegen nur, solange keine abweichende Bestimmung in der Satzung aufgestellt wird bzw. enthalten Mindestanforderungen, die durch Satzung ergänzt und konkretisiert werden können.[17]

IV.   Rechte und Pflichten der Aufsichtsratsmitglieder

51   Aufsichtsratsmitglieder sind gem. § 111 Abs. 5 AktG verpflichtet, ihre Aufgaben in eigener Person wahrzunehmen. Ihre Aufgaben müssen sie mit der Sorgfalt eines ordentlichen und gewissenhaften Aufsichtsrats erfüllen. Dabei unterliegen sie aufgrund ihrer Bestellung einer orangschaftlichen Treubindung gegenüber der Gesellschaft, die unter anderem in der Pflicht, über vertrauliche Angaben und Geheimnisse der Gesellschaft, namentlich Betriebs- oder Geschäftsgeheimnisse, die ihnen durch ihre Tätigkeit im Aufsichtsrat bekannt geworden sind, Stillschweigen zu bewahren, konkretisiert ist (§ 93 Abs. 1 Satz 2 i.V.m. § 116 AktG).

52   Gem. § 113 Abs. 1 AktG kann den Aufsichtsratsmitgliedern für ihre Tätigkeit eine Vergütung gewährt werden, die entweder in der Satzung festgesetzt oder durch die Hauptversammlung bewilligt wird. Erhält ein Aufsichtsratsmitglied aufgrund sonstiger vertraglicher Verhältnisse mit der Gesellschaft weitere Vergütungen für Tätigkeiten außerhalb seiner Aufsichtsrattätigkeit, sind diese vorab vom Aufsichtsrat zu genehmigen (§ 114 AktG).

---

17 Ergänzende Ausführungen zur inneren Ordnung des Aufsichtsrats vgl. MünchAnwaltsHdB. AktR/Tomat, § 23 Rn. 160 ff.

§ 7 Haftung

A. Allgemeines

I. Definition/Begriffsklärung

Haftung bedeutet **Einstehenmüssen** für eine (eigene oder fremde) **Verbindlichkeit**. Hierbei spielt es keine Rolle, ob es sich um eine vertragliche Verpflichtung z.B. Erfüllung eines Kaufvertrags oder eine gesetzliche Verpflichtung, z.B. Verpflichtung zum Schadensersatz bei unerlaubter Handlung, Verpflichtung zur Zahlung von Steuern oder zur Abführung von Sozialversicherungsbeiträgen, handelt. Die Gesellschaft wird durch natürliche Personen vertreten (je nach Gesellschaftsform Gesellschafter, Geschäftsführer, Vorstand), die Rechte und Pflichten für die Gesellschaft begründen.

Begeht der Vertreter dabei gegenüber einem Dritten eine zum Schadensersatz verpflichtende Handlung, so haftet dafür grundsätzlich die Gesellschaft; das **Verschulden des Vertreters** wird der (an sich verschuldensunfähigen) **Gesellschaft zugerechnet**.

Daneben kann auch eine **Eigenhaftung des Vertreters selbst** gegenüber dem geschädigten Dritten bestehen. Auch haftet der Vertreter intern gegenüber der Gesellschaft für Pflichtverletzungen bei seiner Geschäftsführung. Hier bestehen Unterschiede zwischen Personen- und Kapitalgesellschaften: die Haftung des Vertreters gegenüber Dritten ist bei Personengesellschaften weitgehender, während bei diesen gesellschaftsintern ein erleichterter Haftungsmaßstab gilt.

> ❗ Praxishinweis:
>
> *Aufgrund der zunehmenden Anzahl von Schadensersatzklagen ist auch bei kleinen und mittelständischen Unternehmen der Abschluss einer Vermögensschaden-Haftpflichtversicherung (D&O-Versicherung) zu empfehlen. Diese ersetzt Schäden, welche Manager im Rahmen ihres unternehmerischen Handelns Dritten oder der Gesellschaft aufgrund einfacher Fahrlässigkeit zufügen.*

II. Vertreter ohne Vertretungsmacht

Wer berechtigt ist, die Gesellschaft nach außen zu vertreten, ergibt sich aus dem Handelsregister, welches Publizitätswirkung gegenüber Dritten entfaltet.

Schließt eine Person ein Geschäft für die Gesellschaft ab, die

- keine Vertretungsmacht hat oder

- nur zusammen mit einer anderen Person vertretungsberechtigt ist oder

- ihre Vertretungsmacht missbraucht

so hängt die Wirksamkeit des Geschäfts von einer **Genehmigung seitens der Gesellschaft** ab (§ 177 Abs. 1 BGB). Erteilt die Gesellschaft die Genehmigung nicht, so haftet der Handelnde persönlich (entweder auf Erfüllung des Vertrags oder Schadensersatz; § 179 Abs. 1 BGB). Kannte der Handelnde selbst den Vertretungsmangel nicht, so haftet er lediglich wegen des **Vertrauensscha-**

dens (negatives Interesse) – er muss also die Nachteile ersetzen, die der Geschäftspartner dadurch erlitten hat, dass er auf die Gültigkeit des Geschäfts vertraut hat, z.B. die im Vertrauen auf das Geschäfts aufgewandten Kosten oder erbrachten Leistungen; dieser Anspruch ist der Höhe nach begrenzt auf das **Erfüllungsinteresse** (§ 179 Abs. 2 BGB). Die Haftung entfällt demgegenüber, wenn dem Geschäftspartner das Fehlen der Vertretungsmacht bekannt war oder er es kennen musste (§ 179 Abs. 3 BGB). Der Vertragspartner ist nur in besonderen Einzelfällen zu Nachforschungen verpflichtet.

Wirksam ist das Geschäft gegenüber der Gesellschaft allerdings, wenn die Voraussetzungen einer Duldungs- oder Anscheinsvollmacht vorliegen oder der Handelnde lediglich interne Beschränkungen der Vertretungsmacht überschreitet, ohne dass ein Missbrauchsfall vorliegt.

III. Haftung der Gesellschaft für das Handeln eines Vertreters

3 Die Gesellschaft muss für Schäden einstehen, die ihr organschaftlicher Vertreter beim Handeln für die Gesellschaft Dritten zufügt (sowohl innerhalb bestehender Schuldverhältnisse als auch außerhalb; § 31 BGB analog). Das Handeln des Vertreters wird der Gesellschaft wie ihr eigenes Handeln zugerechnet; eine Entlastung ist nicht möglich. Ein Ausschluss der Haftung kann auch nicht durch Gesellschaftsvertrag erfolgen (§ 40 BGB).

4 Diese Haftung der Gesellschaft für Organe gilt bei Kapitalgesellschaften, OHG, KG und der GbR der Partnerschaftsgesellschaft und der Vor-GmbH.

Der Anspruch gegen die Gesellschaft besteht nur bei Erfüllung folgender drei Voraussetzungen:

Die den **Schaden verursachende Person** muss ein „**verfassungsmäßig berufener Vertreter**" sein. Für den Geschäftsführer oder Vorstand gilt dies nicht nur im Rahmen der ihnen durch die Gesellschaftsvertrag oder Gesellschafterbeschluss zugewiesenen Tätigkeit, sondern auch dann, wenn sie ohne Vertretungsmacht handeln.

Auch Personen, die keine Geschäftsführer oder Gesellschafter sind, können erfasst sein, wenn ihnen bedeutsame wesensmäßige Funktionen der Gesellschaft zur selbständigen, eigenverantwortlichen Erfüllung zugewiesen sind und sie die Gesellschaft insoweit repräsentieren (hierunter fallen auch der Missbrauch der Vertretungsmacht oder ein Handeln ohne jede Vertretungsmacht).

In Betracht kommt auch eine Haftung der Gesellschaft aus **Organisationsmangel**.

Der Vertreter muss eine **zum Schadensersatz verpflichtende Handlung begangen** haben (unabhängig, auf welcher Rechtsgrundlage die Schadensersatzpflicht beruht; z.B. unerlaubte Handlung, § 823 BGB; Vertragsverletzung, § 280 BGB, Verschulden bei Vertragsverhandlungen § 311 Abs. 2 BGB i.V.m. § 280 BGB, Anfechtung (§ 122 BGB).

Der Vertreter muss die Handlung in Ausführung der ihm zustehenden Verrichtungen begangen haben. Zwischen dem **Aufgabenkreis des Vertreters** und der **schädigenden Handlung** muss also ein sachlicher, nicht bloß ein zufälliger zeitlicher und örtlicher **Zusammenhang** bestehen.[1]

---

1 BGH v.08.07.1986, VI-ZR-47/85; BGHZ 98, 148.

IV. Persönliche Haftung des Vertreters

Der organschaftliche Vertreter muss unter Umständen neben der Gesellschaft gegenüber Dritten z.B. Vertragspartnern der Gesellschaft, persönlich haften; es kommt aber auch eine persönliche Haftung gegenüber der Gesellschaft in Frage.
5

Man muss hier unterscheiden zwischen dem – grundsätzlich persönlich haftenden – Vertreter einer Personengesellschaft und dem Vertreter einer Kapitalgesellschaft, der in der Regel nicht persönlich haftet.

B. GbR

I. Persönliche Haftung

Ein GbR-Gesellschafter haftet im Wesentlichen wie ein persönlich haftender Gesellschafter in der KG, wobei Einzelheiten von der Rechtsprechung noch zu klären sind.[2]
6

Grundsätzlich haftet für Verbindlichkeiten einer Aussen-GbR das Gesellschaftsvermögen.

1. Persönliche Haftung der Gesellschafter

Weiter haften für die Verbindlichkeiten (egal ob rechtsgeschäftlich begründet oder gesetzliche Verbindlichkeiten)[3] der Gesellschaft **alle Gesellschafter gesamtschuldnerisch und persönlich** mit ihrem Privatvermögen; dabei ist der jeweilige Bestand der Gesellschafterschuld für die persönliche Haftung maßgebend (Akzessorietät).
7

Der in eine GbR **neu eingetretene Gesellschafter** haftet auch für die vor seinem Beitritt begründeten Verbindlichkeiten der Gesellschaft (**Altverbindlichkeiten**) persönlich und gemeinsam mit den Altgesellschaftern als Gesamtschuldner.[4]
8

Minderjährige Gesellschafter haften wie bei der KG.

Für **ausgeschiedene Gesellschafter** gelten die Bestimmungen zur **KG-Nachhaftung** entsprechend (§ 736 Abs. 2 BGB i.V.m. § 160 HGB). Dabei ist für den Beginn der fünfjährigen Enthaftungsfrist auf den Zeitpunkt abzustellen, in dem ein Gläubiger von dem Ausscheiden Gesellschafters Kenntnis erlangt.[5]
9

Jedoch gibt es einige **Ausnahmen** zur persönlichen Haftung der Gesellschafter für Verbindlichkeiten der Gesellschaft.

Schließt die GbR mit einem Gesellschafter ein Geschäft ab und steht ihr dieser dabei wie ein Dritter gegenüber (z.B. bei Lieferung, Vermietung, Darlehen), so ist die persönliche Haftung der Mitgesellschafter für die daraus entstehende Verbindlichkeit eingeschränkt; der Gesellschafter darf zwar seine Forderung unmittelbar einem Mitgesellschafter gegenüber geltend machen, er muss sich jedoch dabei seinen im Innenverhältnis auf ihn entfallenden Verlustanteil anrechnen lassen.[6]
10

---

2   Schmidt NJW 2003, 1897 ff.
3   BGH v. 24.02.2003, II-ZR-385/99; BB 2003, 862.
4   BGH v. 07.04.2003, II-ZR-56/02; BB 2003, 1081.
5   BGH v. 17.02.1992, II-ZR-100/91; BB 1992, 873.
6   BGH v. 01.12.1982, VIII ZR 206/81; NJW 1983, 749.

Außerdem zwingt ihn seine Treuepflicht dazu, soweit zumutbar, auf die Belange seiner Mitgesellschafter und der GbR Rücksicht zu nehmen.[7]

11   Für **Sozialverbindlichkeiten** (Ansprüche eines Gesellschafters gegen die GbR aus dem Gesellschaftsverhältnis; z.B. Ansprüche auf Aufwendungsersatz, Geschäftsführervergütung, Gewinn) gilt die persönliche Haftung der Mitgesellschafter nicht; hier **haftet nur das Gesellschaftsvermögen**.

12   Tritt ein Gesellschafter gegenüber Dritten wie ein Vertreter der Gesellschaft auf, ohne dass Vertretungsmacht vorliegt, so haften für die daraus entstandenen Verbindlichkeiten alle Gesellschafter nach den Grundsätzen der **Anscheins- oder Duldungsvollmacht**, wenn deren jeweilige Voraussetzungen vorliegen.[8] Daneben haftet der Handelnde selbst als Vertreter ohne Vertretungsmacht.

Eine **Beschränkung der Haftung** der GbR-Gesellschafter auf das Gesellschaftsvermögen **nur durch individuelle Vereinbarung mit dem jeweiligen Vertragspartner** möglich.[9]

2.   Haftungsumfang

13   Für die Verbindlichkeiten der Gesellschaft haften grundsätzlich alle Gesellschafter persönlich als Gesamtschuldner (§ 427 BGB). Der Gläubiger kann deshalb seine gesamte Forderung wahlweise gegen einen, mehrerer oder alle Gesellschafter geltend machen (§ 421 BGB).

14   Wurde ein Gesellschafter persönlich von einem Gläubiger in Anspruch genommen, so hat er Erstattungsansprüche sowohl gegen die Gesellschaft (§ 713 BGB, § 683 BGB i.V.m. § 670 BGB) als auch gegen die Mitgesellschafter.

15   Wird ein Gesellschafter persönlich für Gesellschaftsschulden in Anspruch genommen, so ist der jeweilige Bestand der Gesellschaftsschuld auch für die persönliche Haftung massgebend (**akzessorische Haftung**). Damit entspricht das Verhältnis von Gesellschafts- und Gesellschafterschuld der Rechtslage bei der OHG und der KG (§§ 128 f. HGB). Der Gesellschafter kann neben seinen persönlichen Einreden und Einwendungen auch diejenigen der Gesellschaft geltend machen. Die Gesellschaft kann sich auf individuelle Einreden i.S.d. § 425 BGB, die dem einzelnen Gesellschafter zustehen (z.B. Verjährung), nicht berufen.

C.   Haftung bei einer Personengesellschaft

Nachfolgend wird insbesondere die Haftung des Vertreters bei Verletzung interner Verpflichtungen gegenüber der Gesellschaft behandelt. Bei Pflichtverletzungen und der Überschreitung interner Kompetenzen haftet der geschäftsführende Gesellschafter gegenüber der Gesellschaft auf Schadensersatz.

I.   Haftung gegenüber Dritten

16   Bei Personengesellschaften greifen keine besonderen Haftungsvorschriften für den organschaftlichen Vertreter ein, da dieser in aller Regel gleichzeitig auch Gesellschafter ist; als solcher haftet

---

7   MüKo BGB/Ulmer, § 705, RN. 203.
8   BGH v. 24.01.1978, VI-ZR-264/76; BB 1976, 526; BGH v. 25.06.1992, I-ZR-120/90; BGH v. 06.04.1987, II ZR 101/86; NJW 1987, 3124.
9   BGH v. 27.09.1999, II-ZR-371/98; BB 1999, 2152.

er ohnehin unbeschränkt für die Verbindlichkeiten der Gesellschaft gegenüber Dritten – unabhängig davon, ob es sich um vertragliche oder gesetzliche Ansprüche handelt.

II. Haftung gegenüber der Gesellschaft

1. Pflichtverletzungen bei der Geschäftsführung

Verletzt der geschäftsführende Gesellschafter seine gesellschaftsvertragliche Pflicht zur Geschäftsführung schuldhaft, so haftet er der Gesellschaft auf Schadensersatz.

Pflichtverletzungen sind die Vornahme unzweckmäßiger sowie die Unterlassung gebotener Geschäftsführungshandlungen. Der geschäftsführende Gesellschafter muss bei allen das Interesse berührenden Angelegenheiten das Wohl der Gesellschaft vor Augen haben, nicht seinen eigenen Vorteil oder den Vorteil anderer, er muss sich uneigennützig für die gemeinsamen Ziele einsetzen.

17

a) Überschreitung interner Beschränkungen der Vertretungsmacht

Als **Beispiele für die Überschreitung** kommen in Betracht:

18

- Vornahme eines Geschäfts trotz rechtmäßigen Widerspruchs eines anderen geschäftsführenden Gesellschafters
- Abschluss eines Geschäfts, das zu einem internen Katalog zustimmungsbedürftiger Geschäfte gehört
- Abschluss eines außergewöhnlichen Geschäfts ohne die Zustimmung der übrigen Gesellschafter

Grundsätzlich ist die **Überschreitung der Vertretungsmacht**, also die Missachtung interner Bindungen, **im Außenverhältnis unbeachtlich**. Die Gesellschaft wird verpflichtet und der Geschäftsführer ist ihr zum Schadensersatz verpflichtet, wenn er schuldhaft gegen seine internen Kompetenzen verstoßen hat. Nicht erforderlich ist, dass der Geschäftsführer bei der Vornahme des verbotenen Geschäfts selbst schuldhaft handelte.[10]

19

Ausnahmen bestehen bei Missbrauch der Vertretungsmacht, wenn der Vertragspartner nicht schutzwürdig ist und sich deshalb nicht auf die Unbeschränkbarkeit der Vertretungsmacht berufen darf. Dann wirkt sich die Kompetenzüberschreitung auf das Außenverhältnis zum Vertragspartner aus. Dies gilt unabhängig davon, ob es sich um den Vertreter einer Personen- oder Kapitalgesellschaft handelt.

Bei den Missbrauchsfällen ist zu unterscheiden:

Kollusion:

20

Gesellschaftsvertreter und der Geschäftspartner wirken vorsätzlich zum Nachteil der Gesellschaft zusammen; der geschlossene Vertrag ist wegen Sittenwidrigkeit nichtig (§ 138 BGB).[11]

---

10   BGH v. 04.11.1996, II ZR 48/95; NJW 1997, 314.
11   Palandt/Heinrichs, § 164 Rn. 13.

7

21   **offensichtlicher Missbrauch:**

Vertreter überschreitet die internen Kompetenzen und der Geschäftspartner wusste dies oder hätte dies erkennen müssen (grob fahrlässig; Überschreitung muss offensichtlich sein und sich aufdrängen).

Die Wirksamkeit dieses Geschäfts hängt von der Zustimmung der vertretenen Gesellschaft ab.[12]

b)   Haftungsmaßstab

22   Für die Frage, wann ein Verhalten des Geschäftsführers schuldhaft ist, gilt ein im Verhältnis zum normalen Haftungsmaßstab der verkehrsüblichen Sorgfalt (§ 276 BGB) erleichterter Haftungsmaßstab. Dieser Maßstab gilt auch für die Frage, ob der Geschäftsführer schuldhaft seine Befugnisse überschritten hat.

Der Geschäftsführer muss bei seinem Handeln nur die **Sorgfalt** aufwenden, die er **in eigenen Angelegenheiten** anzuwenden pflegt (§ 708 BGB). Damit hat auch ein in eigenen Angelegenheiten **nachlässiger Geschäftsführer** für normale Fahrlässigkeit unter Umständen nicht einzustehen. Demgegenüber bestehen für **normal und überdurchschnittlich sorgfältige Geschäftsführer** keine Ausnahmen; auch sie haben die für normale Fahrlässigkeit einzustehen und haften bei grob fahrlässigem oder vorsätzlichem Verhalten.

c)   Geltendmachung

23   Die Gesellschaft, aber auch jeder Gesellschafter kann die Leistung von Schadensersatz an die Gesellschaft fordern.

Die Gesellschaft muss den Eintritt eines Schadens beweisen, sowie die Tatsache, dass das Verhalten des Gesellschafters für den Eintritt des Schadens ursächlich war. Der geschäftsführende Gesellschafter muss demgegenüber beweisen, dass er seine Geschäftsführerpflichten ordnungsgemäß erfüllt hat, also schuldlos ist. Für eine geringere als die normale Sorgfalt in eigenen Angelegenheiten ist ebenfalls der Geschäftsführer beweispflichtig.[13]

Ist die Handlung des Geschäftsführers durch einen Gesellschafterbeschluss gedeckt, so haftet er nicht, wenn er den Beschluss ordnungsgemäß vorbereitet und die Gesellschafter ausreichend informiert hat.

III.   KG

1.   Allgemeines/Einlageverpflichtung

24   Zu den **Hauptpflichten** der Gesellschafter gehört die Leistung der vereinbarten Beiträge an die Gesellschaft (§ 705 BGB). Der Begriff „Beitrag" deckt sich dabei weitgehend mit dem Begriff der Einlage. Einlagen sind alle Beiträge, die in das Gesellschaftsvermögen übergehen und dieses mehren.

---

12   Palandt/Heinrichs, § 164 Rn. 14b.
13   Baumbach/Hopt, § 109 Rn. 5.

Die an die Gesellschaft geleisteten Einlagen sowie die noch nicht erfüllten Einlageforderungen der KG sind Gesamthandsvermögen der KG (§§ 718 f. BGB). Rechtsträger dieses Vermögens sind alle Gesellschafter der KG als Gesamthänder. **25**

Besonderheiten bei der Einlage des Kommanditisten ergeben sich aus der Tatsache, dass dessen Haftung auf die Höhe der Einlage beschränkt ist. Obwohl das Gesetz nicht differenziert und lediglich den Begriff der Einlage (§ 161 HGB, § 171 HGB) verwendet, sind zu unterscheiden: **26**

a)   Hafteinlage

Bei der **Hafteinlage** (auch **Haftsumme** genannt) handelt es sich um die Einlage, die in das Handelsregister eingetragen werden muss. Sie betrifft das Außenverhältnis der Gläubiger der KG. Nur nach ihr bestimmt sich die Haftung des Kommanditisten gegenüber den Gesellschaftsgläubigern (§ 171 Abs. 1, 1. HS HGB). Die Änderung der Hafteinlage muss von sämtlichen Gesellschaftern zur Eintragung in das Handelsregister angemeldet werden (§ 175 HGB). **27**

b)   Pflichteinlage

Bei der **Pflichteinlage** handelt es sich um die Einlage, die der Kommanditist den Mitgesellschaftern schuldet. Die Pflichteinlage betrifft das Innenverhältnis zu den Mitgesellschaftern. Diese können die Pflichteinlage stunden oder erlassen, was im Innenverhältnis zu den KG ohne Wirkung ist (§ 172 Abs. 3 HGB). **28**

Der Betrag der Pflichteinalge muss nicht mit dem Betrag der Hafteinlage identisch sein, auch wenn dies in der Regel der Fall sein wird. Die Pflichteinlage kann also höher oder niedriger sein, als die Hafteinlage.

Gegenstände der Einlage können dieselben sein, wie bei der Einalge des Komplementärs. Da bei der Hafteinlage das Außenverhältnis der Gesellschaft betroffen ist, muss insoweit eine objektive Bewertung der als Einlage erbrachten Vermögensgegenstände erfolgen. Der aus der Bewertung resultierende Betrag ist in das Handelsregister einzutragen.

Bei der Pflichteinlage, die nur das Innenverhältnis betrifft, können die Mitgesellschafter jede Leistung akzeptieren und sie frei bewerten und dass es auf den objektiven Wert ankommt.

2.   Haftung des Kommanditisten vor Eintragung

Hat die Gesellschaft ihre **Geschäfts begonnen, bevor** sie **in das Handelsregister** des Gerichts, in dessen Bezirk sie ihren Sitz hat, **eingetragen** wurde, so haftet auch jeder Kommanditist, der dem Geschäftsbeginn zugestimmt hat, für die bis zur Eintragung begründeten Verbindlichkeiten der Gesellschafter wie ein Komplementär, d.h. vollumfänglich. Dies gilt dann nicht, wenn dem Gläubiger dessen Beteiligung als Kommanditist bekannt war (§ 176 Abs. 1 HGB).[14] **29**

---

14   Baumbach/Hopt, § 176 Rn. 4.

3. Haftung der Kommanditisten und Komplementäre nach Eintragung

30 Bei der Haftung der Gesellschafter für Gesellschaftsverbindlichkeiten ist zu unterscheiden: Die persönliche Haftung der **Kommanditisten** ist **auf die Höhe** ihrer im Gesellschaftsvertrag festgesetzten **Einlage beschränkt** (§ 171 HGB). Ist die Einlage einbezahlt, so haftet der Kommanditist nicht mehr persönlich. Der Umfang der Haftung gegenüber Gläubigern wird durch Eintragung im Handelsregister bestimmt (§ 172 HGB).

Der **Komplementär** haftet demgegenüber **persönlich mit seinem gesamten Vermögen**, auch mit dem privaten, für die Verbindlichkeiten der Gesellschaft.

a) Persönlich haftender Gesellschafter (Komplementär)

31 Die im Außenverhältnis unbeschränkte Haftung eines persönlich haftenden Gesellschafters für die Verbindlichkeiten der Gesellschaft auch mit seinem privaten Vermögen ist für die KG charakteristisch; sie ist der Grund für ihre Kreditwürdigkeit. Im Innenverhältnis hat der persönlich haftende Gesellschafter, der von einem Gläubiger für Gesellschaftsverbindlichkeiten in Anspruch genommen wurde, Erstattungsansprüche gegenüber der Gesellschaft und gegenüber den anderen persönlich haftenden Gesellschaftern.

aa) Haftungsvoraussetzungen

32 Ein persönlich haftender Gesellschafter haftet persönlich unter folgenden Voraussetzungen:

- es besteht eine wirksame KG
- es liegt eine Verbindlichkeit der KG im Außenverhältnis vor
- es besteht keine abweichende Haftungsvereinbarung mit dem konkreten Gläubiger

33 Jeder persönlich haftende Gesellschafter haftet für die Verbindlichkeiten der KG, die während seiner Zugehörigkeit zur Gesellschaft entstanden sind. Der neu eintretende persönlich haftende Gesellschafter haftet darüber hinaus auch für Schulden, die vor seinem Eintritt entstanden sind, ohne Unterschied ob die Firma geändert wird oder nicht (§ 130 HGB; nicht dispositiv). Die Haftung des ausgeschiedenen persönlich haftender Gesellschafter hängt vom Zeitpunkt des Entstehens der Verbindlichkeit ab. Für Verbindlichkeiten, die erst nach seinem Ausscheiden entstanden sind, haftet er nicht.

ab) Haftungsvereinbarung

34 Einzig eine **abweichende Haftungsvereinbarung** mit einem **konkreten Gläubiger** der Gesellschaft kann zu einer Einschränkung der persönlichen Haftung eines Gesellschafters führen.

Durch eine Vereinbarung untereinander können die persönlich haftenden Gesellschafter nur die Ausgleichspflichten im Innenverhältnis regeln, nicht aber die Haftung im Außenverhältnis einschränken, so dass der Geschäftspartner jeden persönlich haftenden Gesellschafter in Anspruch nehmen kann, selbst wenn er von der abweichenden internen Regelung weiß (§ 128 Abs. 2 HGB).

ac)   Haftungsumfang

Die persönlich haftenden Gesellschafter haften für die Verbindlichkeiten der Gesellschaft als Privatperson. Dabei kann ein Gläubiger jeden persönlich haftenden Gesellschafter unmittelbar in Anspruch nehmen (**Primärhaftung**). Ihre Haftung ist zu der der Gesellschaft akzessorisch, d.h. die persönlich haftenden Gesellschafter schulden genau die gleiche Leistung wie die Gesellschaft und rechtliche Veränderungen der Verbindlichkeit, etwa durch Leistungsstörung, Kündigung oder Erfüllung, wirken sich ebenfalls auf die Gesellschafterhaftung aus. Der Gläubiger kann den persönlich haftenden Gesellschafter auf die gesamte Summe in Anspruch nehmen (nicht nur in Höhe deren Gesellschaftseinlage).

35

Liegt eine Gesamtschuld vor, so ist die Vollstreckung für den Gläubiger unproblematisch. Handelt es sich jedoch um eine sonstige Schuld, so ergeben sich Besonderheiten. Ein unmittelbarer Erfüllungsanspruch gegen den persönlich haftenden Gesellschafter besteht immer dann, wenn es auf die Person des Ausführenden nicht ankommt und die „Erfüllung den Gesellschafter in seiner gesellschaftsfreien Privatsphäre nicht wesentlich mehr als eine Geldleistung beeinträchtigt";[15] hier ist im Einzelfall eine **Interessensabwägung** vorzunehmen. In den Fällen, in denen die Verpflichtung der Gesellschaft ihrem Inhalt nach für den Gläubiger erkennbar von vornherein nur durch einen bestimmten persönlich haftenden Gesellschafter zu erfüllen oder erfüllbar war, kann man regelmäßig davon ausgehen, dass nicht jeder einzelne Gesellschafter zur Erfüllung verpflichtet ist.

36

ad)   Verteidigungsmöglichkeiten des Gesellschafters

Der von einem Gläubiger der Gesellschaft in Anspruch genommene persönlich haftende Gesellschafter kann sowohl eigene Verteidigungsmöglichkeiten als auch solche der Gesellschaft geltend machen (§ 129 Abs. 1 HGB) sowie unter gewissen Bedingungen die Leistung verweigern (§ 129 Abs. 2, 3 HGB).

37

ae)   Geltendmachung

Der Gläubiger kann seine Forderung wahlweise gegen die Gesellschaft und/oder eine, mehrere oder alle persönlich haftenden Gesellschafter geltend machen. Es empfiehlt sich, sowohl die Gesellschaft als auch den persönlich haftenden Gesellschafter zu verklagen, denn auch mit einem gegen die Gesellschaft gerichteten Titel kann nicht gegen einen persönlich haftender Gesellschafter vollstreckt werden (§ 129 Abs. 4 HGB) und aus einem gegen einen persönlich haftenden Gesellschafter gerichteten Titel kann umgekehrt nicht gegen die Gesellschaft vollstreckt werden (§ 129 Abs. 2 HGB).

38

af)   Befreiungsanspruch

Die Rechtsprechung hat anerkannt, dass der persönlich haftende Gesellschafter, dem eine Inanspruchnahme durch den Gläubiger unmittelbar droht, anstatt selbst zu leisten, von der Gesellschaft Freistellung entsprechend § 257 BGB verlangen kann. Dies ist jedoch nur ein interner Anspruch, der eine Zwangsvollstreckung des Gläubigers in das Vermögen des Gesellschafters nicht verhindert.

39

ag)   Erstattungsansprüche

Erfüllt ein persönlich haftender Gesellschafter die Forderung eines Gläubigers freiwillig, so kann er Ersatz von der Gesellschaft in voller Höhe fordern (§ 110 Abs. 1 HGB). Dabei geht die Forde-

40

---

15   BGH v. 07.06.1972, VIII-ZR-175/70, BGHZ 59, 64.

rung des befriedigten Gläubigers nicht auf ihn über und er hat auch nicht etwaige Sicherungs-rechte, die dem Gläubiger für seine Forderung zustanden (z.B. Hypothek, Bürgschaft).[16]

41 Der persönlich haftende Gesellschafter kann aber auch von einem anderen persönlich haftenden Gesellschafter Ausgleich fordern (§ 426 Abs. 1 BGB). Doch ist der Regress gegen die Gesellschaft demgegenüber vorrangig, d.h. der Gesellschafter muss zunächst gegen die Gesellschaft vorgehen. Ist diese nicht in der Lage oder nicht bereit, den Anspruch zu erfüllen, letzteres ist bereits dann anzunehmen, wenn sie auf Aufforderung nicht zahlt,[17] besteht der Anspruch gegen die anderen persönlich haftender Gesellschafter. Die anderen persönlich haftenden Gesellschafter haften als-bald, also nicht erst nach der Auflösung der Gesellschaft oder ihrem Ausscheiden, und zwar in Höhe des jeweiligen Anteils an der Verlustbeteiligung, nicht für die Anteile der übrigen persön-lich haftender Gesellschafter. Wenn nichts anderes bestimmt ist, haften alle persönlich haftenden Gesellschafter im gleichen Umfang. Ist einer der so in Anspruch genommenen zahlungsunfähig, so müssen die Übrigen anteilig für ihn einstehen.

ah)   Minderjährige

42 Die Haftung Minderjähriger persönlich haftender Gesellschafter für Verbindlichkeiten, die ver-tretungsberechtigte Personen im Rahmen ihrer Vertretungsmacht mit Wirkung für sie begründet haben, beschränkt sich grundsätzlich auf den Bestand des Vermögens, das bei Eintritt der Voll-jährigkeit des Kindes vorhanden ist; dies gilt nicht, wenn der Minderjährige von seinem gesetz-lichen Vertreter mit Genehmigung des Vormundschaftsgerichts zum selbständigen Betrieb eines Erwerbsgeschäfts gem. § 112 BGB ermächtigt war (§ 1629 a BGB). Wird der Minderjährige voll-jährig, so haftet er für solche Verbindlichkeiten unbeschränkt wie alle anderen persönlich haf-tender Gesellschafter, wenn er nicht binnen drei Monaten nach seinem 18. Geburtstag die KG aus wichtigem Grund kündigt (§ 1629 a Abs. 4 BGB).

ai)   Ausgeschiedener Gesellschafter

43 Die **Haftung des ausgeschiedenen persönlich haftenden Gesellschafters** hängt vom Zeitpunkt des Entstehens der Verbindlichkeit ab. Für Verbindlichkeiten, die erst nach seinem Ausscheiden entstanden sind, haftet er nicht.

44 Er haftet jedoch wie jeder persönlich haftende Gesellschafter für diejenigen **Altverbindlich-keiten**, die

- bis zu seinem Ausscheiden begründet wurden

- vor Ablauf von fünf Jahren nach seinem Ausscheiden fällig werden **und**

- tituliert sind (insbesondere durch ein rechtskräftiges Urteil oder einen vollstreckbaren Ver-gleich) bzw. die der Ausgeschiedene schriftlich anerkannt hat (§ 160 HGB i.V.m. § 197 Abs. 1 Nr. 3 bis 5 HGB).

Die fünfjährige Ausschlusspflicht beginnt mit der Eintragung des Ausscheidenden in das Han-delsregister (§ 160 Abs. 1 S. 2 HGB) und endet fünf Jahre später mit Ablauf desselben Tages (§ 188 Abs. 2 BGB). Mit dem Fristablauf kommt es zur Enthaftung des Gesellschafters. Verjährt ein An-spruch dagegen bereits in kürzerer Zeit, so gilt diese Frist.

Erfasst werden Ansprüche aller Art gegen die Gesellschaft, auch aus Dauerschuldverhältnissen wie z.B. aus Berater-, Miet- oder Arbeitsverträgen.

---

16   BGH v. 22.03.1988, II ZR 64/87; BGHZ 39, 319.
17   BGH v. 17.12.2001, II-ZR-382/99, BB 2002, 268.

Zur Wahrung der **Fünfjahresfrist** genügt es, wenn der Gläubiger Klage erhebt oder die Zustellung eines Mahnbescheids veranlasst, da dadurch die Verjährung gehemmt wird (§ 160 Abs. 1 S. 3 HGB i.V.m. § 204 Abs. 1 BGB). Nimmt er die Klage oder den Mahnbescheid anschließend wieder zurück, so endet die Fristhemmung sechs Monate später (§ 204 Abs. 2 BGB). 45

Um einen Anspruch nicht einzubüßen, der erst kurz vor Fristablauf fällig wird, kann der Gläubiger auch vor dessen Fälligwerden auf Feststellung (§ 256 ZPO) oder auf künftige Leistung (§§ 257 ff. ZPO) klagen.

Da die Anteile des Ausscheidenden an den Gesellschaftsverbindlichkeiten schon bei der Berechnung der Abfindung berücksichtigt wurden, hat der ausscheidende Gesellschafter einen Anspruch gegen die Gesellschaft, ihn intern von den gemeinschaftlichen Schulden zu befreien (**Befreiungsanspruch**, § 738 Abs. 1 S. 2 BGB), für die er im Außenverhältnis haftet. 46

Die Gesellschaft muss den Ausscheidenden sofort bei seinem Ausscheiden befreien, durch Beseitigung der Schuld selbst, z.B. in dem eine Entlassungserklärung des Gläubigers für ihn besorgt wird.

Die Gesellschaft muss den Ausscheidenden auch von Sicherheiten befreien, die er aus seinem Privatvermögen gegen den Gläubiger der Gesellschaft gestellt hat,[18] grundsätzlich auch von noch nicht fälligen Schulden; jedoch genügt hier auch eine Sicherheitsleistung (§ 738 Abs. 1 S. 3 BGB).

Erstattungsansprüche 47

■ Regress **gegen die Gesellschaft**

Hat der ausgeschiedene persönlich haftende Gesellschafter die Forderung des Gläubigers erfüllt, so kann er von der Gesellschaft Ersatz in voller Höhe fordern (Anspruch aus § 426 BGB).

■ Regress **gegen die Gesellschafter** 48

Der ausgeschiedene Gesellschafter, der eine Forderung bezahlt hat, kann ebenfalls die anderen persönlich haftenden Gesellschafter in Anspruch nehmen; i.d.R. muss er sich keinen eigenen Anteil anrechnen lassen. Er hat diesen Anspruch aus § 670 BGB,[19] wobei auch § 426 BGB Anwendung findet. Dies hat für ihn den Vorteil, dass Sicherheiten, die für die Gläubigerforderung bestanden, auf ihn übergehen. Im Unterschied zu den verbliebenen Gesellschaftern muss der Ausgeschiedene sich nicht vorrangig an die Gesellschaft halten.

Ausscheiden durch Anteilsübertragung – Besonderheiten 49

Im Falle einer Übertragung von Gesellschaftsanteilen gelten jedoch folgende Besonderheiten:

Wird der ausgeschiedene Veräußerer von einem Gesellschaftsgläubiger in Anspruch genommen, so hat grundsätzlich der Erwerber Erstattung zu leisten, wenn dieser sich intern verpflichtet hat, den Veräußerer von der Haftung freizustellen.[20]

Daneben hat der Ausgeschiedene Regressansprüche gegenüber der Gesellschaft und den übrigen persönlich haftende Gesellschaftern; im Unterschied zu aus anderen Gründen ausgeschiedenen Gesellschaftern muss er jedoch seinen Anteil am Verlust mittragen, da er nicht mit der Gesellschaft über seinen Anspruch abgerechnet hat und deshalb keine Freistellung von der Schuld gem. § 738 BGB verlangen kann. Dies gilt auch, wenn ein Mitgesellschafter eine Gesellschaftsverbindlichkeit bezahlte und von ihm Regress fordert.

---

18   BGH v. 14.02.1974, II ZR 87/72; BB 1974, 811.
19   BGH v. 22.03.1988, II ZR 64/87; BGHZ 39, 319.
20   BGH v. 18.11.1974, II ZR 70/73; NJW 1975, 166.

50   **Aufgelöste Gesellschaft**

Fällige Ansprüche gegen persönlich haftende Gesellschafter aus Gesellschaftsverbindlichkeiten verjähren bei der Auflösung der Gesellschaft spätestens fünf Jahre nach der Eintragung der Auflösung in das Handelsregister; wird die Forderung erst nach der Eintragung fällig, so läuft die Fünf-Jahresfrist ab diesem Zeitpunkt (§ 159 HGB).

b)   Beschränkt haftender Gesellschafter (Kommanditist)

51   Die **Haftung des Kommanditisten** unterscheidet sich von des persönlich haftenden Gesellschafters (Komplementärs) durch die **Begrenzung auf einen bestimmten Betrag**, seine Hafteinlage. In der Gründungsphase vor Eintragung der KG ins Handelsregister kann es zu einer unbeschränkten Haftung auch des Kommanditisten kommen.

52   Der Kommanditist haftet den Gläubigern der KG persönlich und unmittelbar bis zur Höhe seiner **Hafteinlage** (§ 171 Abs. 1, 1. HS. HGB). Maßgeblich ist insoweit der in das Handelsregister eingetragene Betrag (§ 172 Abs. 1 HGB). Wenn die Hafteinlage in vollem Umfang erbracht und nicht an den Kommanditisten zurückgewährt wurde, ist eine darüber hinausgehende Haftung des Kommanditisten ausgeschlossen (§ 171 Abs. 1, 1. HS. HGB, § 172 Abs. 4 S. 1 HGB). Dies gilt auch, wenn dem Kommanditisten anschließend Verlustanteile zugeschrieben werden. Bei Entnahmen lebt die Haftung allerdings wieder auf. Überschreitet die Hafteinlage die Pflichteinlage, so stehen dem von den Gläubigern in Anspruch genommenen Kommanditisten Ausgleichsansprüche gegen die Gesellschaft zu (§ 110 HGB, § 426 BGB).

Befriedigt der Kommanditist freiwillig einen Gläubiger der Gesellschaft, so kann er von der Gesellschaft Ersatz in voller Höhe fordern. Darüber hinaus kann er aber auch wie ein persönlich haftender Gesellschafter die übrigen persönlich haftenden Mitgesellschafter in Anspruch nehmen.[21]

53   Auf eine **Erhöhung der Hafteinlage** kann sich ein Dritter nur berufen (§ 172 Abs. 2 HGB), wenn die Erhöhung **in das Handelsregister eingetragen** oder in handelsüblicher Form bekannt gemacht wurde, z.B. in einer Tageszeitung. Die Erhöhung wirkt dann für alle Gläubiger der KG, auch wenn die Forderung vorher entstanden ist.

Eine **Herabsetzung der Einlage** ist Dritten gegenüber **nur wirksam**, wenn sie **ins Handelsregister eingetragen** wurde. Die Herabsetzung wirkt nur für die Zukunft, d.h. gegenüber Forderungen, die nach Eintragung und Bekanntmachung der Herabsetzung entstehen (§ 174 HGB).

ba)   Änderungen im Gesellschafterbestand

54   **Tritt** ein Kommanditist in eine bestehende Handelsgesellschaft **ein**, haftet er für die vor seinem Eintritt begründeten Verbindlichkeiten der KG beschränkt auf seine Hafteinlage (§ 173 HGB, § 171 Abs. 1 HGB).

Für die in der Zeit zwischen seinem Eintritt und seiner Eintragung in das Handelsregister begründeten Verbindlichkeiten haftet er unbeschränkt (§ 176 Abs. 2 HGB).

Zur Vermeidung dieser unbeschränkten Haftung kann der Eintritt eines neuen Kommanditisten unter der aufschiebenden Bedingung der Eintragung ins Handelsregister vereinbart werden.

---

21   BGH v. 17.12.2001, II-ZR-382/99; BB 2002, 268.

bb) Kommanditistenwechsel

Für die Haftung bei einem Kommanditistenwechsel ist wie folgt zu unterscheiden: 55

Übertragung der Mitgliedschaft durch **Abtretung** 56

Übernimmt der Neukommanditist den Kommanditanteil des Ausscheidenden (Abtretung des Anteils) und wird dies ins Handelsregister unter ausdrücklichem Hinweis auf die Sonderrechtsnachfolge eingetragen (sog. Nachfolgevermerk), so ändert sich lediglich die Person des Gesellschafters in Bezug auf einen gleich bleibenden Kommanditanteil. Hier besteht für die Gläubiger nur die einmalige Möglichkeit der Inanspruchnahme der eingetragenen Haftsumme.[22] Damit im Handelsregister ersichtlich ist, um welche Form des Kommanditistenwechsels es sich im Einzelfall handelt, wird bei Abtretung eines Kommanditanteils die Sonderrechtsnachfolge durch einen Nachfolgevermerk kenntlich gemacht.[23]

Gleichzeitiger Austritt eines alten sowie Eintritt eines neuen Kommanditisten 57

Hier tritt eine Verdopplung er Haftsumme ein, weil sowohl der eingetretene als auch der ausgeschiedene Kommanditist den Gläubigern gegenüber haftet.

Abfindungsversicherung 58

Um die genannte Unterscheidung vornehmen zu können, verlangen die Registergerichte in der Praxis für die Eintragung eines Nachfolgevermerks die Angabe einer sog. **Abfindungsversicherung** des ausscheidenden Kommanditisten und des persönlich haftenden Gesellschafters der KG. Mit dieser erklärt der Veräußerer, dass ihm im Zusammenhang mit der Sonderrechtsnachfolge keinerlei Abfindung von der KG gewährt oder versprochen wurde. An dieser gewohnheitsrechtlichen Praxis ist nach der Rechtsprechung des BGH weiterhin festzuhalten.

bc) Ausgeschiedener Kommanditist

Der ausgeschiedene Kommanditist haftet nach seinem Ausscheiden für die zuvor begründeten 59 Verbindlichkeiten der KG. Diese Haftung besteht jedoch nur im Umfang seiner Hafteinlage und nur dann, wenn seine persönliche Haftung infolge der Rückgewähr seiner Hafteinlage wieder aufgelebt ist oder die Einlage nicht erbracht wurde (§ 161 Abs. 2, 160 Abs. 1 HGB). Die Auszahlung eines Auseinandersetzungsguthabens bei Ausscheiden wird dabei als Rückgewähr der Einlage bewertet.[24] Für die Modalitäten und die Dauer der Nachhaftung gelten dieselben Regeln wie beim Komplementär.

c) Wechsel in eine andere Gesellschafterstellung

Der Wechsel eines Gesellschafters vom Komplementär zum Kommanditisten und umgekehrt ist 60 durch Änderung des Gesellschaftsvertrags möglich. Diese Beteiligungsumwandlungen sind keine Gesellschafterwechsel, die Mitgliedschaft bleibt bestehen.[25]

ca) Komplementär wird Kommanditist

Die unbeschränkte Haftung des Komplementärs, der zum Kommanditisten wird (§ 160 Abs. 3 62 S. 1 HGB), besteht nur für Schulden der KG, die vor der Eintragung des Überwechselns von der

---

22 Strittig s. Baumbach/Hopt, § 173 Rn. 11 ff.
23 Baumbach/Hopt, § 162 Rn. 8.
24 Baumbach/Hopt, § 172 Rn. 6.
25 Baumbach/Hopt, § 161 Rn. 6.

Komplementär- in die Kommanditistenstellung begründet worden sind. Die Fünfjahresfrist gilt auch hier.

62   Für die nach der Eintragung der Kommanditistenstellung entstandenen Verbindlichkeiten der KG haftet der Gesellschafter nur beschränkt auf seinen Kommanditanteil. Nach Ablauf der Fünfjahresfrist gilt dies auch für Altschulden.

63   Der von der Stellung eines Komplementärs in die eines Kommanditisten wechselnde Gesellschafter muss eine wertmäßig erfassbare Einlage auf den Kommanditanteil leisten oder geleistet haben um in seiner Haftung beschränkt zu sein. Die Leistung der Kommanditeinlage kann in diesem Fall durch Gutschrift des bisherigen Kapitalanteils als Komplementär erfolgen, wobei bei der Bewertung des Anteils im Hinblick auf die zu leistenden Kapitaleinlage regelmäßig der Kapitalanteil in Form eines Saldos eines bestehenden Kapitalkontos entscheidend ist.

cb)   Kommanditist wird Komplementär

64   Der Wechsel eines Gesellschafters vom Kommanditisten zum Komplementär führt zu dessen unbeschränkter Haftung auch für die zuvor begründeten Verbindlichkeiten der Gesellschaft, unabhängig davon, ob die Firma geändert wird oder nicht. Eine entgegenstehende Vereinbarung ist Dritten gegenüber unwirksam (§ 130 HGB).

D.   Haftung bei Kapitalgesellschaften

I.   Allgemeines

1.   Unerlaubte Handlungen

65   Eine unerlaubte Handlung, die zum Schadensersatz führt, liegt in verschiedenen Fällen vor:

- jemand verletzt schuldhaft (vorsätzlich oder fahrlässig) ein absolutes Recht eines anderen (Leben, Körper, Gesundheit, Freiheit, Eigentum oder ein sonstiges Recht, § 823 Abs. 1 BGB)

- jemand verstößt gegen ein Gesetz, das dem Schutz eines anderen bezweckt (Schutzgesetz; z.B. ein Strafgesetz wie Betrug oder Diebstahl, § 823 Abs. 2 BGB)

- jemand fügt einem anderen vorsätzlich und in einer gegen die guten Sitten verstoßenden Weise Schaden zu (§ 826 BGB)

Begeht der Vertreter bei seinem Handeln für die Gesellschaft eine unerlaubte Handlung, so muss dafür die Gesellschaft einstehen, da ihr das Verschulden des Vertreters wie ihr eigenes zugerechnet wird, unter Umständen haftet aber auch der Vertreter selbst.

Es gilt die Regelverjährung, d.h. der Anspruch verjährt in drei Jahren, beginnend mit dem Ende des Kalenderjahres, in dem er entstanden ist und der Gläubiger Kenntnis von den anspruchsbegründenden Tatsachen und der Person des Schädigers erlangt oder ohne grobe Fahrlässigkeit erlangen hätte müssen. Die Höchstfrist beträgt bei Verletzungen des Lebens, des Körpers, der Gesundheit und der Freiheit 30 Jahre ab dem Schaden auslösenden Ereignis, ansonsten zehn Jahre ab der Entstehung des Anspruchs (§ 195 BGB, § 199 BGB).

2. Verletzung von Organisations- und Überwachungspflichten

Grundsätzlich muss der **Vertreter** nicht für unerlaubte Handlungen von Mitarbeitern der GmbH   66
einstehen. Er muss durch entsprechende **Organisation und Überwachung** dafür sogen, dass
durch die Mitarbeiter keine unerlaubten Handlungen begangen werden. Der Vertreter haftet,
wenn er die ihm intern obliegenden Organisations- und Überwachungspflichten verletzt und dadurch einem Dritten ein Schaden entsteht, z.B. ein Dritter in seinem Eigentum geschädigt wird.

Dies gilt auch für spezielle Organisationspflichten im Bereich der Produkthaftung. Zwar obliegt
die Pflicht zur ordnungsgemäßen Konstruktion, Herstellung, Gebrauchsanleitung und Produkt-
beobachtung dem Hersteller, also der Gesellschaft, die auch für eventuelle Schäden bei Verbrau-
chern einzustehen hat. Der Geschäftsführer hat aber auch durch entsprechende Organisation der
Gesellschaft dafür zu sorgen, dass keine fehlerhaften Produkte in den Verkehr gebracht werden.

3. Haftung gegenüber der Gesellschaft

Der Geschäftsführer hat für **unerlaubte Handlungen** einzustehen, die der Gesellschaft Schaden   67
zufügen. Diese Handlungen stellen in der Regel zugleich auch eine Verletzung der allgemeinen
Geschäftsführerpflichten dar.

4. Überschreitung interner Beschränkungen der Vertretungsmacht

Wenn sich ein Geschäftsführer über interne Beschränkungen seiner Vertretungsmacht hinweg-   68
setzt kommt das Geschäft zwischen der Gesellschaft und dem Vertragspartner grundsätzlich
zustande; entsteht der Gesellschaft daraus ein Schaden, macht sich der Geschäftsführer ihr gegenüber schadensersatzpflichtig. In den Fällen des Missbrauchs der Vertretungsmacht hat die Kompetenzüberschreitung allerdings Auswirkungen auf das Außenverhältnis zum Vertragspartner.

5. Verschulden bei Vertragsverhandlungen

Verletzt der Vertreter schuldhaft **vorvertragliche Schutzpflichten**, z.B. Aufklärungspflichten ge-   69
genüber dem Vertragspartner, so haftet grundsätzlich nur die Gesellschaft unter dem rechtlichen
Gesichtspunkt des **Verschuldens bei Vertragsverhandlungen**. Dadurch, dass dieser bislang nur
gewohnheitsrechtlich anerkannte Haftungstatbestand durch das Schuldrechtsmodernisierungs-
gesetz nunmehr in § 280 Abs. 1 BGB i.V.m. § 311 Abs. 2 BGB geregelt ist, hat sich an seinem Inhalt und der dazugehörigen Rechtsprechung nichts geändert.[26]

Der **Vertreter selbst haftet** für Verschulden bei Vertragsverhandlungen **nur ausnahmsweise** per-   70
sönlich, nämlich wenn er persönlich in besonderem Maße das Vertrauen des Vertragspartners
in Anspruch genommen hat, wobei an das Vorliegen dieser Voraussetzungen strenge Anforderungen gestellt werden.

---

26 Palandt/Grüneberg, § 311 Rn. 12.

71   Diese Voraussetzung liegt nur vor, wenn der Vertreter über das normale Verhandlungsvertrauen hinaus ein zusätzliches, von ihm selbst ausgehendes Vertrauen auf die Richtigkeit und Vollständigkeit seiner Erklärungen hervorgerufen hat. Der Vertreter stellt die für ihn erkennbar angespannte finanzielle Situation der Gesellschaft als positiv dar und gibt Anlass zu der Schlussfolgerung, er habe – weil er persönliche Sicherheiten gestellt hat – die finanzielle Situation der Gesellschaft überprüft und könne daher sicher sagen, dass der Vertragspartner sein Geld in jedem Fall erhalten werde.

72   Können Erklärungen als eigenständige Garantieversprechen aufgefasst werden, dann folgt die Haftung aus diesem selbständigen Garantievertrag.

73   Bei einer zweiten, von der Rechtsprechung entwickelten Fallgruppe – **der persönlichen Haftung des Vertreters bei wirtschaftlichem Eigeninteresse** – ist noch nicht abschließend geklärt, ob sie überhaupt in Betracht kommt. Das wirtschaftliche Eigeninteresse muss dabei jedenfalls über das allgemeine Interesse am Erfolg des Unternehmens hinausgehen. Es liegt auch nicht schon dann vor, wenn der Vertreter Allein- oder Mehrheitsgesellschafter ist oder zur Absicherung von Gesellschaftsverbindlichkeiten persönliche Bürgschaften oder dingliche Sicherheiten zur Verfügung gestellt hat. Bejaht wurde es, wenn die Tätigkeit des Vertreters auf die Beseitigung von Schäden abzielt, für die er andernfalls von der Gesellschaft in Anspruch genommen werden könnte und wenn der Vertreter die Absicht hatte, die Leistung an der Gesellschaft vorbei direkt in sein Vermögen zu leiten.

6.   Rechtsscheinhaftung

74   Der Vertreter einer Kapitalgesellschaft haftet persönlich, wenn er gegenüber dem Vertragspartner den Anschein erweckt hat, er handle für eine Personengesellschaft und hafte somit persönlich. Dies ist der Fall, wenn er im Rechtsverkehr nicht den Rechtsformzusatz (GmbH, AG) verwendet, auch wenn die Gesellschaft als GmbH etc. im Handelsregister eingetragen ist. Auch andere Konstellationen kommen in Betracht, z.B. das Auftreten von Schwestergesellschaften auf demselben Markt unter ähnlicher Firma durch dieselbe Person. Der Vertreter und die Gesellschaft sind Gesamtschuldner.

7.   Haftung für Steuern

75   Der gesetzliche **Vertreter** einer Gesellschaft muss die **steuerlichen Pflichten** der Gesellschaft erfüllen (§ 34 Abs. 1 AO). Steuerliche Pflichten sind: Entrichtung der Steuer, Führen von Büchern und Aufzeichnungen, Abgabe und Berichtigung von Steuererklärungen, Erteilung von Auskünften, Mitteilungen.

Der Vertreter einer Gesellschaft haftet persönlich, wenn er die ihm auferlegten Pflichten vorsätzlich oder grob fahrlässig verletzt und dadurch Ansprüche aus dem Steuerschuldverhältnis nicht oder nicht rechtzeitig erfüllt, oder wenn dadurch Steuervergütungen oder -erstattungen ohne rechtlichen Grund gezahlt werden. Die Haftung umfasst auch die infolge der Pflichtverletzung zu zahlenden Säumniszuschläge (§ 69 AO).

8. Haftung für Sozialversicherungsbeiträge

Hier ist danach zu differenzieren, ob es sich um vom Arbeitgeber oder vom Arbeitnehmer zu tra- 76
gende Sozialversicherungsbeiträge handelt.

Für nicht abgeführte **Arbeitgeberanteile** oder auch Beiträge zur gesetzlichen Unfallversicherung, 77
die allein vom Arbeitgeber zu tragen sind, gilt folgendes: Der Vertreter hat persönlich nur dafür
einzustehen, wenn er entweder gegenüber der Einzugsstelle falsche Angaben über sozialversiche-
rungsrechtlich erhebliche Tatsachen macht oder die Einzugsstelle über solche Tatsachen in Un-
kenntnis lässt, obwohl eine Mitteilungspflicht besteht (§ 823 Abs. 2 BGB i.V.m. § 266a StGB, § 14
Abs. 1 Nr. 1 StGB). Erhebliche Tatsachen können z.B. die Anzahl der Arbeitnehmer und deren
Lohnhöhe sein.

In Bezug auf **Arbeitnehmeranteile** haftet der Vertreter bereits persönlich, wenn er fällige Beiträge 78
vorsätzlich nicht an die Sozialversicherungsträger abführt (§ 823 Abs. 2 BGB i. V m. § 266a StGB,
§ 14 Nr. 1 StGB).

a) Umfang der Pflichten in der Krise der Gesellschaft

Besonderheiten im Fall der Abführung von Sozialversicherungsbeiträgen gelten im Insolvenzfall 79
der Gesellschaft. In der Krise muss der Vertreter, um am Fälligkeitstag die Beiträge begleichen zu
können, rechtzeitig Mittel zurücklegen und ggf. Zahlungen an andere Gläubiger zurückstellen.
Denn der Vertreter haftet auch bei pflichtwidrig herbeigeführter Zahlungsunfähigkeit.[27] Die persönliche Haftung besteht auch dann, wenn die Gesellschaft das Arbeitsentgelt überhaupt nicht
ausbezahlt hat und sogar, wenn der Vertreter die Löhne aus seinem eigenen Vermögen bezahlt.

Sieht sich der Vertreter zu den Fälligkeitsterminen nicht in der Lage, die Beiträge rechtzeitig abzuführen, so muss er sich zu seiner Entlastung zumindest um Stundung bemühen und seine Banken
intensiv darauf hinweisen, dass er sich bei nicht erfolgter Leistung strafbar macht.

b) Entfallen der Strafbarkeit und Haftung bei Insolvenzreife

Die **Strafbarkeit der Nichtabführung** und damit auch die persönliche Haftung **entfällt während** 80
der drei Wochen, innerhalb derer wegen Zahlungsunfähigkeit oder Überschuldung der Gesellschaft ein **Insolvenzantrag gestellt werden muss**. Denn ansonsten würde ein Widerspruch zum
Zahlungsverbot bestehen. Der Gesellschaftsvertreter darf also in diesem Zeitraum keine Beiträge
mehr zur Sozialversicherung abführen und kann sich, wenn er dennoch zahlt, nicht darauf berufen, mit der Sorgfalt eines ordentlichen Kaufmanns gehandelt zu haben.

Nach Ablauf der Frist wird die Rechtslage von den Straf- und Zivilsenaten des BGH unterschied- 81
lich beurteilt. Der **II. Zivilsenat** ist der Auffassung, dass die **Abführung der Arbeitnehmeranteile**
im Stadium der Insolvenzreife nicht gegenüber den Ansprüchen anderer Gläubiger privilegiert
ist, so dass sie auch **nicht vorrangig** vor allen anderen Verpflichtungen der GmbH zu erfüllen
ist. Wegen der fortdauernden Pflichtenkollision macht sich der Geschäftsführer nicht schadensersatzpflichtig.[28] Keine Haftung besteht auch, wenn der Insolvenzverwalter im anschließenden
Insolvenzverfahren die Zahlung – wäre diese erfolgt – angefochten hätte, da dann der Sozialversicherung im Ergebnis keinen Schaden erleidet.

---

27 Baumbach/Hueck/Zöllner, § 43 Rn. 91 ff.
28 BGH v. 18.04.2005, II-ZR-61/03; BB 2005, 1905.

82   Der **5. Strafsenat** vertritt dagegen, dass die nach Fristablauf **noch verfügbaren Mittel in erster Linie für die Begleichung der Arbeitnehmerbeiträge einzusetzen** sind.[29] Ansonsten macht sich der Geschäftsführer wegen Vorenthaltens von Arbeitsentgelt (§ 266 a StGB) strafbar; eine potentielle Anfechtung der Zahlung durch den Insolvenzverwalter spielt für die Strafbarkeit keine Rolle.

Fehlen der Gesellschaft die finanziellen Mittel zur Abführung der Beiträge (und wurde die Zahlungsunfähigkeit auch nicht pflichtwidrig herbeigeführt), besteht ebenfalls keine persönliche Haftung des Vertreters.

c)   Person des Haftenden

83   Die persönliche Haftung besteht nicht bei nicht eingetragenen Geschäftsführern der Vor-GmbH. Der **Vertreter ist erst ab seiner Bestellung** für die Abführung der Sozialversicherungsbeiträge verantwortlich. Für pflichtwidriges Verhalten seiner Vorgänger, etwa wenn diese es versäumt haben, Rücklagen für die Zahlung der Arbeitnehmerbeiträge zu bilden, ist er nicht verantwortlich. Für die Abführung von Beiträgen, die erst nach seiner Abberufung fällig werden, ist er ebenfalls nicht verantwortlich, auch wenn die Abberufung erst später ins Handelsregister eingetragen wird.

d)   Umfang der Überwachungspflichten

84   In der **finanziellen Krise** muss sich der GmbH-Geschäftsführer **vergewissern**, dass seine Anweisungen zur **pünktlichen Zahlung** der Arbeitnehmerbeiträge auch wirklich erfüllt werden. Dabei darf er sich nicht auf die telefonische Zusicherung von Mitarbeitern oder Mitgeschäftsführern verlassen, sondern muss sich durch geeignete Maßnahmen – etwa telefonische Rückfragen bei Bankinstituten der GmbH – selbst von der Pünktlichkeit der Zahlungen überzeugen. Irrt der Geschäftsführer über den Umfang seiner Überwachungspflicht, so stellt dies in der Regel einen vermeidbaren Verbotsirrtum dar, der sein Verhalten nicht entschuldigt.

85   Hat eine GmbH **mehrere Geschäftsführer**, so kann auch der nach der internen Aufgabenverteilung an sich nicht zuständige technische Geschäftsführer haftbar sein: Aufgrund seiner Überwachungspflicht muss er für die Abführung der Beiträge sorgen, wenn Anhaltspunkte dafür bestehen, dass der intern zuständige kaufmännische Geschäftsführer fällige Arbeitnehmeranteile nicht abführt, spätestens wenn ihm bekannt wird, dass die liquiden Mittel nicht mehr ausreichen, um alle fälligen Verbindlichkeiten zu erfüllen.

9.   Haftung für sonstige öffentlich-rechtliche Pflichten

86   Dies sind beispielsweise die Einhaltung von Bestimmungen aus dem Wettbewerbs- und Warenzeichenrecht, Umweltrecht, Lebensmittel- und Arzneimittelrecht.

Eine Verletzung von gesetzlichen Pflichten in diesem Bereichen kann die Verletzung eines Schutzgesetzes gegenüber Dritten (§ 823 Abs. 2 BGB) darstellen.

Auch kann der Vertreter unter Umständen von der Verwaltung in Anspruch genommen werden, wenn er wegen seiner Organisationsaufgaben eine Garantiepflicht besitzt.

---

29 BGH v. 30.07.2003, 5-StR-221/03; BB 2004, 348.

10.   Haftung für Bürgschaften und Schuldbeitritte

Häufig verlangen Kreditgeber für den einer Kapitalgesellschaft gewährten Kredit, dass sich der Geschäftsführer oder Vorstand auch persönlich mit seinem Privatvermögen verbürgt.   87

Ist der Bürge kein Kaufmann, so bedarf die Bürgschaft der Schriftform (§ 766 BGB). Kaufleute können sich auch formlos verbürgen (§ 350 HGB). Gesellschafter bzw. Geschäftsführer sind, mit Ausnahme der OHG-Gesellschafter und KG-Komplementäre, keine Kaufleute.

Eine solche Bürgschaft ist auch dann wirksam, wenn sie den Bürgenden in krasser Weise finanziell überfordert. Die von der Rechtsprechung entwickelten Grundsätze zur Sittenwidrigkeit von Bürgschaften (§ 138 BGB) finanziell überforderter Angehöriger gelten hier grundsätzlich nicht; ein Geschäftsführer treffe seine Entscheidungen nach wirtschaftlichen Kriterien und nicht, wie etwa der finanziell überforderte Familienangehörige, aus emotionalen Gründen.

Beim **Schuldbeitritt** tritt der Mitübernehmer zusätzlich zum Schuldner in das Schuldverhältnis ein, beide werden Gesamtschuldner. Dies ergibt durch einen Vertrag zwischen dem Mitübernehmer und dem Gläubiger oder dem Mitübernehmer und dem Schuldner als Vertrag zugunsten Dritter; der Schuldbeitritt ist gesetzlich nicht speziell geregelt und an sich an keine Form gebunden; bestehen für die Begründung der konkreten Verpflichtung besondere Formvorschriften wie z.B. beim Grundstückserwerb, so sind diese zu beachten.[30] Der Schuldbeitritt eines Verbrauchers zu einem Kreditvertrag bedarf wie der Abschluss eines solchen Vertrags der Schriftform sowie bestimmter Angaben zum Darlehen (§ 492 BGB). Verbraucher ist auch der GmbH-Alleingesellschafter und -Geschäftsführer.[31]   88

Für die Sittenwidrigkeit gelten dieselben Grundsätze wir bei der Bürgschaft.[32]

II.   GmbH

1.   Haftung der Gesellschaft

Die Haftung der Gesellschaft ist in jeder der drei Gründungsphasen unterschiedlich.   89

a)   Vorgründungsgesellschaft

In der Phase der **Vorgründungsgesellschaft** haftet die Gesellschaft mit ihrem Gesellschaftsvermögen, die **Gesellschafter haften unbeschränkt** mit ihrem persönlichen Vermögen. Die Haftung der Vorgründungsgesellschaft endet nicht mit Entstehung der Vor-GmbH oder Eintragung der GmbH, da hier verschiedene Rechtssubjekte bestehen.   90

🛈 Praxishinweis:

Es sollte unbedingt vermieden werden, in der Phase der Vorgründungsgesellschaft bereits Geschäfte für die in der neu gegründeten GmbH abzuwickeln. Vielmehr sollte die Eintragung im Handelsregister abgewartet werden um unnötige Haftungsgefahren zu umgehen.

---

30   Palandt/Grüneberg, vor § 414 Rn. 2 und 3.
31   BGH v. 08.11.2005, XI-ZR-34/05; DB 2006, 99.
32   Palandt/Heinrichs, § 138 Rn. 38 a.

91 Bei sogenannten **unternehmensbezogenen Geschäften** haftet immer nur der tatsächliche Inhaber des Unternehmens, da nur dieser Vertragspartner des Geschäftspartners wird. Dies gilt selbst dann, wenn der Inhaber des Unternehmens falsch angegeben wird oder beim Geschäftspartner sonstige Fehlvorstellungen über ihn bestehen.

Ein **handelnder Nichtgesellschafter** haftet grundsätzlich nur dann ausnahmsweise als **Vertreter ohne Vertretungsmacht**, wenn ein Unternehmensträger nicht existiert oder wenn er keine Vollmacht hatte, für den Unternehmensträger zu handeln.

aa) Handelndenhaftung gegenüber Gläubigern

92 Wenn vor der Eintragung der GmbH im Namen der Vorgesellschaft gehandelt wurde, haften die Handelnden den Gläubigern bis zur Eintragung der GmbH ins Handelsregister persönlich und solidarisch (§ 11 Abs. 2 GmbHG). Handelnde in diesem Sinne sind nur Geschäftsführer bzw. Personen, die wie Geschäftsführer auftreten. Gesellschafter (selbst wenn sie der Handlung zugestimmt haben) sowie Prokuristen und sonstige Bevollmächtigte kommen für die **Handelndenhaftung** nicht in Betracht.[33] Bei Dauerschuldverhältnissen haftet der Handelnde nur für diejenigen Verbindlichkeiten, die in der Zeit vor der Eintragung der GmbH fallen.

Wird ein Geschäftsführer aufgrund der Handelndenhaftung in Anspruch genommen, hat er gegen die **Vor-GmbH** bzw. nach Eintragung gegen die GmbH einen Erstattungsanspruch (§§ 611, 675, 670 BGB). In Ausnahmefällen besteht nach umstrittener BGH-Rechtsprechung ein Erstattungsanspruch direkt gegen die Gesellschafter, wenn diese ausdrücklich eine Aufnahme der Tätigkeit über das zur Gründung notwendige Maß hinaus angeordnet haben.

Mit der Entstehung der GmbH erlischt die Handelndenhaftung. Nach diesem Zeitpunkt sind Dritte durch die Haftung der Gesellschafter zur Sicherung des Stammkapitals ausreichend geschützt.

ab) Verlustdeckungshaftung

93 Für die **Verbindlichkeiten** der **Vorgesellschaft** haften die **Gründungsgesellschafter unbeschränkt** und **pro rata entsprechend** ihren **Beteiligungsverhältnissen**. Bis zur Eintragung der Gesellschaft im Handelsregister wird diese Haftung als **Verlustdeckungshaftung** bezeichnet, nach diesem Zeitpunkt als **Unterbilanzhaftung**, **Vorbelastungshaftung** oder **allgemeine Differenzhaftung**. Bei dieser einheitlichen Gründerhaftung der Gesellschafter handelt es sich um eine Innenhaftung gegenüber der Vor-Gesellschaft. Gläubiger können diese Ansprüche also nicht direkt gegenüber den Gesellschaftern geltend machen, sondern müssen gegen die Gesellschaft vorgehen, indem sie deren Ansprüche gegen die Gesellschafter pfänden und sich diese überweisen lassen.

b) Vor-Gesellschaft

94 In der Phase der **Vor-GmbH** haftet die Vor-GmbH mit ihrem **gesamten Vermögen** für ihre Verbindlichkeiten. Die Gesellschafter der Vor-GmbH haften dieser persönlich und unbeschränkt. Weiter besteht eine **Handelndenhaftung** gem. § 11 Abs. 2 GmbHG für denjenigen, der nach Errichtung der GmbH, aber vor Eintragung der GmbH in das Handelsregister rechtsgeschäftlich im Namen der Gesellschaft handelt. Der Handelnde haftet persönlich und unbeschränkt. Diese Regelung betrifft im wesentlichen die Geschäftsführer.

---

33 BGH v. 31.05.1976, II-ZR-185/74; BGHZ 66, 359.

ba) unechte Vor-Gesellschaft

Handelt es sich bei der Gesellschaft um eine sog. **unechte Vor-Gesellschaft**, so haften die Gesell-   95
schafter wie in einer Personengesellschaft (persönliche und gesamtschuldnerische Haftung für
Verbindlichkeiten der Gesellschaft).

Eine **unechte Vor-Gesellschaft** liegt vor, wenn

- die Gesellschafter von Anfang an keine Einragungsabsicht haben oder
- wenn die beabsichtigte Gründung der GmbH gescheitert ist und die Gesellschafter die Tätigkeit der Gesellschaft nicht sofort beenden.

Die unechte Vorgesellschaft ist steuerlich als GbR oder OHG anzusehen und unterliegt somit
nicht mehr der Körperschaftsteuer. Das Misslingen der Gründung ist jedoch kein rückwirkendes
Ereignis (§ 175 Abs. 1 S. 1 Nr. 2 AO). Erst mit dem Misslingen endet also die Körperschaftsteuerpflicht.

bb) Haftung bei Anmeldung

Werden zum Zwecke der Errichtung der GmbH **falsche Angaben** gemacht, so müssen Gesell-   96
schafter und Geschäftsführer als Gesamtschuldner der Gesellschaft die fehlenden Einlagen leisten, ungerechtfertige Vergütungen erstatten, sowie alle sonstigen Schäden ersetzen (§ 9a Abs. 1
GmbHG).

Jeder Geschäftsführer ist für die Richtigkeit der Angaben aller Gesellschafter, Geschäftsführer
und ggf. sogar Dritter (z.B. Sachverständige) verantwortlich, sobald er am Gründungsverfahren
mitwirkt. Das bedeutet vor allem, dass die Gesellschafter für die Richtigkeit der Angaben des
Geschäftsführers bei der Anmeldung, die Geschäftsführer ihrerseits für die Angaben der Gesellschafter, z.B. zum Sachgründungsbericht, haften.

Die Ersatzansprüche der GmbH verjähren in fünf Jahren nach der Eintragung der Gesellschaft
(§ 9b Abs. 2 GmbHG).

Ein Verzicht der GmbH auf die Geltendmachung von Ersatzansprüchen ist unwirksam, solange
diese zur Befreiung von Gesellschaftsgläubigern erforderlich ist (§ 9b Abs. 1 GmbHG).

c) Haftung nach Eintragung

Nach Eintragung der GmbH haftet diese für Verbindlichkeiten mit ihrem **Gesellschaftsvermö-**   97
gen. Bestehende Verbindlichkeiten der Vor-GmbH gehen auf die GmbH über. Einen persönliche
Haftung kommt nur ausnahmsweise in Betracht.

2. Geschäftsführerhaftung

a) Haftung gegenüber der Gesellschaft

Gem. § 43 GmbHG haftet der Geschäftsführer (ab seiner Bestellung) gegenüber der Gesellschaft,   98
wenn er eine Pflicht, die ihm persönlich gegenüber der Gesellschaft obliegt, verletzt hat, dabei ein
Schaden entstanden ist und der Geschäftsführer schuldhaft gehandelt hat. Mehrer Geschäftsführer haften solidarisch.

Die Geschäftsführer haben in den Angelegenheiten der Gesellschaft die **Sorgfalt eines ordentlichen Kaufmannes** anzuwenden (objektiv zu erwartende Befähigung; § 43 Abs. 1 GmbHG). Die Pflichtverletzung kann vorsätzlich oder fahrlässig geschehen.

aa) Misswirtschaft

99 Wann ein Geschäftsführer die Grundregeln ordnungsgemäßer Unernehmensführung verletzt, hängt immer vom Einzelfall ab. Zu berücksichtigende Faktoren sind auf jeden Fall der Unternehmensgegenstand, die Unternehmensgröße, der Geschäftszweig sowie die konkrete Entscheidungssituation. Jeder Geschäftsführer hat dabei immer auch einen **Ermessensspielraum**.

> **Beispiele:**
> - Kauf unbrauchbarer Maschinen
> - Kassenfehlbestand
> - Zweckwidrige Verwendung von Firmengeldern
> - Warenlieferung auf Kredit ohne Sicherheiten

ab) Befolgung fehlerhafter Weisungen

100 Grundsätzlich haftet der Geschäftsführer nicht, wenn der aufgrund bindender Weisungen eines anderen Organs, insbesondere der Gesellschafterversammlung, handelt.[34] Fehlerhafte Weisungen muss der Geschäftsführer aber nicht befolgen (z.B. fehlerhafter Beschluss, der gegen ein Gesetz der den Gesellschaftsvertrag verstoßen hat; Befolgung eines nichtigen Beschlusses). Führt er eine solche Weisung trotzdem aus, macht er sich der GmbH gegenüber schadensersatzpflichtig, sofern für ihn ersichtlich ist, dass die Weisung nichtig ist.

ac) Überschreitung der (internen) Vertretungsmacht

101 Die Vertretungsmacht von Geschäftsführern kann im Anstellungsvertrag oder im Gesellschaftsvertrag oder durch Gesellschafterbeschluss (immer ohne Wirkung gegenüber Dritten) eingeschränkt sein. Überschreitet der Geschäftsführer die festgelegten Grenzen und entsteht der GmbH durch das abgeschlossene Geschäft ein Schaden, so haftet der Geschäftsführer gegenüber der Gesellschaft. In Missbrauchsfällen dagegen wirkt sich die Überschreitung der Vertretungsmacht auf das Außenverhältnis zum Vertragspartner aus, so dass die GmbH aus dem Geschäfts nicht verpflichtet wird und ihr in der Regel auch kein Schaden entsteht.

ad) Persönliche Bereicherung

102 Eine persönliche Bereicherung (z.B. Annahme, Aushandeln oder Sich-Versprechen lassen von Schmiergeldern, Provisionen oder anderen Vorteilen; Privatreisen auf Geschäftskosten; Beschäftigung von Mitarbeitern zu privaten Zwecken), die dem Geschäftsführer nicht als Vergütung zusteht, macht ihn schadensersatzpflichtig.

ae) Frühzeitige Beendigung der Geschäftsführung

103 Kündigt der Geschäftsführer seinen Anstellungsvertrag vor Ablauf einer fest vereinbarten Vertragsdauer ohne einen rechtfertigenden Grund zu haben, haftet er der GmbH für den dadurch entstandenen Schaden, insbesondere für die Kosten für die Suche nach einem geeignete Nachfolger.

---

34 Baumbach/Hueck/Zöllner, § 43 Rn. 33.

af)   Informationserteilung

Wurden den Gesellschaftern Informationen vom Geschäftsführer rechtswidrig verweigert, ohne   104
dass ein Gesellschafterbeschluss dieses Verhalten deckte, so kann dies für den Geschäftsführer
folgen haben: Abberufung/Kündigung oder, wenn der Gesellschaft ein Schaden entsteht, Schadensersatzpflicht.

Auch die unberechtigte Erteilung von Informationen kann den Geschäftsführer ggf. gegenüber
der Gesellschaft oder der anderen Gesellschafter schadensersatzpflichtig machen.

ag)   Pflichtverletzung mehrerer Geschäftsführer

Beruht ein Schaden auf der Pflichtverletzung mehrerer Geschäftsführer und erfüllt jeder in seiner   105
Person die Haftungsvoraussetzungen, so haften diese als Gesamtschuldner; die Gesellschaft kann
dann nach ihrer Wahl jeden Geschäftsführer ganz oder zum Teil in Anspruch nehmen (§ 43
Abs. 2 GmbHG).

Der Inhalt der Leistungspflichten und damit auch die Möglichkeit von Pflichtverletzungen wird
durch die interne Geschäftsverteilung festgelegt. Bei einer Ressortverteilung hat jeder Geschäftsführer als Mindestverantwortung seine Überwachungspflicht gegenüber den Mitgeschäftsführern.

Mehrere Gesamtschuldner sind grundsätzlich im Verhältnis untereinander zu gleichen Teilen ver-   106
pflichtet (§ 426 BGB). Ist diesen Geschäftsführern individuell jeweils ein unterschiedlich hohes
Maß an Verschulden vorzuwerfen, so kann dies im Rahmen des internen Ausgleichs berücksichtigt werden, wenn es vertraglich ausdrücklich so festgelegt ist oder wenn es sich durch Vertrags-
auslegung ergibt. So muss z.B. der Ressortverantwortliche i.d.R. den vollen Schaden tragen, während ein nicht ressortzuständiger Geschäftsführer lediglich seine Überwachungspflicht verletzt
hat.

ah)   Haftungsbegrenzung

Die Frage, ob die oben dargestellte Haftungsregelung **im Voraus** im Anstellungsvertrag, durch   107
Gesellschafterbeschluss oder im Gesellschaftsvertrag wie bei leitenden Angestellten nach den
Grundsätzen der Haftungsmilderung bei betrieblich veranlasster Tätigkeit eingeschränkt werden
kann, ist umstritten, wird aber überwiegend abgelehnt.

Nachträglich kann die Haftung allerdings durch Entlastungsbeschluss der Gesellschafter oder   108
einen so genannten Generalbereinigungsvertrag begrenzt oder ausgeschlossen werden.

Erteilen die Gesellschafter dem Geschäftsführer Entlastung (§ 46 Nr. 5 GmbHG), so kann die
GmbH weder aus den ihr bekannten Geschäften Schadensersatzansprüche geltend machen noch
außerordentlich kündigen. Verweigern die Gesellschafter wegen konkret bezeichneter Pflichtverletzungen die Entlastung, so kann der Geschäftsführer durch negative Feststellungsklage gerichtlich feststellen lassen, dass entsprechende Ersatzansprüche nicht bestehen.

Ein Generalbereinigungsvertrag hat einen Anspruchsverzicht der GmbH zum Inhalt.[35]

ai)   Geltendmachung von Schadensersatz

Zur Geltendmachung von Schadensersatzansprüchen gegen einen Geschäftsführer bedarf es eines   109
Gesellschafterbeschlusses (§ 46 Nr. 8 GmbHG), egal auf welcher Grundlage die Ansprüche be-
ruhen; der Beschluss muss die vorgeworfene Pflichtverletzung hinreichend genau umreißen. Die
Gesellschafter müssen dabei auch die Prozessvertretung regeln, denn in einem solchen Fall vertre-

---

35 BGH v. 13.03.1975, II ZR 114/73; NJW 1975, 1273.

ten nicht die Geschäftsführer die GmbH. Nur ausnahmsweise kann diesem die Zuständigkeit für die Geltendmachung zustehen. Die Beschlüsse können mangels abweichender gesellschaftsvertraglicher Regelung mit einfacher Mehrheit gefaßt werden. Persönlich betroffene Gesellschafter-Geschäftsführer dürfen bei der Beschlussfassung nicht mitstimmen (§ 47 Abs. 4 GmbHG).

aj) Verjährung

110 Schadensersatzansprüche der GmbH gegen den Geschäftsführer verjähren wie folgt:

Die **deliktische Haftung** und die **Haftung wegen Treuepflichtverletzung** verjähren nach den allgemeinen Regeln (§§ 195, 199 BGB).

Die Haftung aus **Pflichtverletzung nach dem GmbHG** verjährt in fünf Jahren (§ 43 Abs. 4 GmbHG), wobei die Verjährungsfrist mit der Entstehung des Anspruchs beginnt (§ 200 BGB), d.h. mit Eintritt des Schadens dem Grunde nach. Für den Verjährungsbeginn kommt es nicht auf die Kenntnis der Gesellschafter von den anspruchsbegründenden Tatsachen an, auch dann nicht, wenn der Geschäftsführer den Schaden verheimlicht.

b) Haftung gegenüber den Gesellschaftern

111 Grundsätzlich haftet der Geschäftsführer nur gegenüber der Gesellschaft und nicht gegenüber den einzelnen Gesellschaftern.

Die Haftung des Geschäftsführers für Pflichtverletzungen (§ 43 Abs. 2 GmbHG) besteht nur gegenüber der GmbH.

112 Eine gesetzlich geregelte Haftung gegenüber den Gesellschaftern besteht allerdings in Bezug auf den Schutz des Stammkapitals. Es wird vertreten, dass der Geschäftsführer daneben auch für die Verletzung anderer Pflichten haftet, die er als Organ gegenüber den Gesellschaftern hat, so bei verweigerten oder falsch erteilten Auskünften oder bei Verstößen gegen die Pflicht zur Rechnungslegung.

113 In Bezug auf die **deliktische Haftung** gilt: Eine Haftung wegen Verletzung eines Schutzgesetzes (§ 823 Abs. 2 BGB i.V.m. § 42 Abs. 2 GmbHG) besteht nicht. Eine Haftung aus unerlaubter Handlung (§ 823 Abs. 1 BGB) wegen Verletzung des Mitgliedschaftsrechts eines Gesellschafters wird ebenfalls überwiegend abgelehnt.[36]

Ebenfalls besteht – anders als bei der GmbH & Co. KG – prinzipiell keine Möglichkeit, dass ein Gesellschafter Ansprüche wegen einer positiven Vertragsverletzung des Geschäftsführeranstellungsvertrags geltend macht.

114 Wie Geschäftsführer können im Einzelfall als sog. **faktische Geschäftsführer** haften. Dabei handelt es sich um Personen, die ohne förmlich bestellt zu sein, in maßgeblichem Umfang Funktionen übernommen haben, wie sie nach dem Gesetz und Gesellschaftsvertrag für einen Geschäftsführer kennzeichnend sind. Dabei kommt es auf das Gesamterscheinungsbild des Auftretens der betreffenden Person an: entscheidend ist, ob der Betreffende die Geschicke der Gesellschaft durch eigenes Handeln im Außenverhältnis, das die Tätigkeit des rechtlichen Geschäftsführungsorgans nachhaltig prägt, maßgeblich in die Hand genommen hat. Dies gilt auch dann, wenn daneben auch förmlich bestellte Geschäftsführer in begrenztem Umfang Geschäftsführungstätigkeiten ausführen.

---

36 Baumbach/Hueck/Zöllner, § 43 Rn. 65.

3. Haftung der Gesellschafter

Für die Verbindlichkeiten der GmbH gegenüber ihren Gläubigern haftet die GmbH grundsätzlich nur mit ihrem Vermögen (§ 1 Abs. 2 GmbHG). Auf das Privatvermögen der Gesellschafter kann in der Regel nicht zurückgegriffen werden (**Trennungsprinzip**; das Vermögen der Gesellschafter ist getrennt von dem Vermögen der Gesellschaft). Von dieser Regel bestehen verschiedene Ausnahmen.

115

a) Vertragliche Haftung

In der Praxis spielen **vertragliche Haftungsvereinbarungen,** insbesondere bei der Kreditvergabe eine Rolle, da die Banken das Gesellschaftsvermögen in der Regel als nicht ausreichende Haftungsmasse ansehen. Als zusätzliche Sicherheit wird daher häufig eine Mithaftung oder Ausfallhaftung der Gesellschafter in Form von Bürgschaften, Garantien oder Schuldbeitritten gefordert. Verbürgt sich ein Gesellschafter persönlich für einen der GmbH gewährten Kredit, so gelten die vom BGH entwickelten Grundsätze zur Sittenwidrigkeit von Bürgschaften finanziell überforderter nahe stehender Personen grundsätzlich nicht; der Bürgschaftsvertrag ist daher in der Regel auch dann wirksam, wenn es sich um einen Minderheitsgesellschafter handelt und ihn die Höhe der Bürgschaftsverpflichtung finanziell krass überfordert. Eine Sittenwidrigkeit und damit **Nichtigkeit** des Bürgschaftsvertrags kommt nur dann in Betracht, wenn es sich um eine unbedeutende Bagatell- oder Splitterbeteiligung handelt; eine solche hat der BGH bei einer Beteiligung von 10 % noch nicht angenommen.

116

b) Durchgriffshaftung

Ausnahmsweise besteht eine **Durchgriffshaftung** der Gesellschafter. Dies bedeutet, dass die Gesellschafter – trotz der grundsätzlichen Trennung von Gesellschafts- und Gesellschaftervermögen – vom GmbH-Gläubiger für die Verbindlichkeiten der GmbH persönlich in Anspruch genommen werden können.

117

Eine Durchgriffshaftung kommt in Betracht bei den von der Rechtsprechung bzw. der Literatur entwickelten Fallgruppen der **Unterkapitalisierung**, der **Vermögensvermischung**, der **Sphärenvermischung** und des **Institutsmissbrauchs** sowie bei einem die **Existenz vernichtenden Eingriffs**.

ba) Unterkapitalisierung

Nach Meinung eines Teils der Literatur sollen die Gesellschafter persönlich den Gesellschaftsgläubigern haften, wenn die GmbH völlig unzureichend mit Eigenkapital ausgestattet ist. Eine solche Pflicht der Gesellschafter zu einer angemessene Kapitalausstattung wird von der Rechtsprechung jedoch verneint.[37]

118

bb) Vermögensvermischung

Sind Gesellschaftsvermögen und privates Vermögen eines Gesellschafters vermischt, d.h. die Abgrenzung zwischen Gesellschafts- und Privatvermögen ist durch eine undurchsichtige Buchfüh-

119

---

37 BGH v. 26.03.1984, II-ZR-14/84; BGHZ 90, 370.

rung oder auf andere Weise verschleiert worden, dann ist die Verwendung des Stammkapitals nicht mehr kontrollierbar und die Kapitalerhaltungsvorschriften funktionieren nicht mehr.

Der Gesellschafter, der für eine Vermögensvermischung verantwortlich ist, kann sich dann wegen Missbrauchs der Rechtsform der GmbH nicht mehr auf seine Haftungsbeschränkung als Gesellschafter (§ 13 Abs. 2 GmbHG) berufen, sondern haftet persönlich für Gesellschaftsschulden (§ 128 HGB analog).

Es haftet jedoch nur der Gesellschafter persönlich, der aufgrund des von ihm wahrgenommenen Einflusses als Allein- oder Mehrheitsgesellschafter für den Vermischungstatbestand verantwortlich ist, die Vermischung also veranlasst, gefördert der durch verdeckte Entnahmen aus dem Gesellschaftsvermögen von ihr profitiert hat. Der einflusslose Minderheitengesellschafter haftet dagegen nicht.

bc)   Sphärenvermischung

120   Wenn die Trennung zwischen der GmbH und dem Gesellschafter verschleiert wird, z.B. durch die Führung ähnlicher Firmen, die gleichen Geschäftsräume, das gleiche Personal, mithin im organisatorischen Bereich die Sphären von GmbH und Gesellschafter nicht unterschieden werden, haften die Gesellschafter den Gläubigern gegenüber persönlich.

bd)   Institutsmissbrauch

121   Ein Institutsmissbrauch liegt vor, wenn die Haftungsfreistellung des Gesellschafters bewußt zum Nachteil der Gläubiger eingesetzt wird. Dies ist dann der Fall, wenn die geschäftlichen Chancen zwischen der GmbH und ihren Gesellschaftern so aufgeteilt sind, dass die GmbH alle Risiken trägt, aber keine Gewinnchance hat. Auch insoweit besteht eine persönliche Haftung der Gesellschafter.

be)   Deliktische Haftung

122   In der Praxis bedeutsam sind die Fälle **sittenwidriger Gläubigerschädigung** (§ 826 BGB). Ein solcher Fall kann dann vorliegen, wenn die Festsetzung eines für die beabsichtigten Geschäfte unzureichenden Stammkapitals Teils eines Gesamtplans zur Gläubigerbenachteiligung im Insolvenzfall ist. In Betracht kommen weiterhin Fälle, in denen die Gesellschaft und ihre Rechtsbeziehungen zu Gläubigern und Gesellschaftern so gestaltet werden, dass die Risiken zum Nachteil der Gläubiger verschoben werden. So haftet ein Gesellschafter und die von ihm beherrschte Schwestergesellschaft der GmbH den Gläubigern auf Schadensersatz, wenn sie der GmbH planmäßig Vermögen entziehen und es auf die Schwestergesellschaft verlagern, um den Zugriff der Gesellschaftsgläubiger zu verhindern und auf diese Weise das von der GmbH betriebene Unternehmen ohne Rücksicht auf die entstandenen Schulden weiterführen zu können.

123   Befindet sich die Gesellschaft in der Krise, kommt eine Haftung des Geschäftsführers dann in Betracht, wenn er trotz einer Offenbarungspflicht bei Verhandlungen die Vermögenslage der Gesellschaft verschweigt. Gleiches gilt, wenn er zum Schaden der Gläubiger den Insolvenzantrag verzögert. Schließlich haftet er auch dann, wenn er durch Unterstützungsmaßnahmen um eigener Vorteile willen, den Insolvenzantrag hinausschiebt, obwohl ihm bekannt ist, dass die Insolvenz auf Dauer nicht zu verhindern ist.

bf)   Existenz vernichtender Eingriff

Danach haftet ein GmbH-Gesellschafter persönlich für die Verbindlichkeiten der GmbH, wenn er   124

- in Vermögen oder Geschäftschancen der GmbH durch offenen oder verdeckte Entnahmen ohne angemessenen Ausgleich eingreift
- dadurch die GmbH in ihren Verbindlichkeiten nicht mehr oder nur noch in geringem Maß nachkommen kann **und**
- der zugefügte Nachteil sich nicht mehr quantifizieren und daher auch nicht durch die Rückführung von Stammkapital ausgleichen läßt

Die Gesellschafter, der Existenz vernichtend auf die Gesellschaft eingreift, haftet persönlich für die Verbindlichkeiten der GmbH gegenüber ihren Gläubigern (§ 826 BGB).[38]

Die **Haftung** ist **grundsätzlich** der Höhe nach **unbeschränkt**. Der Gesellschafter kann sie aber   125
beschränken, wenn er nachweist, dass der Gesellschaft im Vergleich zu der Vermögenslage bei einem redlichen Verhalten nur ein begrenzter Nachteil entstanden ist; dann ist der Nachteil nur in dieser Höhe auszugleichen (Einzelausgleich); die durch die insolvenzbedingte Zerstörung der GmbH bedingten Verluste sind dabei ebenfalls zu berücksichtigen. Eine unbegrenzte Haftung wird auch angenommen, wenn der betreffende Gesellschafter unter Missbrauch der Rechtsform der GmbH eine Vermögensvermischung veranlasst hat.

4.   Sonderfälle

a)   Kapitalerhaltung

Das Ziel der Erhaltung des Stammkapitals wird durch ein System von Regelungen angestrebt, zu   126
dem das Auszahlungsverbot, die Beschränkung beim Erwerb eigener Geschäftsanteile und das Recht der eigenkapitalersetzenden Leistungen gehören.

Das zur Erhaltung des Stammkapitals erforderliche Vermögen darf nicht an die Gesellschafter ausgezahlt werden (**Auszahlungsverbot**, § 30 Abs. 1 GmbHG). Zahlungen, die entgegen diesem Verbot erfolgt sind, müssen der GmbH zurückerstattet werden (§ 31 Abs. 1 GmbHG).

Den Geschäftsführern ist es verboten, an die Gesellschafter Zahlungen zu leisten, wenn und soweit   127
dadurch eine Unterdeckung herbeigeführt oder noch weiter vertieft oder gar eine Überschuldung herbeigeführt oder vertieft wird.

Verbotene Auszahlungen können Leistungen aller Art sein, denen keine gleichwertige Gegenleistung gegenübersteht und die wirtschaftlich das zur Erhaltung des Stammkapitals erforderliche Gesellschaftsvermögen verringern.

Kredite der GmbH an einen Gesellschafter zu Lasten des gebundenen Vermögens sind im Regel-   128
fall einer verbotenen Auszahlung gleichzustellen; dies gilt selbst dann, wenn der Gesellschafter kreditwürdig ist und der Kredit ordnungsgemäß verzinst wird. Die **Darlehenshingabe** aus gebundenem Vermögen ist nur dann **ausnahmsweise zulässig**, wenn diese **im Interesse der Gesellschaft** liegt, die Darlehensbedingungen einem **Drittvergleich standhalten** und die **Kreditwürdigkeit des Gesellschafters** selbst bei Anlegung strengster Maßstäbe außerhalb jedes vernünftigen Zweifels liegt oder die Rückzahlung durch werthaltige Sicherheiten voll gewährleistet ist.

---

38   BGH v. 16.07.2007, II-ZR-3/04; NJW 2007, 2689.

129 Eingezahlte Nachschüsse können allerdings – nach Ablauf von drei Monaten nach Bekanntmachung des Rückzahlungsbeschlusses (§ 30 Abs. 2 GmbHG i.V.m. § 12 GmbHG) – an die Gesellschafter zurückgezahlt werden, soweit sie nicht zur Deckung eines Verlustes am Stammkapital erforderlich sind.

130 Eine **Unterdeckung** liegt dann vor, wenn das Nettovermögen (gesamtes Aktivvermögen abzüglich der Summe aller Verbindlichkeiten, einschließlich Rückstellungen, aber ohne Rücklagen) der Gesellschaft unter die Ziffer des Stammkapitals sinkt.

131 Empfänger der Auszahlung muss ein Gesellschafter sein. Für die Gesellschaftereigenschaft ist der Zeitpunkt der Auszahlung entscheidend.

132 Zahlungen, die entgegen dem Auszahlungsverbot geleistet wurden, müssen der Gesellschaft erstattet werden (§ 31 Abs. 1 GmbHG). Inhaber des Erstattungsanspruchs ist die GmbH. Schuldner ist der Gesellschafter, der die verbotene Auszahlung erhalten hat oder dem die Zuwendung der Gesellschaft an einen Dritten zuzurechnen ist. Daneben haftet der Geschäftsführer, der die Auszahlung getätigt hat. Ist von dem Auszahlungsempfänger nichts zu erlangen, haften die Mitgesellschafter.

133 Dem Umfang nach ist der Erstattungsanspruch auf Wertausgleich in der vollen Höhe der verbotenen Auszahlung gerichtet. Für den Fall, dass die Auszahlung so umfangreich war, dass sie nicht lediglich das Stammkapital verletzte und aufzehrte, sondern darüber hinaus noch zur Überschuldung führte, muss der Erstattungsschuldner den vollen Wertverlust ausgleichen. Die Schuld ist nicht auf den Umfang des Stammkapitals begrenzt.

134 Neben dem Gesellschafter, der die verbotene Auszahlung empfangen hat, kann sich die GmbH auch an den **Geschäftsführer** halten. Er ist, wenn er gegen das Auszahlungsverbot verstoßen hat, der GmbH gegenüber zum Schadensersatz verpflichtet (§ 43 Abs. 2 GmbHG). Voraussetzung ist, dass er dabei schuldhaft gehandelt hat, also vorsätzlich oder fahrlässig unter Verletzung seiner Sorgfaltspflicht als ordentlicher Geschäftsmann (§ 43 Abs. 1 GmbHG).[39] Diese Haftung besteht auch, wenn der Geschäftsführer die Auszahlung nicht eigenhändig vorgenommen, aber seine Überwachungspflicht gegenüber Mitgeschäftsführern oder anderen vertretungsberechtigten Personen verletzt hat. Der Anspruch verjährt wie die Schadensersatzansprüche der Gesellschaft gegen den Geschäftsführer in fünf Jahren ab Entstehung des Anspruchs (§ 31 Abs. 6 S. 2 GmbHG i.V.m. § 43 Abs. 4 GmbHG).

135 Ist die Erstattung von dem Empfänger nicht zu erlangen, so haften für den zu erstattenden Betrag, soweit er zur Befriedigung der Gesellschaftsgläubiger erforderlich ist, die **übrigen Gesellschafter** nach dem Verhältnis ihrer Geschäftsanteile (d.h. nicht gesamtschuldnerisch); Beiträge, die von einzelnen Mitgesellschaftern nicht zu erlangen sind, werden nach dem bezeichneten Verhältnis auf die Übrigen verteilt (§ 31 Abs. 3 GmbHG).

Die Haftung erstreckt sich auf den Betrag des Stammkapitals der GmbH, also nicht auf den gesamten, nicht durch Eigenkapital gedeckten Betrag.

Die Verjährung der Rückzahlungsansprüche der Gesellschaft gegen ihre Gesellschafter wurde von fünf auf zehn Jahre verlängert; wird das Insolvenzverfahren über das Vermögen der Gesellschaft eröffnet, so tritt die Verjährung nicht vor Ablauf von sechs Monaten ab dem Zeitpunkt der Eröffnung ein (§ 31 Abs. 5 S. 1, 3 GmbHG).

136 Im Innenverhältnis soll der Anspruch in erster Linie von dem Zahlungsempfänger, dann vom Geschäftsführer und zuletzt von den Mitgesellschaftern getragen werden. Der Geschäftsführer

---

39 Baumbach/Hueck/Zöllner, § 43 Rn. 38.

kann, wenn er in Anspruch genommen wurde, beim Zahlungsempfänger **Regress** nehmen, die Mitgesellschafter ihrerseits beim Geschäftsführer (§ 31 Abs. 6 GmbHG). Die Ansprüche der Gesellschaft gegen die übrigen Gesellschafter, falls eine Erstattung von dem Empfänger nicht zu erlangen ist, verjähren in fünf Jahren (§ 31 Abs. 5 S. 1 GmbHG).

b) Insolvenzverschleppung

Besteht eine Pflicht zur Stellung eines Insolvenzantrags, so ist dieser ohne schuldhaftes Zögern (§ 121 Abs. 2 S. 1 BGB), spätestens aber drei Wochen nach Eintritt des Insolvenzgrundes zu stellen (Ausschlussfrist).   137

Wird die Frist nicht gewahrt, so drohen der antragspflichtigen Person folgende **Sanktionen wegen Insolvenzverschleppung**:

- Freiheitsstrafe bis zu drei Jahren oder Geldstrafe (§ 84 Abs. 1 Nr. 2 GmbHG; § 401 Abs. 1 Nr. 2 AktG; § 130 b HGB);

- Pflicht zur Erstattung von Massekostenvorschüssen

- Schadensersatzpflicht gegenüber den Gläubigern der Gesellschaft (§ 823 Abs. 2 BGB i.V.m. § 64 Abs. 1 GmbHG, § 92 Abs. 2 AktG, § 130 a HGB). Diese deliktische Haftung verjährt nach fünf und nicht wie sonstige deliktische Ansprüche in drei Jahren.

Die Anwendung der Insolvenzverschleppungshaftung auch auf gesetzliche Schuldverhältnisse (z.B. Ansprüche der Sozialversicherungsträger) ist umstritten, wird jedoch von der h.M. verneint;[40] der BGH hat diese Frage bislang offen gelassen.

ba) Zahlungsverbot

Um die Schmälerung der späteren Insolvenzmasse zu verhindern und die gleichmäßige Befriedigung der Gläubiger zu sichern, dürfen Geschäftsführer und Vorstand nach Eintritt der Zahlungsunfähigkeit oder Überschuldung grundsätzlich keine Zahlungen mehr leisten; ein Verstoß gegen dieses Zahlungsverbot führt zu einem Erstattungsanspruch der Gesellschaft, der in fünf Jahren verjährt (§ 93 Abs. 6 AktG, § 43 Abs. 4 GmbHG). Fließt für getätigte Geschäfte ein Gegenwert in die Masse, so mindert dies den Ersatzanspruch. Zahlungsverbot und Erstattungsanspruch richten sich auch gegen den faktischen Geschäftsführer.   138

Eine Ausnahme von der Erstattungspflicht besteht nur für solche Zahlungen, die mit der Sorgfalt eines ordentlichen und gewissenhaften Geschäftsführers vereinbar sind. Darunter fallen jedenfalls Zahlungen in Erfüllung vorteilhafter Verträge, die auch ein Insolvenzverwalter leisten würde (§ 103 InsO), zur Abwendung höherer Schäden, aus einer sofortigen Betriebseinstellung (z.B. Lohn-, Miet- und Steuerzahlungen) oder solche, die in der Absicht geleistet werden, den Betrieb im Interesse einer ernstlich erwarteten Sanierung aufrecht zu erhalten.

Gesetzliche Grundlagen für das Zahlungsverbot sind für die   139

- AG § 92 Abs. 3 AktG; § 93 Abs. 3 Nr. 6 AktG

- GmbH § 64 Abs. 2 GmbHG, § 43 Abs. 2 GmbHG; § 9 b Abs. 1 GmbHG

- GmbH & Co. KG § 130 a Abs. 2, 3 HGB, § 177 a HGB

Das Zahlungsverbot gilt in dem Moment, in dem die Insolvenzreife für den Geschäftsführer/ Vorstand erkennbar ist; auf eine positive Feststellung durch ihn kommt es nicht an. Konnte er   140

---

40 Baumbach/Hueck/Schulze-Osterloh, § 64 Rn. 92.

nach (steuer-)rechtlicher Beratung davon ausgehen, dass das Unternehmen nicht insolvenzreif ist, entfällt seine persönliche Haftung.

bb) Abführung von Sozialversicherungsbeiträgen

141 Deren Nichtabführung ist strafbar (§ 266a Abs. 1 StGB) und begründet einen Schadensersatzanspruch (§ 823 Abs. 2 BGB i.V.m. § 266a Abs. 1 StGB). Um den Widerspruch zwischen diesen Sanktionen und dem Zahlungsverbot aufzulösen, sind jene während der Drei-Wochen-Frist nicht anwendbar. Die Strafvorschrift begründet also in der Insolvenzsituation keinen Vorrang der Ansprüche der Sozialkassen; der Geschäftsführer darf also in diesem Zeitraum auch keine Beiträge zur Sozialversicherung abführen und kann sich, wenn er dennoch zahlt, nicht darauf berufen, mit der Sorgfalt eines ordentlichen Kaufmanns gehandelt zu haben.

142 Die Haftung des Geschäftsführers setzt ein Verschulden, also mindestens fahrlässiges Verhalten voraus (§ 276 Abs. 1 S. 2 BGB). Das Verschulden kann in den Fällen zu verneinen sein, in denen durch die Zahlung entweder keine Verkürzung der Masse eintritt oder sogar größere Nachteile von der Masse abgewendet werden.

Geltend gemacht wird der Anspruch vom Insolvenzverwalter zur Auffüllung der Insolvenzmasse. Wird jedoch die Eröffnung des Insolvenzverfahrens mangels Masse abgelehnt, so ist jedem einzelnen Gläubiger der Zugriff auf diesem Anspruch im Wege der Einzelzwangsvollstreckung eröffnet.

E. AG

Wie bei der GmbH unterteilt sich die Haftung der AG nach den unterschiedlichen Phasen ihrer Gründung und läuft insoweit im wesentlichen parallel. Nach der Eintragung der AG im Handelsregister haftet die AG ihren Gläubigern grundsätzlich nur mit dem Gesellschaftsvermögen.

I. Haftung in der Gründungsphase

1. Gründer

143 Die **Gründer** sind gegenüber der eingetragenen Aktiengesellschaft verantwortlich für die Richtigkeit und Vollständigkeit der Angaben, die zum Zwecke der Gründung der Gesellschaft über die Übernahme der Aktien, die Einzahlung auf die Aktien, die Verwendung eingezahlter Beiträge, Sondervorteile, Gründungsaufwand, Sacheinlagen und Sachübernahmen gemacht worden sind (§ 46 AktG).

Außerdem sind die für die Geeignetheit der für die Annahme von Einzahlungen auf das Grundkapital bestimmten Stelle (§ 54 Abs. 3 AktG) und dafür verantwortlich, dass die eingezahlten Beträge zur freien Verfügung des Vorstandes stehen. Das erforderliche Verschulden wird gesetzlich vermutet und ist ggf. zu widerlegen. Ansprüche gegen die Gründer, andere Personen, den Vorstand und den Aufsichtsrat verjähren in fünf Jahren. Die Verjährungsfrist beginnt mit der Eintragung der Gesellschaft in das Handelsregister oder – wenn die zum Einsatz verpflichtende Behandlung später begangen worden ist – mit Vornahme der Handlung.

2. Vorstand und Aufsichtsrat

Die Mitglieder des **Vorstands** und des **Aufsichtsrats**, die bei der Gründung ihre Pflichten verletzt haben, haften ebenfalls und zwar namentlich dann, wenn die zur Annahme von Einzahlungen auf die Aktien bestimmte Stelle (§ 54 Abs. 3 AktG) hierzu nicht geeignet gewesen ist bzw. die eingezahlten Beträge nicht zur freien Verfügung des Vorstands gestanden haben (§ 48 AktG).

144

Zahlungsausfall

Entsteht der Gesellschaft ein **Ausfall**, weil ein Aktionär **zahlungsunfähig** oder unfähig ist, die versprochene Sacheinlage zu leisten, schulden diejenigen Gründer, die die Beteiligung des Aktionärs in Kenntnis seiner Zahlungsunfähigkeit oder Leistungsunfähigkeit angenommen haben, Ersatz. Die notwendige Kenntnis seiner Zahlungsunfähigkeit ist von der Gesellschaft zu beweisen.

3. Verantwortlichkeit anderer Personen

Außerdem haften diejenigen Personen,

145

- die bei Empfang einer Vergütung, die entgegen den Vorschriften nicht in den Gründungsaufwand aufgenommen worden ist, wussten oder nach den Umständen annehmen mussten, dass die Verheimlichung beabsichtigt oder erfolgt war, oder die an der Verheimlichung wesentlich mitgewirkt haben,
- die im Falle einer vorsätzlichen oder grob fahrlässigen Schädigung der Gesellschaft durch Einlagen oder Sachübernahme an der Schädigung wissentlich mitgewirkt haben oder
- die vor Eintragung der Gesellschaft in das Handelsregister oder in den ersten zwei Jahren hiernach die Aktien der Gesellschaft öffentlich zur Einführung in den Verkehr angekündigt haben, sofern sie um die Unrichtigkeit oder Unvollständigkeit der Angaben gewusst haben oder wenn sie die Schädigung der Gesellschaft durch Einlagen oder Sachübernahmen gekannt gaben oder hierum bei Anwendung der Sorgfalt eines ordentlichen Geschäftsmannes hätten wissen müssen (§ 47 AktG).

Ansprüche gegen die Gründer, andere Personen, den Vorstand und den Aufsichtsrat verjähren in fünf Jahren. Die Verjährungsfrist beginnt mit der Eintragung der Gesellschaft in das Handelsregister oder – wenn die zum Einsatz verpflichtende Behandlung später begangen worden ist – mit Vornahme der Handlung.

4. Verantwortlichkeit der Gründungsprüfer

Die Gründungsprüfer haften, wenn die Prüfung schuldhaft nicht gewissenhaft und unparteiisch erfolgt ist oder es zu Verstößen gegen die Verschwiegenheitspflicht bzw. des Verwertungsverbots gekommen ist (§ 49 AktG, § 323 Abs. 1–4 HGB).

146

Die Haftung in jeder Form von Fahrlässigkeit ist auf eine Million EURO für eine Prüfungsgesellschaft beschränkt (§ 323 Abs. 2 S. 1 HGB); die in § 323 Abs. 2 S. 2 HGB geregelte Ausnahme bei börsennotierten Gesellschaften spielt bei der Gründung einer Aktiengesellschaft keine Rolle. Bei vorsätzlichem Handeln, was die Gesellschaft zu beweisen hat, ist der entstandene Schaden in voller Höhe zu ersetzen.

Ansprüche gegen den Gründungsprüfer unterliegen dagegen einer dreijährigen Verjährung (§ 195 BGB, § 199 BGB).

147 Ein Verzicht auf oder Vergleich über die der Gesellschaft zustehenden Ansprüche (§§ 46–48 AktG) ist nur unter den in § 50 AktG erläuterten Voraussetzungen möglich.

Aktionäre, die trotz Aufforderung und Setzen einer Nachfrist mit Kaduzierungsandrohung die Einlage nicht rechtzeitig leisten, können nach Fristablauf ihrer Aktien und der geleisteten Einlage für verlustig erklärt werden (§§ 64, 65 AktG).

Aktionäre können von ihren Leistungspflichten nicht befreit werden (§§ 66 Abs. 1 AktG, 54 AktG, 65 AktG). Ebenso ist eine Aufrechnung gegen eine Forderung der Gesellschaft nach diesen Vorschriften unzulässig. Nur durch eine ordentliche Kapitalherabsetzung oder die Kapitalherabsetzung durch Einziehung der Aktien können Aktionäre von der Einlageverpflichtung befreit werden, jeweils jedoch beschränkt auf die Höhe des herabgesetzten Betrags (§ 66 Abs. 3 AktG).

5. Unterbilanzhaftung

148 Aus dem Grundsatz der realen Kapitalaufbringung folgt außerdem die Unterbilanzhaftung der Gründer. Hierbei handelt es sich um die Verpflichtung der Gründer (Aktionäre), einen zum Zeitpunkt der Eintragung der Aktiengesellschaft im Handelsregister vorhandenen Verlust anteilig entsprechend ihrer Beteiligung zu übernehmen, soweit der Verlust nicht auf Gründungsaufwand beruht, der in der Satzung ordnungsgemäß auf die Gesellschaft überwälzt worden ist (§ 26 Abs. 2 AktG). Die Unterbilanzhaftung setzt mithin die Eintragung der Gesellschaft in das Handelsregister voraus.

149 Haftungshöhe und anteilige Haftung

Nach der Eintragung der Gesellschaft in das Handelsregister ist anhand einer Vermögensbilanz zu ermitteln, ob und inwieweit das Vermögen der Gesellschaft wertmäßig hinter dem Grundkapital zurückbleibt. Für die Wertansätze in der Vermögensbilanz gelten die Vorschriften über die Jahresbilanz nicht. Die Vermögensgegenstände sind vielmehr unter Auflösung der stillen Reserven anzusetzen.

Bei Unternehmen sind Fortführungswerte zugrunde zu legen, sofern mit einer Fortführung des Unternehmens tatsächlich gerechnet werden kann; ist dies nicht der Fall, ist auf die Zerschlagungswerte abzustellen.

II. Haftung nach Eintragung der Gesellschaft

1. Differenzhaftung bei Sacheinlagen

150 Von der Unterbilanzhaftung der Gründer klar zu unterscheiden ist die **Differenzhaftung**. Während der Gründer, der sich zur Erbringung einer Sacheinlage verpflichtet hat, vor Eintragung der Gesellschaft – vorbehaltlich einer besonderen Verpflichtung den übrigen Gründern gegenüber – die Wahl hat, ob er die Eintragung der Gesellschaft in das Handelsregister an der fehlenden Werthaltigkeit seiner Einlage scheitern läßt oder den Mangel durch bare Zuzahlung beseitigt, ist er nach der Eintragung der Gesellschaft in das Handelsregister verpflichtet, eine solche Wertdifferenz durch Zuzahlung auszugleichen (**Differenzhaftung**). Diese Verpflichtung folgt unmit-

telbar aus dem Grundsatz der realen Kapitalaufbringung. Auch hinsichtlich dieser Differenzhaftung ist eine Befreiung unzulässig (§ 66 AktG). Die Beweislast für das Bestehen der Differenz und der Höhe trägt die Gesellschaft.

Für die Verjährung der Differenzhaftung gilt in Anlehnung des GmbHG eine Frist von 10 Jahren (§ 9 Abs. 2 GmbHG).

2. Leistungsstörungen bei Sacheinlagen

Leistungsstörungen können bei Sacheinlagen in unterschiedlicher Weise auftreten.   151

Ist die Erbringung der Sacheinlage von vornherein oder wird sie nachträglich **unmöglich**, so ist der Anspruch auf die Einlageverpflichtung in Form der Sacheinlage ausgeschlossen (§ 275 Abs. 1 BGB). Der Aktionär ist im Hinblick auf den Grundsatz der realen Kapitalaufbringung aber in beiden Fällen verpflichtet, die **Einlage in bar** zu erbringen (§ 275 Abs. 3 S. 3 AktG). Hat der Gründer die Unmöglichkeit zu vertreten, kann ergänzend neben diese Pflicht zur Kapitalaufbringung die Pflicht zum Schadensersatz treten (§ 275 Abs. 1 BGB, § 280 Abs. 1. 3 BGB, § 283 BGB), auf den der in bar zu leistende Betrag anzurechnen ist.

Verzug bei Erbringung der Sacheinlage lässt den Einlageanspruch der Gesellschaft zunächst unberührt, gibt der Gesellschafter aber einen Anspruch auf Ersatz des Verzögerungsschadens (§ 280   152
Abs. 1 BGB, § 286 BGB). Verlangt die Gesellschaft nach Fristsetzung Schadensersatz statt der Leistung (§ 280 Abs. 1, 3, 4, BGB, § 281 BGB), ist der Gründer wegen des insoweit vorrangigen Grundsatzes der realen Kapitalaufbringung verpflichtet, den Ausgabebetrag in bar zu leisten. Der Wegfall der Sacheinlageverpflichtung führt damit auch hier zur Pflicht, die geschuldete Einlage in bar zu erbringen, was im Rahmen der Berechnung des Schadensersatzes zu berücksichtigen ist.

Ist eine Sacheinlage mit einem **Sach- oder Rechtsmangel** behaftet, so wird auf diesen Fall teilweise Kaufrecht (§§ 434 BGB) entsprechend angewendet.

III. Haftung des Vorstands

Das Verschulden von **Vorstandsmitgliedern** bei der Ausübung ihrer Tätigkeit, ihr Wissen und   153
Willensmängel hat sich die Gesellschaft als eigene zuzurechnen zu lassen, sie haftet also entsprechend gegenüber Dritten. Die Vorstandsmitglieder selbst können entweder gegenüber Dritten oder der AG haften.

1. Haftung des Vorstands gegenüber Dritten

Ein Vorstandsmitglied haftetet gegenüber Dritten wie jeder Vertreter einer Gesellschaft.   154

2. Haftung des Vorstands gegenüber der AG

Vorstandsmitglieder, die ihre Pflichten verletzen, sind der AG zum Ersatz des daraus entstehen-   155
den Schadens als Gesamtschuldner verpflichtet (§ 93 Abs. 2 AktG); daneben können Rechtsgrundlage eines Schadenseratzanspruchs auch die Vorschriften des BGB zur Haftung aus Delikt sein (§ 823 BGB).

156 Der Vorstand hat für die Leitung der Gesellschaft einen **weiten Handlungsspielraum**. Er haftet bei unternehmerischen Entscheidungen erst dann,

- wenn die Grenzen, in denen sich ein vom Verantwortungsbewusstsein getragenes, ausschließlich am Unternehmenswohl orientiertes, auf sorgfältiger Ermittlung der Entscheidungsgrundlagen beruhendes unternehmerisches Handeln bewegen muss, deutlich überschritten sind,

- die Bereitschaft, unternehmerische Risiken einzugehen, in unverantwortlicher Weise überspannt worden ist oder

- das Verhalten des Vorstands aus anderen Gründen als pflichtwidrig gelten muss (sog. Business Judgement Rule).

157 Als wichtige zum Schadensersatz führende Handlungen sind in § 93 Abs. 3 Nr. 1–9 AktG genannt:

- Verbotene Rückgewähr von Einlagen an Aktionäre (§ 57, § 30 AktG)

- Verbotene Zahlung von Zinsen oder Gewinnanteilen an Aktionäre (§ 57 Abs. 2 und 3 AktG; § 58 Abs. 4, § 233 AktG)

- Verbotene Zeichnung oder verbotener Erwerb eigener Aktien der Gesellschaft oder einer anderen Gesellschaft, verbotene Inpfandnahme oder Einziehung (§§ 56, §§ 71–71e AktG, §§ 237–239 AktG)

- Verbotene Ausgabe von Inhaberaktien vor voller Leistung des Ausgabebetrags (§ 10 Abs. 2 AktG)

- Verbotene Verteilung von Gesellschaftsvermögen (§ 57 Abs. 3, § 225 Abs. 2 , § 230 , § 233, § 237 Abs. 2, § 272 AktG)

- Zahlung trotz Zahlungsunfähigkeit und Überschuldung der Gesellschaft (§ 92 Abs. 3 AktG)

- Zahlung einer unzulässigen Vergütung an Aufsichtsratsmitglieder (§ 113, § 114 AktG)

- Unzulässige Kreditgewährung an Vorstandsmitglieder, Aufsichtsratsmitglieder, Prokuristen und zum gesamten Geschäftsbetrieb ermächtigte Handlungsbevollmächtigte sowie bestimmte Dritte (§ 89, 115 AktG).

- Unzulässige Ausgabe von Bezugsaktien außerhalb des festgesetzten Zwecks oder vor der vollen Leistung des Gegenwerts (§ 199 AktG).

Zu einem **Haftungsausschluss** gegenüber der Gesellschaft kommt es, wenn die grundsätzlich zum Schadensersatz verpflichtenden Handlungen auf einem gesetzmäßigen Beschluss der Hauptversammlung beruhen (§ 93 Abs. 4 AktG).

157 Ein Verzicht auf oder ein Vergleich über Ansprüche der Gesellschaft gegen Vorstandmitglieder ist abweichend von den sonst geltenden Grundsätzen nicht sofort möglich. Die Gesellschaft kann einen solchen Vertrag unter folgenden Bedingungen abschließen (§ 93 Abs. 4. S. 3 AktG):

- erst drei Jahre nach der Entstehung des Anspruchs und auch nur dann,

- wenn die Hauptversammlung dem zustimmt und

- wenn nicht eine Minderheit, deren Anteile zusammen 10 % des Grundkapitals erreichen, zur Niederschrift Widerspruch gegen diesen Bescheid erhebt.

158 Die Haftung des Vorstands unterliegt einer fünfjährigen Verjährung (§ 93 Abs. 6 AktG) und beginnt mit Entstehen des Anspruchs (§ 200 BGB), d.h. mit Entritt des Schadens dem Grunde nach.[41]

---

41 Hüffer, § 93 Rn. 37.

Die **Ansprüche der AG** werden grundsätzlich **durch den Aufsichtsrat geltend gemacht**. Der Aufsichtsrat ist zur Geltendmachung der Ansprüche gegen den Vorstand verpflichtet, wenn die Hauptversammlung dies mit einfacher Stimmenmehrheit beschließt. Der Ersatzanspruch soll dann binnen sechs Monaten seit dem Tag der Hauptversammlung geltend gemacht werden (§ 147 Abs. 1 AktG).

Zur Geltendmachung des Ersatzanspruchs kann die Hauptversammlung besondere Vertreter bestellen; auf Antrag von Aktionären, deren Anteile zusammen mindestens 10 % des Grundkapitals oder einen anteiligen Betrag an einer Million EURO erreichen, hat das Gericht am Sitz der Gesellschaft (§ 14 AktG) anstelle des Aufsichtsrats einen anderen (besonderen) Vertreter zur Geltendmachung der Ersatzansprüche zu bestellen, wenn dies für die gehörige Geltendmachung zweckmäßig erscheint (147 Abs. 2 AktG). **159**

Aktionäre, deren Anteile im Zeitpunkt der Antragstellung zusammen 1 % des Grundkapitals oder einen anteiligen Betrag von 100.000 EURO erreichen, können beim LG die Zulassung beantragen, die Ansprüche der AG im eigenen Namen, aber auf Zahlung an die Gesellschaft (actio pro socio) geltend zu machen. **160**

Hat das Gericht dem Antrag stattgegeben, muss die Klage binnen dreier Monate nach Eintritt der Rechtskraft der Entscheidung erhoben werden, sofern die Aktionäre die Gesellschaft nochmals unter Setzung einer Frist vergeblich aufgefordert haben, selbst Klage zu erheben.

IV. Haftung der Aufsichtsratsmitglieder

Eine schuldhafte Verletzung der den Aufsichtratsmitgliedern obliegenden Sorgfaltspflichten führt zu ihrer Schadensersatzpflicht, wobei wie beim Vorstand bei unternehmerischen Entscheidungen ein weiter Handlungsspielraum besteht (§§ 116 Abs. 1 i.V.m. § 93 Abs. 1 S. 2 AktG). Der Anspruch ist durch den Vorstand geltend zu machen (§ 78 Abs. 1 AktG) sofern nicht ein besonderer Vertreter bestellt wird, oder der Anspruch aufgrund eines besonderen Klagezulassungsverfahren durch eine Aktionärsminderheit verfolgt wird (§ 147 Abs. 2 AktG, § 148 ff. AktG); insoweit gelten die Ausführungen zur Geltendmachung der Ansprüche gegen den Vorstand entsprechend. **161**

Von besonderer Bedeutung ist auch hier die Beweislastverteilung bei der Geltendmachung von Schadensersatzansprüchen durch die AG, da die Aufsichtsratsmitglieder dann, wenn streitig ist, ob sie die Sorgfalt eines ordentlichen und gewissenhaften Geschäftsleiters angewandt haben, beweisbelastet sind (§ 116 AktG, 93 Abs. 2 S. 2 AktG). Die beim Vorstand dargestellten Grundsätze gelten entsprechend. Auch bezüglich eines Vergleichs und Verzichts der AG findet das zum Vorstand Gesagte entsprechend Anwendung, ebenso hinsichtlich der Verjährung der Ansprüche. Die Gläubiger der AG können wie bei der Haftung des Vorstands die Schadensersatzansprüche auch in eigenem Namen geltend machen, soweit sie von der Gesellschaft keinen Befriedigung erlagen können.

Pflichtverletzungen des Aufsichtsrats können sein: **162**

- Duldung eines hinausgezögerten Insolvenzantrags trotz bekannter Überschuldung der Aktiengesellschaft
- schädigende Einflussnahme auf den Vorstand zum Nachteil der Gesellschaft
- unterlassende Maßnahmen trotz Unregelmäßigkeiten des Vorstands bei der Geschäftsführung
- unterlassenes Einschreiten gegen leichtfertige Maßnahmen des Vorstands

- Ausübung des Amtes, ohne sich ein eigenes Bild von der Geschäftätigkeit der überwiegend im Ausland tätigen Gesellschaft zu verschaffen

- unterlassene Hinzuziehung eines sachverständigen Dritten bei schwierigen Fragen

- unterlassene Setzung eines Zustimmungsvorbehalts (§ 111 Abs. 4 S. 2 AktG), obwohl eine gesetzwidrige Geschäftsführungsmassnahme des Vorstands nur noch auf diese Weise verhindert werden kann

- unterlassene Intensivierung der Kontrolltätigkeit in der Krise der Gesellschaft

- unterlassene Geltendmachung von Schadensersatzansprüchen der Gesellschaft gegenüber Vorstandsmitgliedern

- die Gewährung kompensatorischer Anerkennungsprämien für Vorstandmitglieder

163 **Strafrecht und Ordnungswidrigkeiten**

Darüber hinaus können sie sich nach allgemeinen Strafvorschriften strafbar machen. Nach Aktienrecht kann ein Vorstandsmitglied auch die folgenden Handlungen mit Geld- oder Freiheitsstrafe bestraft werden:

- Falschangaben (§ 399 AktG)

- unrichtige Darstellung bestimmter Verhältnisse (§ 400 AktG); anwendbar ist diese Vorschrift auch, wenn es sich um Quartalszahlen und Halbjahresberichte handelt, sofern diese ein Gesamtbild über die wirtschaftliche Lage des Unternehmens ermöglichen und den Eindruck der Vollständigkeit erwecken

- Pflichtverletzungen bei Kapitalverlust, Überschuldung oder Zahlungsunfähigkeit (§ 401 AktG)

- falsche Ausstellung von Berechtigungsnachweisen (§ 402 AktG)

- Verletzung der Geheimhaltungspflicht (§ 404 AktG)

- Ordnungswidrigkeiten, die in § 405 AktG aufgezählt sind, können mit einer Geldbuße bis zu EURO 25.000,00 geahndet werden.

F.   GmbH & Co. KG

164 Wie oben bereits festgestellt, handelt es sich bei der GmbH & Co. KG um eine Mischform der beiden Gesellschaftsformen der GmbH und der KG. Die GmbH übernimmt die Aufgabe des vollhaftenden Komplementärs und haftet aber ihrerseits wieder nur mit ihrem Gesellschaftsvermögen. Die Kommanditisten haften wie bei der „einfachen" KG bis zur Höhe ihrer im Handelsregister eingetragenen Haftsumme.

Es wird daher an dieser Stelle auf die Ausführungen zur KG und der GmbH verwiesen.

§ 8 Besteuerung (Gesellschaftsebene, Gesellschafterebene)

A. Unternehmenssteuerreform 2008

I. Allgemeines

Den Ausführungen zu der Besteuerung der einzelnen Gesellschaftsformen sollen einige Worte zur Erläuterung der Unternehmenssteuerreform 2008 vorangestellt werden, da diese Reform einige gravierende Umstellungen im Steuersystem mit sich bringt. 1

Ziel der Reform ist zum einen die Minderung der Steuerbelastung für Kapitalgesellschaften und großer Personengesellschaften. Der Standort Deutschland soll attraktiver gemacht werden. Hierzu soll eine niedrigere Steuerbelastung bei breiterer Bemessungsgrundlage beitragen. 2

Im Einzelnen enthält das Gesetz die folgenden Änderungen:

- Senkung der Körperschaftsteuer auf 15 %
- Thesaurierungsmodell für Personenunternehmen
- die Gewebesteuer ist nicht mehr als Betriebsausgabe absetzbar
- Beschränkung des Abzugs von Finanzierungsaufwand durch die Einführung der sog. Zinsschranke
- Beschränkung der Verlustnutzung durch Ausweitung der „Mantelkaufregelungen"
- Abschaffung der degressiven AfA; Modifizierung der sofortigen Abzugsfähigkeit von geringwertigen Wirtschaftsgütern sowie der Besteuerung von grenzüberschreitenden Leistungsbeziehungen und der Funktionsverlagerung ins Ausland.
- Abgeltungssteuer auf Ebene der Anteilseigner und Kapitaleigner

Die Unternehmenssteuerreform tritt grundsätzlich am 01.01.2008 in Kraft; die Abgeltungssteuer erst ab 2009.

Schwerpunkt der Reform ist die Absenkung des Körperschaftsteuertarifs von 25 % auf 15 % (§ 23 Abs. 1 KStG). Weiter ist die Gewerbesteuer nicht mehr als Betriebsausgabe abzugsfähig. Somit ergibt sich eine Gesamtsteuerbelastung der Körperschaft mit 29 % (vor der Reform: 38 %). Für Personengesellschaften mit natürlichen Personen als Gesellschaftern, die Anteile an Kapitalgesellschaften halten, werden nach dem 31.12.2008 zufließende Dividenden nur noch zu 40 % von der Steuer freigestellt. 60 % der Dividenden sind einkommensteuerpflichtig und unterliegen dem persönlichen Steuersatz des jeweiligen Gesellschafters (**Teileinkünfteverfahren**, § 3 Nr. 40 d EStG). 3

❶ Praxishinweis: 4

*Da Ausschüttungen ab dem 01.01.2009 einheitlich dem Teileinkünfteverfahren unterliegen (auch Gewinne, die noch mit 25 % besteuert wurden), empfiehlt sich die Ausschüttung thesaurierter Gewinne daher noch bis zum 31.12.2008 vorzunehmen. Dann kann ein bis zum Jahr 2007 erzielter Gewinn noch nach dem **Halbeinkünfteverfahren** ausgeschüttet werden.*

II.   Thesaurierungsrücklage bei Personenunternehmen, § 34 EStG

5   Enthält das zu versteuernde Einkommen einer **Personengesellschaft** auch **nicht entnommene Gewinne,** so kann für diese ganz oder teilweise die Besteuerung mit einem Steuersatz von 28,25 % beantragt werden (§ 34a Abs. 1 EStG).

Begünstigt sind hierbei **Gewinneinkünfte** von Einzelunternehmen und Mitunternehmern, sofern die Gewinnermittlung durch Bestandsvergleich nach **§ 4 Abs. 1 oder § 5 EStG** erfolgt (§ 34a Abs. 2 EStG). Ein Mitunternehmer kann diesen Antrag jedoch nur stellen, wenn sein Gewinnanteil mehr als 10 % beträgt oder 10.000,00 EURO übersteigt (§ 34a Abs. 1 Satz 3 EStG).

Der nicht entnommene Gewinn des Betriebs oder Mitunternehmeranteils ist der nach § 4 Abs. 1 oder § 5 EStG ermittelte, laufende steuerpflichtige Gewinn, vermindert um den positiven Saldo der Entnahmen (§ 6 Abs. 1 Nr. 4 EStG) des jeweiligen Wirtschaftsjahres (§ 34a Abs. 2 EStG).

Der Steuerpflichtige muss für die wahlweise vollständig oder teilweise begünstigte Besteuerung seiner Gewinneinkünfte einen **Antrag beim Finanzamt** stellen (§ 34a Abs. 1 Satz 1 EStG). Dabei ist für jeden Betrieb oder Mitunternehmeranteil und jeden Veranlagungszeitraum gesondert zu wählen, ob eine Begünstigung beantragt werden soll (§ 34a Abs. 2 EStG). Der Antrag kann bis zur Unanfechtbarkeit des Einkommensteuerbescheides für den nächsten Veranlagungszeitraum ganz oder teilweise zurückgenommen werden (§ 34a Abs. 1 Satz 4 EStG).

Zum Ende eines jeden Veranlagungszeitraums ist der sogenannte **nachversteuerungspflichtige Gewinn** des Betriebs bzw. der Mitunternehmerschaft für jeden Mitunternehmer **festzustellen** (§ 34a Abs. 3 EStG). Zuständig für den Erlass der Feststellungsbescheide ist das für die Einkommensbesteuerung zuständige Finanzamt (§ 34a Abs. 9 EStG).

III.   Nachversteuerung, § 34 Abs. 4 EStG

6   Werden **begünstigt besteuerte Gewinne** in späteren Wirtschaftsjahren **entnommen**, führt dies zu einer **Nachversteuerung** der Entnahme i.H.v. 25 % zzgl. Solidaritätszuschlag (§ 34a Abs. 4 Sätze 1, 2 EStG). Ein Nachversteuerungsbetrag ergibt sich, wenn der positive Saldo der Entnahmen i.s.v. § 6 Abs. 1 Nr. 4 EStG und der Einlagen i.S.v. § 6 Abs. Nr. 5 EStG den in diesem Wirtschaftsjahr erzielten Gewinn i.S.d. § 4 Abs. oder § 5 EStG übersteigt.

Gem. § 34a Abs. 6 EStG kommt es zu einer Nachversteuerung des nachversteuerungspflichtigen Betrags, soweit der Betrieb aufgegeben oder veräußert wird (§ 34a Abs. 6 Nr. 1 EStG), der Betrieb oder Mitunternehmeranteil in eine Kapitalgesellschaft eingebracht wird (§ 34a Abs. 6 Nr. 2 EStG), der Gewinn nicht mehr gem. § 4 Abs. 1 oder § 5 EStG ermittelt wird (§ 34a Abs. 6 Nr. 3 EStG) oder der Steuerpflichtige dies beantragt (§ 34a Abs. 6 Nr. 4 EStG).

Nach dem neu gefassten § 10d Abs. 1 2 EStG ist der Verlustrücktrag ausgeschlossen, soweit Einkünfte im Vorjahr nach § 34a EStG ermäßigt besteuert wurden. Dementsprechend regelt § 34a Abs. 3 EStG, dass negative Einkünfte nicht mit ermäßigt besteuerten Gewinnen i.s.v. Abs. 1 Satz 1 ausgeglichen werden dürfen.

IV.   Zinsschranke, § 4 h Abs. 1 EStG

Nach der Rechtslage vor der Reform können Zinsaufwendungen grundsätzlich als Betriebsaus gaben abgezogen werden. Beschränkungen bestehen nur für Aufwendungen im unmittelbarem Zusammenhang mit steuerfreien Betriebseinnahmen (§ 3 c Abs. 1 EStG), für Betriebsausgaben, die im wirtschaftlichen Zusammenhang mit Erträgen stehen, die nach dem Halbeinkünftever fahren begünstigt sind (§ 3 c Abs. 2 EStG), für nicht betrieblich veranlasste Schuldzinsen und für Zinsaufwendungen, die auf „Überentnahmen" beruhen. § 4 h EStG führt nunmehr eine generelle Zinsschranke ein, die über § 8 a KStG für Kapitalgesellschaften entsprechend gilt. Danach sind Zinsaufwendungen eines Betriebs i.H.d. Zinsertrags abziehbar, darüber hinaus nur bis zur Höhe von 30 % des um die Zinsaufwendungen und um die nach § 6 Abs. 2 Satz 1, 6 Abs. 2 a Satz 2 und § 7 EStG abgesetzten Beträge erhöhten, sowie um Zinserträge verminderten maßgeblichen Gewinns (§ 4 h Abs. 1 a EStG).

7

Die Zinsschranke greift nicht, wenn der die Zinserträge übersteigende Zinsaufwand weniger als 1 Million EURO beträgt (§ 4 h Abs. 2 a EStG). Die Zinsschranke ist nur auf Betriebe anzuwenden, die ganz oder teilweise zu einem Konzern gehören (§ 4 h Abs. 2 Satz 1 b EStG).

Sonderregelungen für Kapitalgesellschaften, § 8 a KStG

8

8

Die Zinsschranke ist auch auf Kapitalgesellschaften und andere Körperschaften anzuwenden, § 8 Abs. 1 S.1 KStG. Durch **§ 8 a KStG** werden diese Regelungen jedoch **erweitert** und **modifiziert**.

So ist für Körperschaften i.d.R. § 4 h Abs. 1 S. 1 KStG an Stelle des maßgeblichen Gewinns das maßgebliche Einkommen zu berücksichtigen (§ 8 a Abs. 1 S. 1 KStG).

Bei Kapitalgesellschaften ist die Zinsschranke auch bei fehlender Konzernzugehörigkeit anzuwen den, wenn die Körperschaft nicht nachweist, dass **mindestens 90 %** der die Zinserträge überstei genden Zinsaufwendungen nicht an einen zu mehr als 25 % unmittelbar oder mittelbar beteiligten Anteilseigner, eine diesem nahestehende Person (§ 1 Abs. 1 AStG) oder einen Dritten, der auf den zu mehr als 25 % beteiligten Anteilseigner oder einen diesem nahestehenden Person zurückgrei fen kann, gezahlt werden (§ 8 a Abs. 2 KStG; **„schädliche Gesellschafterfremdfinanzierung"**).

Die Zinsschranke gilt erstmals für die Wirtschaftsjahre, die nach dem 25.05.2007 beginnen und nicht vor dem 01.01.2008 enden (§ 52 Abs. 12 d EStG, § 34 Abs. 6 KStG).

V.   Änderungen bei der Gewerbesteuer

Die Gewerbesteuer und die darauf entfallenden Nebenleistungen sind **keine Betriebsausgaben** mehr. Die Einkommensteuerermäßigung für die Personenunternehmen steigt auf das 3,8-fache des Gewerbesteuermessbetrags (bisher 1,8-fache). Rechnerisch führt das bei einem Gewerbe steuerhebesatz von 380 % zur vollständigen Anrechenbarkeit der Gewerbesteuer auf die Einkom mensteuer. Die Steuermesszahl für den Gewerbeertrag beträgt einheitlich 3,5 % für alle Unter nehmen. Es erfolgt eine **Hinzurechnung von Entgelten** für Schulden (Zinsen) generell von 25 %. Diese löst die bisherige Hinzurechnung von Dauerschuldzuwendungen ab.

9

Renten und dauernde Lasten führen generell zu einer Hinzurechnung von 25 %. Ausnahme: Pensionszahlungen auf Grund einer unmittelbar vom Arbeitgeber erteilten Versorgungszusage. Außerdem erfolgt eine **Hinzurechnung der Gewinnanteile des stillen Gesellschafters** von 25 % (unabhängig davon, ob die Zahlungen bei diesem der Gewerbesteuer unterliegen). Schließlich werden **Miet- und Pachtzinsen** für bewegliches Anlagevermögen von 25 % X 20" (also 5 %) hinzugerechnet. Bei unbeweglichem Anlagevermögen beträgt die Hinzurechnung 25 % × 75 % (also 18,75 %). Die Hinzurechnung erfolgt allerdings nur, wenn die Summe der hinzuzurechnenden Beträge den Betrag von 100.000,00 EURO übersteigt.

VI. Rechtsformvergleich GmbH & Co. KG und GmbH unter den geänderten Besteuerungsbedingungen

10 Neben der Steigerung der Attraktivität des Wirtschaftsstandortes Deutschland durch die Senkung der Steuersätze für einbehaltene Unternehmensgewinne hat die Unternehmenssteuerreform 2008 auch das Ziel der „annähernden Rechtsform- und Finanzierungsneutralität" gesetzt. In der Begründung des Entwurf zur Unternehmenssteuerreform 2008 wird die Belastungsneutralität der unterschiedlichen Rechtsformen ausdrücklich hervorgehoben. Um eine annähernde Belastungsgleichheit zu erreichen, wurde vom Gesetzgeber die Thesaurierungsbegünstigung auch für Personenunternehmen eingeführt.

Nachfolgend soll an herausgegriffenen einperiodischen Beispielen einer GmbH & Co. KG und einer GmbH ein Eindruck über die nunmehr geltenden Vorschriften und Steuerbelastungen gegeben werden.

1. GmbH & Co. KG

11 Zur Besteuerung einer Personengesellschaft (GmbH & Co. KG) ist Folgendes auszuführen:

Für die Veranlagungszeiträume ab 2008 ist auch bei Personengesellschaften zu entscheiden, ob die Gewinne ausgeschüttet oder thesauriert werden sollen.

Als Annahme für die Berechnungen wird ein Gewerbesteuerhebesatz von 400 % und ein Einkommensteuersatz i.H.v. 45 % zugrundegelegt.

a) Thesaurierung

12 Voraussetzung der Thesaurierung bei einer Personengesellschaft ist, dass der Gewinn des Unternehmens durch Bilanzierung und nicht durch Einnahmen-Überschussrechnung ermittelt wird. Die Optionsmöglichkeit kann dabei nicht nur von einem Steuerpflichtigen für jede seiner unternehmerischen Aktivitäten frei gewählt werden; auch innerhalb einer Mitunternehmerschaft kann jeder der Mitunternehmer unabhängig von den anderen Mitunternehmern optieren, wenn sein Anteil am Gewinn mehr als 10 % beträgt oder 10.000,00 EURO übersteigt.

Die Gewinne der Gesellschaft unterliegen der Gewerbesteuer. In der folgenden Vergleichsberechnung werden die nicht abziehbaren Ausgaben mit berücksichtigt. Entnimmt ein Gesellschafter keinen Gewinn und beantragt die Anwendung des Thesaurierungssteuersatzes von 28,25 % gem. § 34 a EStG, so ergibt sich folgende Steuerbelastung:

z.v.E. gem. § 2 EStG bzw.	
Gewerbeertrag gem. § 7 Satz 1 GewStG	100.000,00 €
./. GewSt (Hebesatz 400 %)	14.000,00 €
verbleiben	86.000,00 €

Entnahmen für anfallende ESt	22.200,00 €
Gewinnthesausierung	63.800,00 €
ESt 28,25 % von 63.800,00 €; ESt auf GewSt (nicht thesaurierungsfähig) und Entnahmen Steuersatz 45 % (§ 32 a Abs. 1 EStG)	18.020,00 €
14 + 22,20 = 36,20 × 45 %	16.290,00 €
	34.310,00 €
Anrechnung GewSt (Gewerbeertrag × 3,5 % × 3,8)	13.300,00 €
ESt gesamt	21.010,00 €
SolZ	1.160,00 €
Gewinnanteil nach Steuern	63.800,00 €
Gesamtsteuerbelastung	36.200,00 €
Gesamtsteuerbelastung in Prozent	36,2 %

b) Nachversteuerung

Wenn dieser Gewinn in späteren Jahren entnommen wird, wird dieser gem. § 34 Abs. 4 EStG mit   13
einem **Nachversteuerungssatz** von 25 % belastet, was zu folgenden Auswirkungen führt:

begünstigter Gewinn (§ 34 a Abs. 1, Abs. 2 EStG) 63.800,00 €	
./. darauf entfallende ESt	18.020,00 €
./. darauf entfallender SolZ	990,00 €
Nachversteuerungsbetrag	44.830,00 €
./. ESt gem. § 34 Abs. 4 Satz 2 EStG	11.207,50 €
./. SolZ (5,5 %)	616,41 €
./. bisherige Gesamtbelastung	36.200,00 €
Gewinnanteil nach Steuern	51.976,09 €
Gesamtsteuerbelastung	48.023,91 €
Gesamtsteuerbelastung in Prozent	48,00 %

c) Sofortige Entnahme – normale Besteuerung

Wenn von der Thesaurierungsmöglichkeit kein Gebrauch gemacht wurde unterliegt die Besteue-   14
rung dem persönlichen Steuersatz des Gesellschafters.

z.v.E. gem. § 2 EStG bzw. Gewerbeertrag gem. § 7 Satz 1 GewStG		100.000,00 €
./. GewSt		14.000,00 €
ESt vor Anrechnung (45 %)	– 45.000.00	
Anrechnung GewSt (Gewerbeertrag × 3,5 % × 3,8)	+13.300,00	

./. festzusetzende ESt	31.700,00 €
./. SolZ (5,5 %)	1.743,50 €
Gewinnanteil nach Steuern	52.556,50 €
Gesamtsteuerbelastung	47.443,50 €
Gesamtsteuerbelastung in Prozent	47,44 %

d)   Beteiligter ist eine Kapitalgesellschaft

15   Ist Beteiligter an der GmbH & Co. KG eine Kapitalgesellschaft (z.B. eine GmbH), dann unterfallen die ausgeschütteten Gewinne der Körperschaftsteuer mit einem Steuersatz von 15 % ab dem VZ 2008.

2.   GmbH

a)   Thesaurierung

16   Geht man davon aus, dass die GmbH ihre Gewinne nicht ausschüttet, sondern ganz thesauriert ergibt sich folgende Belastung, da eine Kapitalgesellschaft bereits kraft Rechtsform der Gewerbesteuer unterliegt (§ 2 Abs. 2 Satz 1 GewSt) und der Körperschaftsteuersatz ab dem VZ 2008 auf 15 % gesenkt wird (§ 23 Abs. 1 KStG).

z.v.E. gem. § 2 EStG bzw. Gewerbeertrag gem. § 7 Satz 1 GewStG	100.000,00 €
./. GewSt	14.000,00 €
./. KSt (15 %)	15.000,00 €
./. SolZ (5,5 %)	830,00 €
Gewinnanteil nach Steuern	70.170,00 €
Gesamtsteuerbelastung	29.830,00 €
Gesamtsteuerbelastung in Prozent	29,83 %

b)   Ausschüttung ins Privatvermögen

17   Ab dem VZ 2009 unterliegt die Dividende auf Gesellschafterebene vollständig dem Abgeltungssteuersatz i.H.v. 25 % (32 d EStG) zuzüglich Solidaritätszuschlag.

Es wird davon ausgegangen, dass an den Gesellschafter 100 % des Gewinns ausgeschüttet werden; er hält die Beteiligung im Privatvermögen. Es ergibt sich die folgende Belastung:

Dividendenbezüge sind Einkünfte gem. § 20 Abs. 1 EStG	70.170,00 €
./. ESt gem. § 32 d Abs. 1 EStG (25 %)	17.540,00 €
./. SolZ (5,5 %)	960,00 €
Dividendenbezüge nach persönlichen Steuern	61.670,00 €
Gesamtsteuerbelastung	18.500,00 €
Gesamtsteuerbelastung in Prozent	48,33 %

c)   Ausschüttung in das Betriebsvermögen bei Nutzung der Thesaurierungsbegünstigung

Werden die Anteile an der Kapitalgesellschaft im Betriebsvermögen des beteiligten Einzelunternehmers gehalten, so sind die Dividenden bei einer Kapitalbeteiligung von mindestens 10 % gem. § 9 Nr. 2a GewSt von der Gewerbesteuer freigestellt. Für die Einkommensteuer gilt § 3 Nr. 40 S. 1 Buchst. d i.V.m. Satz 2 EStG, d.h. 40 % bleiben steuerfrei (**Teileinkünfteverfahren**). Auf Antrag unterliegen die Dividenden dem Steuersatz von 28,25 % zzgl. Solidaritätszuschlag. **18**

Dividendenbezüge sind Einkünfte gem. § 20 Abs. 1 EStG (100 % des Gewinns nach Steuern)	70.170,00 €
./. steuerfrei gem. § 3 Nr. 40 S. 1 Buchst. d i.V.m. Satz 2 EStG (40 %)	28.070,00 €
= steuerpflichtiger Gewinn	42.100,00 €
./. ESt (28,25 %)	11.893,00 €
./. SolZ (5,5 %)	654,00 €
Dividendenbezüge nach persönlichen Steuern	50.183,00 €
Gesamtsteuerbelastung	42.377,00 €
Gesamtsteuerbelastung in Prozent	42,40 %

d)   Nachversteuerung

Werden diese Gewinne in späteren Jahren entnommen fällt auf den begünstigt besteuerten Betrag die Nachversteuerung mit einem Steuersatz von 25 % an (§ 34 Abs. 4 und 5 EStG). **19**

begünstigter Gewinn (§ 34a Abs. 2 und 3 EStG)	42.100,00 €
./. darauf entfallende ESt	11.893,00 €
./. darauf entfallender SolZ	654,00 €
= Nachversteuerungsbetrag	29.553,00 €
./. ESt gem. § 34 Abs. 4 Satz 2 ESt	7.388,00 €
./. SolZ (5,5 %)	406,00 €
./. bisherige Gesamtbelastung	42.377,00 €
Gewinnanteil nach Steuern	49.828,00 €
Gesamtsteuerbelastung	50.171,70 €
Gesamtsteuerbelastung in Prozent	50,2 %

e)   Ausschüttung in das Betriebsvermögen ohne Thesaurierungsbegünstigung

In diesem Fall unterliegen 60 % der Dividendenbezüge dem persönlichen Steuersatz (§ 32a Abs. 1 EStG). **20**

Dividendenbezüge sind Einkünfte gem. § 20 Abs. 1 EStG	
(100 % des Gewinns nach Steuern)	70.170,00 €
./. steuerfrei gem. § 3 Nr. 40 S. 1 Buchst. d i.V.m. Satz 2 EStG (40 %)	28.070,00 €
= steuerpflichtiger Gewinn, § 15 Abs. 1 EStG	42.100,00 €
./. ESt (45 %)	18.945,00 €
./. SolZ (5,5 %)	1.042,00 €
Dividendenbezüge nach persönlichen Steuern	50.183,00 €
Gesamtsteuerbelastung	49.817,00 €
Gesamtsteuerbelastung in Prozent	49,82 %

f) Beteiligter ist selbst eine Kapitalgesellschaft

21 Ist der Beteiligte selbst eine Kapitalgesellschaft (z.B. eine GmbH) dann gilt das Dividendenprivileg gem. § 8b Abs. 1, Abs. 5 KStG wonach die Dividenden steuerfrei sind. Gemäß § 8b Abs. 5 KStG unterfallen aber 5 % der Körperschaftsteuer.

3. Fazit

22 Im Hinblick auf die Vergleichsrechnung unter dem Aspekt der Rechtsformwahl ist festzuhalten, dass am Besten eine mehrperiodige Betrachtungsweise zu wählen ist. Insbesondere ist hier zu beachten, dass bei Thesaurierung in einer Personengesellschaft ein Augenmerk darauf zu legen ist, wie lange die Periode der Thesaurierung dauert und ob auf diese Weise die Nachteile, die durch eine Nachversteuerung entstehen, ausgeglichen werden können.

B. Allgemeines zur Besteuerung

23 Die Besteuerung der einzelnen Rechtsformen stellt oft das einzige Kriterium der Wahl der richtigen Rechtsform dar. Zwar ist dieses Kriterium nicht zu unterschätzen. Jedoch sind auch weitere Kriterien wie z.B. die Gründungsvoraussetzungen oder die Formalien der Verwaltung der einzelnen Rechtsformen nicht zu unterschätzen und sollten in die Überlegungen der Wahl der geeigneten Rechtsform mit einbezogen werden.

Die Besteuerung eines Unternehmens setzt sich aus verschiedenen Komponenten zusammen.

24 Die **Einkommensteuer** stellt die Steuer für die natürlichen Personen, Einzelunternehmer und Personengesellschaften dar und die **Körperschaftsteuer** jene für die juristischen Personen.

Bei Personengesellschaften ist die Gesellschaft an sich nicht Subjekt der Einkommensteuer (**Einheitsprinzip**), sondern der Gewinn der Gesellschaft wird den Gesellschaftern direkt als Einkommen i.S.v. § 15 Abs. 1 Satz 1 Nr. 1 EStG zugerechnet.

25 Weiter hat die Gewinnermittlung der **Personengesellschaft zweistufig** zu erfolgen.

Bei der Besteuerung einer **Kapitalgesellschaft** ist zwischen der Ebene der Gesellschaft und der Ebene der Gesellschafter zu unterscheiden (**Trennungsprinzip**). Ist dieses Prinzip den einzelnen Gesellschaftern nicht klar, drohen Konfrontationen mit dem Finanzamt aufgrund verdeckter Gewinnausschüttungen oder es erfolgt der berüchtigte Griff in die Kasse der Gesellschaft, weil der Gesellschafter fälschlicherweise von einem Entnahmerecht wie bei der Personengesellschaft ausgeht.

C.   Besteuerung der Personengesellschaften (inklusive GmbH & Co. KG)

Über die Besteuerungsgrundlagen der Gesellschaften soll nachfolgend ein Kurzüberblick gegeben werden. Einzelne wichtige Problembereiche der Gesellschaften werden vertieft dargestellt.   26

I.   Besteuerung der Gesellschaft

1.   Steuersubjekt

Die **Personengesellschaft selbst** ist **nicht einkommensteuerpflichtig**; vielmehr wird ihr Gewinn bzw. Verlust den Gesellschaftern direkt zugerechnet. Das im Rahmen der Tätigkeit einer Personengesellschaft erzielte Einkommen wird nicht als Einkommen der Personengesellschaft selbst, sondern als unmittelbar von den einzelnen Mitunternehmern der Gesellschaft erzieltes Einkommen angesehen.   27

Handelt es sich bei den Gesellschaftern um natürliche Personen, sind die Einkünfte je nach Tätigkeit der Gesellschaft, einer der sieben Einkunftsarten (§ 2 Abs. 1 EStG) zuzurechnen. Die Gesellschafter einer Gesellschaft erzielen wegen der gewerblichen Prägung (§ 15 Abs. 3 EStG) der Gesellschaft **regelmäßig gewerbliche Einkünfte**. Handelt es sich bei den Gesellschaftern um Subjekte der Körperschaftsteuer, sind die Einkünfte in die Ermittlung des körperschaftsteuerlichen Einkommens (§ 8 KStG) einzubeziehen. Die Einkünfte von Personengesellschaften werden daher für die Ertragsteuer quasi auf der Ebene der einzelnen Gesellschafter erzielt. In der Literatur wird auch vom **Transparenzprinzip** bei der ertragsteuerlichen Behandlung der Personengesellschaften gesprochen.   28

2.   Die Personengesellschaft als Steuersubjekt

Die **Pesonengesellschaft schuldet** jedoch   29

- für die von ihr erzielten Umsätze Umsatzsteuer
- für ihren Grundbesitz Grundsteuer bzw. bei Erwerb Grunderwerbsteuer
- für ihren Gewinn Gewerbesteuer

a)   Gewerbesteuer

Ist eine Personengesellschaft als Mitunternehmerschaft einzustufen und damit als Gewerbebetrieb, so unterliegt sie der Gewerbesteuer. Die Personengesellschaft ist mit ihrem im Inland betriebenen, stehenden Gewerbebetrieb Steuersubjekt (§ 2 GewStG).[1]

---

1   Für die GmbH & Co. KG, Fehrenbacher/Tavakoli, Besteuerung der GmbH & Co. KG, S. 68 ff.

b)   Umsatzsteuer

Eine Personengesellschaft ist unternehmerfähig i.S.v. § 2 UStG. Dies gilt auch für eine GbR, wenn diese als Außengesellschaft ausgestaltet ist. Wenn eine Personengesellschaft selbständig gewerblich tätig ist, ist sie Unternehmer i.S.d. § 2 Abs. 1 UStG. Die Gesellschafter müssen hierzu nicht Unternehmer sein.

II.   Einkommensteuerpflicht der Gesellschafter

30   Die Vorschrift des **§ 15 Abs. 1 Satz 1 Nr. 2 EStG** erfasst bestimmte zivilrechtliche Gesellschaften. Genannt werden die OHG und die KG i.S.d. HGB und eine andere Gesellschaft, bei der die Gesellschafter als Unternehmer (**Mitunternehmer**) des Betriebs anzusehen sind. Als andere Gesellschaften in diesen Sinne sind nur Personengesellschaften und wirtschaftlich vergleichbare Gemeinschaftsverhältnisse anzusehen. Unter anderem fällt hierunter die **GbR als Außengesellschaft** mit Gesamthandsvermögen oder als Innengesellschaft, bei der nach außen nur einer der Gesellschafter als Unternehmer auftritt. Voraussetzung für eine solche ertragsteuerliche Behandlung ist allerdings, dass es sich bei der Gesellschaft eine **Mitunternehmerschaft** handelt. Ob ein Gesellschaftsverhältnis vorliegt, richtet sich nach der Art der Vereinbarungen, dem Vergleich des unter Dritten Üblichen und des Vollzugs wie unter Dritten, nicht aber nach den von den Beteiligten gewählten Bezeichnungen. Erforderlich dafür ist insbesondere, dass bei der Betätigung auf der Ebene der Personengesellschaft **Gewinnerzielungsabsicht** vorliegt. Als Teil einer Mitunternehmerschaft erzielen die Gesellschafter gewerbliche Einkünfte (§ 15 Abs. 1 Nr. 2 EStG). Zur Mitunternehmerschaft gehören die Gesellschafter allerdings nur, wenn sie eine **Mitunternehmerstellung** einnehmen. Für jeden Gesellschafter ist daher zu prüfen, ob er unter Berücksichtigung seiner gesellschaftsvertraglichen Stellung als Mitunternehmer anzusehen ist. Die Mitunternehmer einer Gesellschaft erzielen **gewerbliche Einkünfte** nach § 15 Abs. 3 Nr. 2, Abs. 1 Nr. 2 EStG.

1.   Gewinnerzielungsabsicht

31   Eine Definition der **Gewinnerzielungsabsicht** findet sich weder im Einkommensteuergesetz noch im Gewerbesteuergesetz. Nach der Rechtsprechung des BFH beinhaltet die Gewinnerzielungsabsicht ein Streben nach der **Mehrung des Betriebsvermögens** in der Form eines **Totalgewinns**. Darunter ist das positive Gesamtergebnis eines Betriebs von der Gründung bis zur Aufgabe oder Liquidation zu verstehen. Die Tätigkeit der Personengesellschaft muss über eine größere Zahl von Jahren auf die Erzielung positiver Einkünfte hin angelegt sein. Das für den Tatbestand der Einkunftserzielung notwendige Gewinnstreben kann als „innere" Tatsache nur anhand äußerlicher Merkmale beurteilt werden.

32   Bei einer Personengesellschaft muss die Gewinnerzielungsabsicht auf eine Mehrung des Betriebsvermögens der Gesellschaft gerichtet sein. Ein Tätigwerden der Gesellschaft lediglich in der Absicht, ihren Gesellschaftern eine Minderung der Steuern vom Einkommen in der Weise zu vermitteln, dass durch Zuweisung von Verlustanteilen andere an sich tariflich zu versteuernde Einkünfte nicht versteuert werden, reicht nicht aus.

2.   Mitunternehmerstellung der Gesellschafter

Mitunternehmer ist ein Gesellschafter einer Personengesellschaft, wenn er als Unternehmer des   33
Betriebs anzusehen ist (§ 15 Abs. 1 Nr. 2 EStG; **Typusbegriff**). Mitunternehmer kann jede natürliche oder juristische Person, insbesondere Kapitalgesellschaft sein, unabhängig davon, ob die
Person unbeschränkt oder beschränkt einkommensteuer- oder körperschaftsteuerpflichtig ist, soweit sie an der Personengesellschaft unmittelbar als Gesellschafter beteiligt ist. Darüber hinaus
können diese Personen auch Einzelunternehmer oder Mitunternehmer weiterer Gewerbebetriebe
sein.

Aus der Umschreibung lassen sich die drei maßgeblichen Voraussetzungen ableiten, die den Mitunternehmer auszeichnen: In Anlehnung an die in § 15 Abs. 1 Nr. 3 EStG ausdrücklich benannten
Gesellschaftsformen OHG und KG muss zunächst ein **Gesellschaftsverhältnis** bestehen. Ausreichend ist insoweit auch ein dem Gesellschaftsverhältnis ähnliches Verhältnis (sog. „verdeckte" **Mitunternehmerschaft**). Das bedeutet gleichzeitig, dass Mitunternehmer einer Gesellschaft
theoretisch auch eine Person sein kann, die nicht Komplementär oder Kommanditist des Unternehmens ist. Ferner setzt das Betreiben eines Unternehmens die Übernahme von **Unternehmerrisiko** und **Unternehmerinitiative** voraus. Entscheidend ist das Gesamtbild der Verhältnisse, wobei ein geringeres Risiko durch stärker ausgeprägte Unternehmerinitiative kompensiert werden
kann. Nur unter diesen Voraussetzungen scheint es gerechtfertigt, die Gesellschafter einer Personengesellschaft einem Einzelunternehmer (§ 15 Abs. 1 Nr. 1 EStG) gleichzustellen.

Vorwegnehmend lässt sich aus der Rechtsprechung und der Einordnung des Mitunternehmerbegriffs als Typusbegriffs ableiten, dass für die Beurteilung eines Mitunternehmerverhältnisses die
gesamten Umstände des Einzelfalles und das Gesamtbild der wirtschaftlichen Beziehungen der
Beteiligten untereinander entscheidend sind.

a)   Mitunternehmerrisiko

Mitunternehmerrisiko bedeutet gesellschaftsrechtliche Teilhabe oder eine dieser wirtschaftlich   34
vergleichbaren **Teilhabe am Erfolg oder Misserfolg eines gewerblichen Unternehmens**. Das Erragsteuerrecht beurteilt die Übernahme von Unternehmerrisiko in erster Linie danach, ob jemand
am Gewinn und Verlust sowie am Vermögen, insbesondere an den stillen Reserven einschließlich
des Geschäftswerts, beteiligt ist oder nicht. Mitunternehmer i.S.d. § 15 EStG ist diejenige Person,
nach deren Willen und auf deren Rechnung und Gefahr das Unternehmen in der Weise geführt
wird, dass sich der Erfolg oder Misserfolg der gewerblichen Betätigung in ihrem Vermögen unmittelbar niederschlägt. Der Gesetzgeber geht davon aus, dass die Stellung eines Kommanditisten, wie sie in §§ 162 ff. HGB ausgestaltet ist, ausreicht, um Mitunternehmerrisiko zu begründen.
Das ergibt sich aus der Gleichbehandlung von Komplementär und Kommanditist in § 15 Abs. 1
Nr. 2 EStG. Die stille Beteiligung auf der anderen Seite (§ 230 HGB) reicht in der Regel nicht aus,
um Unternehmerrisiko zu tragen. Der Gesetzgeber ordnet Überschüsse aus stillen Beteiligungen
den Einkünften aus Kapitalvermögen zu (§ 20 Abs. 1 Nr. 4 EStG). Maßgebende Gesichtspunkte
für die Beurteilung der Übernahme von Mitunternehmerrisiko sind somit die Beteiligung an den
Erträgen der Gesellschaft, die Beteiligung am Verlust (§ 167 Abs. 3 HGB) sowie die Teilhabe am
Liquidationserlös.

b)   Mitunternehmerinitiative

35 **Mitunternehmerinitiative** bedeutet vor allem **Teilhabe an unternehmerischen Entscheidungen**, wie sie z.B. Gesellschaftern oder diesen vergleichbaren Personen als Geschäftsführer, Prokuristen oder anderen leitenden Angestellten obliegen. Die Entfaltung von Mitunternehmerinitiative ist anzunehmen, wenn der **Einfluss auf Entscheidungen in der Gesellschaft** gewährleistet ist. Bei Geschäftsführungs- oder Vertretungsbefugnissen ist von einer ausreichenden Teilhabe an unternehmerischen Entscheidungen in der Regel auszugehen. Die Mindestanforderungen ergeben sich aus den gesetzlichen Stimm-, Kontroll- und Widerspruchsrechten des Kommanditisten (§§ 162 ff. HGB); auch die Entsprechung mit den gesellschaftsrechtlichen Kontrollrechten gem. § 716 Abs. 1 BGB ist ausreichend. Der Kommanditist kann danach beispielsweise außergewöhnliche Maßnahmen der Geschäftsführung verhindern. Eine gesellschaftsvertraglich ausgestaltete Kommanditistenstellung, die erheblich eingeschränkte Rechte vorsieht (kein Widerspruchsrecht, Beschneidung der Kontrollrechte), kann dagegen zum Verlust der Mitunternehmerinitiative führen.

3.   Sondervergütungen

36 Zum **ertragsteuerlichen Gewinn** der Personengesellschaft zählen auch die **Vergütungen, die ein Gesellschafter von der Gesellschaft für seine Tätigkeit im Dienst der Gesellschaft** oder für die Hingabe von Darlehen oder die Überlassung von Wirtschaftsgütern **bezogen hat** (§ 15 Abs. 1 Nr. 2 EStG). Die Regelung soll verhindern, dass durch die Vereinbarung von entgeltlichen Leistungen zwischen der Gesellschaft und den Gesellschaftern das Besteuerungsergebnis beeinflusst wird. Durch Vergütungsvereinbarungen wäre eine erhebliche Beeinflussung des steuerlichen Ergebnisses möglich. Mit der Regelung wird eine Annäherung an die Verhältnisse beim Einzelunternehmer erreicht, der keine Verträge mit sich selbst schließen kann. Nach der Rechtsprechung des BFH ist die Vorschrift weit auszulegen. Entscheidendes Merkmal ist die **Veranlassung durch das Gesellschaftsverhältnis**. Eine ausreichende Veranlassung soll immer dann vorliegen, wenn Leistungen eines Mitunternehmers auf gesellschaftsrechtlicher oder schuldrechtlicher Grundlage vorgenommen werden. Ausgenommen sind nur solche Leistungen, die keinen wirtschaftlichen Zusammenhang mit der Stellung als Mitunternehmer aufweisen. So hat der BFH die Vergütung an einen Arbeitnehmer-Kommanditisten, der selbst nur geringfügig an der Gesellschaft beteiligt war, als Tätigkeitsvergütung eingeordnet (§ 15 Abs. 1 Nr. 2 EStG). Die Tätigkeit des Kommanditisten wird als Beitrag zur Förderung des wirtschaftlichen Zwecks der Gesellschaft angesehen. Nur in außergewöhnlichen Fällen soll der wirtschaftliche Zusammenhang abzulehnen sein.

37 Im Grundsatz ist davon auszugehen, dass § 15 Abs. 1 Nr. 2 EStG nicht nur der Umqualifizierung von Einkünften zu Einkünften aus Gewerbebetrieb dient, sondern auch die Zuordnung der Einkünfte zur Mitunternehmerschaft bewirken kann. Auf den konkreten Maßstab der Vergütung (gewinnabhängig oder Festvergütung) kommt es dabei nicht an. Ausnahmen sollen nach Ansicht der Rechtsprechung vorliegen, wenn die Gesellschafterstellung und die Erbringung einer Leistung „zufällig" zusammenfallen. Zufällig soll das Zusammenfallen insbesondere dann sein, wenn es um Leistungen im Rahmen des laufenden Geschäftsverkehrs geht. Betreibt also beispielsweise ein Kommanditist neben seiner Beteiligung an der Personengesellschaft einen eigenen Gewerbebetrieb und beliefert er die Gesellschaft zu fremdüblichen Konditionen, ist keine Zuordnung der Einkünfte zur Gesellschaft vorzunehmen. Gleiches gilt im Verhältnis zu anderen personengleichen Personengesellschaften (Schwestergesellschaften), falls diese gewerblich tätig oder ent-

sprechend geprägt sind. Ferner ordnet der BFH die Einkünfte bei der mitunternehmerischen Betriebsaufspaltung vorrangig dem Besitzunternehmern zu.

4.   Besonderheiten der GmbH & Co. KG

a)   Vergütung als Geschäftsführer der Komplementär-GmbH

Besonderheiten ergeben sich hinsichtlich der Beurteilung der **Vergütung als Geschäftsführer** bei der Komplementär-GmbH einer GmbH & Co. KG. Die Regelung des § 15 Abs. 1 Nr. 2 EStG kommt für die Zuordnung der Geschäftsführervergütung nur zur Anwendung, wenn der Geschäftsführer der GmbH gleichzeitig Mitunternehmer der GmbH & Co. KG ist. Ist der Geschäftsführer weder an der GmbH, noch als Kommanditist an der GmbH & Co. KG beteiligt (oder nur an der GmbH), liegen steuerlich in Höhe der Vergütung Einkünfte aus nicht selbständiger Arbeit vor. In dem Fall, bei dem der Geschäftsführer nur an der GmbH beteiligt ist, ist allerdings zu beachten, dass bei überhöhten Vergütungen in Höhe der unangemessenen Teile eine **verdeckte Gewinnausschüttung** vorliegen kann (§ 8 Abs. 3 Satz 2 KStG). Erhält die Komplementär-GmbH einen vereinbarten Aufwendungsersatz in Höhe der Vergütung des Geschäftsführers, stellt sich die Frage der Behandlung der Ersatzleistung hinsichtlich des § 15 Abs. 1 Nr. 2 EStG. Bei entsprechender vorheriger Vereinbarung des Aufwendungsersatzes ist von einer Sondervergütung an die GmbH auszugehen, die in den Gesamtgewinn der Mitunternehmerschaft einzubeziehen ist. Ohne Vereinbarung muss die GmbH die Vergütung des Geschäftsführers aus ihrem Gewinnanteil bestreiten. Besonderheiten sind insoweit zu beachten als die Tätigkeit des Geschäftsführers auch Umsatzsteuer auslösen kann.

38

b)   Besteuerung der Komplementäre

Diese haben die Einkommensteuer auf den Gewinn zu zahlen, der ihnen aus ihrer Gesellschaftsbeteiligung zufließen. Das geschieht in zwei Stufen:

39

Zunächst wird auf der Grundlage der Steuerbilanz der **Gewinn bzw. der Verlust** ermittelt, den die **KG** erzielt hat (**erste Stufe**). Dieser wird den **Gesellschaftern** entsprechend dem **Gewinnverteilungsschlüssel** zugerechnet und dem Finanzamt in der Erklärung für die „einheitliche und gesonderte Gewinnfeststellung" mitgeteilt (**zweite Stufe**). Durch den entsprechenden Bescheid stellt das Finanzamt rechtsverbindlich die Höhe des Gewinns „einheitlich" für die KG und „gesondert" für jeden Gesellschafter fest. Bei diesem Verfahren werden auch eventuelle Sonderbetriebseinnahmen bzw. Sonderbetriebsausgaben eines einzelnen Gesellschafters berücksichtigt.

Den in dem Bescheid für die „**einheitliche und gesonderte Feststellung**" vom Finanzamt festgestellten Gewinn oder Verlust haben die einzelnen KG-Gesellschafter in ihrem jeweiligen Einkommensteuererklärungen anzugeben.

> **Beispiel:**

40

In einer KG sind drei Gesellschafter beteiligt: A mit 50 %, B und C mit jeweils 25 %. Diese KG erzielt laut ihrer Handelsbilanz einen Gewinn von 2,8 Millionen EURO. Da sie in der Handelsbilanz jedoch Abschreibungen in Höhe von 200.000 EURO vorgenommen hat, die nach dem Steuerrecht nicht zulässig sind, erhöht sich der Gewinn laut Steuerbilanz auf 3 Millionen EURO. Demzufolge müssen die Gesellschafter in der einheitlichen und gesonderten Feststellung diesen Gewinn angeben. In dem Bescheid über die einheitliche und gesonderte Feststellung stellt das Finanzamt rechtsverbindlich fest, dass A aus seiner KG-Beteiligung einen Gewinn von 1,5 Millionen EURO, B sowie C von jeweils 750.000 EURO erzielt haben. Diesen Gewinn müssen A, B, und C als Einkünfte aus Gewerbebetrieb in ihrer Einkommensteuererklärung angeben.

c)   Besteuerung der Kommanditisten

41   Bei diesen ist – je nachdem ob ein Verlust oder ein Gewinn entstanden ist – wie folgt zu unterscheiden:

Bei der Besteuerung der **Gewinne** werden sie **wie Komplementäre** behandelt.

Verluste aus der KG-Beteiligung dürfen dagegen nur Komplementäre in voller Höhe mit anderen (positiven) Einkünften verrechnen; Kommanditisten ist dies nur insoweit erlaubt, als dadurch kein negatives Kapitalkonto entsteht bzw. sich erhöht (§ 15 a EStG).

D.   Besteuerung der Kapitalgesellschaften am Beispiel der GmbH

I.   Steuersubjekt

42   Der **Gewinn** steht **nur** der **GmbH** selbst zu. Lediglich wenn die Gesellschafterversammlung eine Ausschüttung beschließt, erfolgt eine Gewinnweitergabe, i.d.R. entsprechend der Höhe der Geschäftsanteile (§ 29 Abs. 3 GmbHG). Es kann im Gesellschaftsvertrag auch eine andere Verteilung vereinbart werden, z.B. eine Verteilung nach Köpfen.

43   Die GmbH ist als juristische Person **körperschaftsteuerpflichtig** und hat ihren Gewinn durch Betriebsvermögensvergleich zu ermitteln. Sie ist unbeschränkt steuerpflichtig, d.h. hat grundsätzlich alle in- und ausländischen Einkünfte der Steuer zu unterwerfen, wenn sie ihren Sitz oder ihre Geschäftsleitung im Inland hat (§§ 10, 11 AO). Daneben ist die GmbH kraft Rechtsform **gewerbe- und umsatzsteuerpflichtig** und hat wie jede andere natürliche oder juristische Person auch **Grund- bzw. Grunderwerbsteuer** zu entrichten.

II.   Beginn der Steuerpflicht

44   Mit **Beginn** der **ersten, nach außen erkennbaren wirtschaftlichen Tätigkeit** ist die GmbH bereits **umsatzsteuerpflichtig**; dies gilt auch für bloße Vorbereitungshandlungen (Abschnitt 19 Abs. 2 UStR).

Die **Körperschaftsteuerpflicht** einer GmbH beginnt mit **Abschluss des notariellen Gründungsvertrags** (sog. Vorgesellschaft). Ab diesem Zeitpunkt kann die GmbH auch bereits Organgesellschaft sein. Nimmt die Gesellschaft ihre Geschäftstätigkeit schon vor diesem Zeitpunkt auf (Vorgründungsgesellschaft), wird sie – in Abhängigkeit ihrer Tätigkeit – wie eine GbR oder OHG behandelt (§ 15 Abs. 1 Nr. 2 EStG).

Die Gewerbesteuerpflicht entsteht grundsätzlich mit Erlangung der Rechtsfähigkeit, also Eintragung ins Handelsregister (Abschnitt 18 Abs. 2 GewStR). Wird bereits vorher eine nach außen hin in Erscheinung tretende Geschäftstätigkeit aufgenommen, beginnt die Gewerbesteuerpflicht schon mit dieser Tätigkeit, wenn ein notarieller Gesellschaftsvertrag bereits abgeschlossen wurde.

III. Ende der Steuerpflicht

Die Steuerpflicht **endet** hinsichtlich aller Steuerarten nicht mit der Löschung im Handelsregister, sondern grundsätzlich **erst mit Verteilung des Vermögens**. Die GmbH bleibt bis zu ihrer vollständigen Abwicklung, mindestens bis zum Ablauf des Sperrjahres (§ 73 GmbHG) steuerrechtsfähig. Ihre Steuerrechtsfähigkeit besteht auch solange fort, wie die GmbH steuerliche Pflichten zu erfüllen hat oder noch an einem Rechtsbehelfsverfahren beteiligt ist. Die Steuerpflicht der GmbH endet auch bei Verschmelzung auf einen anderen Rechtsträger.   45

IV. Mitwirkungspflichten

Die GmbH ist **buchführungspflichtig** (§ 13 Abs. 3 GmbHG, § 6 Abs. 1 HGB, §§ 240, 242 HGB). Sie muss eine Eröffnungsbilanz zu dem Tag erstellen, an dem sie (als Vorgesellschaft) mit ihrer Tätigkeit beginnt, spätestens auf den Tag ihrer Eintragung im Handelsregister. Schließlich muss die GmbH alle wesentlichen Vorgänge – wie Gründung, Auflösung, Verlegung der Geschäftsleitung oder des Sitzes – innerhalb eines Monats dem zuständigen Finanzamt mitteilen (§ 137 AO).   46

Für die GmbH bestehen wie für alle anderen Unternehmen folgende Pflichten zur Abgabe von Steuererklärungen bzw. Steueranmeldungen:

V. Umsatzsteuervoranmeldung

Je nach Umsatzsteuerschuld des Vorjahres muss die GmbH entweder monatliche oder vierteljährliche **Voranmeldungen** abgeben. Nur wenn die Vorjahresschuld weniger als 512 EURO betragen hat, entfällt die Verpflichtung zur Abgabe einer Voranmeldung (§ 18 Abs. 2 S. 3 UStG). Für neu gegründete Unternehmen gilt für die Dauer von zwei Veranlagungszeiträumen zwingend der Kalendermonat als Vorauszahlungszeitraum (§ 18 Abs. 2 S. 4 UStG).   47

VI. Körperschaft-, Umsatz- und Gewerbesteuererklärung sowie Steuerbilanz

Diese muss die GmbH zum 31.05. für das vorangegangene Geschäftsjahr beim Finanzamt abgeben. Diese Frist kann bis zum 30.09. verlängert werden. Falls Steuererklärungen durch Angehörige von rechts- und steuerberatenden Berufen vorbereitet werden, wird diese Verlängerung immer gewährt, sie kann sich darüber hinaus auf gesonderten Antrag sogar bis Ende Februar des drauffolgenden Jahres erstrecken.   48

VII. Steuerliche Behandlung der Gewinnausschüttung

Für die Gewinnausschüttung gilt folgendes:

1. Gesellschaft

49 Der Gewinn einer GmbH unterliegt der **Körperschaftsteuer** i.H.v. 15 % (§ 23 Abs. 1 KStG) und dem Solidaritätszuschlag in Höhe von 5,5 % der festgesetzten Körperschaftsteuer (§ 2 Nr. 3 SolzG). Die Besteuerung erfolgt unabhängig davon , ob der Gewinn an die Gesellschafter ausgeschüttet wird oder nicht. Im Fall der **Ausschüttung** ist zusätzlich noch **Kapitalertragsteuer** i.H.v. 20 % von der Gesellschaft einzubehalten und an das Finanzamt abzuführen. Die Kapitalertragsteuer kann der Gesellschafter auf seine persönliche Einkommensteuerpflicht anrechnen. Zudem unterliegt der Gewinn einer GmbH der **Gewerbesteuer**.

2. Gesellschafter

50 Die Steuerpflicht für die Gewinnausschüttungen ist davon abhängig, ob der Gesellschafter eine **Kapitalgesellschaft** oder eine **natürliche Person** ist. Werden Gewinne einer Kapitalgesellschaft ausgeschüttet, werden diese dann auf Ebene des Gesellschafters nachbelastet. Je nachdem, ob der Gesellschafter die **Beteiligung im Privatvermögen** oder im **Betriebsvermögen** hält, ob der Gesellschafter eine andere Kapitalgesellschaft ist, erfolgt die Nachbelastung nach einem anderen System in unterschiedlicher Höhe.

Ist Gesellschafter eine **Kapitalgesellschaft**, so sind die Gewinnausschüttungen von der Besteuerung freigestellt (**Schachtelprivileg**, § 8 b KStG). Im Gegenzug zur Freistellung dürfen Gewinnminderungen, die im Zusammenhang mit solchen Beteiligungen stehen, z.B. Teilwertabschreibungen, steuerlich nicht berücksichtigt werden. Zudem gilt ein pauschales Betriebsausgabenabzugsverbot i.H.v. 5 % der steuerfreien Erträge, d.h. es müssen 5 % der Gewinnausschüttungen versteuert werden.

51 Ist Gesellschafter eine **natürliche Person**, und hält sie die Beteiligung im

■ **Privatvermögen:**

Regelung vor dem 01.01.2009:

Die ausgeschütteten Gewinne sind unter Anwendung des Halbeinkünfteverfahrens (§ 3 Nr. 40 EStG) als Einnahmen aus Kapitalvermögen in ihrer Einkommensteuererklärung zu berücksichtigen. Davon abzuziehen ist der Werbungskostenpauschbetrag und der Sparer-Freibetrag. Die verbleibenden Einkünfte aus Kapitalvermögen unterliegen dem persönlichen Einkommensteuersatz des Gesellschafters und können ggf. mit Verlusten aus anderen Einkunftsarten verrechnet werden.

52 **Regelung ab dem 01.01.2009:**

Die ausgeschütteten Gewinne werden als Einnahmen aus Kapitalvermögen ab dem 01.01.2009 mit einer Abgeltungssteuer i.H.v. 25 % belastet. Diese wird durch Einbehalt der Kapitalertragsteuer mit abgeltender Wirkung erhoben. Grundsätzlich dürfen bei den Kapitalerträgen keine Werbungskosten mehr abgezogen werden, da es sich um eine pauschalierte Besteuerung handelt. Zum Abzug kommt lediglich ein zusammengefasster Sparer-Pauschbetrag von 801 EURO, der den bisherigen Werbungkostenpauschbetrag und den Sparer-Freibetrag ersetzt. Auch hier kann wie bisher ein Freistellungsauftrag an die Bank erteilt werden.

■ **Betriebsvermögen**   53

Regelung vor dem 01.01.2009

Die ausgeschütteten Gewinne gehören zu den betrieblichen Einkünften und sind in der Bilanz oder Einnahmen-Überschussrechnung aufzunehmen.

Die Ausschüttungen unterliegen dem **Halbeinkünfteverfahren**, d.h. sie werden nur zur Hälfte in die Steuerbemessungsgrundlage für die Einkommensteuer einbezogen (§ 3 Nr. 40 EStG). Korrespondierend dazu dürfen Werbungskosten, die mit der Beteiligung in unmittelbarem wirtschaftlichen Zusammenhang stehen, nur zur Hälfte abgezogen werden (§ 3 c Abs. 2 EStG).

Ausschüttungen, die nach dem Halbeinkünfteverfahren oder aufgrund der Körperschaftssteuer-   54 gesetzes steuerfrei bleiben, sind zur Ermittlung des gewerbesteuerlichen Gewinns hinzuzurechnen, sofern sie nicht die Voraussetzungen für eine Kürzung aufgrund des gewerbesteuerlichen Schachtelprivilegs erfüllen. Betriebsausgaben, die mit diesen Gewinnanteilen zusammenhängen und bei der Ermittlung des einkommen- bzw. körperschaftssteuerlichen Gewinns nicht abgezogen werden durften, können daher bei der Ermittlung des Gewerbeertrags berücksichtigt werden.

Regelung nach dem 01.01.2009:   55

An die Stelle des Halbeinkünfteverfahrens tritt ein **Teileinkünfteverfahren**, bei welchem die Gewinnausschüttungen nur noch zu 40 % steuerfrei sind. Durch diese Veränderung wird das Halbeinkünfteverfahren an die abgesenkte Vorbelastung auf Ebene der Kapitalgesellschaft angepasst. Hingegen sind allerdings auch 60 % der mit der Beteiligung im Zusammenhang stehenden Aufwendungen künftig abzugsfähig (§ 3 c Abs. 2 EStG).

VIII.   Körperschaftsteuerpflicht

Aus steuerlicher Sicht steht bei der Besteuerung von Kapitalgesellschaften die Körperschaftsteuer   56 im Mittelpunkt. Aus der Sicht der Praxis wird auf einige Besonderheiten eingegangen, die häufig zu Auseinandersetzungen mit dem Finanzamt führen.

Kapitalgesellschaften sind **unbeschränkt körperschaftsteuerpflichtig**, wenn sie ihre Geschäftsleitung oder ihren Sitz im Inland haben (§ 1 Abs. 1 KStG).

Bemessungsgrundlage für die Körperschaftsteuer ist das zu versteuernde Einkommen, das von der Kapitalgesellschaft innerhalb eines Kalenderjahres bezogen wird (§ 7 Abs. 1 und 3 KStG).

Nach § 8 Abs. 1 KStG ist das zu versteuernde Einkommen nach den Vorschriften des EStG und des KStG zu ermitteln.[2]

1.   Verdeckte Gewinnausschüttung

Einen häufigen Diskussionspunkt im Rahmen einer Betriebsprüfung stellt die verdeckte Gewinn-   57 ausschüttung dar.

Gewinnausschüttungen betreffen die Stufe der **Einkommensverwendung**, nicht aber die Stufe der Einkommenserzielung. Daher bestimmt § 8 Abs. 3 Satz 1 KStG, dass sich die Verteilung des Einkommens nicht auf seine Höhe auswirken darf. Dieser Grundsatz betrifft nicht nur offene

---

2   Zur Ermittlung des zu versteuernden Einkommens siehe ausführlich: Stache, Besteuerung der GmbH, S. 101 f.

Gewinnausschüttungen; diese sind daher, soweit sie den Gewinn gemindert haben, zur Ermittlung des Einkommens wieder hinzuzurechnen.

58   Im Gesetz findet sich **keine Legaldefinition** der verdeckten Gewinnausschüttung. Nach Auffassung des BFH und der Finanzverwaltung ist eine verdeckte Gewinnausschüttung i.S.d. § 8 Abs. 3 Satz 2 KStG eine **Vermögensminderung** oder **verhinderte Vermögensmehrung**, die **durch das Gesellschaftsverhältnis veranlasst** ist, sich auf die Höhe des Unterschiedsbetrags i.S.d. § 4 Abs. 1 Satz 1 EStG auswirkt und **nicht auf** einem dem **gesellschaftsrechtlichen Vorschriften** entsprechenden **Gewinnverteilungsbeschluss** beruht. Unter den Begriff der verdeckten Gewinnausschüttung fallen damit Vorgänge, die zu einer Minderung des (steuer-)bilanziellen Gewinns der Kapitalgesellschaft führen und bei denen der Umfang dieser Gewinnminderung aus im Gesellschaftsverhältnis liegenden Gründen über das hinausgeht, was bei Leistungsbeziehungen mit Nicht-Gesellschaftern akzeptiert würde.[3] Charakterisierend für eine verdeckte Gewinnausschüttung ist eine zivilrechtlich wirksame, aber zu Lasten der Kapitalgesellschaft unausgewogene Leistungsbeziehung zwischen der Gesellschaft und ihrem Gesellschafter, wobei die Unausgewogenheit regelmäßig in der Differenz zwischen den tatsächlich vereinbarten und dem alternativ erzielbaren, fremdüblichen Entgelt liegt.

59   Besonderheiten ergeben sich beim **beherrschenden Gesellschafter**: Zusätzlich zur Angemessenheit der Vereinbarungen ist bei diesem zu prüfen, ob von vornherein klare und eindeutige Vereinbarungen vorlagen. Ist dies nicht der Fall, werden ggf. auch angemessene Vergütungen als verdeckte Gewinnausschüttung qualifiziert.[4]

Des weiteren ist zu beachten, dass nicht nur eine Vorteilsgewährung an den Gesellschafter selbst, sondern auch eine solche an eine **dem Gesellschafter nahestehende Person** ein Vorliegen der übrigen Voraussetzungen den Tatbestand der verdeckten Gewinnausschüttung erfüllt.

a)   Tatbestandsvoraussetzungen einer verdeckten Gewinnausschüttung

aa)   Vermögensminderung oder verhinderte Vermögensmehrung

60   Kennzeichnend für die vGA ist die **Hinnahme eines Vermögensnachteils** auf der Ebene der Kapitalgesellschaft, die entweder als Vermögensminderung oder als verhinderte Vermögensmehrung auftreten kann.

Eine als vGA zu qualifizierende Vermögensminderung setzt eine das **bilanzielle Ergebnis mindernde buchhalterische Erfassung** voraus. Neben laufenden Betriebsausgaben (überhöhte Zahlungen an Gesellschafter-Geschäftsführer) kommen hierbei auch erfolgswirksame Zuführungen zu Passivposten (Pensionsrückstellungen), Wegfall von Aktivposten (Verzicht der Gesellschaft auf die Rückzahlung eines Darlehens durch einen Gesellschafter) oder Aufwand aufgrund überhöhter Kaufpreiszahlungen an Gesellschafter in Frage. Auch der Verzicht auf einen vermeintlich bestehenden Anspruch der Gesellschaft gegenüber einem Dritten zugunsten des Gesellschafters kann eine Vermögensminderung darstellen.[5]

---

3   R 36 Abs. 1 KStR.
4   R 36 Abs. 2 KStR.
5   Zu Beispielen für eine verdeckte Gewinnausschüttung: Stache, Besteuerung der GmbH, S. 107 ff.

Wird die vGA zurückgewährt, so ändert dies nichts an deren Qualifikation; die steuerlichen Folgen einer vGA können durch Rückabwicklung nicht wieder beseitigt werden. In der Rückabwicklung kann ggf. eine **(verdeckte) Einlage** gesehen werden.   61

Eine **Vermögensminderung** liegt vor, wenn die Gesellschaft für eine von ihr erbrachte Leistung **kein angemessenes Entgelt** erhält, so etwa bei der Veräußerung eines Wirtschaftsguts durch die Gesellschaft an den Gesellschafter zu einem zu niedrigen Preis.   62

ab)   Auswirkung auf das bilanzielle Ergebnis

Die **Vermögenseinbuße** der GmbH aufgrund einer vGA ist **mit Hilfe der Steuerbilanz zu ermitteln** indem sie ohne Berücksichtigung der Rechtsfolgen aus § 8 Abs. 3 Satz 2 KStG unter Anwendung des Maßgeblichkeitsgrundsatzes (§ 5 Abs. 1 EStG) aufgestellt wird. Der nach diesem Grundsatz ermittelte Steuerbilanzgewinn ist mit dem Gewinn zu vergleichen, der sich bei dem Ansatz des Aufwandes als Ausschüttung bzw. bei der Erfassung der verhinderten Vermögensmehrung bzw. Vermögensminderung als Einnahme ergibt. Die Vermögensminderung bzw. verhinderte Vermögensmehrung besteht in Höhe des Differenzbetrags.   63

ac)   Veranlassung durch das Gesellschaftsverhältnis

Die Vermögensminderung bzw. verhinderte Vermögensmehrung muss **durch das Gesellschaftsverhältnis veranlasst** sein. Es müssen also **überwiegend betriebliche Gründe** für die Maßnahme ursächlich gewesen sein. Nach der Meinung der Finanzverwaltung liegt eine Veranlassung durch das Gesellschaftsverhältnis vor, wenn ein ordentlicher und gewissenhafter Geschäftsleiter die Vermögensminderung oder verhinderte Vermögensmehrung gegenüber einer Person, die nicht Gesellschafter ist, unter sonst gleichen Umständen nicht hingenommen hätte (**Fremdvergleich**).[6]   64

Eine Veranlassung durch das Gesellschaftsverhältnis kann auch dann vorliegen, wenn nicht dem Gesellschafter selbst, sondern einer ihm **nahestehenden Person** ein Vorteil gewährt wird, der einer dem Gesellschafter nicht nahestehenden Person nicht gewährt würde.

Liegt eine vGA an eine dem Gesellschafter nahestehende Person vor, so wird diese dem Gesellschafter als Einnahme gem. § 20 Abs. 1 Nr. 1 Satz 2 EStG zugerechnet.

ad)   Beherrschender Gesellschafter

Eine gesellschaftsrechtliche Veranlassung wird auch dann angenommen, wenn eine Kapitalgesellschaft ihrem beherrschenden Gesellschafter gegenüber eine Leistung erbringt, für die es an einer **klaren, im Voraus getroffenen, zivilrechtlich wirksamen Vereinbarung** fehlt. Eine vGA liegt in diesen Fällen bereits dann vor, wenn die Leistungsbeziehung ansonsten dem Fremdvergleich standgehalten hätte.   65

Von einem Gesellschafter, der beherrschenden Einfluss auf die Gesellschaft hat, wird erwartet, dass er im Voraus festlegt, welche Schritte er gehen will

Ein Gesellschafter ist **beherrschend**, wenn er den Abschluss des zu beurteilenden Rechtsgeschäfts erzwingen kann. Hierzu muss er i.d.R. eine Beteiligung am Stammkapital von mehr als 50 % besitzen. Allerdings kann auch eine Beteiligung unter 50 % zu einer Beherrschung der Gesellschaft führen, wenn der Gesellschafter aufgrund gesellschaftsvertraglicher Regelungen mit Sonderrechten ausgestattet ist, die es ihm erlauben über die getätigten Geschäfte alleine zu entscheiden.   66

Weiter reicht es für eine beherrschende Stellung aus, wenn mehrere Gesellschafter zusammen 50 % besitzen, sonst aber Minderheitsgesellschafter sind, wenn sie gleichgerichtete Interessen ver-

---

6   H 36 III. Veranlassung durch das Gesellschaftsverhältnis, Allgemeines KStR.

treten. Hierfür reicht es allerdings nicht aus, dass die Gesellschafter lediglich nahe Angehörige sind.[7] Vielmehr muss als weiteres Merkmal eine **einheitliche Willensbildung** mit hinzutreten.

67   Die Vereinbarung, die der beherrschende Gesellschafter **von vornherein** geschlossen haben muss, soll **klar und eindeutig formuliert** sein. Hierfür muss sie für einen Außenstehenden erkennen lassen, dass sie auf einen entgeltlichen Leistungsaustausch gerichtet ist und in welcher Höhe ein Entgelt gezahlt werden soll.

Werden Vereinbarungen erst **nach der Erbringung der Leistung bzw. Zahlung** der Vergütung getroffen, führt dies bei beherrschenden Gesellschaftern **auch dann** zur **vGA,** wenn die Vereinbarungen klar und eindeutig sind und in materieller Hinsicht einem Fremdvergleich standhalten (**Rückwirkungsverbot**).

ae)   Angemessene Gesamtbezüge eines Gesellschafter-Geschäftsführers[8]

68   Zur Beurteilung der **gesellschaftlichen Veranlassung** der Bezüge eines Gesellschafter-Geschäftsführers hat das BMF das folgende **Prüfungsschema** entwickelt:

- Beurteilung aller vereinbarten Vermögensbestandteile danach, ob sie **dem Grunde nach als durch das Gesellschaftsverhältnis veranlasst anzusehen** sind. Wird dies bejaht, so liegt eine vGA vor.

- Beurteilung, ob die Vergütungsbestandteile **der Höhe nach** durch das Gesellschaftsverhältnis veranlasst anzusehen sind

- Prüfung, ob die dann noch verbleibende Vergütung der **Summe nach angemessen** ist.

- **Beurteilungskriterien** für die Angemessenheit sind Art und Umfang der Tätigkeit, die künftigen Ertragsaussichten des Unternehmens, das Verhältnis des Geschäftsführergehalts zum Gesamtgewinn und zur verbleibenden Eigenkapitalverzinsung sowie Art und Höhe der Vergütungen, die im selben Betrieb gezahlt werden oder in gleichartigen Betrieben an Geschäftsführer für entsprechende Leistungen gewährt werden.

  - **Art und Umfang der Tätigkeit**: Diese wird vorrangig durch die Größe des Unternehmens bestimmt. Je größer das Unternehmen, desto höher kann das angemessene Gehalt sein. Es spielt aber auch eine Rolle, ob ein Geschäftsführer allein oder zusammen mit mehreren Geschäftsführern das Unternehmen leitet. Weiter ist auch wichtig, ob der Geschäftsführer eventuell noch einer weiteren Tätigkeit nachgeht.

  - Neben der Unternehmensgröße stellt die **Ertragssituation** das entscheidende Kriterium für die Angemessenheitsprüfung dar. Maßgebend ist hierbei vor allem das Verhältnis der Gesamtausstattung des Geschäftsführergehalts zum Gewinn der Gesellschaft und zur verbleibenden Eigenkapitalverzinsung.

  - auch ist in diesem Fall ein **Fremdvergleich** anzustellen; entweder als interner oder als externer Betriebsvergleich oder durch die Durchführung einer Angemessenheitsprüfung. Hierbei ist zu beachten, dass auch der BFH bei einer Überschreitung der Angemessenheitsgrenze um bis zu 20 % keine vGA annimmt.

---

7   H 36 III. Veranlassung durch das Gesellschaftsverhältnis, Beherrschender Gesellschafter KStR.
8   Beispiele für die Vergütungen für Gesellschafter-Geschäftsführern, Stache, Besteuerung der GmbH, S. 120 ff.

Tantiemen[9]   69

Gewinntantiemen, die eine Kapitalgesellschaft ihrem Gesellschafter-Geschäftsführer verspricht, sind vGA, wenn sie dem Grunde oder der Höhe nach nicht dem entsprechen, was ein ordentlicher und gewissenhafter Geschäftsleiter der GmbH oder deren Geschäftsführern als Tätigkeitsentgelt versprechen würde. Daneben ist eine vGA nur dann anzunehmen, wenn die Tantiemezahlungen im Einzelfall die wirtschaftliche Funktion einer Gewinnausschüttung haben.

Die unübliche Höhe einer Gewinntantieme rechtfertigt es nicht, dieselbe insgesamt als vGA zu behandeln. **Nur** der **unangemessen hohe Tantiemeanteil** ist **vGA**.

Ausgangspunkt ist die Höhe der angemessenen Jahresbezüge, die die Gesellschaft bei normaler Geschäftslage ihren Geschäftsführern zu zahlen in der Lage und bereit ist. Eine Aufteilung von 75 % Festgehalt und 25 % Tantieme ist möglich.

Erhalten mehrere Geschäftsführer eine Tantiemezusage so ist zu beachten, dass diese in Summe nicht die Grenze von 50 % des Jahresüberschusses (vor Abzug der Gewinntantieme und ertragsabhängigen Steuern) übersteigt.

b)   Rechtsfolgen einer verdecken Gewinnausschüttung

Die Qualifikation eines Sachverhalts als vGA löst sowohl auf der Ebene der Kapitalgesellschaft als   70
auch beim betroffenen Gesellschafter eine Reihe von Rechtsfolgen aus. Hierzu gehören zunächst diejenigen Auswirkungen, die unmittelbar aus der Vermögensminderung oder verhinderten Vermögensmehrung zugunsten eines Gesellschafters resultieren, nämlich Einkommenserhöhung auf der Ebene der Kapitalgesellschaft, sowie die Annahme von Beteiligungserträgen auf der Ebene der Gesellschafter.

Die verdeckte Gewinnausschüttung wirkt sich steuerlich bei der **Gesellschaft** durch **Erhöhung der KSt, GewSt und dem Solidaritätszuschlag** unterliegenden steuerlichen Einkommen aus. Ferner wirkt sie sich bei der dem der ESt, der Kirchensteuer und dem Solidaritätszuschlag unterliegendem **Gesellschafter**, dem die verdeckte Gewinnausschüttung zugeflossen ist, durch Erfassung einer gem. §§ 20 Abs. 1 Nr. 1 Satz 2, 3 Nr. 40 Buchst. d EStG im Halbeinkünfteverfahren **steuerpflichtigen Einnahme** aus.

Rechtsfolge der Qualifikation eines Sachverhalts als verdeckte Gewinnausschüttung ist primär die außerbilanzielle Hinzurechnung zum Gewinn der Kapitalgesellschaft, wodurch sich die körperschaft- und gewerbesteuerlichen **Bemessungsgrundlagen erhöhen**. Die verdeckte Gewinnausschüttung stellt aber darüber hinaus im Zeitpunkt des Abflusses eine **Leistung der Gesellschaft** i.S.d. §§ 27, 38 KStG dar, und auf der Ebene des Gesellschafters entstehen bei Zufluss des Vorteils nach dem **Halbeinkünfteverfahren** bzw. bei Ausschüttungen ab dem 01.01.2009 unter Anwendung der Abgeltungssteuer zu besteuernde Einkünfte i.S.v. § 20 Abs. 1 Nr. 1 Satz 2 EStG. Diese drei Ebenen sind hinsichtlich ihrer Voraussetzungen unabhängig voneinander zu prüfen und bedingen sich nicht zwangsläufig gegenseitig.

---

9   Zu weiteren Einzelheiten der Tantieme bei Geschäftsführern siehe ausführlich, Stache, Besteuerung der GmbH, S. 117 ff.

Darüber hinaus sind im einzelnen eine Reihe weitergehender Folgen zu beachten. Zur richtigen steuerlichen Beurteilung hat es sich als zweckmäßig erwiesen, einen als vGA qualifizierten Sachverhalt grundsätzlich unter Anwendung **dreier Fiktionen** einzuordnen:

- es wird unterstellt, dass das der vGA zugrundeliegende Geschäft wie unter fremden Dritten abgewickelt worden sei. Dies führt zur Korrektur des zu versteuernden Einkommens der Kapitalgesellschaft i.H.d. fiktiven Mehrertrags bzw. Minderaufwands (**erste Fiktion**).

- in Höhe der vGA erfolgt eine Ausschüttung an den Gesellschafter. Dies führt zu entsprechenden Beteiligungserträgen beim Gesellschafter (**zweite Fiktion**).

- Schließlich ist zu berücksichtigen, dass die Unterstellung einer fremdüblichen Abwicklung beim Gesellschafter weitere Folgewirkungen auslösen kann, etwa im Falle einer unentgeltlichen Darlehensgewährung an einen Gesellschafter nach der ersten Fiktion unübliche Zinszahlungen angenommen werden (**dritte Fiktion**)

2. Verdeckte Einlage[10]

72 Als zweites Institut – gleichsam als Gegenstück zu vGA – stellt sich die verdeckte Einlage dar.

a) Definition

Eine verdeckte Einlage liegt vor, wenn ein Gesellschafter oder eine ihm nahestehende Person der Kapitalgesellschaft einen **einlagefähigen Vermögensvorteil gegenleistungslos** oder **verbilligt zuwendet** und dies **durch** das **Gesellschaftsverhältnis veranlasst** ist, d.h. wenn ein Nicht-Gesellschafter bei Anwendung der Sorgfalt eines ordentlichen Kaufmanns der Gesellschaft den Vermögensvorteil nicht eingeräumt hätte. Die Tatbestandsmerkmale entsprechen somit spiegelbildlich denen einer vGA. Kennzeichen der verdeckten Einlage ist, dass sie im Gegensatz zu offenen Einlagen bei der Gesellschaft nicht direkt als Eigenkapitalzugang gebucht werden, sondern entweder in der handelsrechtlichen Gewinn- und Verlustrechnung erfolgswirksam abgebildet oder buchhalterisch überhaupt nicht berücksichtigt werden.

b) Einlagegegenstand

73 **Gegenstand** verdeckter Einlagen können grundsätzlich **nur einlagefähige Vermögensvorteile** sein, d.h. Wirtschaftsgüter, die nach allgemeinen Regeln in die Bilanz aufgenommen werden können. Neben der Übertragung des wirtschaftlichen Eigentums an positiven Wirtschaftsgütern kann insbesondere der **Wegfall einer Schuld** eine verdeckte Einlage darstellen. Einlagefähig sind auch **immaterielle Wirtschaftsgüter**, und zwar selbst dann, wenn sie vom Einlegenden nicht entgeltlich erworben wurden.[11]

Kein einlagefähiger Vermögensvorteil liegt dagegen vor, wenn der Gesellschaft lediglich **Nutzungsvorteile** gewährt werden. Daher sind z.B. verbillige oder unentgeltliche Nutzungsüberlassungen oder Darlehensgewährungen durch den Gesellschafter nicht als verdeckte Einlage zu qualifizieren. Etwas anderes gilt aber, wenn dem Gesellschafter zunächst Vergütungen für eine Nutzungsüberlassung oder Darlehensgewährung zugesagt wurden und er auf diesen Anspruch

---

10 Siehe dazu ausführlich, Stache, Besteuerung der GmbH, S. 130 ff.
11 Beispiele zur verdeckten Einlage bei Stache, Besteuerung der GmbH, S. 132 ff.

im Nachhinein verzichtet. In diesem Fall legt der Gesellschafter die Forderung verdeckt in die Gesellschaft ein.

Die Zuwendung eines Vermögensvorteils durch einen Gesellschafter ist durch das Gesellschaftsverhältnis veranlasst, wenn ein Nicht-Gesellschafter den Vermögensvorteil bei Anwendung der Sorgfalt eines gewissenhaften Kaufmanns der Gesellschaft nicht eingeräumt hätte.

c)   Rechtsfolgen der verdeckten Einlage

ca)   Ebene der Gesellschaft

Auf der **Ebene der Gesellschaft** ist nach der bilanzsteuerlichen Behandlung des eingelegten Wirtschaftsguts, den Auswirkungen auf das zu versteuernde Einkommen und der Erfassung der verdeckten Einlage auf dem steuerlichen Einlagekonto zu differenzieren.   74

Der Gegenstand der verdeckten Einlage ist grundsätzlich mit dem Teilwert zu bewerten.

Verdeckte Einlagen führen bei der **Kapitalgesellschaft** zu einer **Kürzung des Jahresergebnisses** um den Wert des verdeckt eingelegten Vermögensvorteils. Die Korrektur ist allerdings nur insoweit vorzunehmen, als sich die Einlage in der handelsrechtlichen Gewinnermittlung erfolgswirksam niedergeschlagen hat.

Ebenso wie offene Einlagen führen auch verdeckte Einlagen zu einer **Erhöhung des steuerlichen Einlagenkontos**.

cb)   Gesellschafter ist Kapitalgesellschaft

Ist der verdeckt Einlegende selbst Kapitalgesellschaft, führt die verdeckte Einlage bei dieser zur **Aufdeckung** der in dem eingelegten Wirtschaftsgut ruhenden **stillen Reserven**.   75

cc)   Gesellschafter ist natürliche Person

Befinden sich **sowohl** die **Anteile an der Kapitalgesellschaft**, in deren Vermögen verdeckt eingelegt wird, als auch das verdeckt eingelegte **Wirtschaftsgut** in einem **Betriebsvermögen** des Gesellschafters, gilt für das für einen Gesellschafter in der Rechtsform einer Kapitalgesellschaft Gesagte analog.   76

Zählt das eingelegte **Wirtschaftsgut** zum **Privatvermögen**, die **Anteile an der Gesellschaft** jedoch zum **Betriebsvermögen** des Gesellschafters, ist davon auszugehen, dass das Wirtschaftsgut zunächst zum Teilwert in das Betriebsvermögen des Gesellschafters und anschließend verdeckt in die Kapitalgesellschaft eingelegt wird. Zu beachten ist hierbei auch § 23 Abs. 1 Satz 5 EStG.   77

Befinden sich **sowohl** das übertragene **Wirtschaftsgut** als auch die **Anteile an der Kapitalgesellschaft** im **Privatvermögen** des Gesellschafters, führt die verdeckte Einlage ggf. zu Einkünften aus privatem Veräußerungsgeschäften (§ 23 Abs. 1 Satz 5 Nr. 2 EStG) oder zu Einkünften aus Gewerbebetrieb i.S.v. § 17 Abs. 1 Satz 2 EStG). Soweit diese Vorschriften nicht einschlägig sind, ist die verdeckte Einlage ohne Einfluss auf die Einkommensteuer.   78

Handelt es sich bei den Anteilen an der Kapitalgesellschaft, in deren Vermögen verdeckt eingelegt wird, um solche gem. § 17 EStG, erhöhen sich durch die verdeckten Einlagen die Anschaffungskosten dieser Anteile um den gemeinen Wert der eingelegten Wirtschaftsgüter.   79

§ 9 Rechnungslegung, Publizität

1 Mit „Rechnungslegung" bezeichnet man die Zusammenstellung von Informationen, mit denen Außenstehende über ein Unternehmen unterrichtet werden sollen. Die grundlegenden Vorschriften zur Rechnungslegung, Prüfung und Publizität finden sich im HGB. Daneben finden sich zu den einzelnen Rechtsformen noch weitere Vorschriften in den Spezialgesetzen, z.B. GmbH-Gesetz bzw. in spezialgesetzlichen Vorschriften bzw. Verordnungen zu einzelnen Branchen. Steuerliche Vorschriften sind bei der Rechnungslegung insoweit zu beachten, als die sog. umgekehrte Maßgeblichkeit (§ 5 Abs. 1 Satz 2 EStG) dies erfordert.

2 Abhängig von Rechtsform und Größenkriterien besteht eine Pflicht zur periodischen Aufstellung eines Jahresabschlusses, der Bilanz, Gewinn- und Verlustrechnung sowie den Anhang und ggf. einen Lagebericht umfasst. Dieser Jahresabschluss muss gemäß §§ 238 Abs. 1 Satz 1 und 243 Abs. 1 HGB den Grundsätzen ordnungsmäßiger Buchführung (GoB) entsprechen. Die wichtigsten Grundsätze ordnungsmäßiger Buchführung sind in den §§ 238 bis 263 HGB normiert.

3 Die Pflicht einer Gesellschaft zur Rechnungslegung und somit zur Aufstellung eines Jahresabschlusses bedeutet mit Ausnahme des damit verbundenen zeitlichen und finanziellen Aufwandes keinen erheblichen Nachteil gegenüber nicht zur Rechnungslegung verpflichteten Rechtsträgern. Erst die Pflicht einer Gesellschaft zur Offenlegung ihrer Rechnungslegung, die sich aus dem HGB oder aus dem PublG ergeben kann, kann nachteilige Auswirkungen auf die jeweilige Gesellschaft haben. Hierdurch sind die Gesellschaften gezwungen, ihre Bilanz samt Anhang, Jahresabschluss ggf. einschließlich der Gewinn- und Verlustrechnung, Lagebericht, Bestätigungsvermerk, Bericht des Aufsichtsrats, Entsprechenserklärung des Vorstands, Konzernabschluss und Konzernlagebericht innerhalb einer bestimmten Frist beim elektronischen Bundesanzeiger einzureichen und bekannt zu machen, so dass jeder Interessierte sich über die Zahlen und die wirtschaftliche Lage des Unternehmens informieren kann. Der Umfang, der seit dem 01.01.2007 aufgrund des EHUG (Gesetz über elektronische Handelsregister und Genossenschaftsregister sowie das Unternehmensregister) beim elektronischen Bundesanzeiger und dem Handelsregister einzureichenden Unterlagen, knüpft einerseits an die Rechtsform und andererseits an bestimmte Größenklassen an (vgl. §§ 325–327a HGB). Aufgrund der mit der Offenlegungspflicht verbundenen Nachteile können die insoweit bestehenden rechtsformspezifischen Unterschiede bei der Wahl der Rechtsform mit ausschlaggebend sein.

A. Rechnungslegung und Publizität einer Gesellschaft bürgerlichen Rechts

4 Eine Gesellschaft bürgerlichen Rechts fällt nicht in den Anwendungsbereich der Vorschriften des HGB über die Buchführungs- und die Offenlegungspflichten, da diese Vorschriften ausschließlich auf Kaufleute i.S.d. Handelsgesetzbuches Anwendung finden und die Gesellschaft bürgerlichen Rechts nicht Kaufmann i.S.d. §§ 1 ff. HGB sein kann. Betreibt die Gesellschaft bürgerlichen Rechts nämlich ein Handelsgewerbe i.S.d. Handelsgesetzbuches, ist sie automatisch eine Offene Handelsgesellschaft (§ 105 Abs. 1 HGB).

Eine Buchführungspflicht, aber keine Pflicht zur Offenlegung folgt für die Gesellschaft bürger-   5
lichen Rechts allenfalls aus der Abgabenordnung, wenn sie gewerblich oder land- und forstwirtschaftlich tätig ist und die entsprechenden Größenkriterien des § 141 AO erfüllt.

Erfüllt die gewerblich oder land- und forstwirtschaftlich tätige Gesellschaft bürgerlichen Rechts   6
die Größenkriterien des § 141 AO, müssen Bücher geführt und ein Jahresabschluss einschließlich
Bilanz angefertigt werden.

Übt die Gesellschaft bürgerlichen Rechts hingegen eine selbständige Erwerbstätigkeit aus, reicht   7
die Vorlage einer Einnahmen-Überschussrechnung für die Steuererklärung aus. Dies bedeutet jedoch nicht, dass bei einer Gesellschaft bürgerlichen Rechts eine freiwillige Buchführung nicht von
Vorteil sein könnte, die aber dann auch dem Finanzamt vorgelegt werden muss.

Auch aus dem Publizitätsgesetz folgt keine Pflicht der Gesellschaft bürgerlichen Rechts zur Rech-   8
nungslegung und Offenlegung, da die Gesellschaft bürgerlichen Rechts nicht in den Anwendungsbereich des PublG fällt (vgl. § 3 Abs. 1 PublG).

B.   Rechnungslegung und Publizität der OHG bzw. der Kommanditgesellschaft

I.   Rechtsgrundlagen

Maßgebliche Vorschriften für die Rechnungslegung und den Jahresabschluss der OHG und der   9
Kommanditgesellschaft sind die §§ 238–261 HGB. Dagegen finden die für die Kapitalgesellschaft
geltenden Vorschriften der §§ 264–330 HGB auf die OHG und die KG keine Anwendung, sofern
mindestens eine natürliche Person unbeschränkt persönlich haftet. Etwas anderes gilt bei den
typischen Kapitalgesellschaften & Co., bei denen keine natürliche Person unbeschränkt persönlich haftet. Auf diese sind gemäß den §§ 264 a bis 264 c HGB die ergänzenden Vorschriften für
Kapitalgesellschaften (§§ 264–330 HGB) anzuwenden.

Die Nichtanwendung der §§ 264–330 HGB hat zur Folge, dass der Jahresabschluss einer OHG   10
oder KG keinen Anhang enthalten und darüber hinaus kein Lagebericht aufgestellt werden muss.
Ferner ist der Jahresabschluss der Gesellschaft weder prüfungspflichtig noch muss er nach § 325
HGB offen gelegt werden. Ausnahmsweise, wenn eine OHG oder eine KG mit mindestens einer
natürlichen Person als persönlich haftendem Gesellschafter mindestens zwei der drei Größenkriterien des § 1 Abs. 1 PublG erfüllt, ist der Jahresabschluss der OHG bzw. KG um einen Anhang zu
erweitern und ein Lagebericht zu erstellen (§ 5 Abs. 2 PublG), finden die für Kapitalgesellschaften
geltenden Vorschriften über die Rechnungslegung und die Prüfungspflicht teilweise Anwendung
(§ 5 Abs. 1, § 6 PublG) und sind die Gesellschaften zur Offenlegung verpflichtet (§ 9 PublG).

II.   Aufstellung des Jahresabschlusses

Die Aufstellung des Jahresabschlusses hat durch die geschäftsführenden Gesellschafter zu erfol-   11
gen. Dabei haben die geschäftsführenden Gesellschafter diejenigen Bilanzierungsentscheidungen
zu treffen, die für die Darstellung der Lage des Unternehmens erforderlich sind. Außerhalb dieser
Bilanzierungsentscheidungen dürfen die geschäftsführenden Gesellschafter jedoch keine Wahlrechte ausüben, die eine Ergebnisverwendung vorweg nehmen, da dies in den Zuständigkeitsbe-

reich der Gesellschafter fällt.[1] Die Gesellschafterversammlung hingegen ist nicht berechtigt, die Zuständigkeit der geschäftsführenden Gesellschafter zur Aufstellung des Jahresabschlusses oder zur Ausübung der Bilanzierungs- und Wahlrechte in dem vorgenannten Umfang auf sich selbst zu verlagern oder durch Weisungen hierauf Einfluss zu nehmen.

12 Es besteht anders als bei den Kapitalgesellschaften keine gesetzlich geregelte Frist, innerhalb derer die Aufstellung des Jahresabschlusses abgeschlossen sein muss.[2] Der einzige Anhaltspunkt findet sich in § 243 Abs. 3 HGB, wonach der Jahresabschluss innerhalb der einem ordnungsmäßigen Geschäftsgang entsprechenden Zeit aufzustellen ist. Diese unbestimmte Bestimmung wird in der Praxis je nach Größe und Struktur der Personengesellschaft dahingehend ausgelegt, dass entsprechend § 264 Abs. 1 HGB die Aufstellung innerhalb von drei bis sechs Monaten nach Ablauf des Geschäftsjahrs zu erfolgen hat.

13 Nach Aufstellung des Jahresabschlusses ist dieser den Gesellschaftern zur Feststellung vorzulegen und von diesen, nach Feststellung, zu unterzeichnen.

III.   Prüfung des Jahresabschlusses

14 Die Personenhandelsgesellschaften unterliegen grundsätzlich keiner Prüfungspflicht. Ausnahmen hiervon bestehen für Personenhandelsgesellschaften, bei denen keine natürliche Person unbeschränkt haftet (§ 264a i.V.m. § 316 HGB), sowie für Personenhandelsgesellschaften, die die Merkmale des § 1 PublG erfüllen (§ 6 PublG).

15 Der Gesellschaftsvertrag der OHG oder KG kann aber eine freiwillige Abschlussprüfung anordnen, auf die, sofern der Gesellschaftsvertrag nichts Abweichendes festlegt, die §§ 317, 320–323 HGB entsprechend anzuwenden sind. Demzufolge ist der Abschlussprüfer durch die Gesellschafter zu bestimmen, falls diese Aufgabe nicht gesellschaftsvertraglich den geschäftsführenden Gesellschaftern oder einem Gesellschafterausschuss zugesprochen wird (§ 318 Abs. 1 S. 2 HGB).

IV.   Feststellung des Jahresabschlusses

16 Für die Feststellung des Jahresabschlusses ist die Gesellschafterversammlung durch Beschluss, der ohne abweichende gesellschaftsvertragliche Regelungen einstimmig gefasst werden muss, zuständig. Die Feststellungskompetenz kann z.B. auf den Beirat der Gesellschaft übertragen und an andere Mehrheiten, z.B. die einfache Mehrheit der abgegebenen Stimmen, geknüpft werden.[3] Ein Beschluss über die Rücklagenbildung oder ähnliche bilanzielle Maßnahmen, die die Gewinnverwendung berühren, bedarf hingegen auf jeden Fall grundsätzlich einer gesellschaftsvertragsändernden Mehrheit.

17 Bei sachlicher Richtigkeit des Jahresabschlusses und Übereinstimmung des Jahresabschlusses mit den anzuwendenden gesetzlichen Vorschriften besteht eine Zustimmungspflicht der Gesellschafter zur Feststellung des Jahresabschlusses.

---

1   BGH v. 29.03.1996, II ZR 263/94, BGHZ 132, 263, 272 ff.; Baumbach/Hopt, § 114 Rn. 3.
2   Eine Ausnahme enthält § 5 Abs. 1 PublG.
3   BGH v. 29.03.1996, II ZR 263/94, BGHZ 132, 263, 272 ff.; Baumbach/Hopt, § 114 Rn. 3.

V. Offenlegung

Jahresabschlüsse einer Personenhandelsgesellschaft, die mindestens eine natürliche Person als unbeschränkt haftenden Gesellschafter hat, müssen grundsätzlich nicht offen gelegt werden. Etwas anderes gilt für Jahresabschlüsse von Kapitalgesellschaften & Co. (§ 264a i.V.m. § 325 HGB) sowie von Personenhandelsgesellschaften, die die Größenkriterien des § 1 Abs. 1 PublG erfüllen (§ 9 PublG). — 18

Kleine Kapitalgesellschaften & Co. brauchen nur die Bilanz mit Anhang (ohne Angaben zu der Gewinn- und Verlustrechnung) beim elektronischen Bundesanzeiger einreichen (§ 326 HGB). Mittelgroße und große Kapitalgesellschaften & Co. hingegen müssen ihren Jahresabschluss einschließlich des Lageberichts mit dem Bestätigungsvermerk des Abschlussprüfers beim elektronischen Bundesanzeiger einreichen (§ 325 Abs. 1 S. 1 HGB) und bekannt machen. — 19

VI. Besonderheiten bei der Kapitalgesellschaft & Co.

Auf Kapitalgesellschaften & Co. finden neben den §§ 242 ff. HGB auch die ergänzenden Rechnungslegungsvorschriften für Kapitalgesellschaften (§§ 264 ff. HGB) Anwendung.[4] Infolge dessen haben Kapitalgesellschaften & Co. mit Ausnahme sog. kleiner Kapitalgesellschaften & Co., dem Jahresabschluss einen Anhang anzufügen (§ 264 Abs. 1 S. 1 HGB) sowie in der Regel einen Lagebericht aufzustellen (§ 264 Abs. 1 S. 1 HGB). Der Jahresabschluss und der Lagebericht muss, ebenfalls solange es sich nicht um eine kleine Kapitalgesellschaft & Co. handelt, innerhalb der ersten drei Monate eines Geschäftsjahres aufgestellt werden (§ 264 Abs. 1 S. 2 HGB). Kleinen Gesellschaften wird eine Verlängerung dieser Dreimonatsfrist auf sechs Monate eingeräumt, wenn dies einem ordnungsmäßigen Geschäftsgang entspricht (§ 264 Abs. 1 S. 3 HGB). — 20

Bei der Aufstellung des Jahresabschlusses hat sich das Geschäftsführungsorgan, abweichend von dem sonst herrschenden Grundsatz bei Personenhandelsgesellschaften, streng an das in den §§ 266, 275 HGB vorgegebene Gliederungsschema zu halten. Weitere Besonderheiten hinsichtlich der Bildung bestimmter Bilanzpositionen sind in § 264c HGB enthalten. — 21

Über § 264a HGB sind außerdem auf mittelgroße und große Kapitalgesellschaften & Co. die Vorschriften über die Abschlussprüfung (§§ 316 ff. HGB) und die Offenlegung (§§ 325 ff. HGB) anzuwenden, mit der Folge, dass mittelgroße und große Kapitalgesellschaften & Co. ihren Jahresabschluss prüfen lassen und im elektronischen Bundesanzeiger veröffentlichen müssen. — 22

C. GmbH

I. Rechtsgrundlagen

Für die GmbH wie für alle sonstigen „Gesellschaften" finden sich die grundlegenden Vorschriften zur Rechnungslegung, Prüfung und Publizität zusammengefasst im 3. Buch des HGB. Die Anwendung der einzelnen für Kapitalgesellschaften geltenden Vorschriften der §§ 264 ff. HGB ist abhängig von der Größe der GmbH. Kleine und mittelgroße GmbH können eine Vielzahl von Aufstellungs-, Gliederungs- und Offenlegungserleichterungen in Anspruch nehmen, kleine — 23

---

4   In Konzernsachverhalten gelten bestimmte Erleichterungen, vgl. § 264b HGB.

GmbH sind zudem von der Prüfungspflicht befreit. Die Einordnung als kleine, mittelgroße oder große GmbH bestimmt sich gemäß § 267 HGB nach den Kriterien Bilanzsumme, Arbeitnehmerzahl und Umsatzerlösen.

24   GmbH-spezifische Vorschriften zur Rechnungslegung finden sich weiter in den §§ 41 ff. GmbHG. Gem. § 13 Abs. 3 GmbHG gilt die GmbH als Handelsgesellschaft und ist als Formkaufmann gem. §§ 238 Abs. 1 Satz 1 i.V.m. § 6 Abs. 1 HGB zur Buchführung verpflichtet. Für die ordnungsgemäße Buchführung der Gesellschaft verantwortlich sind die Geschäftsführer als Organ der GmbH. Die Geschäftsführer können die Pflicht zur ordnungsmäßigen Buchführung an Dritte delegieren.

25   Die Buchführungen der Jahresabschlüsse müssen gem. §§ 238 Abs. 1 Satz 1 und 243 Abs. 1 HGB den Grundsätzen ordnungsmäßiger Buchführung (GoB) entsprechen, von denen die wichtigsten in den §§ 238 bis 263 HGB normiert sind.

26   Neben der Pflicht zur Aufzeichnung der laufenden Geschäftsvorfälle beinhaltet die Buchführungspflicht auch die Pflicht zur Aufbewahrung der Unterlagen. Dies ergibt sich aus § 257 Abs. 1 und Abs. 4 HGB, wonach die Gesellschaft verpflichtet ist, Handelsbücher, Inventare, Eröffnungsbilanzen, Jahresabschlüsse, Lageberichte, Konzernabschlüsse und -lageberichte sowie weitere Unterlagen einschließlich der Buchungsbelege 10 Jahre aufzubewahren. Daneben existieren noch steuerliche Aufbewahrungspflichten, die in § 147 AO geregelt sind.

II.   Aufstellung, Prüfung, Feststellung und Offenlegung des Jahresabschlusses

1.   Aufstellung des Jahresabschlusses

27   Die GmbH ist nach § 264 Abs. 1 i.V.m. § 242 HGB zur periodischen Aufstellung eines Jahresabschlusses verpflichtet. Bestandteile des Jahresabschlusses sind die Bilanz, Gewinn- und Verlustrechnung sowie der Anhang, bei mittleren und großen GmbH außerdem ein Lagebericht (§ 267 HGB).

28   Aufgestellt wird der Jahresabschluss von der Geschäftsführung, die diese Tätigkeit auf Dritte übertragen kann. Bei großen GmbH ist der Jahresabschluss und Lagebericht innerhalb der ersten drei Monate des Geschäftsjahres für das vorangegangene Geschäftsjahr aufzustellen. Kleine Gesellschaften können, sofern dies einem ordnungsmäßigen Geschäftsgang entspricht, den Jahresabschluss auch innerhalb von sechs Monaten aufstellen (§ 264 Abs. 1 Satz 3 HGB). Unter bestimmten Voraussetzungen kann bei einer GmbH auf die Aufstellung von Anhang und Lagebericht sowie die Prüfung und Offenlegung verzichtet werden.

2.   Feststellung des Jahresabschlusses

29   Die Feststellung des Jahresabschlusses fällt in den Zuständigkeitsbereich der Gesellschafter der GmbH (§ 46 Nr. 1 GmbHG). Sofern die Satzung nichts Abweichendes regelt, beschließen die Gesellschafter über die Feststellung des Jahresabschlusses mit der einfachen Mehrheit der abgegebenen Stimmen. Diese Kompetenz kann in der Satzung auf ein anderes Gremium, z.B. einen Beirat, übertragen werden.

3. Prüfung des Jahresabschlusses

Die Pflicht, den Jahresabschluss und Lagebericht durch einen Abschlussprüfer prüfen zu lassen, trifft nur mittelgroße und große GmbH (§ 316 Abs. 1 Satz 1 HGB). Diese können unter den Voraussetzungen des § 264 Abs. 3 oder Abs. 4 HGB von der Prüfungspflicht befreit sein. Besteht eine Prüfungspflicht, so kann der Jahresabschluss nicht festgestellt werden, bevor die Prüfung nicht stattgefunden hat (§ 316 Abs. 1 Satz 2 HGB). Der Abschlussprüfer wird gem. § 318 Abs. 1 Satz 1 HGB von den Gesellschaftern der GmbH gewählt, sofern diese Kompetenz in der Satzung nicht auf jemand anderes übertragen wird (Abs. 1 Satz 2). Ohne vorhergehende Prüfung kann der Jahresabschluss einer mittelgroßen bzw. großen GmbH nicht festgestellt werden.

30

4. Offenlegung des Jahresabschlusses

In Folge der Haftungsbeschränkung ist die GmbH zur Offenlegung verpflichtet, wobei größenabhängige Erleichterungen bezüglich Art und Form der Publizität bestehen (§§ 325 ff. HGB). Von der Offenlegung umfasst sind der Jahresabschluss und der Lagebericht. Die Offenlegung erfolgt durch Einreichung der entsprechenden Unterlagen beim elektronischen Bundesanzeiger. Kleine GmbH haben gem. §§ 325 ff. HGB die Möglichkeit, auf die Vorlage der Gewinn- und Verlustrechnung, darauf gerichtete Anhangangaben sowie eines freiwillig aufgestellten Lageberichts zu verzichten. Mittelgroßen Kapitalgesellschaften werden Gliederungserleichterungen (§ 327 Nr. 1 i.V.m. § 266 Abs. 1 Satz 3 HGB) und Erleichterungen im Zusammenhang mit der Gewinn- und Verlustrechnung (§ 276 HGB) und dem Anhang (§§ 288 Satz 2, 327 Nr. 2 HGB) gewährt. Außerdem müssen Gesellschaften mit beschränkter Haftung im Gegensatz zu Aktiengesellschaften keine Angaben über die Ergebnisverwendung machen, wenn sich anhand dieser Angaben die Gewinnanteile natürlicher Personen feststellen lassen, die Gesellschafter sind (§ 325 Abs. 1 Satz 4 HGB).

31

Die Unterlagen müssen beim elektronischen Bundesanzeiger innerhalb von 12 Monaten nach dem Abschluss-Stichtag in elektronischer Form eingereicht und bekannt gemacht werden (§ 325 Abs. 1 und Abs. 2 HGB).

32

III. Gewinnverwendung

§ 29 GmbHG weist die Entscheidung über die Verwendung des in der Bilanz ausgewiesenen Jahresüberschusses den Gesellschaftern zu. Die Gesellschafterversammlung entscheidet über die Gewinnverwendung durch Beschluss, der der einfachen Mehrheit der abgegebenen Stimmen bedarf. Dabei können Rücklagen gebildet, der Gewinn ausgeschüttet oder sonst wie verwendet werden.

33

Durch Satzung kann von der gesetzlichen Regelung abgewichen werden, indem sie

34

- die Zuständigkeit für die Entscheidung über die Gewinnverwendung anderen, z.B. dem Aufsichtsrat, den Geschäftsführern etc. zuweist;
- eine qualifizierte Mehrheit allgemein für die Gewinnverwendung oder nur für die Rücklagenbildung festlegt;
- die Gewinnverwendung (teilweise) konkret regelt (z.B. Höhe der Mindestrücklage oder Mindestausschüttung etc.).[5]

---

5 Baumbach/Hueck/Fastrich, § 29 Rn. 46.

D.   Aktiengesellschaft

I.   Rechtsgrundlagen

35   Die Rechnungslegung der Aktiengesellschaft richtet sich ebenfalls nach den Vorschriften des HGB, den §§ 238 ff. HGB. Darüber hinaus sind die Vorschriften des 5. Teils des Aktiengesetzbuches (§§ 150 ff. AktG) relevant, die Spezialvorschriften für die Aktiengesellschaft zur Aufstellung, Prüfung und Feststellung des Jahresabschlusses, zur Gewinnverwendung und zur Nichtigkeit des Jahresabschlusses beinhalten. Weiter sind für börsennotierte Aktiengesellschaften noch die Regelungen des Deutschen Corporate Governance Kodex von Bedeutung. Dieser Kodex ist zwar ebenso wenig gesetzlicher Natur wie die deutschen Rechnungslegungsstandards (DRS), muss aber wie die DRS bei der Rechnungslegung beachtet werden.

II.   Aufstellung, Prüfung, Feststellung und Offenlegung des Jahresabschlusses

36   Im Zusammenhang mit dem Jahresabschluss ist zwischen der Aufstellung, der Feststellung und der Offenlegung des Jahresabschlusses zu unterscheiden.

1.   Aufstellung des Jahresabschlusses

37   Die gesetzlichen Vertreter der Aktiengesellschaft, also der Vorstand, haben den Jahresabschluss aufzustellen. Bei einer Aktiengesellschaft besteht der Jahresabschluss aus der Bilanz, der Gewinn- und Verlustrechnung und dem Anhang. Je nach Größe der Aktiengesellschaft bedarf es darüber hinaus noch der Erstellung eines Lageberichts.

38   Die Pflicht zur Aufstellung des Jahresabschlusses durch den Vorstand ist nicht auf andere Personen übertragen. Der Vorstand kann aber im Rahmen der Erstellung des Jahresabschlusses dritte Personen einschalten. Die Aufstellung des Jahresabschlusses hat innerhalb von drei Monaten nach Ende des Geschäftsjahres zu erfolgen. Für kleine Aktiengesellschaften gelten Erleichterungen (§ 264 Abs. 1 Satz 3 HGB). Nach Aufstellung des Jahresabschlusses ist dieser von sämtlichen Mitgliedern des Vorstandes zu unterzeichnen.

2.   Prüfung und Feststellung des Jahresabschlusses

39   Der Jahresabschluss mittelgroßer und großer Aktiengesellschaften ist durch einen Abschlussprüfer zu prüfen. Diese Prüfung hat nach den Regelungen der §§ 316 bis 324 HGB zu erfolgen. Der für die Prüfung verantwortliche Abschlussprüfer wird bei einer Aktiengesellschaft durch die Hauptversammlung gewählt (vgl. § 119 Abs. 1 Nr. 4 AktG). Der Prüfungsauftrag wird jedoch nicht wie bei der GmbH durch die Geschäftsführung, sondern gemäß § 111 Abs. 2 Satz 3 AktG durch den Aufsichtsrat erteilt. Die Abschlussprüfung ist Voraussetzung dafür, dass der Jahresabschluss einer mittelgroßen oder großen Aktiengesellschaft festgestellt werden kann.

40   Neben der Prüfung des Jahresabschlusses durch den Abschlussprüfer findet zeitlich nachgelagert eine Prüfung des Jahresabschlusses, des Lageberichts und des Gewinnverwendungsvorschlags des

Vorstands durch den Aufsichtsrat statt (§ 171 AktG). Hierzu hat der Vorstand dem Aufsichtsrat den Jahresabschluss und den Lagebericht vorzulegen (§ 170 Abs. 1 AktG). Über diese Prüfung, die sich auf die Übereinstimmung des Jahresabschlusses mit Gesetz und Satzung sowie auf die Zweckmäßigkeit der vom Vorstand bei der Aufstellung des Jahresabschlusses getroffenen bilanzpolitischen Entscheidungen beschränkt, hat der Aufsichtsrat gegenüber der Hauptversammlung schriftlich Bericht zu erstatten. Seinen Bericht hat er vorab dem Vorstand vorzulegen (§ 171 Abs. 3 AktG). Billigt der Aufsichtsrat in seinem Bericht den vom Vorstand aufstellten Jahresabschluss, so ist dieser festgestellt (§ 172 AktG). Somit obliegt die Feststellung des Jahresabschlusses – anders als bei der GmbH – grundsätzlich dem Aufsichtsrat und dem Vorstand nicht der Hauptversammlung. Die Feststellung des Jahresabschlusses hat zur Folge, dass die Ausübung bilanzieller Wahlrechte sowie die Ausnutzung von Ermessensspielräumen endgültig für alle Beteiligten rechtlich verbindlich festgelegt ist. Billigt der Aufsichtsrat den Jahresabschluss nicht durch Beschluss, ist die Hauptversammlung gem. § 173 Abs. 1 2. Fall AktG zuständig für die Feststellung des Jahresabschlusses.

41 Die Hauptversammlung ist außerdem für die Feststellung des Jahresabschlusses zuständig, wenn Vorstand und Aufsichtsrat dies gemeinsam beschließen. Die Hauptversammlung entscheidet in diesen Fällen über die Feststellung des Jahresabschlusses durch Beschluss, der, sofern die Satzung nicht etwas anderes bestimmt, der einfachen Stimmenmehrheit bedarf. Sie ist dabei nicht an den vom Vorstand aufgestellten Jahresabschluss gebunden, sondern kann diesen im Hinblick auf die Ausübung von Wahlrechten und bilanzpolitischen Ermessensentscheidungen beliebig ändern. Sie kann insbesondere auch Entnahmen aus den Kapital- und Gewinnrücklagen beschließen, soweit nicht die Verwendungsbeschränkungen des § 150 AktG entgegenstehen.

42 Ändert die Hauptversammlung den Jahresabschluss in ihrem Feststellungsbeschluss, wird eine Nachtragsprüfung des Jahresabschlusses notwendig, sofern es sich um eine prüfungspflichtige Aktiengesellschaft handelt. Erst nachdem die Nachtragsprüfung durchgeführt und ein uneingeschränktes Testat erteilt worden ist, werden der Feststellungsbeschluss und der Gewinnverwendungsbeschluss der Hauptversammlung wirksam. Erfolgt die Erteilung des Testats nur eingeschränkt bzw. nicht fristgerecht oder wird das Testat versagt, sind sowohl der Feststellungsbeschluss als auch der Gewinnverwendungsbeschluss der Hauptversammlung unwirksam.

43 Neben den in § 173 AktG geregelten Fällen der Zuständigkeit der Hauptversammlung für die Feststellung des Jahresabschlusses ist die Hauptversammlung auch in den Fällen der vereinfachten Kapitalherabsetzung nach § 234 Abs. 2 AktG bzw. einer gleichzeitig mit der vereinfachten Kapitalherabsetzung beschlossenen Erhöhung des Grundkapitals nach § 235 Abs. 2 AktG und während der Abwicklung der Gesellschaft für die Feststellung des (Zwischen-)Abschlusses zuständig.

3.   Offenlegung des Jahresabschlusses

44 Der Jahresabschluss der Aktiengesellschaft ist gemäß den §§ 325 ff. HGB durch Einreichung der entsprechenden Unterlagen beim elektronischen Bundesanzeiger und deren Bekanntmachung im elektronischen Bundesanzeiger zu veröffentlichen. Anders als bei der GmbH sind auch Angaben über die Ergebnisverwendung offen zu legen (vgl. § 325 Abs. 1 Satz 4 HGB).

45 Die Offenlegung hat unverzüglich, d.h. nach Beendigung der Hauptversammlung, in welcher den Gesellschaftern der Jahresabschluss vorgelegt wurde, zu erfolgen, spätestens vor Ablauf von 12 Monaten nach dem Abschlussstichtag; bei kapitalmarktorientierten Aktiengesellschaften ver-

kürzt sich diese Frist auf 4 Monate nach dem Abschlussstichtag. Ist der Jahresabschluss vor Ablauf der 12-Monatsfrist noch nicht geprüft und/oder festgestellt, so ist er zur Fristwahrung mit dem Hinweis auf die noch fehlenden Unterlagen vorab offen zu legen. Die noch nicht existenten Unterlagen sind nachzureichen. Wird der Jahresabschluss bei nachträglicher Prüfung und Feststellung geändert, sind auch die Änderungen einzureichen.

III. Sonderregelungen für börsennotierte Aktiengesellschaften

46 Börsennotierte Aktiengesellschaften sind zusätzlich zu der allgemeinen handelsrechtlichen Pflicht zur Rechnungslegung verpflichtet, Zwischenabschlüsse zu erstellen, sogenannte Zwischenberichterstattung. Abhängig davon, ob die Aktiengesellschaften im General Standard oder im Prime Standard vertreten sind, besteht die Pflicht zur Veröffentlichung mindestens von Halbjahresberichten bzw. von Quartalsberichten. Zusätzlich ist jährlich eine Erklärung des Vorstands und des Aufsichtsrats zu veröffentlichen, ob und wenn ja in welchem Umfang sie den Empfehlungen der „Regierungskommission Deutscher Corporate Governance Kodex" entsprochen haben (sog. Entsprechenserklärung gemäß § 161 AktG).

IV. Nichtigkeit von Jahresabschlüssen

47 § 256 AktG enthält eine Reihe von Gründen, bei deren Vorliegen ein Jahresabschluss bzw. die Feststellung des Jahresabschlusses nichtig ist. In diesem Falle entfaltet der nichtige Jahresabschluss keine Rechtswirkung und es bedarf somit einer Neuaufstellung des Jahresabschlusses.

48 § 256 AktG zählt abschließend folgende Nichtigkeitsgründe auf:

1. Inhalts- und Prüfungsmängel (§ 256 Abs. 1 AktG)
2. Verfahrensfehler bei der Feststellung des Jahresabschlusses durch Vorstand und Aufsichtsrat (§ 256 Abs. 2 AktG)
3. Verfahrensfehler bei Feststellung des Jahresabschlusses durch die Hauptversammlung (§ 256 Abs. 3 AktG)
4. Fehlerhafte Gliederung des Jahresabschlusses (§ 256 Abs. 4 AktG)
5. Verstoß gegen Bewertungsvorschriften (§ 256 Abs. 5 AktG).

49 Die Nichtigkeit des Jahresabschlusses aufgrund eines der vorgenannten Nichtigkeitsgründe ist gem. § 256 Abs. 7 AktG im Wege einer Nichtigkeitsklage entsprechend § 249 AktG geltend zu machen.

50 In den meisten Fällen ist jedoch die Nichtigkeit eines Jahresabschlusses heilbar. Neben den im § 256 Abs. 1 AktG a.A. erwähnten Nichtigkeitsgründen (§ 173 Abs. 3, 234 Abs. 3 und 235 Abs. 2 AktG) ist eine Heilung der Nichtigkeit nicht möglich, wenn die gesetzlich notwendige Abschlussprüfung nicht erfolgt ist (§ 256 Abs. 1 Nr. 2 AktG) oder wenn der Jahresabschluss im Rahmen einer Anfechtungsklage für nichtig erklärt worden ist (§ 256 Abs. 3 Nr. 3 AktG). In den sonstigen Fällen ist die Nichtigkeit des Jahresabschlusses durch Zeitablauf, entweder nach Ablauf von sechs Monaten oder erst nach Ablauf von drei Jahren nach Bekanntmachung des Jahresabschlusses im Bundesanzeiger heilbar (§ 256 Abs. 6 AktG). Der Fristablauf wird gehemmt durch die Anhängigkeit einer Klage auf Feststellung der Nichtigkeit des Jahresabschlusses.

Außerdem ist die Nichtigkeit des Jahresabschlusses durch Beseitigung des Mangels, der die Nichtigkeit verursacht, und erneute Feststellung des Jahresabschlusses heilbar.   51

Von der Nichtigkeit des Jahresabschlusses zu unterscheiden ist die Anfechtung des Jahresabschlusses, genauer gesagt des Feststellungsbeschlusses der Hauptversammlung (§ 257 AktG). Nur in den Fällen, in denen die Hauptversammlung den Jahresabschluss festgestellt hat (§ 173 AktG) ist eine Anfechtung des Feststellungsbeschlusses möglich. Als Anfechtungsgründe kommen allein Verfahrensmängel bei der Feststellung des Jahresabschlusses in Betracht. Die Anfechtung des Feststellungsbeschlusses ist nur innerhalb der Frist von einem Monat nach Beschlussfassung zulässig.   52

V.   Gewinnverwendung

Über die Verwendung des Bilanzgewinns entscheidet ausschließlich die Hauptversammlung, § 174 AktG. Sie kann dabei zwar von dem Gewinnverwendungsvorschlag des Aufsichtsrats und des Vorstands abweichen, ist aber an den festgestellten Jahresabschluss und den darin ausgewiesenen Bilanzgewinn gebunden. Wenn der festgestellte Jahresabschluss kein Bilanzgewinn, sondern ein Bilanzverlust oder ein ausgeglichenes Bilanzergebnis ausweist, kann die Hauptversammlung nicht durch Entnahmen aus den Gewinnrücklagen einen verwendungsfähigen Bilanzgewinn herstellen.   53

Bevor die Hauptversammlung mit der Entscheidung über die Verwendung eines Bilanzgewinns befasst wird, entscheidet jedoch zunächst und vorrangig Vorstand und Aufsichtsrats unter Berücksichtigung des § 150 Abs. 1 und Abs. 2 AktG, der eine zwingende Rücklagenbildung vorschreibt, und in den durch § 58 AktG (Rücklagenbildung) bestimmten Grenzen über die Verwendung des Jahresergebnisses im Zuge der Feststellung des Jahresabschlusses. Soweit der Jahresüberschuss bereits im Rahmen der Feststellung des Abschlusses in Gewinnrücklagen eingestellt wurde, verbleibt ein geringerer Bilanzgewinn, über dessen Verwendung die Hauptversammlung zu entscheiden hat. Die Hauptversammlung kann den Bilanzgewinn an die Aktionäre ausschütten, weitere Gewinnrücklagen bilden oder als Gewinn vortragen (§ 58 Abs. 3 AktG).   54

Abweichend von den Möglichkeiten, in der Satzung einer GmbH das Ausmaß der Rücklagenbildung vorzuschreiben, kann dies in der Satzung der Aktiengesellschaft nicht erfolgen. Aufsichtsrat und Vorstand bzw. Hauptversammlung für den Fall, dass sie den Jahresabschluss feststellt, können somit nicht durch die Satzung zur Bildung einer Rücklage in vorgegebener Höhe gezwungen werden. Andererseits ist es möglich, den Aufsichtsrat und den Vorstand in der Satzung zur Bildung höherer oder geringerer Rücklagen als die gesetzlich zwingend vorgeschriebenen Rücklagen zu ermächtigen (§ 58 Abs. 2 Satz 2 AktG).   55

Auch die Hauptversammlung kann durch die Satzung nicht zur Bildung von Rücklagen aus dem Bilanzgewinn gezwungen werden. Als mögliche Satzungsregelungen, die die Hauptversammlung bei der Beschlussfassung über die Gewinnverwendung einschränken, kommen aber ein Verbot der Rücklagenbildung bzw. des Gewinnvortrags, ein Ausschüttungszwang bzw. ein (teilweises) Ausschüttungsverbot in Betracht.   56

§ 10 Austritt und (zwangsweises) Ausscheiden eines Gesellschafters

1 Bereits bei der Errichtung einer Gesellschaft bzw. bei der Rechtsformwahl ist es sinnvoll, über die Möglichkeiten nachzudenken, wie ein Gesellschafter aus der Gesellschaft austreten bzw. zwangsweise ausgeschlossen werden kann. Schließen sich mehrere Personen zu einer Gesellschaft zusammen oder ist in kapitalintensiven Branchen von Anfang an mit der späteren Aufnahme von Finanzinvestoren zu rechnen, in deren Zusammenhang grundsätzlich auch Exit-Szenarien geregelt werden müssen, aber auch für Themen wie Mitarbeiterbeteiligung, sind die Fragen der Austrittsmöglichkeiten und des zwangsweise Ausschlusses eines Gesellschafters von wesentlicher Bedeutung. Daher sollte bei der Wahl der Rechtsform dieses Thema mit in die Betrachtung einbezogen werden.

2 Zu unterscheiden ist dabei zwischen dem freiwilligen Austritt eines Gesellschafters aufgrund einer Austrittsvereinbarung zwischen den Gesellschaftern oder aufgrund Kündigung durch den Gesellschafter und dem zwangsweise Ausscheiden eines Gesellschafters durch Zwangsaustritt bzw. Ausschluss aus der Gesellschaft.

A. Gesellschaft bürgerlichen Rechts

I. Überblick

3 Ein Gesellschafter einer Gesellschaft bürgerlichen Rechts kann durch Vereinbarung mit den übrigen Gesellschaftern aus der Gesellschaft ausscheiden. Darüber hinaus kann der Gesellschaftsvertrag bestimmte weitere Ereignisse festlegen, bei deren Eintritt der Gesellschafter aus der Gesellschaft ausscheidet. Das Gesetz hingegen enthält keine Vorschrift, wonach der Gesellschafter bei Eintritt bestimmter Ereignisse aus der Gesellschaft ausscheidet. Vielmehr führt nach der gesetzlichen Regelung der §§ 723 bis 728 BGB der Eintritt bestimmter Ereignisse in der Person eines Gesellschafters zur Auflösung der Gesellschaft. Hierzu gehören die Kündigung der Gesellschaft durch einen Gesellschafter, der Tod oder die Insolvenz eines Gesellschafters. Da dies regelmäßig nicht dem Willen der Gesellschafter entspricht, sollte im Gesellschaftsvertrag für diese Fälle eine Ausscheidens- oder Fortsetzungsklausel i.S.d. § 736 Abs. 1 BGB verankert werden.

II. Ausscheiden aufgrund Vereinbarung mit den Gesellschaftern

4 Wie bereits erwähnt, kann ein Gesellschafter aufgrund formfreier Vereinbarung mit den übrigen Gesellschaftern aus der Gesellschaft ausscheiden. Bei dieser Austrittsvereinbarung müssen sämtliche Gesellschafter mitwirken, sofern der Gesellschaftsvertrag nichts Abweichendes bestimmt. Die Formfreiheit der Austrittsvereinbarung gilt selbst dann, wenn die Gesellschaft Grundbesitz hat oder GmbH-Geschäftsanteile hält.[1] Mit Wirksamwerden der Austrittsvereinbarung wächst

---

1 E/B/J/S/Wertenbruch, § 105 Rn. 45 m.w.N.

der Anteil des ausscheidenden Gesellschafters an dem Gesellschaftsvermögen den verbleibenden Gesellschaftern an.

III. Kündigung eines Gesellschafters

Zwar sieht das Gesetz in § 723 Abs. 1 BGB die Möglichkeit einer Kündigung der Gesellschaft durch einen Gesellschafter vor, jedoch hat die Kündigung kraft Gesetzes die Auflösung der Gesellschaft zur Folge. Soll die Auflösung der Gesellschaft vermieden werden, muss der Gesellschaftsvertrag für den Fall der Kündigung die Fortsetzung der Gesellschaft mit den verbleibenden Gesellschaftern vorsehen. Darüber hinaus sollte der Gesellschaftsvertrag ebenfalls abweichend von der gesetzlichen Regelung der jederzeitigen Kündbarkeit der Gesellschaft Kündigungsfristen bestimmen. Neben Kündigungsterminen und Kündigungsfristen finden sich in Gesellschaftsverträgen meist noch Regelungen über die Form der Kündigungserklärung sowie Zugangsfiktionen. Für den Fall, dass ausnahmsweise das Kündigungsrecht soweit wie möglich eingeschränkt werden soll, ist zu beachten, dass bei auf unbestimmte Zeit eingegangene Gesellschaften das ordentliche Kündigungsrecht nicht ausgeschlossen werden kann (§ 723 Abs. 3 BGB). Dies gilt zugleich für Beschränkungen des Kündigungsrechts, die den gesetzlichen Bestimmungen zuwiderlaufen, wie z.B. die Vereinbarung einer überlangen Kündigungsfrist oder einer Vertragsstrafe für den Fall der Kündigung.[2] Die Kündigungserklärung ist, sofern der Gesellschaftsvertrag keine anderen Formerfordernisse regelt, formfrei gegenüber allen anderen Mitgesellschaftern abzugeben.

Neben der ordentlichen Kündigung ist bei auf bestimmte Zeitdauer eingegangene Gesellschaften und bei Gesellschaften, die nur unter Einhaltung einer bestimmten Kündigungsfrist gekündigt werden können, die außerordentliche Kündigung von Bedeutung. Für eine außerordentliche Kündigung bedarf es eines wichtigen Grundes, der nach der gesetzlichen Regelung vorliegt, wenn ein anderer Gesellschafter eine ihm nach dem Gesellschaftsvertrag obliegende wesentliche Verpflichtung vorsätzlich oder aus grober Fahrlässigkeit verletzt oder wenn die Erfüllung einer solchen Verpflichtung unmöglich wird. Ist dem Kündigenden bei Vorliegen dieser Voraussetzungen unter Würdigung aller Umstände des Einzelfalls und einer umfassenden Interessenabwägung die Fortsetzung der Gesellschaft nach Treu und Glauben nicht mehr zuzumuten, liegt ein wichtiger Grund vor.[3] Weiterer Kündigungsgrund kraft Gesetzes ist die Vollendung des 18. Lebensjahres eines Gesellschafters (§ 723 Abs. 1 Nr. 2, Satz 4 BGB). Dies hängt u.a. damit zusammen, dass ab dem 18. Lebensjahr die Regelungen über die Beschränkungen der Minderjährigenhaftung (§ 1629 a BGB) keine Anwendung mehr finden und dem jetzt Volljährigen die Möglichkeit eingeräumt werden soll, selbst zu entscheiden, ob er zukünftig die Haftungsrisiken aus im Rahmen der Gesellschaft eingegangenen Rechtsgeschäften weiterhin tragen will. Das Recht zur Kündigung aus wichtigem Grund kann nicht eingeschränkt werden.

Zusätzlich zu den vorstehenden Kündigungsgründen kann auch ein Gläubiger eines Gesellschafters, der den Gesellschaftsanteil des Gesellschafters gepfändet hat, die Gesellschaft gem. § 725 BGB ohne Einhaltung einer Kündigungsfrist kündigen, sofern der Schuldtitel nicht lediglich vorläufig vollstreckbar ist. Die Gläubigerkündigung führt zur Auflösung der Gesellschaft, wenn der Gesellschaftsvertrag für diesen Fall nicht die Fortsetzung der Gesellschaft vorsieht. Es gelten ansonsten auch für die Gläubigerkündigung die gesetzlichen und die gesellschaftsvertraglichen Regelungen.

---

2 MüKo BGB/Ulmer, § 723 Rn. 73.
3 BGH NJW 1998, 3771; BGB NJW 1982, 1821.

IV. Automatisches Ausscheiden aus der Gesellschaft

8 Die gesetzliche Regelung der Auflösung der Gesellschaft für den Fall der Eröffnung eines Insolvenzverfahrens über das Vermögen eines Gesellschafters (§ 728 Abs. 2 BGB) entspricht im Normalfall nicht dem Willen der Gesellschafter. Infolgedessen ist in Gesellschaftsverträgen häufig die Regelung zu finden, dass ein Gesellschafter, über dessen Vermögen das Insolvenzverfahren eröffnet wird, automatisch aus der Gesellschaft ausscheidet. Außerdem sind weitere Fälle denkbar, in denen ein Gesellschafter automatisch aus der Gesellschaft ausscheiden soll, wie z.B. das Erreichen einer bestimmten Altersgrenze, Unfähigkeit zur Mitarbeit im Unternehmen etc.[4]

9 In den Fällen des automatischen Ausscheidens wird bei entsprechender Regelung im Gesellschaftsvertrag die Gesellschaft mit den verbleibenden Gesellschaftern fortgesetzt, der Vermögensanteil des ausscheidenden Gesellschafters wächst den verbleibenden Gesellschaftern automatisch an. Scheidet bei einer zweigliedrigen Gesellschaft ein Gesellschafter aus, so steht dem verbleibenden „Gesellschafter" ein Übernahmerecht zu, wenn der Gesellschaftsvertrag eine entsprechende Regelung enthält. Die Gesellschaft wird automatisch ohne Abwicklung beendet und die Gegenstände des Gesellschaftsvermögens gehen im Wege der Gesamtrechtsnachfolge in das Alleineigentum des übernehmenden „Gesellschafters" über.[5]

V. Ausschließung eines Gesellschafters

10 Für die Gesellschaft bürgerlichen Rechts enthält das BGB Vorschriften, die den Ausschluss eines Gesellschafters regeln. Danach kann ein Gesellschafter, in dessen Person ein die übrigen Gesellschafter nach § 723 Abs. 1 Satz 2 BGB zur Kündigung berechtigender wichtiger Grund eintritt, aus der Gesellschaft ausgeschlossen werden, wenn der Gesellschaftsvertrag für den Fall der Kündigung eine Fortsetzungsklausel enthält. Dabei setzt eine Ausschließung voraus, dass es den übrigen Gesellschaftern unzumutbar ist, mit dem auszuschließenden Gesellschafter die Gesellschaft fortzusetzen.[6]

11 Liegen die Voraussetzungen vor, bedarf die Ausschließung eines einstimmigen Gesellschafterbeschlusses aller übrigen Gesellschafter, es sei denn, der Gesellschaftsvertrag sieht ein anderes Mehrheitsquorum vor.[7] Mit Mitteilung des Beschlusses gegenüber dem auszuschließenden Gesellschafter wird der Ausschluss gem. § 737 Satz 3 BGB wirksam. Sinnvoll ist es, bestimmte Gründe, bei deren Vorliegen eine Ausschließung zulässig sein soll, im Gesellschaftsvertrag zu regeln.

VI. Rechtsfolgen des Ausscheidens und eines Ausschlusses eines Gesellschafters

12 Mit Ausnahme einer Zwei-Personen-Gesellschaft scheidet der betroffene Gesellschafter aus der Gesellschaft aus, die von den übrigen Gesellschaftern fortgesetzt wird, wenn der Gesellschaftsvertrag eine entsprechende Fortsetzungsklausel enthält. Der Gesellschaftsanteil des betroffenen Gesellschafters wächst den verbleibenden Gesellschaftern an, der ausgeschiedene bzw. ausge-

---

4   Vgl. auch HdB. PersGesR I/Westermann, Rn. 1095.
5   MüKo BGB/Ulmer, § 730 Rn. 56.
6   Ausführlicher hierzu MünchHdB. GesR I/Piehler/Schulte, § 10 Rn. 59 ff.
7   MüKo BGB/Ulmer, § 737 Rn. 11.

schlossene Gesellschafter hat einen Abfindungsanspruch gemäß § 738 BGB, der durch gesell-schaftsvertragliche Regelung sowohl hinsichtlich der Höhe als auch in Bezug auf die Zahlungs-modalitäten modifiziert werden kann. Ob die Höhe der Abfindung auf den Buchwert oder einen geringeren Wert beschränkt bzw. ganz ausgeschlossen werden kann, ist streitig und hängt u.a. vom Ausscheidensgrund ab.[8]

Insbesondere für Arbeitnehmerbeteiligungen hat die Rechtsprechung Beschränkungen des Ab-findungsanspruchs zugelassen.[9]   13

Im Innenverhältnis haftet der ausgeschiedene Gesellschafter noch in dem in § 739 BGB festge-legten Umfang, sofern der Gesellschaftsvertrag nichts Abweichendes regelt. Im Außenverhältnis finden bei Fortsetzung der Gesellschaft mit den verbleibenden Gesellschaftern die Nachhaftungs-regelungen des HGB (§ 160 HGB) Anwendung (§ 736 Abs. 2 BGB).[10]   14

B.   OHG

I.   Überblick

Bei der OHG ist zu unterscheiden zwischen einem Ausscheiden aufgrund Austrittsvereinbarung, einem automatischen Ausscheiden bei Vorliegen bestimmter Gründe, dem Ausscheiden eines Gesellschafters infolge einer Ausschließungsklage und dem Ausschluss eines Gesellschafters auf-grund eines Gesellschafterbeschlusses. Die Rechtsfolge des Ausscheidens eines Gesellschafters ist, sofern gesellschaftsvertraglich nichts Abweichendes vereinbart ist, das Fortbestehen bzw. die Fortsetzung der Gesellschaft. Bis zum Handelsrechtsreformgesetz im Jahre 1998 galt etwas ande-res. Bis zu diesem Zeitpunkt führte der Tod eines Gesellschafters, die Eröffnung des Insolvenzver-fahrens über das Vermögen eines Gesellschafters, die Kündigung eines Gesellschafters sowie die Kündigung durch den Gläubiger eines Gesellschafters kraft Gesetzes zur Auflösung der Gesell-schaft, solange im Gesellschaftsvertrag nichts anderes geregelt war.   15

Problematisch ist, dass bei Vorliegen eines wichtigen Grundes gesetzlich nicht vorgesehen ist, dem Gesellschafter das Ausscheiden aus der Gesellschaft durch außerordentliche, fristlose Kün-digung zu ermöglichen. Das Gesetz verweist in solchen Fällen auf die Auflösungsklage gemäß § 123 HGB bzw., sofern der wichtige Grund in der Person eines Gesellschafters eintritt, auf die Ausschlussklage gemäß § 140 HGB. Es ist somit bei einer OHG zwingend notwendig, eine hier-von abweichende gesellschaftstaugliche Regelung zu vereinbaren.   16

II.   Gesetzliche Ausscheidensgründe

Folgende Gründe führen mangels abweichender gesellschaftsvertraglicher Bestimmung kraft Gesetzes (§ 131 Abs. 3 HGB) zum Ausscheiden eines Gesellschafters: 17

1. Tod des Gesellschafters,
2. Eröffnung des Insolvenzverfahrens über das Vermögen des Gesellschafters,
3. Kündigung des Gesellschafters,

---

8   Zum Rechtsstand vergleiche MünchHdB. GesR I/Piehler/Schulte, § 10 Rn. 95 ff.
9   MünchHdB. GesR I/Piehler/Schulte, § 10 Rn. 100.
10   Vergleiche Ausführungen in § 2 Rn. 6 f.

4. Kündigung durch den Privatgläubiger des Gesellschafters,

5. Eintritt von weiteren im Gesellschaftsvertrag vorgesehenen Fällen,

6. Beschluss der Gesellschafter.

18 Die gesetzliche Regelung ist dispositiv, d.h. der Gesellschaftsvertrag kann abweichende Bestimmungen enthalten. Dies ist auch absolut sinnvoll, da gerade in Familienpersonengesellschaften die Rechtsfolge des Ausscheidens beim Tod eines Gesellschafters regelmäßig nicht die gewünschte Rechtsfolge ist und daher der Gesellschaftsvertrag z.B. eine Nachfolgeklausel enthalten sollte.

1.   Ausscheiden eines Gesellschafters bei Eröffnung des Insolvenzverfahrens über sein Vermögen

19 Ein Gesellschafter scheidet aus der Gesellschaft aus, wenn über sein Vermögen das Insolvenzverfahren eröffnet wird. Dies geschieht mit Rechtskraft des Eröffnungsbeschlusses. Dem Gesellschafter steht daraufhin ein Abfindungsanspruch zu, der vom Insolvenzverwalter geltend gemacht wird. Die Höhe des Abfindungsanspruches bestimmt sich nach den gesellschaftsvertraglichen Regelungen. Sollte dieser keine Regelung enthalten, so richtet sich die Abfindung und Auseinandersetzung nach den §§ 738–740 BGB. Die Ablehnung der Eröffnung des Insolvenzverfahrens mangels Masse führt hingegen nicht zum Ausscheiden des Gesellschafters,[11] § 26 InsO, stellt aber u.U. einen wichtigen Grund zum Ausschluss des Gesellschafters gemäß § 140 HGB dar.[12]

2.   Kündigung eines Gesellschafters

20 Die Kündigung durch einen Gesellschafter führt kraft Gesetzes zum Ausscheiden des Gesellschafters aus der Gesellschaft (§ 131 Abs. 3 Nr. 3 HGB). Die Kündigungsfrist bei einer Gesellschaft, die für unbestimmte Zeit eingegangen ist, beträgt gemäß § 132 HGB sechs Monate auf das Ende eines Geschäftsjahres. Ist die Gesellschaft auf bestimmte Zeit eingegangen, kann sie erstmals frühestens auf diesen Zeitpunkt gekündigt werden.

21 Die Kündigung erfolgt durch einseitige empfangsbedürftige Willenserklärung gegenüber allen anderen Gesellschaftern. Die Erklärung wird mit Zugang bei allen anderen Gesellschaftern wirksam. Erfolgt die Kündigung nicht unter Einhaltung der Kündigungsfrist, kann sie als Kündigung zum nächsten zulässigen Termin ausgelegt oder umgedeutet werden.[13] Eine bestimmte Form der Kündigung ist nicht vorgesehen. Ist die Kündigung wirksam erklärt, scheidet der kündigende Gesellschafter mit Ablauf der Kündigungsfrist aus der Gesellschaft aus.

22 In der Regel wird das gesetzliche Kündigungsrecht durch den Gesellschaftsvertrag abgeändert, einerseits durch Festlegung bestimmter Kündigungsgründe, andererseits durch Modifikation des Kündigungsverfahrens wie z.B. eine Verlängerung der Kündigungsfristen sowie Formerfordernisse. Der Gesellschaftsvertrag kann jedoch keinen vollständigen Ausschluss des ordentlichen Kündigungsrechts vorsehen.[14] Infolge dessen sind auch Beschränkungen unzulässig, die die Ausübung des Kündigungsrechts derart erschweren, dass dies wirtschaftlich einer Ausschließung des Rechts gleich kommt. Hierunter fallen z.B. überlange Kündigungsfristen bzw. die Vereinbarung

---

11 E/B/J/S/Lorz, § 131 Rn. 48; Baumbach/Hopt, § 131 Rn. 22; BGH NJW-RR 1989, 993 ff.
12 Schlegelberger/Karsten Schmidt, § 131 Rn. 38 m.w.N.
13 Baumbach/Hopt, § 132 Rn. 4; E/B/J/S/Lorz, § 132 Rn. 14.
14 BGH v. 11.07.1968, II ZR 179/66, BGHZ 50, 316, 320 f.; Schlegelberger/Karsten Schmidt, § 132 Rn. 28 m.w.N.

einer überlangen Vertragsdauer.[15] Außerdem zählen hierzu Abfindungsregelungen, die den Abfindungsanspruch eines ausscheidenden Gesellschafters derart einschränken, dass dies für den Gesellschafter einem Ausschluss des Kündigungsrechts gleichkommt, da eine Kündigung für den Gesellschafter aus wirtschaftlichen Gründen keinen Sinn macht.

Bei Vorliegen eines wichtigen Grundes sind die Gesellschafter einer OHG bzw. KG – anders als bei einer Gesellschaft bürgerlichen Rechts – gesetzlich auf die Auflösungsklage gemäß § 133 HGB bzw. auf die Ausschließungsklage gemäß § 140 HGB angewiesen. Da es sich hierbei um komplizierte Verfahren handelt, die nicht zwingend zu der gewünschten Rechtsfolge führen (vgl. Ausführungen unter § 11 Rn. 30 f.), sollte im Gesellschaftsvertrag ein Recht zur Kündigung bei Vorliegen wichtiger Gründe geregelt werden.

23

3. Kündigung durch einen Privatgläubiger eines Gesellschafters

Einem Privatgläubiger eines Gesellschafters steht gemäß § 135 HGB das Recht zu, die Gesellschaft zu kündigen und hierdurch das Ausscheiden des Gesellschafters zu bewirken, mit der Folge, dass er dessen Abfindungsanspruch geltend machen kann. Für eine Kündigung durch einen Gläubiger eines Gesellschafters müssen folgende Voraussetzungen erfüllt sein:

24

- Vorliegen eines nicht nur vorläufig vollstreckbaren Titels gegen den Gesellschafter,
- Erfolgloser Zwangsvollstreckungsversuch in das bewegliche Vermögen des Gesellschafters innerhalb der letzten sechs Monate vor der Kündigung und
- Pfändung und Überweisung des Gesellschaftsanteils aufgrund des unanfechtbar gewordenen Titels.

10

Auch die Kündigung des Privatgläubigers hat gegenüber sämtlichen Gesellschaftern, somit auch gegenüber dem Schuldner, zu erfolgen.[16] Wichtig in diesem Zusammenhang erscheint noch, dass für die Gläubigerkündigung nicht die eventuell gesellschaftsvertraglich vorgesehene Kündigungsfrist maßgeblich ist, sondern die in § 135 HGB geregelte sechsmonatige Kündigungsfrist zum Ende eines Geschäftsjahres.

25

4. Gesellschaftsvertragliche Ergänzung der gesetzlichen Ausscheidensgründe

§ 131 Abs. 3 Nr. 5 HGB ermächtigt zur Regelung weiterer Ausscheidensgründe im Gesellschaftsvertrag. Hiervon wird regelmäßig Gebrauch gemacht, weil die gesetzlichen Ausscheidensgründe nicht abschließend sind, vielmehr Gründe in der Person eines Gesellschafters, welche die Fortsetzung der Gesellschaft mit ihm nicht mehr möglich oder zumutbar erscheinen lassen, im Gesetz nur oberflächlich Berücksichtigung gefunden haben. Es werden daher in Gesellschaftsverträgen häufig zusätzliche Ausscheidensgründe wie z.B. Erreichen einer Altersgrenze, Unfähigkeit zur Mitarbeit im Unternehmen, Ausscheiden aus einem Anstellungsverhältnis mit der Gesellschaft, etc. festgelegt.[17] Neben den zusätzlichen Ausscheidensgründen muss der Gesellschaftsvertrag aber

26

---

15 Vgl. MüKo BGB/Ulmer, § 723 Rn. 71 ff.
16 BGH NJW 1986, 1991, 1992.
17 Vgl. HdB. PersGesR I/Westermann, Rn. 1095.

auch die Rechtsfolgen des Vorliegens des Ausscheidensgrundes – automatisches Ausscheiden des Gesellschafters oder Ausscheiden bei Vorliegen eines entsprechenden Gesellschafterbeschlusses – regeln.

5. Austrittsvereinbarung

27 Jederzeit zulässig ist der Austritt eines Gesellschafters aufgrund Vereinbarung mit sämtlichen anderen Gesellschaftern. Die Mitwirkung aller Gesellschafter ist deshalb notwendig, sofern gesellschaftsvertraglich nichts Abweichendes geregelt ist, weil in der Vereinbarung des Austritts eines Gesellschafters aus der Gesellschaft eine Änderung des Gesellschaftsvertrages zu sehen ist. Unabhängig davon ist die Austrittsvereinbarung jedoch formfrei möglich, selbst wenn die Gesellschaft Grundbesitz hat oder GmbH-Geschäftsanteile hält.

III. Ausschluss eines Gesellschafters

28 Der Ausschluss eines Gesellschafters ist möglich durch Ausschließungsklage (§ 140 HGB) und, sofern im Gesellschaftsvertrag vorgesehen, durch Ausschließungsbeschluss der übrigen Gesellschafter.

1. Ausschließungsklage

29 Kraft Gesetzes kann gemäß § 140 HGB ein Gesellschafter aus der Gesellschaft im Wege der Ausschließungsklage unter Mitwirkung sämtlicher verbleibender Gesellschafter ausgeschlossen werden, wenn in seiner Person ein wichtiger Grund i.S.d. § 133 HGB begründet ist. Erforderlich ist, dass den anderen Gesellschaftern die Fortsetzung der Gesellschaft mit demjenigen Gesellschafter, in dessen Person ein wichtiger Grund eingetreten ist, unzumutbar ist. Der wichtige Grund muss nicht notwendigerweise durch Verschulden des Auszuschließenden verursacht worden sein. Vielmehr kommen neben den üblichen wichtigen Gründen wie schuldhafte Verstöße gegen Verhaltenspflichten als Gesellschafter auch Geisteskrankheit, Unfähigkeit zur Fortführung der Geschäfte, Beendigung des Anstellungsverhältnisses mit der Gesellschaft usw. als wichtiger Grund in Betracht.[18] Zu Beachten ist, dass ein Fehlverhalten des Ausschließungsklägers zur Versagung des Ausschließungsanspruchs führen kann.[19] Dasselbe gilt, wenn die übrigen Gesellschafter das Fehlverhalten, auf welches das Ausschließungsbegehren gestützt wird, veranlasst oder gebilligt haben.[20]

30 Weitere Kriterien, die bei der Bewertung der Erfolgsaussichten einer Ausschließungsklage zu berücksichtigen sind, sind die Bereitschaft der übrigen Gesellschafter zur Fortführung des Unternehmens, die Stellung des Auszuschließenden in der Gesellschaft, die Zumutbarkeit bzw. Billigkeit des Ausschlusses sowie, dass die Ausschließung grundsätzlich ultima ratio ist.[21]

---

18 E/B/J/S/Lorz, § 140 Rn. 11 m.w.N.
19 BGH ZIP 2003, 1037; E/B/J/S/Lorz, § 140 Rn. 16.
20 BGH v. 17.12.1959, II ZR 32, 59, BGHZ 31, 296, 306; BGH NJW 1989, 1125, 1127.
21 Vgl. hierzu im Einzelnen MünchHdB. GesR I/Piehler/Schulte, § 74 Rn. 44 ff.

2. Gesellschaftsvertragliche Regelungen zum Ausschluss eines Gesellschafters

Das gesetzlich vorgesehene Ausschlussverfahren ist äußerst kompliziert und zeitaufwändig. Es empfiehlt sich daher, im Gesellschaftsvertrag Einzelheiten zum Ausschluss eines Gesellschafters, wie z.B. Gründe und Verfahren, abweichend vom Gesetz festzulegen. Hiervon wird häufig dergestalt Gebrauch gemacht, dass der Ausschluss nicht durch Klage und Urteil, sondern mittels Gesellschafterbeschlusses erfolgen kann. Dies wird von der Rechtsprechung als zulässig erachtet.[22] Aufgrund des Bestimmtheitsgrundsatzes ist aber auf jeden Fall eine ausdrückliche Regelung des Ausschlusses durch Gesellschafterbeschluss notwendig. Dasselbe gilt für das vereinbarte Mehrheitserfordernis. Der betroffene Gesellschafter hat bei der Beschlussfassung kein Stimmrecht.[23] Mit der Mitteilung des Beschlusses an den Auszuschließenden wird dieser Beschluss wirksam. Ist der Auszuschließende bei der Beschlussfassung anwesend, erfolgt die Mitteilung mit Ergebnisverkündung. 31

Der Gesellschaftsvertrag kann nicht nur die Möglichkeit einer Ausschließung durch Ausschließungsbeschluss vorsehen, vielmehr kann der Gesellschaftsvertrag auch die Ausschließung zugunsten einzelner Gesellschafter oder insgesamt abbedingen oder einzelnen Gesellschaftern ein sog. Hinauskündigungsrecht einräumen.[24] In diesen Fällen bleibt bei Vorliegen eines wichtigen Grundes neben einer Austrittsvereinbarung nur die Auflösungsklage gemäß § 133 HGB, um sich von einem Gesellschafter zu trennen. Nicht möglich ist es, die Ausschließung eines Gesellschafters in das freie Ermessen, d.h. ohne Vorliegen eines gesetzlich oder gesellschaftsvertraglich geregelten Grundes, der Mehrheit zu stellen. Eine solche Regelung verstößt gegen § 138 BGB und ist nichtig.[25] 32

3. Besonderheiten des Ausschlusses bei einer zweigliedrigen Gesellschaft

§ 140 Abs. 1 Satz 2 HGB erklärt die Ausschließungsklage ausdrücklich auch auf zweigliedrige Gesellschaften für anwendbar (sog. Übernahmeklage). Ob für die Beurteilung des Vorliegens eines wichtigen Grundes strengere Maßstäbe gelten als bei der mehrgliedrigen Gesellschaft ist streitig. Kann der Intention des Gesetzgebers, denjenigen Gesellschafter auszuschließen, der als Störer identifiziert ist, nicht Genüge getan werden, weil kein Störer identifizierbar ist, bleibt den Gesellschaftern wohl nur die Auflösungsklage gemäß § 133 HGB. Dies gilt u.a., wenn in der Person beider Gesellschafter ein wichtiger Grund begründet ist und die Fortsetzung beiden Gesellschaftern unzumutbar ist.[26] 33

---

22 BGH NJW-RR 1997, 925; E/B/J/S/Lorz, § 140 Rn. 45.
23 Baumbach/Hopt, § 119 Rn. 8; E/B/J/S/Lorz, § 140 Rn. 45.
24 Baumbach/Hopt, § 140 Rn. 30.
25 Ständige Rechtsprechung vgl. BGH v. 05.06.1989, II ZR 227/88, BGHZ 107, 351.
26 MünchHdB. GesR I/Piehler/Schulte, § 74 Rn. 50.

IV. Rechtsfolgen des Ausscheidens

34 Scheidet ein Gesellschafter entweder gemäß § 131 Abs. 3 HGB, gemäß § 140 HGB mit Rechtskraft des Urteils oder aufgrund gesellschaftsvertraglicher Regelung aus der Gesellschaft aus, wächst sein Vermögensanteil den verbleibenden Gesellschaftern an. Die Auseinandersetzung richtet sich mangels abweichender gesellschaftsvertraglicher Regelungen nach den §§ 738–740 BGB. Insoweit wird auf die Ausführungen unter Abschnitt A. VI. verwiesen.

35 § 131 Abs. 3 HGB findet grundsätzlich auch auf eine Zwei-Personen-Gesellschaft Anwendung. Folge hiervon ist, dass bei Ausscheiden eines Gesellschafters aus einer zweigliedrigen OHG aufgrund eines in § 131 Abs. 3 HGB geregelten Ereignisses oder aufgrund einer Austrittsvereinbarung oder aufgrund eines Ausschlusses die Gesellschaft erlischt und das Unternehmen ohne Liquidation mit allen Aktiven und Passiven auf den verbleibenden Gesellschafter als Gesamtrechtsnachfolger übergeht. Dies gilt auch, wenn bei einer mehrgliedrigen Gesellschaft bis auf einen Gesellschafter alle sonstigen Gesellschafter ausscheiden.[27] Dasselbe Ergebnis, Übergang des Gesamtvermögens auf einen Gesellschafter ohne Einzelübertragung, kann auch durch Übertragung sämtlicher Gesellschaftsanteile auf den verbleibenden Gesellschafter erzielt werden, mit der abweichenden Rechtsfolge, dass die §§ 738 bis 740 BGB keine Anwendung finden.

C. Kommanditgesellschaft

I. Grundsatz

36 Die vorstehenden Ausführungen zur OHG gelten auch für die Kommanditgesellschaft. § 161 HGB verweist auf die §§ 131, 140 HGB, sofern und soweit die §§ 162 ff. HGB als Spezialregelungen für die Kommanditgesellschaft nichts Abweichendes regeln. Im Folgenden werden daher nur die Besonderheiten für die Kommanditgesellschaft dargestellt.

II. Ausscheiden eines Gesellschafters aus der Kommanditgesellschaft

37 Aufgrund der zweigeteilten Gesellschafterstruktur bei der Kommanditgesellschaft – Komplementär und Kommanditist – bestehen im Zusammenhang mit dem Ausscheiden eines Gesellschafters einige wenige Besonderheiten bei der Kommanditgesellschaft im Vergleich zur OHG.

1. Tod eines Gesellschafters

38 Abweichend von der gesetzlichen Folge des § 131 Abs. 3 Nr. 1 HGB, wonach der Gesellschafter einer OHG im Falle seines Todes aus der Gesellschaft ausscheidet und dessen Kapital- und Vermögensanteil den verbleibenden Gesellschaftern anwächst, die Gesellschaft also nur mit den verbleibenden Gesellschaftern und nicht zusätzlich mit den Erben des verstorbenen Gesellschafters fortgesetzt wird, führt der Tod eines Kommanditisten nach § 177 HGB zur Fortsetzung der Gesell-

---

27 H.M. BGH NJW 1997, 1917.

schaft durch die verbleibenden Gesellschafter mit den Erben.[28] Stirbt dagegen der einzige Komplementär der Kommanditgesellschaft, ohne dass ein Erbe als persönlich haftender Gesellschafter nachfolgt (vgl. z.B. § 139 Abs. 1 HGB), oder scheidet der einzige Komplementär aus sonstigen Gründen (Kündigung etc.) aus der Gesellschaft aus, so hat dies die Auflösung der Gesellschaft und deren Abwicklung zur Folge.[29] Etwas anderes gilt nur, wenn der Gesellschaftsvertrag etwas Abweichendes regelt, die Kommanditisten die Fortführung der Gesellschaft als OHG beschließen oder sich rechtzeitig auf einen neuen Komplementär einigen.

2. Ausscheiden eines Gesellschafters im Wege der Kündigung

Wie bereits in Abschnitt B.II.2 dargestellt ist es zulässig, das Kündigungsrecht eines Gesellschafters gesellschaftsvertraglich zu beschränken. Insbesondere im Zusammenhang mit dem Ausschluss des Kündigungsrechtes für einen bestimmten Zeitraum ist es schwierig, exakte Aussagen hinsichtlich der höchstzulässigen Dauer der Bindung zu machen. Kapitalistische Strukturen einer Kommanditgesellschaft können für die Anerkennung längerer Bindungszeiten sprechen. Unabhängig davon sind übermäßig lange Bindungszeiten, wie z.B. lebenszeitliche Bindungen, ohne besonderen rechtfertigenden Grund unzulässig. Zwar hat der Bundesgerichtshof in einer Entscheidung im Jahre 1967 eine 30 Jahre umfassende Bindung als zulässig anerkannt. Die herrschende Meinung geht jedoch davon aus, dass dies nach heutigem Verständnis nicht mehr zulässig sei.[30] Etwas anderes kann für eine Komplementär-GmbH einer GmbH & Co. KG gelten, die reines Geschäftsführungsinstrument der Kommanditgesellschaft ist und in der Regel nicht am Kapital der Kommanditgesellschaft teilhat. Hier kann ein dauernder Ausschluss des ordentlichen Kündigungsrechts zugemutet werden.[31]

39

10

3. Ausscheiden eines Gesellschafters aufgrund Insolvenz

Da § 131 Abs. 3 Nr. 2 HGB auch für die Kommanditgesellschaft gilt, scheiden deren Gesellschafter, also sowohl ein Komplementär als auch ein Kommanditist, aus der Gesellschaft aus, wenn über ihr Vermögen das Insolvenzverfahren eröffnet wird. Dies hat, soweit es den Komplementär der Kommanditgesellschaft betrifft, grundsätzlich zur Folge, dass die Kommanditgesellschaft aufgelöst und abgewickelt wird. Zur Vermeidung dieser Folge ist es zulässig, im Gesellschaftsvertrag zu regeln, dass in einer Kommanditgesellschaft mit nur einem Komplementär bei dessen Insolvenz die Kommanditisten das Unternehmen als OHG weiterführen.[32]

40

Der Zeitpunkt, zu dem eine insolvente Komplementär-GmbH aus der Kommanditgesellschaft ausscheidet, ist streitig.[33] Eine Meinung der Literatur will die GmbH erst mit ihrer vollen Beendigung aus der Personengesellschaft ausscheiden lassen, die andere Meinung bereits mit der Eröffnung des Insolvenzverfahrens über das Vermögen der GmbH, da bereits zu diesem Zeitpunkt die Zuständigkeit der Organe auf den Insolvenzverwalter übergeht.

41

---

28 Zu den unterschiedlichen Gestaltungsalternativen für den Fall des Todes eines Gesellschafters vgl. § 3 Rn. 4 ff.
29 BGH v. 12.11.1952, II ZR 260/51, BGHZ 8, 37; BGH WM 1978, 675.
30 Schlegelberger/Karsten Schmidt, § 132 Rn. 31; E/B/J/S/Lorz, § 132 Rn. 25.
31 Baumbach/Hopt, § 132 Rn. 10.
32 BGH NJW 1979, 1705.
33 Vgl. Baumbach/Hopt, § 131 Rn. 20 m.w.N.

42   Die Insolvenz eines Kommanditisten muss nicht zwingend zu dessen Ausscheiden aus der Gesellschaft führen, da diese keine schwerwiegenden Folgen für die Gesellschaft hat. Der Gesellschaftsvertrag kann insoweit anderweitige Regelungen enthalten.

III.   Ausschluss eines Gesellschafters

43   Grundsätzlich gilt § 140 HGB auch im Verhältnis zu Kommanditisten (§ 161 Abs. 2 HGB). Bei der Einordnung von Umständen als Ausschließungsgrund ist jedoch der Situation Rechnung zu tragen, dass Kommanditisten gewöhnlich nicht an der Geschäftsführung beteiligt und nur beschränkt haftende Gesellschafter sind.[34] An das Vorliegen eines wichtigen Grundes sind daher in der Regel strengere Anforderungen zu stellen.[35] Im Hinblick auf die Ausschließung des (einzigen oder letzten) persönlich haftenden Gesellschafters einer Kommanditgesellschaft sind ebenfalls Besonderheiten zu beachten. Wird der einzige persönlich haftende Gesellschafter im Wege einer Ausschließungsklage ausgeschlossen, wird die Kommanditgesellschaft mit Rechtskraft des Ausschließungsurteils aufgelöst und tritt in das Liquidationsstadium ein, es sei denn, die Kommanditisten nehmen einen neuen Komplementär auf oder beschließen die Fortsetzung der Gesellschaft als OHG.[36] Die mit der Ausschließungsklage im Zusammenhang mit einer Komplementär-GmbH verbundenen Probleme können ggf. durch Entziehung ihrer Geschäftsführungsbefugnis nach § 117 HGB gelöst werden.

D.   GmbH

I.   Überblick

44   Anders als bei den Personengesellschaften ist bei der GmbH weder der freiwillige Austritt aus der Gesellschaft noch der allgemeine Ausschluss eines Gesellschafters aus der Gesellschaft gesetzlich geregelt. Ausnahmen bestehen für den Ausschluss säumiger Gesellschafter (sog. Kaduzierung, §§ 21, 28 GmbHG) und die Einziehung (§ 34 GmbHG), die aber schon kraft Gesetzes einer gesellschaftsvertraglichen Konkretisierung bedarf. Anerkannt ist darüber hinaus, dass auch bei Fehlen entsprechender Satzungsregelungen die Möglichkeit zum Austritt bzw. zum Ausschluss eines Gesellschafters existiert, wenn ein wichtiger Grund vorliegt. Diese Rechte können in der Satzung zwar näher ausgestaltet, aber nicht wesentlich eingeschränkt werden.[37]

II.   Kaduzierung

45   Das Kaduzierungsverfahren ist in den §§ 21 bis 25 GmbHG geregelt und ermöglicht den Ausschluss von Gesellschaftern wegen nicht rechtzeitiger Einzahlung von Stammeinlagen. Es dient somit als Druckmittel gegenüber säumigen Gesellschaftern, ihre Einlage doch noch zu leisten.

---

34   HdB. PersGesR I/Westermann, § 36 Rn. 1113 f.
35   Baumbach/Hopt, § 140 Rn. 10.
36   BGH WM 1971, 21, 23.
37   Baumbach/Hueck/Fastrich, Anh. zu § 34 Rn. 1.

1. Voraussetzungen der Kaduzierung

Der Ausschluss eines Gesellschafters im Rahmen eines Kaduzierungsverfahrens setzt die vorhergehende erneute Aufforderung an den Gesellschafter zur Zahlung seiner Einlage binnen einer zu bestimmenden Nachfrist unter Androhung seines Ausschlusses aus. Der Wortlaut der Vorschrift, dass es einer „erneuten" Aufforderung bedarf, führt dazu, dass vor Durchführung des Kaduzierungsverfahrens der säumige Gesellschafter bereits zur Zahlung aufgefordert worden sein muss. 46

Nach fruchtlosem Verstreichen der Nachfrist erfolgt der Ausschluss durch ausdrückliche Erklärung der Geschäftsführer, die hierüber pflichtgemäß entscheiden, sofern sie nicht aufgrund Gesellschafterbeschlusses entsprechend angewiesen werden. Die Ausschlusserklärung ist dem betroffenen Gesellschafter in Form eines eingeschriebenen Briefes zu übersenden und wird mit Zugang wirksam. 47

2. Rechtsfolgen der wirksamen Kaduzierung

Der Gesellschafter verliert infolge einer wirksamen Kaduzierung sämtliche Mitgliedschaftsrechte, seinen Geschäftsanteil und die darauf geleisteten Zahlungen oder Sacheinlagen, ferner seinen Gewinnanspruch für das laufende Geschäftsjahr. Er haftet für rückständige mitgliedschaftliche Pflichten weiter. Ein Abfindungsanspruch des ausgeschlossenen Gesellschafters besteht nicht.[38] 48

Bis zur Verwertung verwaltet die Gesellschaft den Geschäftsanteil treuhänderisch. Die Stimmrechte und andere Mitgliedschaftsrechte, mit Ausnahme des Gewinnbezugsrechts, ruhen. 49

Die weiteren Einzelheiten zur Kaduzierung, insbesondere zum Verwertungsverfahren und zur Haftung, sind in den §§ 22 bis 25 GmbHG geregelt. Hiervon kann im Gesellschaftsvertrag nicht in dem Sinne abgewichen werden, dass die Haftung der Gesellschafter abgemildert oder beseitigt wird. 50

III. Einziehung (§ 34 GmbHG)

1. Allgemeines

Eine Einziehung eines Geschäftsanteils ist nur zulässig, wenn die Satzung dies vorsieht (§ 34 Abs. 1 GmbHG). Dabei ist zu unterscheiden zwischen der freiwilligen Einziehung mit Zustimmung des betroffenen Gesellschafters und der Zwangseinziehung. Für beide Arten der Einziehung bedarf es einer gesellschaftsvertraglichen Konkretisierung. Insbesondere bei der Zwangseinziehung ist danach zu unterscheiden, ob diese bereits bei Erwerb des Geschäftsanteils durch den betroffenen Gesellschafter in der Satzung verankert war und die Voraussetzungen und Rechtsfolgen geregelt waren. 51

2. Zwangseinziehung

Waren die Regelungen über die Zwangseinziehung nicht bereits bei Errichtung der GmbH in der Satzung enthalten, kann die Zwangseinziehung nachträglich vereinbart werden. Hierfür bedarf es der Zustimmung aller betroffenen Gesellschafter.[39] 52

---

38 Baumbach/Hueck/Fastrich, § 21 Rn. 11.
39 H.M. BGH NJW 1977, 2316.

53   Die Zwangseinziehung ist nur zulässig, wenn dafür ein in der Satzung festgelegter sachlicher Grund vorliegt. Dies kann z.B. sein

- ein wichtiger Grund in der Person des betroffenen Gesellschafters,
- Erreichen eines bestimmten Alters,
- Beendigung der Organstellung oder Kündigung des Dienst- oder Arbeitsverhältnisses bei Mitarbeiterbeteiligung,
- Insolvenz des Gesellschafters,
- Pfändung des Gesellschaftsanteils.

54   Bei Familiengesellschaften kommt häufig als weiterer Einziehungsgrund die Veräußerung oder Vererbung von Geschäftsanteilen an familienfremde Personen hinzu.

55   Weitere Voraussetzungen für die Einziehung sind, dass der einzuziehende Geschäftsanteil voll eingezahlt ist und eine etwa zu leistende Abfindung nicht aus nach § 30 Abs. 1 gebundenen Mitteln geleistet werden muss.

3. Einziehungsverfahren

56   Die Einziehung erfolgt grundsätzlich durch Gesellschafterbeschluss mit der einfachen Mehrheit der Stimmen, falls die Satzung nichts anderes bestimmt. Der betroffene Gesellschafter ist zumindest in den Fällen der Zwangseinziehung aus wichtigem bzw. sonst in seiner Person liegenden Gründen von der Stimmabgabe ausgeschlossen.

57   Mit der Mitteilung des Einziehungsbeschlusses wird diese wirksam.

4. Wirkung der Einziehung

58   Mit Wirksamwerden der Einziehung geht der Geschäftsanteil unter und der betroffene Gesellschafter verliert seine Mitgliedschaft mit allen Rechten und Pflichten, sobald er die ihm zustehende Abfindung vollständig erhalten hat.[40]

59   Wurde die Einziehung nicht mit einer Kapitalherabsetzung verbunden, bleibt das Stammkapital unverändert. Die Unstimmigkeit zwischen dem Betrag des Stammkapitals und der Summe der Nennwerte der Geschäftsanteile kann, muss aber nicht, durch entsprechende Anpassung der letzteren bereinigt werden.

60   Die Beteiligungsverhältnisse der übrigen Gesellschafter an der Gesellschaft richten sich nach dem neuen Verhältnis ihrer Anteile zum unveränderten Stammkapital.

IV. Kündigung/Austritt

61   Wie vorstehend ausgeführt, ist das Recht eines GmbH-Gesellschafters zum freiwilligen Ausscheiden (Kündigung, Austritt) bei Vorliegen eines wichtigen Grundes allgemein anerkannt. Ein wichtiger Grund in diesem Sinne besteht, wenn dem Gesellschafter die Fortdauer der Mitgliedschaft unzumutbar ist. Ohne anderweitige Satzungsregelung ist die Kündigung aus wichtigem Grund

---

40   BGH DStR 1997, 1336.

nur als äußerstes Mittel zulässig. Kommt z.B. eine Veräußerung des Geschäftsanteils in Betracht, scheidet ein Austritt aus.

Ein Kündigungsrecht ohne Vorliegen eines wichtigen Grundes besteht hingegen nur, wenn ein solches Recht in der Satzung enthalten ist. Die Kündigung erfolgt grundsätzlich durch einseitige, empfangsbedürftige, formfreie Erklärung gegenüber der Gesellschaft. 62

Mit der Kündigungserklärung scheidet der austrittswillige Gesellschafter – anders als bei Personengesellschaften – nicht automatisch aus der Gesellschaft aus. Eine Anwachsung kennt das GmbH-Recht nicht. Der Gesellschafter scheidet erst durch Abtretung seines Geschäftsanteils oder durch Einziehung seines Geschäftsanteils aus der Gesellschaft aus. Er kann in der Zwischenzeit jedoch keine Rechte aus seinen Geschäftsanteilen geltend machen. Ihm steht ab diesem Zeitpunkt ein Abfindungsanspruch gegen die Gesellschaft zu. Mangels abweichender Regelung in der Satzung bemisst sich die Abfindung nach dem Verkehrswert des Geschäftsanteils.[41] 63

Die Einzelheiten zur Kündigung, wie z.B. Definition der Kündigungsgründe, Art der Verwertung, Zeitpunkt des Ausscheidens (unabhängig von der Abfindungszahlung) und Höhe sowie Zahlungsmodalitäten sind in der Satzung festzulegen. 64

V. Ausschluss eines Gesellschafters

Der Ausschluss eines Gesellschafters mit seiner Zustimmung ist jederzeit zulässig. Darüber hinaus ist außerdem der Ausschluss bei Vorliegen eines wichtigen Grundes allgemein anerkannt.[42] Im Gegensatz zum Kündigungsrecht kommen als wichtige Gründe ausschließlich Gründe in der Person oder im Verhalten des auszuschließenden Gesellschafters in Betracht.[43] Mangels abweichender satzungsmäßiger Regelung erfolgt der Ausschluss dreistufig: 65

- Gesellschafterbeschluss über Erhebung der Ausschließungsklage, für den nach h.M. eine Dreiviertelmehrheit erforderlich ist,
- Durchführung der Ausschlussklage,
- Verwertung des Anteils.[44]

Da dieses Verfahren sehr kompliziert ist, kann durch Satzungsregelung der Ausschluss allein durch Gesellschafterbeschluss ermöglicht werden.[45] Die Erhebung einer Ausschlussklage ist dann weder möglich noch notwendig. Der Ausschließungsbeschluss bedarf nicht der notariellen Beurkundung. 66

Damit dem ausgeschlossenen Gesellschafter letztendlich auch kein Geschäftsanteil mehr zusteht (Verwertung), muss der Geschäftsanteil entweder eingezogen oder auf die Gesellschaft, einen Mitgesellschafter oder einen gesellschaftsfremden Dritten übertragen werden, abhängig davon, was in der Satzung festgelegt ist bzw. die verbleibenden Gesellschafter beschließen. Bis zu einer Entscheidung über die „Verwertung" bleibt der ausgeschlossene Gesellschafter Inhaber des Geschäftsanteils.[46] 67

---

41 Lutter/Hommelhoff, § 34 Rn. 49.
42 Lutter/Hommelhoff, § 34 Rn. 24 ff.
43 Dazu allgemein Baumbach/Hueck/Fastrich, Anh. zu § 34 Rn. 3 ff.
44 BGH v. 23.02.1981, II ZR 229/79, BGHZ 80, 346, 348 ff.
45 BGH GmbHR 1991, 362.
46 Baumbach/Hueck/Fastrich, Anh. § 34 Rn. 13.

68   Der Ausschluss kann in der Satzung näher geregelt werden, insbesondere hinsichtlich Voraussetzungen, Verfahren, Zeitpunkt des Ausscheidens, Höhe der Abfindung, Zahlungsmodalitäten sowie Verwertung.[47]

E.   Aktiengesellschaft

I.   Allgemeines

69   Ebenso wenig wie das GmbH-Recht enthält das Aktienrecht gesetzliche Regelungen zum (freiwilligen) Austritt eines Gesellschafters aus der Aktiengesellschaft. Neben den auch im GmbH-Recht existierenden Regelungen zur Kaduzierung und Einziehung enthält das Aktienrecht als weitere gesetzliche Ausschlussverfahren das Squeeze out – Verfahren und die Eingliederung. In der Satzung kann außerdem der Ausschluss eines Aktionärs aus wichtigem Grund, der gesetzlich nicht vorgesehen ist, geregelt werden.

II.   Kaduzierung

70   Das Kaduzierungsverfahren hat eine geringe Bedeutung in der Praxis. Es ermöglicht den Ausschluss eines Aktionärs, wenn dieser seine Bareinlage nicht vollständig erbracht hat. Geregelt ist das Kaduzierungsverfahren in den §§ 64 ff. AktG.

1.   Voraussetzungen der Kaduzierung

71   Die Einleitung eines Kaduzierungsverfahrens setzt voraus, dass ein Aktionär trotz Zahlungsaufforderung durch die Aktiengesellschaft seine Bareinlage nicht erbringt. Aufgrund des eindeutigen Wortlauts des Gesetzes findet das Kaduzierungsverfahren zwingend nur Anwendung bei ausstehender Bareinlage, nicht bei ausstehender Sacheinlage. Des Weiteren ist das Kaduzierungsverfahren grundsätzlich nur bei Namensaktien und Zwischenscheinen anwendbar. Bei Inhaberaktien ist die Kaduzierung üblicherweise ausgeschlossen, da diese erst nach voller Leistung des Ausgabebetrages ausgegeben werden können.

72   Neben der mangelnden Bareinlageerbringung bedarf es als weitere Voraussetzung für das Kaduzierungsverfahren einer Zahlungsaufforderung der Aktiengesellschaft gegenüber dem säumigen Aktionär und zusätzlich der Veröffentlichung dieser Zahlungsaufforderung gem. § 63 Abs. 1 AktG.[48] Ist die Gesellschaft nicht mehr Inhaber der Einlageforderung, weil sie diese z.B. an Dritte abgetreten hat, scheidet ein Kaduzierungsverfahren aus.

2.   Kaduzierungsverfahren

73   Das im Rahmen einer Kaduzierung einzuhaltende Verfahren ist in § 64 AktG geregelt. Es sind dabei einige formale Voraussetzungen zu beachten wie z.B. die dreimalige Veröffentlichung der

---

47   Zur Abfindung siehe Baumbach/Hueck/Fastrich, § 34 Rn. 22 ff.
48   Streitig vgl. Hüffer, § 64 Rn. 3; Kölner Kommentar AktG/Lutter, § 64 Rn. 17.

Nachfristsetzung in den Gesellschaftsblättern der Aktiengesellschaft mit der Androhung, dass die Aktien für verlustig erklärt werden, und die Bekanntmachung der Ausschlusserklärung.[49]

3. Rechtsfolgen der wirksamen Kaduzierung

Die Kaduzierung bewirkt, dass der säumige Aktionär aus den für verlustig erklärten Aktien keine Mitgliedschaftsrechte geltend machen kann, zugleich aber auch seine mitgliedschaftlichen Verpflichtungen erlöschen. Die Mitgliedschaft als solche aus den für verlustig erklärten Aktien besteht jedoch weiter und ist nach wohl zutreffender Ansicht von der Aktiengesellschaft zu verwerten. Bis zur Verwertung gelten für diese Aktien die Regelungen über eigene Aktien unter Berücksichtigung des § 65 AktG entsprechend. Im Rahmen der Verwertung hat auch der säumige und infolgedessen ausgeschlossene Aktionär die Möglichkeit, die Aktien wieder von der Gesellschaft zu erwerben.   74

III. Einziehung

Neben der Kaduzierung, die auf die Fälle der nichterbrachten Bareinlage beschränkt ist, sieht das Gesetz das Instrument der Einziehung von Aktien (§§ 237 bis 239 AktG) vor. Dieses Instrument kommt in der Praxis wesentlich häufiger zum Einsatz als die Kaduzierung.   75

1. Allgemeines

Mit der Einziehung von Aktien werden Mitgliedschaftsrechte bestimmter einzelner Aktien vernichtet. Im Gegensatz zur ordentlichen oder vereinfachten Kapitalherabsetzung, bei der alle Aktien gleichmäßig betroffen sind, führt die Einziehung nicht zur Reduzierung des Nennwerts sämtlicher Aktien. Im Rahmen der Einziehung ist stets darauf zu achten, dass das gesetzlich vorgesehene Mindestgrundkapital von EUR 50.000,00 nicht unterschritten wird.   76

Gem. § 237 Abs. 1 AktG gibt es zwei Arten der Einziehung, einerseits die Zwangseinziehung von Aktien und andererseits die Einziehung von Aktien nach dem Erwerb eigener Aktien. In beiden Fällen kann die Einziehung entweder im ordentlichen oder im vereinfachten Einziehungsverfahren erfolgen.   77

Der Nachteil einer Einziehung im Aktienrecht ist, dass die Einziehung grundsätzlich mit einer Kapitalherabsetzung verbunden ist. Deshalb wird es häufig vorgezogen, in Aktionärsvereinbarungen für bestimmte personenbezogene Ereignisse das Ausscheiden des Aktionärs durch Übertragung seiner Aktien auf die anderen Aktionäre oder die Aktiengesellschaft zu vereinbaren.   78

2. Zwangseinziehung

Die Zwangseinziehung ist zu unterscheiden von der Einziehung nach dem Erwerb eigener Aktien und hat zum Inhalt, dass Aktien, die nicht der Gesellschaft gehören, eingezogen werden, unabhängig davon, ob dies mit oder gegen den Willen des betroffenen Aktionärs geschieht. Voraussetzung für die Zulässigkeit einer Zwangseinziehung ist die satzungsmäßige Anordnung oder Gestattung der Zwangseinziehung vor Übernahme oder Zeichnung der betroffenen Aktien (§ 237   79

---

49 Über die Einzelheiten des Kaduzierungsverfahrens vgl. Hüffer, §§ 64 ff.; Kölner Kommentar AktG/Lutter, §§ 64 ff.

Abs. 1 Satz 2 AktG). Infolge dessen können für den Fall, dass die Anordnung oder Gestattung der Zwangseinziehung durch eine spätere Satzungsänderung erfolgt, nur solche Aktien zwangseingezogen werden, die zeitlich nach dieser Satzungsänderung übernommen oder gezeichnet worden sind. Die Erschwerung oder Beseitigung der Einziehungsmöglichkeit durch Satzungsänderung hingegen wirkt für sämtliche Aktien.

80   Der Unterschied zwischen der angeordneten und der gestatteten Zwangseinziehung liegt darin, dass bei der nur gestatteten Zwangseinziehung die Einzelheiten ihrer Durchführung in der Satzung oder in dem Hauptversammlungsbeschluss festzulegen sind (§ 237 Abs. 2 AktG), während bei der angeordneten Zwangseinziehung zur Durchführung ein Vorstandsbeschluss ausreicht (§ 237 Abs. 6 AktG). Dies hängt damit zusammen, dass bei der angeordneten Zwangseinziehung die Voraussetzungen und der Umfang der Einziehung einschließlich der Einziehungsgründe detailliert in der Satzung festgelegt werden müssen und folglich der Vorstand nach Prüfung des Vorliegens der Voraussetzungen keinen Entscheidungsspielraum im Zusammenhang mit der Anordnung der Zwangseinziehung hat. Es bedarf demnach einer detaillierten Regelung der Zwangseinziehung in der Satzung, wobei insoweit keine nennenswerten gesetzlichen Einschränkungen existieren. Zum Beispiel ist es zulässig, für den Fall der Untersagung der Übertragung von vinkulierten Namensaktien, die Zwangseinziehung vorzusehen.

81   Im Gegensatz zur angeordneten Zwangseinziehung bedarf es für die gestattete Zwangseinziehung keiner detaillierten Satzungsregelung. Hier reicht es aus, die Zwangseinziehung pauschal in der Satzung zuzulassen. Zwar können auch für diesen Fall z.B. Einziehungsgründe in der Satzung geregelt werden, notwendig ist dies aber nicht. Vielmehr ist bei der gestatteten Einziehung die Einziehung durch Hauptversammlungsbeschluss auch ohne Nennung von Einziehungsgründen zulässig, sofern diese in sachlich gerechtfertigtem Interesse der Gesellschaft steht.[50]

82   Sowohl im Falle der angeordneten als auch im Falle der gestatteten Zwangseinziehung muss dem betroffenen Aktionär ein Abfindungsentgelt gezahlt werden. Auch insoweit unterscheiden sich die angeordnete und die gestattete Zwangseinziehung darin, dass bei der angeordneten Zwangseinziehung das Abfindungsentgelt in der Satzung geregelt sein muss, bei der gestatteten Zwangseinziehung ist dies hingegen nicht zwingend. Fehlt eine entsprechende Satzungsregelung bei der gestatteten Zwangseinziehung, ist dem betroffenen Aktionär eine angemessene Abfindung zu zahlen. Der satzungsmäßige Ausschluss des Abfindungsanspruchs ist unzulässig.[51]

3.   Einziehung von Aktien nach Erwerb eigener Aktien

83   Neben der angeordneten und gestatteten Zwangseinziehung besteht die Möglichkeit der Einziehung eigener Aktien nach deren Erwerb. Dies ist jederzeit ohne entsprechende Satzungsregelung zulässig (§§ 237 Abs. 2 Satz 1, 222 Abs. 1 Satz 2 AktG), sogar zwingend erforderlich für den Fall, dass die Gesellschaft eigene Aktien nicht innerhalb der in § 71 c Abs. 1, 2 AktG vorgesehenen Fristen veräußert.

---

50 Hüffer, § 237 Rn. 15 ff.; Kölner Kommentar AktG/Lutter, § 237 Rn. 44.
51 Hüffer, § 237 Rn. 17.

4.   Einziehungsverfahren

Die Einziehung kann, unabhängig davon, ob es sich um eine Zwangseinziehung oder um Einziehung nach Erwerb eigener Aktien handelt, im ordentlichen Einziehungsverfahren (§ 237 Abs. 2 AktG) oder im vereinbarten Einziehungsverfahren (§ 237 Abs. 3 bis 5 AktG) erfolgen. Findet die Einziehung im ordentlichen Einziehungsverfahren statt, gelten hierfür die Vorschriften über die ordentliche Kapitalherabsetzung (§§ 237 Abs. 2 Satz 1, 222 ff. AktG). Dies hat zur Folge, dass grundsätzlich die Einziehung eines Beschlusses der Hauptversammlung mit einer Mehrheit von mindestens Dreiviertel des bei der Beschlussfassung vorhandenen Grundkapitals sowie der einfachen Stimmenmehrheit bedarf (§§ 237 Abs. 2 Satz 1, 222 Abs. 1 Satz 1 AktG). Bei der Beschlussfassung dürfen auch die Aktionäre, die von der Einziehung betroffen sind, mitstimmen, es sei denn, die Einziehung der Aktien erfolgt aus einem wichtigen, in der Person des Aktionärs liegenden Grund.[52] Abweichend von dem Grundsatz der Notwendigkeit eines Hauptversammlungsbeschlusses ist bei der angeordneten Zwangseinziehung das Vorliegen eines Beschlusses der Hauptversammlung nicht zwingend, stattdessen kann der Vorstand die Zwangseinziehung beschließen. Dasselbe gilt für die Einziehung von eigenen Aktien nach deren Erwerb, sofern die Hauptversammlung den Vorstand hierzu ermächtigt hat (§ 71 Abs. 1 Nr. 8 Satz 6 AktG).

84

Nach erfolgter Einziehung im ordentlichen Einziehungsverfahren sind die Gläubigerschutzvorschriften für die ordentliche Kapitalherabsetzung zu beachten. Infolge dessen können einerseits die Gläubiger der Gesellschaft Sicherheitsleistung für ihre Forderungen verlangen, andererseits dürfen das Einziehungsentgelt bzw. Ausschüttungen eines etwaigen Buchgewinns oder das Entgelt, das bei einem Erwerb von Aktien zum Zwecke der Einziehung zu zahlen ist, erst nach Ablauf von sechs Monaten nach Eintragung der Kapitalherabsetzung ausgezahlt werden.

85

10

Neben dem ordentlichen Einziehungsverfahren besteht unter den Voraussetzungen des § 237 Abs. 3 AktG die Möglichkeit zur Durchführung eines vereinfachten Einziehungsverfahrens. Im Unterschied zum ordentlichen Einziehungsverfahren ist hierfür jedoch die vollständige Einzahlung der einzuziehenden Aktien zwingende Voraussetzung (§ 237 Abs. 3 AktG). Sind die Voraussetzungen des § 237 Abs. 3 AktG erfüllt, kann das vereinfachte Einziehungsverfahren durchgeführt werden, wenn die Hauptversammlung dies mit der einfachen Mehrheit der abgegebenen Stimmen beschließt. Durch Satzung kann ein anderes Mehrheitserfordernis bestimmt werden.

86

Das vereinfachte Einziehungsverfahren hat den Vorteil, dass die Gläubigerschutzvorschriften des § 225 AktG nicht beachtet werden müssen, da nach Wirksamwerden der Kapitalherabsetzung ein Betrag in Höhe des Gesamtnennbetrages der eingezogenen Aktien in die Kapitalrücklage eingestellt werden muss und somit den Gläubigern kein Gesellschaftsvermögen entzogen wird. Die Erhöhung oder Bildung der Kapitalrücklage ist in dem auf die Kapitalherabsetzung folgenden Jahresabschluss auszuweisen. Fehlt dieser Ausweis, sind der betreffende Jahresabschluss und ein darauf beruhender Gewinnverwendungsbeschluss nichtig.[53]

87

Für die Einziehung von Stückaktien gelten spezielle Regelungen. Von der Einziehung von Stückaktien wird das Grundkapital der Aktiengesellschaft nicht berührt, da die verbleibenden Aktien einen entsprechend höheren Anteil am Grundkapital verkörpern. Daher ist mit der Einziehung der Stückaktien nicht zwingend eine Kapitalherabsetzung verbunden. Der Hauptversammlungsbeschluss muss insoweit für Klarstellung sorgen.

88

---

52   Kölner Kommentar AktG/Lutter, § 237 Rn. 83.
53   Kölner Kommentar AktG/Lutter, § 237 Rn. 114.

5. Weiteres Einziehungsverfahren

89 Der Einziehungsbeschluss sowie eine etwa damit verbundene Kapitalherabsetzung sind vom Vorstand in vertretungsberechtigter Zahl und dem Aufsichtsratsvorsitzenden gemeinsam bzw. vom Vorstand zur Eintragung in das Handelsregister anzumelden. Die Zusammenfassung beider Anmeldungen in einer Anmeldung ist gem. § 239 Abs. 2 AktG möglich. Bei einer angeordneten Zwangseinziehung bedarf es der Anmeldung und Eintragung des Einziehungsbeschlusses im Handelsregister nicht.[54]

90 Zusätzlich bedarf es, sofern dies nicht bereits mit dem Einziehungsbeschluss erklärt wurde, einer Erklärung der Gesellschaft über die Einziehung der betroffenen Aktien und damit über deren Vernichtung (§ 238 Satz 3 AktG). Diese Erklärung hat der Vorstand der Aktiengesellschaft abzugeben.[55]

IV. Squeeze out

91 In den §§ 327 a ff. AktG hat der Gesetzgeber einem Aktionär (sog. Hauptaktionär) einer börsennotierten oder nicht börsennotierten Aktiengesellschaft, dem Aktien in Höhe von mindestens 95 % des Grundkapitals gehören, die Möglichkeit eingeräumt, die Übertragung der Aktien der übrigen Aktionäre (sog. Minderheitsaktionär) gegen Zahlung einer angemessenen Barabfindung zu verlangen. Die Übertragung erfolgt gem. § 327 a Abs. 1 AktG aufgrund eines Beschlusses der Hauptversammlung.

92 Bei dem Squeeze out – Verfahren handelt es sich um ein kompliziertes Verfahren. Der das Squeeze out – Verfahren betreibende Hauptaktionär muss eine ganze Reihe von gesetzlich vorgesehenen Anforderungen erfüllen, die jedoch nicht in seiner Person begründet sind.

93 Zur Erreichung der notwendigen Beteiligungsquote ist es nach wohl richtiger Auffassung zulässig, Aktien in einer Gesellschaft bürgerlichen Rechts zu bündeln, deren Gesellschaftszweck sich in der Durchführung des Squeeze out erschöpft.[56] Hierdurch wird es z.B. auch den Aktionären einer Familienaktiengesellschaft ermöglicht, sich zusammenzuschließen, um einen lästigen Minderheitsgesellschafter loszuwerden.

94 Zu den weiteren Einzelheiten des Squeeze out – Verfahrens wird auf die einschlägige Literatur verwiesen.[57]

V. Eingliederung

95 Als weitere Möglichkeit, einen Minderheitsaktionär auszuschließen, kommt die Eingliederung (§§ 319 ff. AktG) in Betracht. Hierbei wird eine 100 %-ige Tochteraktiengesellschaft oder eine mindestens 95 %-ige Beteiligung an einer Aktiengesellschaft in die beteiligte Gesellschaft, die ebenfalls eine Aktiengesellschaft mit Sitz im Inland sein muss, „eingegliedert". Als Mittel zum Ausschluss eines Minderheitsaktionärs eignet sich dieses Eingliederungsverfahren jedoch nur bedingt, da der Minderheitsaktionär einen Anspruch darauf hat, seine Aktien an der eingegliederten

---

54 Hüffer, § 237 Rn. 41; Kölner Kommentar AktG/Lutter, § 237 Rn. 116.
55 Hüffer, § 238 Rn. 7; MünchKomm AktG/Oechsler, § 238 Rn. 5.
56 Weitere Einzelheiten zum Squeeze out vgl. MünchAnwaltsHdB. AktR/Riehmer, § 44.
57 MünchAnwaltsHdB. AktR/Riehmer, § 44 Rn. 35.

Aktiengesellschaft gegen Aktien an der Hauptaktiengesellschaft zu tauschen. Er kann nicht auf eine Barabfindung verwiesen werden.[58]

VI.   Ausschluss eines Aktionärs aus wichtigem Grund

Nach herrschender Meinung ist ein Ausschluss eines Aktionärs aus wichtigem Grund und die Einziehung der Aktien des betroffenen Aktionärs nur zulässig, wenn eine entsprechende Satzungsregelung existiert. In diesem Punkt weicht die Aktiengesellschaft von der Gesellschaft mit beschränkter Haftung ab, bei der ein Ausschluss eines Gesellschafters aus wichtigem Grund auch bei fehlender Satzungsregelung zulässig ist.[59] Neben einer entsprechenden Satzungsregelung bedarf es zum Ausschluss des Gesellschafters zusätzlich eines Hauptversammlungsbeschlusses, der entsprechend den §§ 237 Abs. 3 Satz 1, 222 Abs. 1 AktG einer Mehrheit von 75 % des bei der Beschlussfassung vorhandenen Grundkapitals sowie mit der einfachen Stimmenmehrheit zu fassen ist, und darüber hinaus noch zusätzlich eines Ausschließungsurteils infolge einer Klage der Aktiengesellschaft gegen den auszuschließenden Aktionär. In diesem Urteil ist unter anderem auch die Abfindung des auszuschließenden Aktionärs festzulegen. Mit Zahlung der Abfindung geht die Aktie auf die Gesellschaft über, die sie als eigene Aktien behalten, verwerten oder einziehen kann (§ 71 AktG).

96

Gerichtlich bisher nicht geklärt ist, ob ähnlich wie bei der GmbH in der Satzung festgelegt werden kann, dass ein Aktionär auch ohne entsprechendes Urteil allein aufgrund eines Hauptversammlungsbeschlusses ausscheidet. Um das Risiko unwirksamer Satzungsbestimmungen zu vermeiden, werden häufig für den Eintritt bestimmter, näher definierter Ereignisse (wichtiger Grund) in Aktionärsvereinbarungen Andienungspflichten des betroffenen Aktionärs vereinbart. Auf diese Weise kann die Rechtsunsicherheit über entsprechende Satzungsklauseln umgangen und zugleich das umständliche Verfahren in Form eines Hauptversammlungsbeschlusses und eines gerichtlichen Ausschließungsverfahrens vermieden werden.

97

10

---

58   Weitere Einzelheiten zum Eingliederungsverfahren und zu den Rechtsfolgen siehe MünchAnwaltsHdB. AktR/ Riehmer, § 45.
59   BGH v. 01.04.1953, II ZR 235/52, BGHZ 9, 157, 163.

§ 11 Auflösung der Gesellschaft

1 Die Auflösung einer Personen- und/oder Kapitalgesellschaft kommt in der Praxis eher selten vor und ist in der Regel unerwünscht. Ausnahmen sind die Auflösung aufgrund Vermögenslosigkeit bzw. aufgrund Insolvenz einer Gesellschaft. Trotz allem sieht das Gesetz zumindest für Personengesellschaften in einer ganzen Reihe von Fällen die Auflösung der Gesellschaft vor, obwohl dies von den Gesellschaftern häufig gerade nicht erwünscht ist. Für diese Fälle bedarf es einer abweichenden Regelung im Gesellschaftsvertrag.

2 Im Folgenden werden sowohl für die Personen(handels)gesellschaften als auch für die Kapitalgesellschaften die Auflösung und deren Folgen dargestellt.

A. Gesellschaft bürgerlichen Rechts

I. Allgemeines

3 Die Abwicklung einer Gesellschaft bürgerlichen Rechts ist gekennzeichnet durch die drei Stadien Auflösung (§§ 723 ff. BGB), Auseinandersetzung (§§ 730 ff. BGB) und Beendigung. Dabei tritt die Auflösung einer Gesellschaft bürgerlichen Rechts dann ein, wenn ein gesetzlich normierter oder gesellschaftsvertraglich vereinbarter Auflösungsgrund erfüllt ist. Ist dies der Fall, ändert sich der Zweck der Gesellschaft bürgerlichen Rechts. Dieser ist von nun an ausschließlich auf Auseinandersetzung und Beendigung der Gesellschaft gerichtet.

4 Im Rahmen der Auseinandersetzung werden die Rechtsbeziehungen zwischen der Gesellschaft und fremden Dritten, der Gesellschaft einerseits und den Gesellschaftern andererseits sowie zwischen den Gesellschaftern untereinander im Zusammenhang mit dem Gesellschaftsverhältnis abgewickelt. Handelt es sich bei der Gesellschaft bürgerlichen Rechts lediglich um eine Innengesellschaft, bedarf es aufgrund des Fehlens von Rechtsbeziehungen zwischen der Gesellschaft und fremden Dritten und zwischen der Gesellschaft und ihren Gesellschaftern keines Auseinandersetzungsverfahrens im vorgenannten Sinne. Nach vollständiger Durchführung der Auseinandersetzung ist die Gesellschaft bürgerlichen Rechts beendet.

5 In seltenen Fällen, in denen eine Auseinandersetzung aus tatsächlichen und/oder rechtlichen Gründen nicht möglich bzw. nicht notwendig ist, tritt mit der Auflösung der Gesellschaft auch sofort deren Vollbeendigung ein.

II. Auflösungsgründe

6 Die in den §§ 723 bis 728 BGB gesetzlich vorgesehenen Auslösungsgründe sind dispositiv. Die Gesellschafter können somit entweder durch gesellschaftsvertragliche Regelungen von dem gesetzlichen Regeltatbestand abweichen oder für den Fall, dass ein gesetzlicher Auflösungsgrund erfüllt ist, durch Fortsetzungsbeschluss die Gesellschaft fortführen. Insbesondere für den erstgenannten Fall sind die Rechtsfolgen zu regeln, die bei Vorliegen eines Auflösungsgrundes für die von dem Auflösungsgrund betroffenen Gesellschafter gelten.

1.   Kündigung durch einen Gesellschafter (§ 723 BGB)

Der in der Praxis relevanteste gesetzliche Auflösungsgrund ist die Kündigung der Gesellschaft   7
durch einen Gesellschafter. Enthält der Gesellschaftsvertrag keine anderweitigen Regelungen,
führt die Kündigung durch einen Gesellschafter zur Auflösung der Gesellschaft. Die Kündigung
ist nach dem Gesetz jederzeit ohne Vorliegen eines besonderen Kündigungsgrundes und ohne
Einhaltung einer Kündigungsfrist zulässig. Daher ist es in den meisten Fällen notwendig und
sinnvoll, im Gesellschaftsvertrag Kündigungsfristen zu vereinbaren. Darüber hinaus nimmt die
Rechtsprechung häufig konkludent vereinbarte Kündigungsfristen an.[1]

Neben der ordentlichen Kündigung besteht außerdem das Recht zur Kündigung der Gesellschaft   8
aus wichtigem Grund, § 723 Abs. 1 Satz 2 BGB, das durch gesellschaftsvertragliche Regelung nicht
ausgeschlossen werden kann. Allenfalls können die Möglichkeiten der Kündigung aus wichtigem
Grund eingeschränkt werden, z.B. durch Ausschluss bestimmter Ereignisse als Eintritt eines wichtigen Grundes.[2]

2.   Kündigung durch Pfändungspfandgläubiger (§ 725 BGB)

Neben der Kündigung der Gesellschaft durch einen Gesellschafter kommt die Kündigung durch   9
einen Pfändungspfandgläubiger in Betracht (§ 725 BGB). Nur auf diesem Wege ist es dem Gläubiger eines Gesellschafters möglich, den Gesellschaftsanteil seines Schuldners zu verwerten, da erst
aufgrund der Kündigung des Gesellschaftsanteils der Schuldner entweder einen Anspruch auf
Auszahlung eines Auseinandersetzungsguthabens oder einen Abfindungsanspruch erhält, den
der Gläubiger einziehen kann. Die gesetzliche Regelung des § 725 BGB ist insoweit zwingend,
als das Kündigungsrecht des Pfändungsgläubigers nicht ausgeschlossen werden kann. Die Rechtsfolge der Kündigung kann jedoch dahingehend modifiziert werden, dass der Gesellschafter, dessen Gesellschaftsanteil gekündigt wurde, aus der Gesellschaft ausscheidet und die Gesellschaft
nicht aufgelöst wird. In diesem Fall erhält der pfändende Gläubiger lediglich ein Pfandrecht an
dem Abfindungsguthaben des ausscheidenden Gesellschafters.

3.   Erreichen oder Unmöglichwerden des Gesellschaftszwecks (§ 726 BGB)

Als weiterer gesetzlicher Auflösungsgrund ist in § 726 BGB das Erreichen des Zwecks der Gesell-   10
schaft oder dessen Unmöglichkeit geregelt. Obwohl der Wortlaut des § 726 BGB eine sofortige
unmittelbare Beendigung der Gesellschaft nahelegt, tritt die Gesellschaft auch bei Vorliegen eines
der beiden Tatbestände des § 726 BGB regelmäßig zunächst in das Auflösungsstadium ein. Etwas
anderes wäre z.B. bei sog. Arbeitsgemeinschaften (ARGE) nicht denkbar.[3] Weiteres bekanntes
Beispiel für die Auflösung aufgrund Zweckerreichung ist die Vorgründungsgesellschaft, die mit
Abschluss des Gesellschaftsvertrages der zukünftigen Kapitalgesellschaft aufgelöst ist.

Dasselbe, nämlich die Auflösung der Gesellschaft, geschieht, wenn den Gesellschaftern die Ver-   11
wirklichung des Gesellschaftszwecks (objektiv oder subjektiv) unmöglich wird. Die Auflösung

---

1   Vgl. MüKo BGB/Ulmer, vor § 723 Rn. 16, 22 ff.
2   Weitere Ausführung zur Kündigung aus wichtigem Grund vgl. § 10 Rn. 6.
3   Vgl. MüKo BGB/Ulmer, § 726 Rn. 7.

tritt dann, wie bei Erreichen des Gesellschaftszwecks, ipso iure ein, unabhängig davon, ob der Gesellschaftsvertrag Fristen vorsieht. Ebenso wenig können von § 726 BGB abweichende gesellschaftsvertragliche Regelungen eine Auflösung verhindern, da § 726 BGB zwingendes Recht ist.

4. Tod eines Gesellschafters (§ 727 BGB)

12   Kraft Gesetzes führt der Tod eines Gesellschafters zur Auflösung der Gesellschaft. Sollten juristische Personen oder Personengesellschaften Gesellschafter der Gesellschaft bürgerlichen Rechts sein, führt deren Beendigung ebenfalls zur Auflösung der Gesellschaft bürgerlichen Rechts. Durch Vereinbarung von Fortsetzungs-, Nachfolge- oder Eintrittsklauseln im Gesellschaftsvertrag kann die in der Regel nicht erwünschte Rechtsfolge der Auflösung bei Tod eines Gesellschafters vermieden werden.

5. Insolvenz (§ 728 BGB)

13   Gemäß § 728 Abs. 1 und Abs. 2 BGB führt die Insolvenz der Gesellschaft einerseits (§ 728 Abs. 1 Satz 1 BGB) und/oder die Insolvenz eines der Gesellschafter (§ 728 Abs. 2 Satz 1 BGB) andererseits zur Auflösung der Gesellschaft. Die Auflösung tritt mit Eröffnung des Insolvenzverfahrens ein.

14   Erfolgt die Auflösung der Gesellschaft infolge der Insolvenz der Gesellschaft, tritt an die Stelle des Auseinandersetzungsverfahrens nach §§ 730 ff. BGB das Insolvenzverfahren. Erfolgt die Auflösung der Gesellschaft hingegen infolge der Insolvenz eines Gesellschafters, erlischt dessen Vertretungsbefugnis. Im Rahmen der Auseinandersetzung wird der betroffene Gesellschafter von dessen Insolvenzverwalter vertreten. In diesem Falle ist es, anders als bei der Insolvenz der Gesellschaft, außerdem möglich, gesellschaftsvertraglich die Auflösung der Gesellschaft auszuschließen und ein Ausscheiden des Gesellschafters zu vereinbaren. Steht dem ausscheidenden Gesellschafter ein Abfindungsguthaben zu, fällt dieses ggf. in die Insolvenzmasse.

15   Die Eröffnung eines Nachlassinsolvenzverfahrens im Falle des Todes eines Gesellschafters führt nicht zur Auflösung der Gesellschaft.

6. Auflösung infolge Zeitablaufs

16   Obwohl gesetzlich nicht ausdrücklich als Auflösungstatbestand vorgesehen, ist die Befristung der Gesellschaft und damit die Auflösung der Gesellschaft nach Fristablauf aufgrund gesellschaftsvertraglicher Regelung möglich.[4] Die Gesellschaft ist mit Zeitablauf automatisch aufgelöst, kann jedoch durch Beschluss der Gesellschafter fortgesetzt werden.

7. Vereinigung aller Gesellschaftsanteile in einer Hand

17   Hält ein Gesellschafter sämtliche Anteile einer Gesellschaft bürgerlichen Rechts, z.B. aufgrund Ausscheiden des letzten Mitgesellschafters infolge dessen Todes, führt dies zwingend zur Auflösung der Gesellschaft, da eine Gesellschaft bürgerlichen Rechts zwingend zwei Gesellschafter voraussetzt. Es findet in diesem Fall keine Auseinandersetzung statt, vielmehr hat die Vereinigung aller Anteile in einer Hand die sofortige Vollbeendigung der Gesellschaft zur Folge. Das Ge-

---

4   MünchHdB. GesR I/Gummert, § 21 Rn. 77 ff.

sellschaftsvermögen geht auf den verbleibenden „Gesellschafter" im Wege der Gesamtrechtsnachfolge über.[5]

8.   Auflösung infolge Gesellschafterbeschlusses

Die §§ 723 ff. BGB enthalten keine Regelung, wonach die Gesellschaft aufgrund Gesellschafterbeschlusses aufgelöst werden kann. Ein derartiges Recht der Gesellschafter, wie es z.B. § 131 Abs. 1 Nr. 2 HGB für die OHG und die KG enthält, ist jedoch allgemein anerkannt. Da es sich hierbei um einen Grundlagenbeschluss handelt, ist die für Grundlagenbeschlüsse erforderliche Mehrheit, ohne ausdrückliche anderweitige gesellschaftsvertragliche Regelung also Einstimmigkeit, notwendig. Mit Fassung des Auflösungsbeschlusses tritt entweder unmittelbar oder zu dem im Auflösungsbeschluss vorgesehenen Zeitpunkt die Auflösung der Gesellschaft ein. **18**

III.   Auseinandersetzung der Gesellschaft (§§ 730 ff. BGB)

Nach Eintritt des Auflösungsgrundes ist in der Regel das Gesellschaftsvermögen der Gesellschaft bürgerlichen Rechts auseinanderzusetzen. Das Auseinandersetzungsverfahren erfolgt nach den gesellschaftsvertraglichen Bestimmungen, ergänzend nach den §§ 730 bis 735 BGB sowie der §§ 741 ff. BGB. Die Auseinandersetzung der Gesellschaft bürgerlichen Rechts entspricht der Liquidation einer OHG oder KG. **19**

Die Auseinandersetzung wird nach der gesetzlichen Regelung durch die Gesellschafter als geborene Abwickler durchgeführt. Aufgrund einer entsprechenden Regelung des Gesellschaftsvertrages oder eines einstimmigen Gesellschafterbeschlusses können einzelne Gesellschafter als Abwickler ausgeschlossen oder Dritte (Nichtgesellschafter) zu Abwicklern bestellt werden (gekorene Abwickler).[6] Die Auseinandersetzung endet, wenn nach Feststellung der Schlussabrechnung etwaige Guthaben ausgekehrt oder etwaige Nachschüsse eingezogen und zur Befriedigung der Verbindlichkeiten der Gesellschaft verwandt worden sind, die Gesellschaft also kein Vermögen mehr hat. Die Gesellschaft ist dann beendet. **20**

Eine Auseinandersetzung ist nicht notwendig bzw. möglich, wenn alle Gesellschaftsanteile in einer Hand eines Gesellschafters vereinigt sind (vgl. II. 7) oder die Verhältnisse so einfach liegen, dass sich die Ansprüche der einzelnen Gesellschafter ohne Auseinandersetzungsverfahren ohne Weiteres ermitteln lassen[7] oder die Gesellschaft kein aktives Gesellschaftsvermögen mehr hat.[8] Im letzteren Fall gilt dies auch dann, wenn die Gesellschaft noch Verbindlichkeiten hat. **21**

Das gesetzliche Auseinandersetzungsverfahren sieht zunächst die Beendigung der schwebenden Geschäfte der Gesellschaft vor (§ 730 Abs. 2 Satz 1 BGB). Darüber hinaus sind diejenigen Gegenstände, die ein Gesellschafter der Gesellschaft zur Benutzung überlassen hat, an den betroffenen Gesellschafter zurückzugeben, sofern nicht aufgrund eines Miet- oder Pachtvertrages ein Anspruch der aufgelösten Gesellschaft auf Nutzung besteht bzw. die Gegenstände zur Abwicklungszwecken benötigt werden[9] oder der Gesellschaft ein Zurückbehaltungsrecht zusteht.[10] Als weitere Schritte im Rahmen der Auseinandersetzung sind die Schulden der Gesellschaft zu berichtigen **22**

---

5   Soergel/Hadding, vor § 723 Rn. 9.
6   MüKo BGB/Ulmer, § 730 Rn. 47.
7   BGH WM 1965, 793.
8   BGH NJW 1957, 989, 990.
9   BGH NJW 1981, 2802.
10 BGH NJW 1981, 2802; OLG Karlsruhe NJW 1961, 2017 f.

(§ 733 Abs. 1 BGB), danach die von den Gesellschaftern geleisteten Beiträge grundsätzlich in Geld zurück zu erstatten (§ 733 Abs. 2 BGB) und ein ggf. noch verbleibender Überschuss an die Gesellschafter auszukehren (§ 734 BGB). Ergibt die Schlussabrechnung, dass das Gesellschaftsvermögen die Verbindlichkeiten der Gesellschaft nicht deckt, sind die Gesellschafter gem. § 735 BGB verpflichtet, Nachschüsse zu leisten. Mit Auskehrung des Gesellschaftsvermögens ist die Gesellschaft beendet.[11]

23   Von diesem gesetzlich vorgesehenen Auseinandersetzungsverfahren kann durch gesellschaftsvertragliche Regelung oder durch Gesellschafterbeschluss nach Auflösung der Gesellschaft abgewichen werden, ohne dass die Gläubiger der Gesellschaft dies verhindern können, da diese durch die persönliche Haftung der Gesellschafter ausreichend geschützt sind. Als abweichende Regelungen kommen in Betracht die Veräußerung des gesamten Gesellschaftsvermögens als Ganzes an einen Dritten, die Einbringung und Umwandlung der Gesellschaft bürgerlichen Rechts auf eine neue Gesellschaft oder die Übernahme des Gesellschaftsvermögens durch einen Gesellschafter ohne Liquidation. Für die letzte Alternative bedarf es einer ausdrücklichen Regelung des Übernahmerechts im Gesellschaftsvertrag. Macht ein Gesellschafter von dem Übernahmerecht Gebrauch, geht das Gesellschaftsvermögen im Wege der Gesamtrechtsnachfolge auf den übernehmenden „Gesellschafter" über.[12]

B.   OHG

I.   Allgemeines

24   Auflösung und Liquidation einer offenen Handelsgesellschaft sollten nur ultima ratio sein in Fällen, in denen der Fortbestand der Gesellschaft scheitert, weil der Gesellschaftsvertrag keine liquidationsvermeidenden Regelungen vorsieht oder sich einzelne Gesellschafter einer wirtschaftlich sinnvolleren Lösung verschließen. Das Handelsrecht folgte bis zur Handelsrechtsreform im Jahre 1998 jedoch einem anderen Ansatz. Danach führten eine Reihe von Ereignissen, wie z.B. der Tod eines Gesellschafters, die Konkurseröffnung über das Vermögen eines Gesellschafters und die Kündigung durch einen Gesellschafter wie bei der Gesellschaft bürgerlichen Rechts zur Auflösung der Gesellschaft. Mit der Reform des Handelsgesetzbuches fand jedoch ein Paradigmenwechsel statt vom Grundsatz der Höchstpersönlichkeit zum Prinzip der Unternehmenskontinuität. Der Fortbestand der Gesellschaft steht seitdem im Vordergrund. Die Auflösung der Gesellschaft wird jetzt nur noch aus gesellschaftsbezogenen Gründen angeordnet. Personenbezogene Gründe führen nur noch dann zur Auflösung der Gesellschaft, wenn dies gesellschaftsvertraglich vorgesehen ist.

II.   Auflösungsgründe

25   Mangels anderweitiger gesellschaftsvertraglicher Regelungen führen heute nur noch die in § 131 Abs. 1 und Abs. 2 HGB aufgeführten Gründe zur Auflösung einer OHG. Die dort genannte Aufzählung gesetzlicher Auflösungsgründe ist abschließend.[13] Anders als bei der Gesellschaft bürgerlichen Rechts sind somit der Tod eines Gesellschafters, die Kündigung durch einen Gesellschafter

---

11   BayObLG WM 1979, 655, 656.
12   MüKo BGB/Ulmer, § 730 Rn. 81 ff.
13   BGH WM 1973, 863, 864; Großkommentar HGB/Ulmer, § 131 Rn. 111 ff. m.w.N.

oder durch einen Gläubiger eines Gesellschafters, die Eröffnung des Insolvenzverfahrens über das Vermögen eines Gesellschafters oder die Unmöglichkeit der Erreichung des Gesellschaftszwecks keine Auflösungsgründe. Darüber hinaus gibt es noch bei einer Zwei-Mann-Gesellschaft den speziellen Auflösungsgrund des Ausscheidens eines Gesellschafters sowie die Auflösung der Gesellschaft in den Fällen der Verschmelzung, der Umwandlung und bei Vorliegen öffentlich-rechtlicher Auflösungstatbestände.

1.   Auflösung infolge Zeitablaufs (§ 131 Abs. 1 Nr. 1 HGB)

Der im HGB zuerst genannte Auflösungsgrund ist die Auflösung infolge Zeitablaufs (§ 131 Abs. 1 Nr. 1 HGB). Dies kann eintreten bei Gesellschaften, die von Anfang an nur auf eine bestimmte Zeit eingegangen sind. Mit Ablauf der ausdrücklichen oder fest bestimmten Zeit tritt die Auflösung der OHG automatisch ein. Die Gesellschafter können dies verhindern, indem sie vor Ablauf der Zeit den Gesellschaftsvertrag entsprechend ändern bzw. nach Ablauf der fest bestimmten Zeit die Fortsetzung durch Gesellschafterbeschluss und damit die Rückgängigmachung der Auflösung beschließen.   26

2.   Auflösung aufgrund eines Gesellschafterbeschlusses (§ 131 Abs. 1 Nr. 2 HGB)

Unabhängig von gesellschaftsvertraglichen Regelungen über die Laufzeit einer Gesellschaft kann die Gesellschafterversammlung jederzeit durch Gesellschafterbeschluss oder Vereinbarung die Auflösung der Gesellschaft herbeiführen.   27

Sowohl der Auflösungsbeschluss als auch die Vereinbarung zur Auflösung der Gesellschaft sind formfrei. Insbesondere der Auflösungsbeschluss kann auch in konkludenter Form erfolgen, wie z.B. durch Einstellung des Geschäftsbetriebes oder Übertragung sämtlicher Aktiva und Passiva auf eine Dritten.[14] Sofern der Gesellschaftsvertrag keine abweichende Mehrheit festlegt, bedarf der Beschluss über die Auflösung der Gesellschaft nach gesetzlicher Regelung der Zustimmung sämtlicher Gesellschafter (Einstimmigkeitsprinzip, § 119 Abs. 1 HGB). Soll die Auflösung der Gesellschaft nach dem Gesellschaftsvertrag durch Beschluss mit einer qualifizierten Mehrheit möglich sein, muss dies aufgrund des Bestimmtheitsgrundsatzes im Gesellschaftsvertrag ausdrücklich geregelt werden. Die allgemeine Regelung, dass Gesellschafterbeschlüsse der einfachen Mehrheit der abgegeben Stimmen bedürfen, sofern der Gesellschaftsvertrag nichts Abweichendes vorsieht, reicht hierfür nicht aus.   28

3.   Auflösung durch Insolvenz der Gesellschaft (§ 131 Abs. 1 Nr. 3 HGB)

Ein gesellschaftsvertraglich nicht abdingbarer Auflösungsgrund ist die Eröffnung des Insolvenzverfahrens über das Vermögen der Gesellschaft (§ 131 Abs. 1 Nr. 3 HGB). Die Auflösung tritt automatisch mit Eröffnung des Insolvenzverfahrens ein, was zur Folge hat, dass die OHG nicht aufgelöst wird, wenn der Antrag auf Eröffnung des Insolvenzverfahrens mangels Masse gem. § 26   29

---

14 Baumbach/Hopt, § 131 Rn. 12.

InsO abgelehnt wird.[15] Auf die Eröffnung des Insolvenzverfahrens folgt keine gesellschaftsrechtliche Liquidation nach §§ 145 ff. HGB, sondern eine besondere Zwangsabwicklung im Rahmen der Vorschriften der InsO.[16]

4. Auflösung durch gerichtliche Entscheidung (§§ 131 Abs. 1 Nr. 4, 133 HGB)

30   Gesetzlich vorgesehen ist ferner die Auflösung der offenen Handelsgesellschaft aufgrund einer gerichtlichen Entscheidung über eine Auflösungsklage nach § 133 HGB. Die Auflösungsklage, die im Recht der OHG als quasi außerordentliches Kündigungsrecht an die Stelle des § 723 BGB bei der Gesellschaft bürgerlichen Rechts tritt,[17] ist den Gesellschaftern nur bei Vorliegen eines wichtigen Grundes eröffnet. Ein solcher liegt außer in den zwei in § 133 Abs. 2 HGB aufgeführten Beispielsfällen immer dann vor, wenn dem klagenden Gesellschafter unter Abwägung aller Umstände die weitere Fortsetzung des Gesellschaftsverhältnisses bis zum vertragsmäßig vorgesehenen Ende oder bis zum nächsten ordentlichen Kündigungstermin nicht zugemutet werden kann, wie z.B. bei vorsätzlicher oder grob fahrlässiger Pflichtverletzung. Da grundsätzlich eine Abwägung aller Umstände stattzufinden hat, kann ein- und derselbe Umstand in dem einen Fall eine Auflösungsklage rechtfertigen und in einem anderen Fall nicht.[18]

31   Räumt der Gesellschaftsvertrag den Gesellschaftern die Möglichkeit ein, die Gesellschaft durch Auflösungskündigung jederzeit fristlos oder aus wichtigem Grund im Sinne des § 133 HGB zu kündigen, fehlt es für eine Auflösungsklage am Rechtsschutzbedürfnis.[19] Im Einzelfall kommen als wichtige Gründe z.B. der Missbrauch der Vertretungsmacht, Unterschlagung von Gegenständen des Gesellschaftsvermögens, in bestimmten Fällen auch Krankheit oder Alter eines Gesellschafters in Betracht.[20]

Ob das Erreichen der Volljährigkeit für den volljährig gewordenen Gesellschafter einen wichtigen Grund darstellt, der ihn zur Erhebung der Auflösungsklage berechtigt, ist streitig. Die wohl überwiegende Auffassung will dem volljährigen Gesellschafter entsprechend der gesetzlichen Regelung zur Gesellschaft bürgerlichen Rechts (§ 723 Abs. 1 Satz 3 Nr. 2 BGB) ein Recht zur außerordentlichen Kündigung gewähren, mit der Folge, dass der volljährig gewordene Gesellschafter aus der Gesellschaft gegen Abfindung ausscheiden würde.[21] Die andere Auffassung hingegen sieht das Erreichen der Volljährigkeit als einen ungeschriebenen wichtigen Grund für eine Auflösungsklage im Sinne des § 133 Abs. 2 HGB an.[22] Auch diese Meinung anerkennt jedoch, dass aufgrund des Verhältnismäßigkeitsprinzips dem Volljährigen häufig zugemutet werden kann, gegen Abfindung aus der Gesellschaft auszutreten oder in die Stellung eines Kommanditisten überzuwechseln.[23]

---

15   BGH NJW 1995, 1996; Baumbach/Hopt, § 131 Rn. 13.
16   Vgl. § 13.
17   E/B/J/S/Lorz, § 133 Rn. 2; K. Schmidt GesR § 52 III 4 a).
18   E/B/J/S/Lorz, § 133 Rn. 4.
19   BGH WM 1975, 1406/1407; E/B/J/S/Lorz, § 133 Rn. 2.
20   Vgl. Baumbach/Hopt, § 133 Rn. 5 ff. m.w.N.; Großkommentar HGB/Ulmer, § 133 Rn. 28 ff.
21   Grunewald ZIP 1999, 597, 599; Christmann ZEV 2000, 337, 345.
22   Habersack FamRZ 1999, 1, 6.
23   Vgl. E/B/J/S/Lorz, § 133 Rn. 23; weitere Ausführungen zur Auflösungsklage vgl. MünchHdB. GesR I/Butzer/Knof, § 83 Rn. 33 ff.

5. Spezielle Auflösungsgründe bei der Kapitalgesellschaft & Co. OHG (§ 131 Abs. 2 HGB)

Für eine offene Handelsgesellschaft, die keine natürliche Person als persönlich haftenden Gesell- 32
schafter hat, enthält § 131 Abs. 2 HGB zwei spezielle Auflösungsgründe: Die Ablehnung der Eröffnung des Insolvenzverfahrens mangels Masse (Nr. 1) und die Löschung der Gesellschaft wegen
Vermögenslosigkeit (Nr. 2). Unter den in § 131 Abs. 2 Satz 2 HGB geregelten Voraussetzungen
gelten diese speziellen Auflösungsgründe nicht bei einer doppelstöckigen OHG.

6. Öffentlich-rechtliche Auflösungsgründe

Neben den im Handelsgesetzbuch geregelten, gibt es im öffentlichen Recht noch weitere Auf- 33
lösungsgründe, wie z.B. § 35 KWG oder § 87 VAG im Falle des Widerrufs der entsprechenden Erlaubnis durch die zuständigen Behörden. Zusätzliche Auflösungsgründe finden sich z.B. im GWB
(§ 41 GWB) und im Vereinsgesetz (§§ 3 ff. VereinsG).

III. Weitere Maßnahmen im Zusammenhang mit der Auflösung einer Gesellschaft

Der Eintritt der Auflösung einer Gesellschaft ist zum Handelsregister anzumelden, um die 34
Sicherheit des Rechtsverkehrs sicherzustellen (§ 143 Abs. 1 HGB). Dies gilt nicht in den Fällen, in
denen die Auflösung von Amts wegen in das Handelsregister eingetragen wird, d.h. in den Fällen
der Auflösung aufgrund der Eröffnung des Insolvenzverfahrens über das Vermögen einer Gesellschaft oder der Ablehnung der Eröffnung des Insolvenzverfahrens mangels Masse.

Weitere eintragungspflichtige Tatsachen sind die Liquidatoren und deren Vertretungsmacht 35
(§ 148 Abs. 1 HGB) bzw. Änderungen diesbezüglich (§ 148 Abs. 1 Satz 2 HGB).

Die Anmeldung hat durch sämtliche Gesellschafter zu erfolgen und ist notariell zu beglaubigen. 36
Bei Auflösung der Gesellschaft aufgrund des Todes eines Gesellschafters müssen auch die Erben
des verstorbenen Gesellschafters bei der Anmeldung mitwirken. Hierauf kann nur unter den Voraussetzungen des § 143 Abs. 3 HGB verzichtet werden.

Die Auflösung der Gesellschaft hängt nicht von deren Eintragung im Handelsregister ab. Die An- 37
meldung hat somit lediglich deklaratorische Wirkung und lässt die Auflösung der Gesellschaft
unberührt.

IV. Folgen der Auflösung

Mit der Auflösung der Gesellschaft tritt die Gesellschaft in das Liquidationsstadium ein. Dies 38
bedeutet jedoch nicht, dass sich die Gesellschaft ändert. Vielmehr ändert sich zunächst nur der
Unternehmenszweck. Alles andere, wie z.B. Kaufmannseigenschaft, Rechtsverhältnisse zu Dritten
etc. bleibt unverändert. Dasselbe gilt für die Rechte und Pflichten der Gesellschafter untereinander, soweit sich aus dem geänderten Zweck nichts anderes ergibt.

39 Einzelne Klauseln des Gesellschafsvertrages verlieren nach dem Willen der Gesellschafter im Liquidationsstadium ggf. ihre Geltung.[24] Insbesondere kann dies der Fall sein im Zusammenhang mit der Geschäftsführungs- und Vertretungsbefugnis eines Gesellschafters. Diese bleibt nur dann bestehen, wenn der Gesellschafter auch zugleich Liquidator wird. Die Kontrollrechte gemäß § 118 HGB bleiben bestehen.

40 Prokuristen können die Gesellschaft im Liquidationsstadium nicht mehr vertreten, da eine Prokura nach herrschender Meinung anders als bei einer GmbH oder einer AG mit Auflösung der Gesellschaft erlischt. Etwas anderes gilt für Handlungsvollmachten, die auch im Auflösungsfall bestehen bleiben bzw. von den Liquidatoren neu erteilt werden können. Lediglich der Umfang der Handlungsvollmachten wird nach herrschender Meinung auf Liquidationsgeschäfte reduziert.[25]

41 Weitere Änderungen hinsichtlich der Rechte und Pflichten der Gesellschafter bestehen im Zusammenhang mit dem Wettbewerbsverbot und den Entnahmerechten. So entfällt das gesetzliche Wettbewerbsverbot (§§ 112, 113 HGB), das gesellschaftsvertragliche, aus der Treuepflicht eines Gesellschafters herrührende Wettbewerbsverbot bleibt hingegen, wenn auch nur in eingeschränktem Umfang, aufrechterhalten, mit der Folge, dass den Gesellschaftern ein Verhalten, das der Abwicklung zuwiderläuft, untersagt ist. Außerdem können die Gesellschafter in der Regel keine Ansprüche mehr gegen die Gesellschaft geltend machen und auch von ihrem gesetzlichen Entnahmerecht nach § 122 HGB nicht mehr Gebrauch machen.

42 Eine für die Gesellschafter wesentliche Folge der Eintragung der Auflösung im Handelsregister ist der Beginn der Sonderverjährungsfrist gem. § 159 HGB. Hiernach haften die Gesellschafter für die Verbindlichkeiten der Gesellschaft vom Grundsatz her noch für einen Zeitraum von längstens fünf Jahren nach Eintragung der Auflösung im Handelsregister.

43 Entschließen sich sämtliche oder einige der bisherigen Gesellschafter nach Eintragung der Auflösung im Handelsregister für die Fortsetzung der Gesellschaft, können sie dies durch einen Fortsetzungsbeschluss beschließen, sofern einerseits eine fortsetzungsfähige Gesellschaft, d.h. noch nicht voll beendete Gesellschaft, existiert und andererseits der Auflösungsgrund beseitigt wird. Liegen diese beiden Voraussetzungen vor, können die Gesellschafter durch einstimmigen oder, sofern der Gesellschaftsvertrag dies ausdrücklich vorsieht, durch Mehrheitsbeschluss die Gesellschaft fortsetzen. Will nur ein Teil der Gesellschafter die Gesellschaft fortsetzen, ist dies möglich, solange der Gesellschaftsvertrag dies regelt oder eine entsprechende Treuepflicht der anderen Gesellschafter besteht. Nach Beschlussfassung ist die Fortsetzung der Gesellschaft von sämtlichen Gesellschaftern zur Eintragung in das Handelsregister anzumelden und eine Eröffnungsbilanz auf den Stichtag der Fortsetzung zu erstellen.

V. Das Liquidationsverfahren

44 Das Liquidationsverfahren, in welchem das Vermögen der Gesellschaft „versilbert" wird bzw. als atypische Form der Liquidation die Gesellschaft oder deren Unternehmen im Ganzen veräußert wird, wird durch die Liquidatoren durchgeführt. Hierbei ist zu unterscheiden zwischen „geborenen" Liquidatoren – dies sind, sofern der Gesellschaftsvertrag nichts anderes regelt, kraft gesetzlicher Bestimmung sämtliche Gesellschafter – (§ 146 Abs. 1 HGB) und „gekorenen" Liquidatoren, die durch Gesellschaftsvertrag oder Gesellschafterbeschluss bestimmt werden. Im letzteren Fall

---

24 Baumbauch/Hopt, § 156 Rn. 3; E/B/J/S/Lorz, § 156 Rn. 9.
25 BGH NJW 1980, 1628, 1629.

sind die nichtbenannten Gesellschafter im Zweifel von der Liquidation ausgeschlossen.[26] Unter bestimmten Voraussetzungen, d.h. bei Vorliegen eines wichtigen Grundes, kann das Amtsgericht auf Antrag eines Beteiligten Liquidatoren bestellen (§ 146 Abs. 2 HGB, §§ 145, 146 FGG).

Die Liquidatoren sind gesamtgeschäftsführungs- und gesamtvertretungsbefugt, sofern nicht durch Gesellschaftsvertrag, Gesellschafter- oder Gerichtsbeschluss Einzelhandlungsbefugnis eingeräumt und im Handelsregister eingetragen ist.   45

Die Aufgabe der Liquidatoren besteht darin, die laufenden Geschäfte der aufgelösten Gesellschaft zu beenden, sämtliche der Gesellschaft zustehenden Forderungen fällig zu stellen und einzuziehen, ggf. sogar einzuklagen, das Gesellschaftsvermögen in Geld umzusetzen sowie die Gesellschaftsverbindlichkeiten zu tilgen, d.h. die Gesellschaftsgläubiger zu befriedigen. Reicht das Gesellschaftsvermögen nach Versilberung nicht aus, um alle Gläubiger zu befriedigen, müssen die Liquidatoren den Antrag auf Insolvenzeröffnung stellen.[27]

Das nach der Gläubigerbefriedigung verbleibende Gesellschaftsvermögen ist gem. § 155 HGB   46 unter den Gesellschaftern zu verteilen. Dies gehört wohl nicht mehr zum Aufgabengebiet der Liquidatoren.[28] Die Verteilung erfolgt auf der Grundlage der gem. § 154 HGB aufzustellenden Schlussbilanz nach den sich daraus ergebenden Kapitalanteilen. Haben einzelne Gesellschafter einen passiven Kapitalanteil, so ist das zu verteilende Reinvermögen nur an die Gesellschafter auszuzahlen, welche ein positives Kapitalkonto haben. Zudem bedarf es noch einer Ausgleichung unter den Gesellschaftern.

Das Erlöschen der Firma ist von den Liquidatoren zum Handelsregister anzumelden, sobald das   47 Liquidationsverfahren beendet ist (§ 157 Abs. 1 HGB). Zugleich sind die Liquidatoren verpflichtet, die Bücher und Papiere der Gesellschaft, die sich noch in ihrem Besitz befinden, einem Gesellschafter oder einem Dritten zu übergeben, der diese Unterlagen für zehn bzw. sechs Jahre zu verwahren hat.

Abweichend von dem vorstehend beschriebenen Liquidationsverfahren können die Gesellschafter durch Gesellschaftsvertrag oder aufgrund Gesellschafterbeschlusses eine andere Art der Auseinandersetzung vereinbaren (§ 145 Abs. 1 HGB).   48

C. Kommanditgesellschaft

Für die Kommanditgesellschaft gelten hinsichtlich der Auflösung und der Abwicklung bis zur   49 Vollbeendigung die Ausführungen zur OHG entsprechend. Im Folgenden wird daher nur auf die Besonderheiten im Zusammenhang mit der Kommanditgesellschaft eingegangen.

I. Auflösungsgründe bei der Kommanditgesellschaft

Der Tod, die Eröffnung des Insolvenzverfahrens und die Kündigung durch den Komplementär   50 bzw. durch Privatgläubiger des Komplementärs führen kraft Gesetzes nicht zur Auflösung der Kommanditgesellschaft (§§ 131 Abs. 3, 161 Abs. 2 HGB). Diese Ereignisse haben lediglich das Ausscheiden des Komplementärs aus der Kommanditgesellschaft zur Folge, sofern keine abweichenden Regelungen im Gesellschaftsvertrag enthalten sind.

---

26 E/B/J/S/Hillmann, § 146 Rn. 9; Großkommentar HGB/Habersack, § 146 Rn. 17.
27 Weitere Ausführungen zum Liquidationsverfahren vgl. MünchHdB. GesR I/Butzer/Knof, § 84 Rn. 34–45.
28 BGH NJW 1984, 435; BGH BB 1989, 1217, 1218; Baumbach/Hopt, § 149 Rn. 3 m.w.N.

51 Der Tod eines Kommanditisten führt ebenfalls nicht zur Auflösung der Kommanditgesellschaft. Stattdessen folgen mangels abweichender gesellschaftsvertraglicher Regelung dessen Erben in seine Gesellschafterstellung nach.

52 Eine problematische Situation entsteht, wenn der einzige Komplementär durch Tod oder aus anderen Gründen aus der Kommanditgesellschaft ausscheidet und für diesen Fall keine gesellschaftsvertraglichen Regelungen existieren. Nach einer vom BGH vertretenen Auffassung[29] wandelt sich die Kommanditgesellschaft automatisch in eine OHG um. Eine in der Literatur vertretene Auffassung teilt die Rechtsauffassung des BGH nur unter der Voraussetzung, dass sämtliche Kommanditisten sich für die Fortsetzung des Unternehmens in der Rechtsform einer OHG ausdrücklich entscheiden.[30] Sollten sich die Kommanditisten nicht entsprechend entscheiden und auch nicht anderweitig durch Aufnahme eines neuen Komplementärs für Ersatz sorgen, wäre die Kommanditgesellschaft bei Wegfall des einzigen Komplementärs entgegen § 131 Abs. 2 HGB aufzulösen.[31]

II.   Besonderheiten bei einer Zwei-Personen-KG

53 Scheidet der Komplementär aus einer Zwei-Personen-KG aus, führt dies automatisch zur Vollbeendigung der Kommanditgesellschaft ohne vorherige Liquidation, da eine Gesellschaft zwingend aus mindestens zwei Mitgliedern bestehen muss. Folge des Ausscheidens des Komplementärs ist der automatische Übergang des Vermögens der Kommanditgesellschaft auf den „verbleibenden" Kommanditisten im Wege der Gesamtrechtsnachfolge ohne vorgeschaltetes Liquidationsverfahren.

54 Problematisch in diesem Zusammenhang ist, inwieweit der letztverbleibende Kommanditist für die Altverbindlichkeiten der aufgelösten und beendeten Kommanditgesellschaft unbeschränkt haftet. Diese Frage ist höchstrichterlich noch nicht geklärt. In Anlehnung an die Situation bei Beerbung des letzten Komplementärs durch den Kommanditisten erscheint die Auffassung, wonach die Haftung des letztverbleibenden Kommanditisten zwar unbeschränkt, aber beschränkt auf das übernommene Gesellschaftsvermögen ist, als vorzugswürdig. Sollte jedoch der Kommanditist das Handelsgeschäft fortführen, ist analog § 27 HGB eine Beschränkung der Haftung des letztverbleibenden Kommanditisten auf das Gesellschaftsvermögen auszuschließen.

III.   Besonderheiten bei der Kapitalgesellschaft & Co. KG

55 Bei der Kapitalgesellschaft & Co. KG ist zu unterscheiden zwischen der Auflösung der Kommanditgesellschaft und der Auflösung der Komplementär-Kapitalgesellschaft. Die Auflösung der Kommanditgesellschaft führt nicht automatisch zur Auflösung der Komplementär-Kapitalgesellschaft. Eine entsprechende Regelung ist in der Satzung der Komplementär-Kapitalgesellschaft zulässig, macht allerdings nur Sinn, sofern sich der Unternehmensgegenstand der Komplementär-Kapitalgesellschaft auf die Stellung als persönlich haftende Gesellschafterin der Kommanditgesellschaft beschränkt.

56 Die Auflösung der Komplementär-Kapitalgesellschaft führt ebenfalls nicht automatisch zur Auflösung der Kommanditgesellschaft. Welche Rechtsfolgen die Auflösung der Komplementär-Kapitalgesellschaft für die Kommanditgesellschaft hat, sollte im Gesellschaftsvertrag der

---

29   BGH NJW 1979, 1705.
30   K. Schmidt GesR § 53 I. 1. c).
31   HdB. PersGesR I/Aderhold, Rn. 2268.

Kommanditgesellschaft geregelt werden. Finden sich insoweit keine Regelungen, gelten die Ausführungen unter I. und II.

IV.   Liquidation und Vollbeendigung der Kommanditgesellschaft

Neben den Komplementären als den geschäftsführenden Gesellschaftern der Kommanditgesellschaft sind auch die Kommanditisten geborene Liquidatoren und somit im Liquidationsverfahren zusammen mit allen übrigen Gesellschaftern vertretungs- und geschäftsführungsberechtigt (§§ 161 Abs. 2, 146 Abs. 1, 149, 150 HGB).[32] Darüber hinaus bestehen im Vergleich zum Liquidationsverfahren und der Vollbeendigung bei einer OHG keine nennenswerten Unterschiede.

57

D.   Gesellschaft mit beschränkter Haftung

I.   Allgemeines

Die einzelnen Stadien bei einer Gesellschaft mit beschränkter Haftung von der Auflösung bis zur Löschung sind

58

- die Auflösung
- die Abwicklung
- die Vollbeendigung
- die Löschung.

Eine Ausnahme hiervon besteht lediglich für den Fall der Vermögenslosigkeit. In diesem Fall wird sofort die Löschung der GmbH im Registergericht eingetragen ohne vorherige Abwicklung.

59

II.   Auflösungsgründe

Neben dem in § 60 GmbHG vorgesehenen Katalog der Auflösungsgründe kommen als weitere Auflösungsgründe § 75 GmbHG, § 144 und § 142 FGG in Betracht. Im Einzelnen gilt Folgendes:

60

1.   Auflösung aufgrund Zeitablaufs (§ 60 Abs. 1 Nr. 1 GmbHG)

Ist die GmbH nur auf bestimmte Zeit eingegangen, so wird sie durch Ablauf dieser Zeit aufgelöst. Die Auflösung erfolgt in diesem Falle automatisch und somit unabhängig von der Eintragung der Auflösung im Handelsregister, die lediglich deklaratorische Bedeutung hat. Soll die Gesellschaft entgegen der Zeitbestimmung fortgesetzt werden, ist hierfür ein Fortsetzungsbeschluss erforderlich, der der Form und der Mehrheit einer Satzungsänderung bedarf.[33]

61

---

32   BGH WM 1982, 1170.
33   Hachenburg/Ulmer, § 60 Rn. 24.

2. Auflösung aufgrund Auflösungsbeschlusses (§ 60 Abs. 1 Nr. 2 GmbHG)

62 Eine GmbH kann auch und durch Beschluss der Gesellschafterversammlung aufgelöst werden. In der Regel bedarf dieser Beschluss einer Mehrheit von 75 % der abgegebenen Stimmen. Dies gilt jedoch nur, sofern der Gesellschaftsvertrag keine abweichende Mehrheit vorschreibt. Der Auflösungsbeschluss ist grundsätzlich formlos möglich, es sei denn, der Beschluss kommt inhaltlich einer Satzungsänderung gleich. Wie im Falle der Auflösung aufgrund Zeitablauf hat der Auflösungsbeschluss die automatische Auflösung der Gesellschaft zur Folge. Der Beschluss kann einen konkreten Auflösungstermin bestimmen; ohne eine solche Bestimmung wird die Gesellschaft am Tag der Beschlussfassung aufgelöst.

3. Auflösung aufgrund eines Hoheitsaktes (§§ 60 Abs. 1 Nr. 3, 61, 62 GmbHG)

63 Die Auflösung einer GmbH kann auch durch einen Hoheitsakt, einen Verwaltungsakt, herbeigeführt werden.

64 Anders als das Aktienrecht, aber genauso wie das Handelsrecht, ist die Auflösung einer GmbH durch gerichtliches Gestaltungsurteil gem. § 61 GmbHG möglich, unter der Voraussetzung, dass ein wichtiger Grund vorliegt und die Gesellschafter, die die Auflösungsklage erheben, zusammen mindestens 10 % des Stammkapitals der GmbH innehaben (§ 61 Abs. 2 GmbHG). Weitere Voraussetzung ist, dass kein milderes Mittel zur Beseitigung des wichtigen Grundes zur Verfügung steht (Subsidiarität der Auflösungsklage). Mit Rechtskraft des Auflösungsurteils tritt die Auflösung ein.

65 Eine Auflösung durch Verwaltungsakt ist dann möglich, wenn die Gesellschaft gesetzeswidrige Beschlüsse oder Handlungen der Gesellschaft das Gemeinwohl gefährden und keine milderen Mittel zur Gefahrenabwehr zur Verfügung stehen (§ 62 GmbHG).

4. Auflösung aufgrund Eröffnung des Insolvenzverfahrens (§ 60 Abs. 1 Nr. 4 GmbHG)

66 Mit Eröffnung des Insolvenzverfahrens ist die GmbH automatisch aufgelöst. In diesem Fall wird das gesellschaftsrechtliche Liquidationsverfahren durch das Insolvenzverfahren ersetzt. Bleibt nach Durchführung des Insolvenzverfahrens noch ein Restvermögen zur Verteilung übrig, wird dies durch den Insolvenzverwalter nach den gesellschaftlichen Regeln an die Gesellschafter verteilt (§ 199 S. 2 InsO).[34]

---

34 Baumbach/Hueck/Schulze-Osterloh, § 60 Rn. 24 und § 64 Rn. 67.

5. Auflösung aufgrund Ablehnung der Eröffnung des Insolvenzverfahrens mangels Masse (§ 60 Abs. 1 Nr. 5 GmbHG)

Auch die Ablehnung der Eröffnung des Insolvenzverfahrens mangels Masse führt automatisch zur Auflösung der GmbH. Da sich an den Abweisungsbeschluss kein Insolvenzverfahren anschließt wird die Gesellschaft nach den gesellschaftsrechtlichen Regeln (§§ 66 ff. GmbHG) liquidiert.

67

6. Auflösung in den Fällen der §§ 144 a, 144 b, 141 a FGG (§ 60 Abs. 1 Nr. 6 und Nr. 7 GmbHG)

Das GmbHG sieht in den Nummern 6 und 7 des § 60 Abs. 1 noch weitere Auflösungsgründe vor wie z.B. die Löschung der Gesellschaft wegen Vermögenslosigkeit oder die registergerichtliche Feststellung bestimmter Satzungsmängel im Bereich des § 3 Abs. 1 Nr. 1, 3 und 4 GmbH.

68

7. Sonstige gesetzliche Auflösungsgründe

Neben den vorgenannten Auflösungsgründen kommen noch eine Reihe weiterer Auflösungsgründe in Betracht, wie z.B.

69

- die Rechtskraft des Nichtigkeitsurteils nach § 75 GmbHG
- Einschreiten des Registergerichts von Amts wegen gem. § 144 Abs. 1 S. 2 FGG
- Löschung der Eintragung der GmbH nach § 142 FGG
- Erwerb aller Geschäftsanteile durch die GmbH, insbesondere durch Kaduzierung (Kein-Mann-Gesellschaft).

8. Gesellschaftsvertragliche Auflösungsgründe

Anders als bei der Gesellschaft bürgerlichen Rechts sind die gesetzlichen Auflösungsgründe zwingend, d.h. der Gesellschaftsvertrag kann diese nicht beseitigen. Jedoch können im Gesellschaftsvertrag weitere Auflösungsgründe geregelt werden, z.B. Tod oder Insolvenz eines Gesellschafters. Die entsprechenden gesellschaftsvertraglichen Regelungen müssen ausreichend bestimmt sein. Ein weiterer Auflösungsgrund kann die Kündigung der Gesellschaft durch einen Gesellschafter sein. Dies trifft insbesondere dann zu, wenn die Rechtsfolge einer gesellschaftsvertraglichen vorgesehenen Kündigung der Gesellschaft durch den Gesellschafter nicht geregelt ist.[35] Um diese regelmäßig nicht erwünschte Rechtsfolge zu vermeiden, sollte für den Fall der Kündigung der Gesellschaft durch einen Gesellschafter dessen Ausscheiden aus der Gesellschaft unter Fortbestand der Gesellschaft geregelt werden.

70

---

35 Baumbach/Hueck/Schulze-Osterloh, § 60 Rn. 46; Hachenburg/Ulmer, § 60 Rn. 68 ff.

III.   Anmeldungen und Eintragung der Auflösung

71   Die Auflösung der Gesellschaft ist durch die Liquidatoren in vertretungsberechtigter Zahl zur Eintragung in das Handelsregister anzumelden, wobei die Eintragung in der Regel nur deklaratorische Wirkung hat. Darüber hinaus ist die Auflösung von den Liquidatoren gem. § 65 Abs. 2 GmbHG dreimal in den öffentlichen Blättern der Gesellschaft bekannt zu machen mit der Aufforderung an die Gläubiger, sich bei der Gesellschaft zu melden. Mit der dritten Bekanntmachung wird die Jahresfrist des § 73 GmbHG in Gang gesetzt.

IV.   Fortsetzung der aufgelösten GmbH

72   Unter folgenden Voraussetzungen kann die aufgelöste GmbH durch Gesellschafterbeschluss fortgesetzt werden:

- die Gesellschaft ist noch nicht voll beendet,
- die Verteilung des Gesellschaftsvermögens hat noch nicht begonnen,
- Existenz eines entsprechenden Gesellschafterbeschlusses (Fortsetzungsbeschluss),
- Beseitigung des Auflösungsgrundes,
- keine Pflicht zur Stellung eines Insolvenzantrages.

73   Der Fortsetzungsbeschluss bedarf einer satzungsändernden Mehrheit und ist zur Eintragung in das Handelsregister anzumelden, wobei die Eintragung der Fortsetzung wie die Eintragung der Auflösung nur deklaratorisch wirkt.

V.   Abwicklung der aufgelösten Gesellschaft

74   Wie bei der Personenhandelsgesellschaft ändert sich durch die Auflösung der Gesellschaft zunächst lediglich der Gesellschaftszweck, der nunmehr auf Abwicklung des Gesellschaftsvermögens gerichtet ist. Das Liquidationsverfahren richtet sich vorrangig nach den §§ 66 ff. GmbHG und wird durch die Liquidatoren durchgeführt. Dies sind entweder die im Amt befindlichen Geschäftsführer als geborene Liquidatoren (§ 66 Abs. 1 GmbHG) und/oder die durch Satzung oder Gesellschafterbeschluss bestimmten, „gekorenen" Liquidatoren, bzw. die durch gerichtliche Entscheidung bestellten Liquidatoren (§ 66 Abs. 2 GmbHG).

75   Durch die Liquidation sollen sämtliche laufenden Geschäfte der Gesellschaft beendet, alle Verbindlichkeiten erfüllt und das verbleibende nur noch in Geld bestehende Vermögen an die Gesellschafter nach § 72 GmbHG verteilt werden.[36]

76   Die Liquidation endet mit Verteilung des verbleibenden Gesellschaftsvermögens nach Ablauf des Zeitjahres gem. § 73 Abs. 1 GmbHG und Tilgung sämtlicher bekannten Schulden bzw. Sicherstellung deren Befriedigung. Sind danach keine weiteren Abwicklungsmaßnahmen mehr erforderlich, ist die Abwicklung beendet und das Ende der Liquidation und damit das Erlöschen der Firma durch die Liquidatoren beim Handelsregister anzumelden (§ 74 Abs. 1 S. 1 GmbHG).

---

36   Zum genauen Inhalt der Aufgaben der Liquidatoren und dem Liquidationsverfahren vgl. MünchHdB. GesR III/ Weitbrecht, § 63 Rn. 22 ff.

E. Aktiengesellschaft

I. Allgemeines

Bei einer Aktiengesellschaft entsprechen die Phasen von der Auflösung bis zur Abwicklung denen, 77
wie sie bei einer Personenhandelsgesellschaft und einer Gesellschaft mit beschränkter Haftung
vorzufinden sind. Es sind daher die Auflösung der Gesellschaft, Abwicklung (Liquidation) und
Löschung der Gesellschaft im Handelsregister zu unterscheiden.

II. Auflösung

Anders als bei den bisherigen Rechtsformen gelten für die Aktiengesellschaft ausschließlich die 78
gesetzlich vorgesehenen Auflösungsgründe. Es ist daher nicht möglich, in der Satzung zusätzliche,
über § 262 Abs. 1 AktG hinausgehende Auflösungsgründe zu bestimmen.[37] Satzungsbestimmungen, die über die gesetzlich geregelten Auflösungsgründe hinausgehende Auflösungsgründe enthalten, können jedoch im Einzelfall dazu führen, dass die Aktionäre verpflichtet sind, einem Auflösungsbeschluss nach § 262 Abs. 1 Nr. 2 AktG zuzustimmen.[38]

In den Fällen des § 262 Abs. 1 Nr. 1 und 2 AktG ist die Auflösung der Gesellschaft durch den 79
Vorstand, nicht durch die Liquidatoren, zur Eintragung in das Handelsregister anzumelden. Die
Eintragung der Auflösung hat jedoch lediglich deklaratorische Wirkung. In den Fällen der Nr. 3
bis 5 des Abs. 1 des § 262 AktG wird die Auflösung von Amts wegen durch das Registergericht
eingetragen. Im Falle der Löschung der Gesellschaft aufgrund Vermögenslosigkeit (§ 262 Abs. 1
Nr. 6 AktG) entfällt die Eintragung der Auflösung, es erfolgt unmittelbar die Eintragung der
Löschung.

Im Einzelnen sind folgende Auflösungsgründe gesetzlich geregelt: 80

1. Auflösung aufgrund Zeitablaufs, § 262 Abs. 1 Nr. 1 AktG

Die Aktiengesellschaft wird gemäß § 262 Abs. 1 Nr. 1 AktG aufgelöst, wenn die in der Satzung 81
bestimmte Dauer der Gesellschaft endet. Mit Erreichen des Endzeitpunkts der Gesellschaft wird
die Gesellschaft automatisch aufgelöst, die Eintragung im Handelsregister hat nur deklaratorische
Bedeutung. Soll die Gesellschaft über das Ende der satzungsmäßig vorgesehenen Dauer der Gesellschaft als werbende Gesellschaft fortgesetzt werden, können die Aktionäre dies durch einen
Beschluss, der den Mehrheitserfordernissen einer Satzungsänderung genügen muss, beschließen.
Ist hingegen die satzungsmäßig vorgesehene Dauer der Gesellschaft bereits abgelaufen, reicht ein
lediglich satzungsändernder Beschluss nach § 179 Abs. 1 AktG nicht zur Fortsetzung der Gesellschaft aus. Vielmehr bedarf es in diesem Fall eines Fortsetzungsbeschlusses der Hauptversammlung i.S.d. § 274 AktG.[39]

---

37 Hüffer, § 262 Rn. 7; Kölner Kommentar zum AktG/Kraft, § 262 Rn. 16 ff.
38 MünchKomm AktG/Hüffer, § 262 Rn. 21; Kölner Kommentar AktG/Kraft, § 262 Rn. 21.
39 MünchKomm AktG/Hüffer, § 262 Rn. 27; Kölner Kommentar AktG/Kraft, § 262 Rn. 11.

2. Auflösung aufgrund Beschlusses, § 262 Abs. 1 Nr. 2 AktG

82 Die Hauptversammlung kann beschließen, dass die Aktiengesellschaft aufgelöst wird. Diese Kompetenz kann der Hauptversammlung nicht entzogen werden, allenfalls ist eine Erschwerung des Auflösungsbeschlusses durch ein höheres Mehrheitserfordernis zulässig. Da der Auflösungsbeschluss nach ständiger Rechtsprechung keiner sachlichen Rechtfertigung bedarf, kann dies sogar dazu führen, dass ein Mehrheitsaktionär durch einen Auflösungsbeschluss den Minderheitsaktionär aus dem Unternehmen „hinauskündigt" und anschließend das Vermögen der Gesellschaft übernimmt.

83 Gemäß § 262 Abs. 1 Nr. 2 AktG bedarf der Auflösungsbeschluss einer Mehrheit von 75 % des bei der Beschlussfassung vertretenen Grundkapitals. Die Satzung kann ein höheres Mehrheitserfordernis und zusätzliche weitere Erfordernisse vorsehen. Zusätzlich zu dem Mehrheitserfordernis nach § 262 Abs. 1 Nr. 2 AktG muss der Auflösungsbeschluss auch dem Mehrheitserfordernis des § 133 Abs. 1 AktG (einfache Mehrheit der abgegebenen Stimmen) genügen (sog. Erfordernis der doppelten Mehrheit).[40]

84 Der Auflösungsbeschluss darf nicht an die Zustimmung oder Mitwirkung sonstiger Organe geknüpft werden.[41] Der Auflösungsbeschluss wird mit der Feststellung des Beschlussergebnisses durch den Versammlungsleiter wirksam und bedarf der notariellen Niederschrift. Die Eintragung der Auflösung im Handelsregister i.S.d. § 263 AktG hat lediglich deklaratorische Bedeutung.

3. Auflösung aufgrund Insolvenzverfahrens, § 262 Abs. 1 Nr. 3 und 4 AktG

85 Sowohl die Eröffnung des Insolvenzverfahrens über das Vermögen der Gesellschaft als auch die Ablehnung der Eröffnung des Insolvenzverfahrens mangels Masse führen zur Auflösung der Aktiengesellschaft. Anders als bei der Gesellschaft bürgerlichen Rechts führt dagegen die Insolvenz eines oder mehrer Aktionäre nicht zur Auflösung der Gesellschaft. Wird die Gesellschaft aufgrund Eröffnung des Insolvenzverfahrens über ihr Vermögen aufgelöst, findet nicht das im Aktiengesetz geregelte Abwicklungsverfahren statt, sondern das in der Insolvenzordnung spezielle Abwicklungsverfahren. Wird hingegen die Eröffnung des Insolvenzverfahrens mangels Masse abgelehnt, ist die Aktiengesellschaft mit Rechtskraft dieses Ablehnungsbeschlusses aufgelöst und nach den Regeln des Aktiengesetzes (§§ 264 ff. AktG) abzuwickeln. Eine Fortsetzung der Gesellschaft aufgrund Beschlusses der Hauptversammlung ist im Falle des § 262 Abs. 1 Nr. 4 AktG nicht möglich.

4. Auflösung aufgrund registergerichtlicher Entscheidung, § 262 Abs. 1 Nr. 5 und 6 AktG

86 Eine Aktiengesellschaft kann durch das zuständige Registergericht aufgelöst werden. Dies kommt in Betracht einerseits bei Satzungsmängeln (§ 262 Abs. 1 Nr. 5 AktG), andererseits bei Vermö-

---

40 Hüffer, § 262 Rn. 11; Kölner Kommentar AktG/Kraft, § 262 Rn. 27.
41 Hüffer, § 262 Rn. 12.

genslosigkeit der Aktiengesellschaft (§ 262 Abs. 1 Nr. 6 AktG). Relevante Satzungsmängel i.S.d. § 262 Abs. 1 Nr. 5 AktG sind

- das Fehlen einer Regelung zur Firma der Gesellschaft oder deren Nichtigkeit,
- das Fehlen einer Regelung zum Sitz der Gesellschaft oder deren Nichtigkeit,
- ein Verstoß der Satzung gegen § 6 oder § 7 AktG,
- Fehlen der Angaben zu den Aktien gemäß § 23 Abs. 3 Nr. 4 und 5 AktG oder deren Nichtigkeit,
- Fehlen der von § 23 Abs. 3 Nr. 6 AktG geforderten Angaben zur Zahl der Mitglieder des Vorstandes oder deren Nichtigkeit.

Zu beachten ist, dass ein Verstoß gegen einige der vorgenannten Regelungen aufgrund nachträglicher Satzungsänderung keinen Auflösungstatbestand darstellt (z.B. Verstoß gegen § 23 Abs. 3 Nr. 4 und 5 AktG). Vor der Auflösung durch registergerichtliche Entscheidung hat das Registergericht die Gesellschaft aufzufordern, innerhalb einer bestimmten Frist die Mängel der Satzung zu beheben. 87

Das Registergericht kann die Aktiengesellschaft auch auflösen, wenn die Gesellschaft vermögenslos ist. In diesem Fall findet zwischen der Auflösung der Gesellschaft und der Beendigung durch Löschung im Handelsregister kein Abwicklungsverfahren statt. Stellt sich nach der Löschung der Gesellschaft jedoch heraus, dass noch verteilungsfähiges Vermögen vorhanden ist, kommt es zur Abwicklung nach §§ 264 ff. AktG (Nachtragsabwicklung). 88

5.　Andere Auflösungsgründe gemäß § 262 Abs. 2 AktG

§ 262 Abs. 2 AktG lässt die Auflösung der Aktiengesellschaft aus anderen Gründen zu. Gemeint sind hiermit jedoch nicht satzungsmäßige Auflösungsgründe, sondern lediglich andere gesetzliche Auflösungsgründe wie z.B. die Gemeinwohlgefährdung (§ 396 AktG) oder der Widerruf der Geschäftserlaubnis gemäß § 38 KWG. 89

III.　Abwicklung/Liquidation der Aktiengesellschaft

Nach Auflösung der Aktiengesellschaft hat i.d.R. die Abwicklung/Liquidation der Aktiengesellschaft nach den in den §§ 264 ff. AktG festgelegten Regelungen stattzufinden. Ausgenommen hiervon sind die Fälle, in denen entweder ein spezielles Abwicklungsverfahren durchzuführen ist (z.B. im Falle der Insolvenz der Aktiengesellschaft) oder eine Abwicklung bzw. Liquidation der Aktiengesellschaft überhaupt nicht stattfindet (z.B. Löschung der Gesellschaft wegen Vermögenslosigkeit oder Löschung der Gesellschaft im Rahmen von Umwandlungsvorgängen). 90

Mit der Auflösung tritt die Gesellschaft in ein neues Stadium ein, welches den Zweck hat, die Gesellschaft abzuwickeln. Sie besteht als sog. „Liquidationsgesellschaft" fort, mit dem Ziel, das Gesellschaftsvermögen zu versilbern, die Gesellschaftsgläubiger zu befriedigen und den Liquidationsüberschuss an die Aktionäre auszukehren.[42] Diese Aufgaben sind von den Abwicklern, sog. Liquidatoren, zu verfolgen. Als Liquidatoren kommen die im Zeitpunkt der Auflösung bestellten Vorstandsmitglieder als geborene Abwickler i.S.d. § 265 Abs. 1 AktG in Betracht oder durch Sat- 91

42　MünchAnwaltsHdB. AktR/Peres/Hoisl, § 15 Rn. 89 m.w.N.

92 Die Rechte und Pflichten der Abwickler ergeben sich aus den §§ 265 ff. AktG. Neben den Abwicklern bleibt der Aufsichtsrat der Aktiengesellschaft als Kontrollgremium zur Überwachung der Abwickler im Amt. Die Kompetenzen des Aufsichtsrates werden im Vergleich zu seinen Kompetenzen bei einer werbenden Gesellschaft dahingehend eingeschränkt, dass ihm nicht mehr die Personalkompetenz i.S.d. § 84 AktG zusteht, d.h. er ist nicht befugt, die Abwickler zu bestellen. Außerdem verliert er die Feststellungskompetenz i.S.d. § 172 AktG, d.h. die Feststellung des Jahresabschlusses obliegt in diesem Stadium der Hauptversammlung.

93 Neben der Kompetenz der Hauptversammlung zur Bestellung bzw. Abberufung der Abwickler kommt ausschließlich noch die gerichtliche Bestellung der Abwickler im Falle der Nachtragsabwicklung nach Amtslöschung wegen Vermögenslosigkeit oder unter den Voraussetzungen des § 265 Abs. 3 AktG in Betracht. Eine Übertragung der Bestellungs- und Abberufungskompetenz auf Dritte ist nicht zulässig.

94 Zu den Aufgaben der Abwickler gehören der Aufruf der Gläubiger gemäß § 267 AktG, der dreimal in den Gesellschaftsblättern bekannt zu machen ist, die Umsetzung des Gesellschaftsvermögens in Geld durch Beendigung der laufenden Geschäfte, die Einziehung von Forderungen und Versilberung des Vermögens und die Rechnungslegung während der Abwicklung (z.B. Aufstellung der Schlussbilanz der werbenden Gesellschaft, der Liquidationseröffnungsbilanz sowie der Jahresabschlüsse während der Liquidation). Erst nach Ablauf des Sperrjahres kann das übrige Vermögen der Gesellschaft durch die Abwickler an die Aktionäre verteilt werden, sofern alle Gläubiger befriedigt bzw. zur Sicherung von noch nicht befriedigten Gläubigeransprüchen Barvermögen hinterlegt worden ist. Gläubiger, die sich bis zum Ablauf des Sperrjahres nicht gemeldet haben, behalten ihre Forderung, verlieren jedoch ihren Anspruch auf vorrangige Befriedigung. Ist das Restvermögen bereits an die Aktionäre verteilt, kommt eine Befriedigung dieser Gläubigeransprüche nicht mehr in Betracht.[43]

IV. Vollbeendigung und Löschung

95 Nach Verteilung des Liquidationsüberschusses, haben die Abwickler der Hauptversammlung gemäß § 273 Abs. 1 Satz 1 AktG Schlussrechnung zu legen. Befindet die Hauptversammlung die Schlussrechnung als ordnungsgemäß und fasst infolge dessen einen entsprechenden Beschluss, der auch die Entlastung der Abwickler umfasst, kann die Beendigung der Abwicklung zur Eintragung ins Handelsregister in öffentlich beglaubigter Form angemeldet werden. Dabei sollten die Unterlagen, die den Schluss der Abwicklung belegen, mit eingereicht werden, da das Registergericht sowohl in formeller als auch in materieller Hinsicht prüft, ob die Abwicklung ordnungsgemäß beendet und formgerecht erfolgt ist. Nach wohl herrschender aber umstrittener Meinung in Literatur und Rechtsprechung führt erst die Löschung der Gesellschaft im Handelsregister zur Vollbeendigung der Gesellschaft.[44] Stellt sich nach der Löschung der Aktiengesellschaft heraus, dass noch verteilungsfähiges Vermögen vorhanden ist, kommt es zur Nachtragsliquidation.

---

43 MünchKomm AktG/Hüffer, § 272 Rn. 15; Kölner Kommentar AktG/Kraft, § 272 Rn. 3 f.
44 Vgl. MünchAnwaltsHdB. AktR/Peres/Hoisl, § 15 Rn. 185 mit Nachweisen für die unterschiedlichen Rechtsauffassungen; Weitere Ausführungen zum Abwicklungsverfahren vgl. MünchAnwaltsHdB. AktGt/Peres, Hoisl, § 15 Rn. 83 ff.

§ 12 Umwandlung

A.   Allgemeines

Beim Umwandlungsrecht ist grundsätzlich zu unterscheiden zwischen den **zivilrechtlichen Aus-**   1
wirkungen (UmwG) und den sich daraus anschließenden **steuerrechtlichen Folgen** (UmwStG).
Auch einige Umwandlungsarten außerhalb des UmwG werden in der nachfolgenden Zusammenstellung erörtert.

I.   Einzelrechtsnachfolge und Gesamtrechtsnachfolge

Bei der Umwandlung mit Vermögensübertragung ist zwischen **Einzelrechtsnachfolge** und **Ge-**
samtrechtsnachfolge zu unterscheiden.

Bei der Einzel- und der Gesamtrechtsnachfolge gibt es verschiedene Vor- und Nachteile, die es
jeweils abzuwägen gilt:[1]

1.   Einzelrechtsnachfolge

Für die **Einzelrechtsnachfolge** spricht, dass sie bei allen Rechtsformen möglich ist. Außerdem   2
können einzelne Vermögensgegenstände zurückbehalten werden.

Nachteilig ist der **hohe Aufwand** bei der Umwandlung, da sämtliche Vermögensgegenstände einzeln übertragen werden müssen. Des Weiteren ist für die befreiende Mitübertragung von Schulden die Zustimmung des Gläubigers erforderlich.

Steuerrechtlich ist bei der Einzelrechtsnachfolge nachteilig, dass es unter Umständen zur Aufdeckung stiller Reserven kommt.

Ein **Beispiel** für die Umwandlung durch Einzelrechtsnachfolge ist die **Spaltung**.

2.   Gesamtrechtsnachfolge

Bei der **Gesamtrechtsnachfolge** ist als **Vorteil** zu sehen, dass sämtliche Vermögensgegenstände   3
und Schulden in einem Vorgang übertragen werden.

Da es sich um eine auflösende Umwandlung ohne Abwicklung handelt, sind die Eintragungen in
den öffentlichen Registern zu berichtigen oder gegebenenfalls die Eintragungen zu löschen.

Nachteilig ist, dass eine Umwandlung durch Gesamtrechtsnachfolge nur in den gesetzlich zulässigen Fällen durchgeführt werden kann.

Ein **Beispiel** für die Umwandlung durch Gesamtrechtsnachfolge ist die **Verschmelzung**.

---

1   Hegemann/Querbach, UmwR, S. 21.

3. MoMiG

4 Das MoMiG sieht als den Normalfall der (formwahrenden) Umwandlung die Umwandlung der UG in eine GmbH, da nur dieser Formwechsel einer eigenständigen Regelung für würdig erachtet wird.

So finden gem. § 5a Abs. 5 GmbHG-E die Absätze 1–4 des § 5a GmbHG-E keine Anwendung mehr, wenn die UG ihr Stammkapital soweit erhöht, dass es den Betrag des Mindeststammkapitals für die Gründung einer normalen GmbH (künftig 10.000,00 EURO, § 5 Abs. GmbHG-E) erreicht oder übersteigt.

Die Regelung soll nicht im UmwG, sondern im GmbHG geschaffen werden. Einzige Voraussetzung der Umwandlung gem. § 5a Abs. 5 GmbHG-E ist die wirksame Heraufsetzung des Stammkapitals einer Gesellschaft auf mindestens 10.000,00 EURO im Rahmen einer Kapitalerhöhung.

Die Umwandlung einer GmbH in eine UG ist demgegenüber nicht in § 5a Abs. 5 GmbHG-E vorgesehen und kann nicht nach dem UmwG erreicht werden, da die UG als Unterfall der GmbH keine „andere Rechtsform" im Sinne des § 190 Abs. 1 UmwG darstellt.[2]

B. Zivilrecht

I. Umwandlungsarten

1. Verschmelzung

5 Ein oder mehrere „übertragende" Rechtsträger übertragen ihr Vermögen einschließlich der Verbindlichkeiten als Ganzes (**Gesamtrechtsnachfolge**) auf einen einzelnen Rechtsträger. Die übertragenden Rechtsträger gehen im Zuge der Verschmelzung rechtlich unter, ohne dass rechtstechnisch eine Auflösung mit anschließender Abwicklung erfolgt (§§ 131 ff. HGB, §§ 60 GmbHG, §§ 262 AktG).

Bei der **Verschmelzung durch Aufnahme** wird das Vermögen auf einen bereits bestehenden „übernehmenden" Rechtsträger, bei der **Verschmelzung durch Neugründung** auf einen bei dieser Gelegenheit neu gegründeten Rechtsträger übertragen. Die Anteilsinhaber der übertragenden Rechtsträger erhalten grundsätzlich Anteile an dem übernehmenden oder an dem neuen Rechtsträger, so dass die alte Beteiligung oder Mitgliedschaft durch die neue fortgesetzt wird.

2. Spaltung[3]

6 Die Spaltung ist in **drei Formen** (Aufspaltung, Abspaltung und Ausgliederung) mit jeweils zwei Unterformen (zur Aufnahme und zur Neugründung) möglich.

Bei der **Aufspaltung** teilt ein „übertragender" Rechtsträger sein gesamtes Vermögen einschließlich der Verbindlichkeiten auf und überträgt es auf mindestens zwei andere Rechtsträger (also im Wege der **partiellen Gesamtrechtsnachfolge oder Sonderrechtsnachfolge**). Der übertragende Rechtsträger geht wie bei der Verschmelzung ohne eine Abwicklung rechtlich unter. Die Anteils-

---

2 Freitag/Riemenschneider ZIP 2007, 1485 ff.
3 Hegemann/Querbach, UmwR, S. 23.

eigner des übertragenden Rechtsträgers erhalten bei der Spaltung zur Aufnahme Anteile oder Mitgliedschaften an den durch die Spaltung neu gegründeten Rechtsträgern.

Durch die **Abspaltung** erlischt der übertragende Rechtsträger nicht, sondern überträgt nur einen Teil oder mehrere Teile seines Vermögens auf einen oder mehrere übernehmende oder neu gegründete Rechtsträger. Die Anteile an dem übertragenden Rechtsträger bleiben bestehen, jedoch erhalten die Anteilsinhaber zusätzlich Anteile oder Mitgliedschaften an den übernehmenden oder neu gegründeten Rechtsträgern.

Auch bei der **Ausgliederung** überträgt der übertragende Rechtsträger nur einen Teil oder mehrere Teile seines Vermögens auf einen oder mehrere übernehmende oder neu gegründete Rechtsträger und erlischt nicht. Anders als bei der Aufspaltung und der Abspaltung erhalten aber nicht die Anteilsinhaber des übertragenden Rechtsträgers, sondern der übertragende Rechtsträger selbst die Anteile oder Mitgliedschaften an dem oder den übernehmenden oder neu gegründeten Rechtsträgern.

3. Formwechsel[4]

Der Formwechsel, die einfachste und schnellste Umwandlung, führt lediglich zu einer **Änderung des Rechtskleids** des Unternehmens. Dabei wird die rechtliche Identität gewahrt und es erfolgt kein Wechsel der Anteilseigner der alten Rechtsform. 7

Anders als bei der Verschmelzung und bei der Spaltung findet eine Übertragung von Vermögen nicht statt.

4. Abgrenzung zu anderen Arten der Umwandlung

Eine Umwandlung im Sinne der oben aufgeführten Typen ist außerhalb des UmwG nur möglich, wenn sie anderweitig gesetzlich zugelassen ist (sog. **Analogieverbot**, § 1 Abs. 2 UmwG). Dieser numerus clausus der Umwandlungsmöglichkeiten betrifft nur Umwandlungen, die das Begriffsmerkmal der (partiellen) Gesamtrechtsnachfolge oder der Identitätswahrung erfüllen. 8

Andere Umwandlungsarten bleiben auch ohne ausdrückliche Zulassung nach den allgemeinen Regeln möglich: Dies betrifft zunächst alle Formen der Einzelrechtsnachfolge, wie insbesondere die Einzelübertragung von Aktiva und Passiva oder von Gesellschaftsanteilen sowie die Einzelübertragung des gesamten Vermögens auf einen anderen Rechtsträger gegen Austausch von Anteilen an diesem (Übertragungs-Modell).

Das UmwG trifft keine Regelungen hinsichtlich des gesetzlichen Formwechsels von der OHG, KG, und GbR untereinander; dieser folgt weiterhin den Regeln des HGB.

5. Zwingender Charakter des UmwG

Die **Vorschriften des UmwG** sind – insbesondere im Interesse des Gläubiger- und Minderheitenschutzes – **grundsätzlich zwingender Natur**. Abweichungen sind nur bei ausdrücklicher gesetzlicher Gestattung möglich (§ 1 Abs. 3 S. 1 UmwG). Ergänzende Bestimmungen – in Verträgen, Satzungen, Statuten oder Willenserklärungen – sind aber zulässig, es sei denn, das UmwG enthält insoweit eine abschließende Regelung (§ 1 Abs. 3 S. 2 UmwG). Die Frage, ob eine Regelung ab- 9

---

4 Hegemann/Querbach, UmwR, S. 24 f.

schließend ist oder Ergänzungen zulässt, ist im Einzelfall oft schwierig zu beantworten. Ergänzungen sind jedenfalls dann möglich, wenn die gesetzliche Regelung unvollständig ist oder das Gesetz nur Mindestanforderungen bestimmt (wie etwa zum Verschmelzungsvertrag, § 5 UmwG, zum Spaltungs- und Übernahmevertrag § 126 UmwG und zum Umwandlungsbeschluss § 194 UmwG).

Im Übrigen können Ergänzungen jedenfalls dann erfolgen, wenn sie den gesetzlichen Gläubiger oder Minderheitenschutz noch verschärfen, in dem beispielsweise ein Gesellschaftsvertrag größere als die gesetzlich vorgesehene Mehrheiten vorschreibt.

II.   Ablauf einer Umwandlung

10   Für die jeweilige Umwandlungsart ist ein Beschluss zu fassen und die Registeranmeldung vorzunehmen. Nur bei der Verschmelzung und der Spaltung muss der Registeranmeldung ein handelsrechtlicher Jahresabschluss als Anlage beigefügt werden. Die Registereintragung, deren Wirkungen sowie die Bekanntmachung sind ebenfalls gesetzlich geregelt.

Sowohl die Verschmelzung als auch die Spaltung besteht aus sechs zivilrechtlichen Schritten.[5]

11   Inhalt des Umwandlungsvertrags

Für die Verschmelzung und die Spaltung muss ein zivilrechtlich wirksamer Vertrag zwischen dem übertragenden Rechtsträger und dem übernehmenden Rechtsträger abgeschlossen sein. Der Vertrag muss den folgenden Inhalt haben:[6]

- Name der Firma und der Sitz der beteiligten Rechtsträger
- Vorliegen einer Vereinbarung über die Übertragung des Vermögens als Ganzes gegen Gewährung von Gesellschaftsrechten
- Angabe des Umtauschverhältnisses der Anteile und die Höhe eventueller Zahlungen, sowie die Einzelheiten der Gewährung der Gesellschaftsrechte
- Regelungen über das Gewinnbezugsrecht der neuen Anteile
- Bestimmung des Umwandlungsstichtags
- vertragliche Bestimmung besonderer Rechte von Gesellschaftern
- eindeutige Vereinbarung besonderer Vorteilsgewährung an Organe der Rechtsträger oder Abschlussprüfer
- Folgen für die Arbeitnehmervertretungen
- Spaltung: zusätzliche Regelung der Aufteilung der Vermögensgegenstände und Schulden auf die beteiligten Rechtsträger

---

5   Hegemann/Querbach, UmwR, S. 24 f.
6   Hegemann/Querbach, UmwR, S. 28.

III.   Umwandlung der Personengesellschaft in eine Kapitalgesellschaft

1.   Einbringung

Einbringung im zivilrechtlichen Sinn bedeutet die Übertragung von Vermögen gegen Gewäh-   12
rung von Gesellschaftsrechten auf eine Gesellschaft. Sie ist dem Grunde nach die Sachgründung
bzw. die Kapitalerhöhung im Wege einer Sacheinlage. Das bestehende Handelsgeschäft kann als
Sach- und Rechtsgesamtheit Gegenstand einer Sacheinlage in eine Kapitalgesellschaft sein.

a)   Einbringung eines Einzelunternehmens in eine GmbH

Die Übertragung des Betriebsvermögens eines Einzelunternehmens auf eine Kapitalgesellschaft   13
kann entweder durch eine Ausgliederung nach den §§ 152 ff. UmwG oder eine (zivilrechtliche)
Einbringung im Wege der Kapitalerhöhung erfolgen. Der zivilrechtliche Einbringungsbegriff ist
nicht deckungsgleich mit dem steuerrechtlichen Einbringungsbegriff.

Bei einer Einbringung zur Neugründung einer GmbH sind sämtliche Schritte der Gesellschafts-
gründung wie bei einer Bargründung zu vollziehen. Neben dem formwirksamen Abschluss des
Gesellschaftsvertrags sind der oder die Geschäftsführer zu bestellen, die Sachleistungen auf die
Stammeinlage zu erbringen und anschließend die Anmeldung zum Handelsregister vorzunehmen. Hinzu kommt abweichend von der Bargründung als besonderes Formerfordernis der Sachgründung die Erstellung eines **Sachgründungsberichts**; dieser macht es dem Handelsregister
möglich, die Werthaltigkeit der Sacheinlage zu überprüfen. Der Sachgründungsbericht muss dabei alle für die Bewertung des einzubringenden Unternehmens relevanten Umstände sowie die
Ergebnisse der letzten beiden Geschäftsjahre aufführen.

Sinnvoll ist es, den Zeitpunkt der Sacheinlage vertraglich festzulegen und dabei den letzten
Bilanzstichtag des Einzelunternehmens heranzuziehen.

12

b)   Einbringung von Mitunternehmeranteilen in eine GmbH

Dem Grunde nach gibt es zwei Möglichkeiten der Einbringung eines Betriebs einer Personenge-   14
sellschaft in eine Kapitalgesellschaft. Zum einen kann – wie bei einem Einzelunternehmen – der
Betrieb der Gesellschaft in eine GmbH gegen Gewährung von Gesellschaftsrechten eingebracht
werden. Zum anderen können sämtliche Anteile an der Mitunternehmerschaft in die GmbH
eingebracht werden. In diesem Fall geht die Personengesellschaft zwingend im Wege der Anwachsung unter und das Vermögen der Gesellschaft wächst der Kapitalgesellschaft an. Während
die Einbringung des Betriebs der Personengesellschaft in die Kapitalgesellschaft nicht anders zu
handhaben ist, als die oben geschilderte Einbringung eines Einzelunternehmens in eine GmbH,
soll im Folgenden das erweiterte Anwachsungsmodell dargestellt werden.

Beim **erweiterten Anwachsungsmodell** wird die Einbringung sämtlicher Kommanditbeteili-   15
gungen durch die Kommanditisten einer GmbH & Co. KG in die Komplementär-GmbH gegen
Gewährung von Gesellschaftsrechten oder – allgemeiner – die Einbringung sämtlicher Gesellschaftsanteile der Gesellschafter einer Personengesellschaft in eine Kapitalgesellschaft verstanden.

Die Einbringung führt dazu, dass das Vermögen der Personengesellschaft der Kapitalgesellschaft nach § 738 Abs. 1 S. 1 BGB anwächst und die Personengesellschaft ohne Liquidation erlischt.

Aus Sicht der übernehmenden Kapitalgesellschaft handelt es sich entweder um eine Kapitalerhöhung mit Sacheinlagen oder um eine Sachgründung.

16   Zur Durchführung der Kapitalerhöhung ist im Fall einer Gesellschaft mit beschränkter Haftung nach Maßgabe des GmbHG erforderlich:

- Kapitalerhöhungsbeschlusses in notariell zu beurkundender Form (§ 55 Abs. 1 GmbHG)
- notariell aufgenommene oder beglaubigte Erklärungen der einbringenden Gesellschafter der Personengesellschaft zur Übernahme der auf sie jeweils entfallenden Stammeinlagen (§§ 55 Abs. 1, 56 Abs. 1 S. 2 GmbHG)
- Abschluss der Abtretungsverträge zur Erbringung der Sacheinlage (keine besonderen Form)
- Anmeldung der Kapitalerhöhung zur Eintragung ins Handelsregister der übernehmenden Kapitalgesellschaft durch alle Geschäftsführer
- Anmeldung der Übertragung der Gesellschaftsanteile und der Auflösung zur Eintragung in das Handelsregister der Personengesellschaft (sofern keine Gesellschaft bürgerlichen Rechts).

Die Kapitalerhöhung wird erst mit Eintragung in das Handelsregister der übernehmenden Kapitalgesellschaft wirksam. Die neuen Stammeinlagen entstehen erst zu diesem Zeitpunkt.

17   Für die Personengesellschaft ist eine Schlussbilanz auf den Stichtag der Abtretung der Gesellschaftsanteile an die übernehmende Kapitalgesellschaft aufzustellen. Wie im Fall einer Verschmelzung sind die Vermögensgegenstände der Personengesellschaft in der Schlussbilanz mit den fortgeführten Anschaffungs- und Herstellungskosten zu bewerten.

18   Aus der Sicht der **einbringenden Kapitalgesellschaft** stellt die Einbringung einen **laufenden Geschäftsvorfall** dar, der auf Grund der zu gewährenden Gegenleistung als tauschähnlich zu behandeln ist. Die im Wege der Anwachsung erworbenen Vermögensgegenstände sind demnach mit den Anschaffungskosten nach § 255 Abs. HGB zu bewerten.

19   Checkliste Einbringung eines Mitunternehmeranteils

1. Formwirksamer Kapitalerhaltungsbeschluss (notariell zu beurkunden)
2. Übernahmeerklärung (notariell zu beglaubigen)
3. Abtretungsvertrag betreffend Anteil an der Personengesellschaft (privatschriftlich)
4. Anmeldung der Kapitalerhöhung zum Handelsregister unter Beifügung der GmbH-Satzung/ Werthaltungsbescheinigung nur bei geringem Nettobuchvermögen (notariell zu beglaubigen).
5. Anmeldung der Übertragung und des Erlöschens der Anteile an der Personengesellschaft (Ausnahme GbR) zum Handelsregister (notariell zu beglaubigen)
6. Schlussbilanz der Personengesellschaft

Die im Wege der Sachgründung errichtete GmbH entsteht mit ihrer Eintragung in das Handelsregister (§ 11 Abs. 1 GmbHG). Hinsichtlich der bis dahin auftretenden Zwischenstadien und der Haftung in denselben wird auf die Ausführungen in den einzelnen Kapiteln verwiesen.

🛑 Praxishinweis:

Wird die neu zu gründende GmbH vor Durchführung des Anwachsungsmodells im Wege der Bargründung gegründet und in das Handelsregister eingetragen, so können die bei der Anwachsung bestehenden Haftungsrisiken vermieden werden.

c) Einbringung einer mehrheitsvermittelnden Beteiligung an einer Kapitalgesellschaft

Die Einbringung einer mehrheitsvermittelnden Beteiligung an einer Kapitalgesellschaft ist zivilrechtlich betrachtet, die Einbringung eines Wirtschaftsguts im Wege einer Sacheinlage. Die einzubringende Beteiligung geht – anders als die Mitunternehmerschaft – nicht unter, sondern bleibt als Wirtschaftgut erhalten. Da die Übertragung von Anteilen an Kapitalgesellschaften formbedürftig ist, ist auch der Einbringungsvertrag nicht formfrei.

20

2. Ausgliederung

Die Ausgliederung nach § 152 S. 1 UmwG setzt voraus, dass ein von einem Einzelkaufmann betriebenes Unternehmen vorliegt. Träger des Unternehmens und damit Rechtsträger im umwandlungsrechtlichen Sinn ist der Kaufmann. Voraussetzung für eine Ausgliederung ist die Eintragung des Kaufmanns im Handelsregister. Sog. Kannkaufleute können durch ihre Eintragung in das Handelsregister die Voraussetzung für die Anwendbarkeit des § 152 UmwG schaffen.

21

Gegenstand der Ausgliederung ist das Unternehmens des Einzelkaufmanns oder Teile davon.

Die Ausgliederung erfolgt durch einen Ausgliederungs- und Übernahmevertrag gem. § 126 UmwG, da es sich bei der Ausgliederung um eine Form der Spaltung i.S.d. § 123 UmwG handelt. § 126 UmwG gibt die inhaltlichen Mindestanforderungen an den Ausgliederungs- und Übernahmevertrag vor. Ferner müssen die Folgen für die Arbeitnehmer aufgeführt werden. Hierbei ist darauf hinzuweisen, dass die Ausgliederung einen Betriebsübergang i.S.d. § 613a BGB darstellt. Ist der Einzelkaufmann auch Geschäftsführer der aufnehmenden GmbH, bedarf es einer zivilrechtlich wirksamen Befreiung vom Selbstkontrahierungsverbot des § 181 BGB.

22

Ein Ausgliederungsbericht für den Einzelkaufmann ist nicht notwendig (§ 153 UmwG). Auf Seiten der aufnehmenden GmbH ist hingegen ein Ausgliederungsbericht erforderlich (§ 127 UmwG), es sei denn, es erfolgt ein Verzicht durch notarielle Erklärung (§ 127 i.V.m. § 8 Abs. 3 UmwG). Der Einzelkaufmann hat zudem auf den Ausgliederungszeitpunkt eine handelsrechtliche Schlussbilanz aufzustellen, die spätestens im Zeitpunkt der Anmeldung festgestellt sein muss.

23

12

Die Ausgliederung bietet gegenüber der Einbringung den Vorteil der partiellen Gesamtrechtsnachfolge. Weiter muss – anders als bei der Ausgliederung – ein Sachgründungsbericht erstellt werden, auf den im Gegensatz zum Ausgliederungsbericht nicht verzichtet werden kann.

Checkliste Ausgliederung

24

1. Entwurf Ausgliederung- und Übernahmevertrag
   - ✓ Firma und Sitz der beteiligten Rechtsträger
   - ✓ Vereinbarung der Übertragung von Vermögen gegen Gewährung von Gesellschaftsrechten
   - ✓ Umtauschverhältnis/Zuzahlungen
   - ✓ Zeitpunkt des Gewinnbezugsrechts
   - ✓ handelsrechtlicher Stichtag
   - ✓ Bezeichnung der zu übertragenden Vermögensgegenstände
2. Zuleitung Entwurf an Betriebsrat (soweit vorhanden) einen Monat vor Beschluss

3. ggf Erstellung eines Ausgliederungsberichts

4. Einzelkaufmann – GmbH, es sei denn, alle Gesellschafter verzichten notariell

5. Schlussbilanz des Einzelkaufmanns

6. Sachkapitalerhöhungsbericht (strittig)

7. Zustimmung des Einzelkaufmanns und der GmbH (notariell)

8. Anmeldung der Kapitalerhöhung zum Handelsregister/Gesellschafterliste

   - ✓ keine Anfechtungsklage anhängig/ Zustimmung aller Beteiligten erteilt
   - ✓ Ausgliederungsvertrag
   - ✓ Niederschriften Zustimmung/Beschlüsse/Nachweis Betriebsrat
   - ✓ Schlussbilanz des Einzelkaufmanns

IV.   Umwandlung der Kapitalgesellschaften in eine Personengesellschaft (am Beispiel der GmbH & Co. KG)

25   Es gibt zwei Möglichkeiten zur Umwandlung einer GmbH in eine GmbH & Co. KG. In Betracht kommen danach eine Umwandlung im Wege der Verschmelzung oder eine Umwandlung im Wege des Formwechsels. In der Literatur werden demgemäß zwei Varianten der Umwandlung einer GmbH in eine GmbH & Co. KG entwickelt, die der Gesetzeslage Rechnung getragen.

1.   Verschmelzung

26   Bei einer **Verschmelzung** gründen die Gesellschafter einer GmbH eine weitere GmbH (zukünftige Komplementärin) und mit dieser eine GmbH & Co. KG. Auf diese GmbH & Co. KG wird die erste GmbH verschmolzen.

Die Verschmelzung ist ein Fall der „aufnehmenden Gesamtrechtsnachfolge". Im Vergleich zu einem Formwechsel ist die Durchführung der Verschmelzung **sehr aufwendig**.

Zunächst ist ein Verschmelzungsvertrag abzuschließen (§ 6 UmwG). Der Mindestinhalt ist in § 5 UmwG angegeben. Weiter ist ein Verschmelzungsbericht zu erstellen. Dessen Inhalt ist in § 8 UmwG nur andeutungsweise geregelt. Weiter wird durch die Verschmelzung der GmbH auf die personenidentische KG bei Vorhandensein von Grundbesitz Grunderwerbsteuer ausgelöst.

27   Checkliste Verschmelzung:

1. Verschmelzungsvertrag (notariell zu beurkunden):

   - ✓ Firma und Sitz der beteiligten Rechtsträger
   - ✓ Vereinbarung der Übertragung von Vermögen gegen Gewährung von Gesellschaftsrechten
   - ✓ Umtauschverhältnis/Zuzahlungen (nicht bei Tochtergesellschaft)
   - ✓ Zeitpunkt des Gewinnbezugsrechts
   - ✓ Status innerhalb der KG/Einlage
   - ✓ Verschmelzungsstichtag

- ✔ besondere Rechte für Anteilseigner/Organe/Prüfer
- ✔ Barabfindungsgebot

2. Zuleitung des Entwurfs an Betriebsrat (soweit vorhanden) einen Monat vor Beschluss
3. Zuleitung des Entwurfs an Gesellschafter/Einladung Gesellschafterversammlung
4. Verschmelzungsbericht, **Ausnahme**: alle Gesellschafter erklären notariell Verzicht
5. Anmeldung Handelsregister

2.   Formwechsel

Der **Formwechsel** beinhaltet die Änderung der Rechtsform bei Wahrung der rechtlichen Identi-   28
tät. Der Formwechsel setzt zwingend voraus, dass bei einer Umwandlung in eine GmbH & Co. KG
die zukünftige Komplementär-GmbH an der umzuwandelnden GmbH als Gesellschafter beteiligt
ist. Zulässig ist, dass die künftige Komplementär-GmbH erst nach der Beschlussfassung über die
Umwandlung, aber vor Eintragung der Umwandlung in das Handelsregister Gesellschafterin der
umzuwandelnden GmbH geworden ist. Auch in diesem Fall muss die künftige Komplementär-
GmbH einen Geschäftsanteil übernehmen.

Beim Formwechsel ist zwischen dem **Treuhandmodell** und dem **Rückerwerbsmodell** zu unterscheiden.

Beim **Treuhandmodell** gründen die Gesellschafter der GmbH eine weitere GmbH. Einer der Ge-   29
sellschafter tritt dieser neuen GmbH einen Teilgeschäftsanteil treuhänderisch ab. Die alte GmbH
wird in eine KG mit der neuen GmbH als Komplementärin umgewandelt.

Das Treuhandverhältnis wird unter Rückgabe der vermögensmäßigen Beteiligung aufgelöst, so
dass der neuen Komplementär-GmbH die Stellung als im Innenverhältnis am Vermögen der Gesellschaft nicht beteiligte persönlich haftende Gesellschafterin verbleibt.

Beim **Rückerwerbsmodell** hingegen tritt ein Gesellschafter der alten GmbH an die „neue" Toch-   30
ter-GmbH einen Geschäftsanteil ab. Im Kauf- und Abtretungsvertrag wird der alten GmbH ein
Recht auf (Rück-)Erwerb der durch die Umwandlung entstehenden vermögensmäßigen Beteiligung der Tochter-GmbH und nunmehrigen Komplementär-GmbH eingeräumt.

Nach Eintragung der Umwandlung in das Handelsregister macht der nunmehrige Kommanditist
von seinem Rückerwerbsrecht Gebrauch, so dass die Tochter-GmbH den Status einer am Vermögen der KG nicht beteiligten Komplementärin erlangt.

Im Zuge einer formwechselnden Umwandlung ist so eine Einheits-GmbH & Co. KG entstanden.

V. Umwandlung bei Kapitalgesellschaften

1. Spaltung von Kapitalgesellschaften in Kapitalgesellschaften

a) Grundbegriffe

31 Unter **Spaltung** in Form der **Auf- und Abspaltung** von Kapitalgesellschaften ist zunächst die Trennung ihrer Wirtschaftsgüter mit der Maßgabe zu verstehen, dass diese in ein anderes Betriebsvermögen überführt werden, an dem jeweils nicht notwendig alle Gesellschafter der zu spaltenden Gesellschaft beteiligt sind. Es entstehen ganz oder teilweise gesellschafteridentische Schwestergesellschaften. Möglich ist auch die völlige Trennung von Gesellschafterstämmen. Die Spaltung hat daher besondere Bedeutung bei der Auseinandersetzung von Gesellschaftern.

Zivilrechtlich kann eine Spaltung entweder durch Einzelübertragung von Wirtschaftsgütern vorgenommen werden oder nach Maßgabe der Spaltungsvorschriften des §§ 123 ff. UmwG. Letztere bieten den zivilrechtlichen Vorteil, dass durch die Eintragung der Spaltung im Handelsregister das von der Spaltung betroffene Vermögen automatisch ohne weiteren Übertragungsakt auf den neuen/anderen Rechtsträger übergeht.

Wird steuerrechtlich für die Spaltung Buchwertfortführung oder Zwischenwertansatz und Rückwirkung angestrebt, ist die Durchführung der Spaltung unter Anwendung des UmwG zwingend notwendig (§ 15 UmwG). Bei der Ausgliederung auf eine Tochtergesellschaft sind hingegen die §§ 20 ff. UmwG einschlägig.

b) Durchführung der Auf- und Abspaltung

32 Die gespaltenen Vermögensteile können auf ein bereits existierendes Unternehmen übergehen (**Spaltung zur Aufnahme**) oder aber auf ein im Zuge der Spaltung neu entstehendes Unternehmen (**Spaltung zur Neugründung**).

Auf- und Abspaltung geschehen in der Weise, dass die Gesellschafter des zu spaltenden Rechtsträgers Gesellschaftsrechte an dem aus der Spaltung hervorgehenden Rechtsträger erhalten. Es ist zivilrechtlich nicht notwendig, dass die Gesellschaftsrechte unter den Gesellschaftern in dem Verhältnis zugeteilt werden, das ihrer Beteiligung an dem auf-/abspaltenden Unternehmen entspricht (§ 126 Abs. 1 Nr. 10, 131 Abs. 1 Nr. 3 S. 1 UmwG). In einem solchen Fall müssen allerdings sämtliche Gesellschafter des übertragenden Unternehmens zustimmen (§ 128 UmwG). **Abfindungen in Geld** oder **Sachwerten** sind **grundsätzlich ausgeschlossen**. Bare Zuzahlungen sind nur bis zur Höhe von 10 % des Gesamtnennbetrags der gewährten Anteile zulässig (§§ 125, 54 Abs. 4 UmwG).

33 Somit können im Wege der Spaltung z.B. auch Gesellschafterstämme oder -gruppen getrennt werden. Das UmwG regelt nicht, wie die Trennung zu vollziehen ist. Daher beurteilt sich dieser Vorgang zivilrechtlich als Tausch. Durch die Spaltung dürfen jedoch keine Gesellschaftsrechte (an dem/n neuen bzw. aufnehmenden Unternehmen) an Dritte, d.h. solche Personen gelangen, die nicht Gesellschafter des übertragenden Rechtsträgers sind. § 123 UmwG spricht nur von der Gewährung von Anteilen an die Anteilsinhaber der bisherigen bzw. übertragenden Rechtsträger.

Zur Spaltung sind die folgenden Schritte vorzunehmen: 34

■ Spaltungsplan/Spaltungsvertrag (notariell zu beurkunden, § 136 UmwG) und zustimmender Gesellschafterbeschluss hierüber. Bei einer Spaltung zur Aufnahme muss, da an der Spaltung mehrere bereits existente Rechtsträger beteiligt sind, ein Spaltungs- und Übernahmevertrag geschlossen werden (§ 126 UmwG; zu den Mindestangaben: §§ 136, 135, 126 UmwG). Über den Spaltungsplan/-vertrag müssen die Gesellschafter der beteiligten Rechtsträger einen zustimmenden, notariell beurkundeten Gesellschafterbeschluss fassen (§§ 125, 135, 13 Abs. 1 UmwG).

■ Spaltungsbericht/Spaltungsprüfung (schriftlich durch Geschäftsführer, § 127 UmwG). Der Spaltungsbericht ist zum Handelsregister einzureichen (§ 17 Abs. 1 UmwG). Wenn alle Gesellschafter in notarieller Form verzichten, kann der Spaltungsbericht entfallen (§ 8 Abs. 3 UmwG).

Wird auf eine bereits bestehende GmbH abgespalten, hat diese im Zuge der Abspaltung i.d.R. 35 eine Kapitalerhöhung durch Sacheinlage vorzunehmen (§§ 53 ff. UmwG). Sacheinlage ist das im Wege der Spaltung einströmende Vermögen. Die Abspaltung darf in diesem Fall erst dann in das Handelsregister eingetragen werden, wenn die Kapitalerhöhung im Handelsregister eingetragen worden ist.

Sofern die bestehen bleibende Ursprungs-GmbH infolge der Spaltung das zur Erhaltung ihres 36 Stammkapitals erforderliche Vermögen verliert, kann eine Kapitalherabsetzung notwendig werden, um die Kapitalerhaltungsbestimmungen (§ 30 GmbH) einhalten zu können. Eine Kapitalherabsetzung nach § 58 GmbHG würde wegen der einjährigen Sperrfrist jedoch zuviel Zeit in Anspruch nehmen. Daher lässt § 139 UmwG einen Kapitalherabsetzung in „vereinfachter Form" zu. Diese ist in §§ 58 ff. GmbHG geregelt:

■ Anmeldung der Satzung zum Handelsregister

Die Spaltung ist zur Eintragung in das Handelsregister anzumelden (§§ 129, 137 Abs. 1 UmwG). Für die neuen Rechtsträger sind Eröffnungsbilanzen aufzustellen.

12

Der Anmeldung zum Handelsregister ist in Aufspaltungsfällen ferner eine Schlussbilanz des übertragenden Rechtsträgers beizufügen, die auf einen höchstens acht Monate vor der Anmeldung liegenden Stichtag aufgestellt worden ist (§ 17 Abs. 2 UmwG). Die Schlussbilanz ist auch in den Fällen der Abspaltung eine Gesamtbilanz, nicht etwa nur eine Teilbilanz des übernehmenden Vermögens.[7]

2. Sonderfall Ausgliederung

Die **Ausgliederung** nach § 123 Abs. 3 UmwG unterscheidet sich von der Spaltung dadurch, dass 37 der übertragende Rechtsträger selbst und nicht dessen Gesellschafter Anteile an dem übernehmenden Rechtsträger erhält. Diese Gestaltung dient daher dem „outsourcing" von Vermögensteilen auf eine Tochtergesellschaft im Wege der **partiellen Sonderrechtsnachfolge**.

Die Ausgliederung setzt im Fall der **Ausgliederung zur Aufnahme** einen notariell zu beurkundenden Ausgliederungsvertrag oder im Fall der **Ausgliederung zur Neugründung** einen Ausgliederungsplan nach § 126 UmwG voraus. Mindestinhalt des Ausgliederungsvertrags/-plans gem. §§ 136, 135, 126 UmwG.

---

7 Schmitt/Hörtnagl/Stratz/Hörtnagl, § 17 UmwG, Rn. 51.

38 Im Übrigen gelten die Bestimmungen zur Spaltung und zur Verschmelzung entsprechend mit den folgenden Besonderheiten:

■ Die übernehmende Gesellschaft darf nicht die Firma der übertragenden Gesellschaft fortführen (§ 18 UmwG gilt in diesem Fall nicht; § 145 UmwG).

■ Die Beschränkungen des § 54 UmwG bei der Schaffung neuer Anteile an der übernehmenden Gesellschaft im Wege der Kapitalerhöhung sowie der Gewährung barer Zuzahlungen gelten nicht (§ 125 S. 1 UmwG). Es besteht daher die Möglichkeit, das ausgegliederte Vermögen nur teilweise auf das Stammkapital anzurechnen. Der Mehrbetrag kann der übertragenden Gesellschaft ausbezahlt werden oder als Darlehen gutgeschrieben werden. Eine Spaltungsprüfung findet nicht statt (§ 125 S. 2 UmwG).

3. Verschmelzung

39 Nach der Systematik des UmwG stellt die **Verschmelzung** den **Grundfall** einer **Gesamtvermögensübertragung gegen Gewährung von Anteilen** dar. Die Spaltung ist lediglich ein Sonderfall der Verschmelzung, während die Bestimmungen zum Formwechsel ein eigenes Regelwerk bilden, das sich gleichwohl nach seinem Aufbau an die Vorschriften über die Verschmelzung anlehnt.

a) Grundbegriffe

40 Die Verschmelzung von Gesellschaften nach den §§ 2 ff., 46 ff. UmwG beinhaltet die Übertragung des gesamten Vermögens einer oder mehrerer Kapitalgesellschaften. Dies geschieht im Wege der Gesamtrechtsnachfolge auf eine entweder bereits bestehende (**Verschmelzung durch Aufnahme**, § 2 Nr. 1 UmwG) oder neu gegründete Gesellschaft (**Verschmelzung durch Neugründung** durch mindestens zwei übertragende Rechtsträger, § 2 Nr. 2 UmwG). Die übertragenden Kapitalgesellschaften erhalten Anteile an der aufnehmenden Gesellschaft.

Voraussetzung für die Anwendbarkeit des UmwG ist allerdings in allen Fällen, dass Rechtsträger mit Sitz im Inland umgewandelt werden (§ 1 Abs. 1 UmwG).

b) Verschmelzung durch Aufnahme

41 Der **Verschmelzungsvertrag** wird durch die Vertretungsorgane der beteiligten Rechtsträger abgeschlossen (§ 4 Abs. 1 UmwG) und muss mindestens die in § 5 UmwG vorgeschriebenen Pflichtangaben enthalten.

Eine Gewährung von Anteilen an der übernehmenden GmbH kommt nicht in Betracht, wenn eine 100 % Tochtergesellschaft auf ihre Mutterkapitalgesellschaft verschmolzen wird (up-stream-merger; § 5 Abs. 2 UmwG). In einem solchen Fall sind die damit zusammenhängenden Angaben im Verschmelzungsvertrag entbehrlich. Für die Verschmelzung auf eine Schwestergesellschaft gilt diese Ausnahme hingegen nicht.

42 Für den Übergang bestehender Arbeitsverhältnisse ist § 613 a BGB einschlägig (§ 324 UmwG).

Eine Prüfungspflicht bei Gesellschaften mit beschränkter Haftung besteht nur auf Verlangen mindestens eines Gesellschafters (**Verschmelzungsprüfung**, §§ 48 S. 1, 9 UmwG). Es kann im vorhinein auf eine Prüfung verzichtet werden.

Der notariell zu beurkundende **Verschmelzungsbeschluss** beinhaltet die Zustimmung der **Anteilsinhaber** der beteiligten Rechtsträger zum Verschmelzungsvertrag (§ 13 Abs. 1 S. 1 und Abs. 3 S. 1 UmwG). Der Beschluss kann nur in einer Versammlung der Anteilseigner mit einer Mehrheit von mindestens 75 % (§ 50 Abs. 1 S. 1 UmwG) gefasst werden (§ 13 Abs. 1 S. 2 UmwG).   43

Weitere Zustimmungserfordernisse ergeben sich, wenn durch die Verschmelzung Sonderrechte eines Gesellschafters berührt werden (§§ 50 Abs. 2. 13 Abs. 2 UmwG).

In den Verschmelzungsbeschluss sollte nach Möglichkeit die Erklärung der Anteilseigner aufgenommen werden, dass auf die Anfechtung des Beschlusses verzichtet wird. Hierdurch lässt sich eine Beschleunigung der Eintragung der Verschmelzung erreichen (§ 16 Abs. 2 S. 2 UmwG).

Die Verschmelzung ist zur **Eintragung in das Handelsregister** aller beteiligten Rechtsträger anzumelden. Die Anmeldung erfolgt durch die Vertretungsorgane der beteiligten Rechtsträger in vertretungsberechtigter Zahl. Der Anmeldung sind folgende Unterlagen beizufügen (§§ 16, 17 UmwG):   44

- Verschmelzungsvertrag
- Verschmelzungsbeschlüsse
- weitere Zustimmungserklärungen
- Verschmelzungsbericht
- Prüfungsbericht
- Nachweis über die Zuleitung des Verschmelzungsvertrags an den Betriebsrat (soweit vorhanden)
- etwa erforderliche staatliche Genehmigungsurkunde
- Schlussbilanz des übertragenden Rechtsträger auf einen Stichtag, der längstens acht Monate vor der Anmeldung liegt

c)   Verschmelzung durch Neugründung

12

Die Verschmelzung von Gesellschaften kann im Wege der **Verschmelzung durch Neugründung** z.B. dadurch erfolgen, dass zwei Gesellschaften auf eine im Wege der Verschmelzung neu gegründete weitere GmbH verschmolzen werden. Für die Verschmelzung durch Neugründung gelten mit Ausnahme des Erfordernisses, dass mindestens zwei Rechtsträger ihr Vermögen auf die neu zu gründende GmbH übertragen müssen, die Vorschriften über die Verschmelzung durch Aufnahme entsprechend.   45

Zusätzlich zu den nach § 5 Abs. 1 UmwG erforderlichen Angaben, hat der Verschmelzungsvertrag im Fall der Verschmelzung durch Neugründung den neuen Gesellschaftsvertrag der übernehmenden GmbH zu enthalten (§ 37 UmwG). Der Gesellschaftsvertrag wird durch den Verschmelzungsbeschluss der beteiligten Rechtsträger festgestellt (§ 59 UmwG). Er muss Festsetzungen über Sondervorteile, Gründungsaufwand, Sacheinlagen und Sachübernahmen, die in den Gesellschaftsverträgen der übertragenden Rechtsträgern enthalten waren, übernehmen (§ 57 UmwG). Ein Sachgründungsbericht ist bei der Verschmelzung von GmbH´s nicht erforderlich (§ 58 Abs. 2 UmwG). Die neue GmbH ist von den Vertretungsorganen der übertragenden Kapitalgesellschaft zur Eintragung in das Handelsregister, in dessen Bezirk die neue übernehmende Kapitalgesellschaft ihren Sitz haben soll, anzumelden (§ 38 Abs. 2 UmwG).   46

d)   Handelsrechtliche Verschmelzungsbilanz

47   Nach § 17 Abs. 2 UmwG ist der Anmeldung der Verschmelzung beim zuständigen Registergericht eine festgestellte und unterschriebene Schlussbilanz (bei prüfungspflichtigen Gesellschaften eine geprüfte Schlussbilanz, § 316 HGB) des übertragenden Rechtsträgers beizufügen, die auf einen höchstens acht Monate vor der Anmeldung liegenden Stichtag aufgestellt worden ist.

e)   Handelsrechtliche Bewertung und Bilanzierung bei Verschmelzung

48   Handelsrechtlich gelten für die Übertragungsbilanz des übertragenden Rechtsträgers die Vorschriften über die Jahresbilanz entsprechend (§ 17 Abs. 2 UmwG). Danach kann ein höherer Wert als der Buchwert nur ausnahmsweise angesetzt werden, z.B. wenn eine Wertaufholung nach § 280 HGB nach vorangegangener außerplanmäßiger Abschreibung in Betracht kommt.

Für die übernehmende GmbH stellt die Übernahme des Vermögens einen laufenden Geschäftsvorgang dar. Der Erstellung der Eröffnungsbilanz anlässlich der Vermögensübernahme bedarf es nur im Fall der Verschmelzung durch Neugründung.

Die Bewertung des von der GmbH übernommenen Vermögens richtet sich nach § 24 UmwG. Danach können handelsrechtlich zum einen die in der Schlussbilanz der übertragenden Kapitalgesellschaft ausgewiesenen Buchwerte als Anschaffungskosten der übernommenen Vermögensgegenstände i.S.d. § 253 Abs. 1 HGB fortgeführt werden. Statt dessen ist wahlweise auch die Bewertung mit den tatsächlichen Anschaffungskosten des übernehmenden Rechtsträgers (§ 25 Abs. 1 HGB) möglich.

Wird die den Anteilseignern der übertragenen Kapitalgesellschaft zu gewährende Gegenleistung durch die Erhöhung des Stammkapitals der übernehmenden GmbH gegründet, handelt es sich bei dem Vermögensübergang aus der Sicht der übernehmenden GmbH um eine Sacheinlage, d.h. um einen entgeltlichen Anschaffungsvorgang.

Die bilanzielle Abbildung des Vermögensübergangs von der übertragenden Kapitalgesellschaft auf die übernehmende GmbH erfolgt grundsätzlich erst mit der Eintragung der Verschmelzung in das Handelsregister der übernehmenden GmbH (§ 20 Abs. 1 Nr. 1 UmwG). In der Zwischenzeit obliegt es weiterhin der übertragenden Kapitalgesellschaft, über das zu übertragende Vermögen Rechnung zu legen. Sie führt weiterhin auch nach außen die Geschäfte, allerdings ab dem Verschmelzungsstichtag für Rechnung des übernehmenden Rechtsträgers.

f)   Bilanzierung beim Anteilseigner

49   Die Anteilseigner der übertragenden Kapitalgesellschaft erhalten für ihre Anteile Gesellschaftsanteile an der übernehmenden Kapitalgesellschaft. Es handelt sich um einen Tauschvorgang.

Die zu gewährenden Gesellschaftsanteile an der übernehmenden GmbH können handelsrechtlich mit dem Buchwert der untergehenden Anteile an der übertragenden Kapitalgesellschaft oder mit dem Buchwert der erhaltenen Anteile angesetzt werden.

Checkliste Verschmelzung

1. Verschmelzungsvertrag (notarielle Beurkundung)
   - ✓ Firma und Sitz der beteiligten Rechtsträger
   - ✓ Vereinbarung der Übertragung von Vermögen gegen Gewährung von Gesellschaftsrechten
   - ✓ Umtauschverhältnis/Zuzahlungen (nicht bei Tochtergesellschaft)
   - ✓ Zeitpunkt des Gewinnbezugsrechts
   - ✓ Status innerhalb der KG /Einlage
   - ✓ Verschmelzungsstichtag
   - ✓ besondere Rechte für Anteilseigner /Organe/Prüfer
   - ✓ Barabfindungsangebot
2. Zuleitung Entwurf an Betriebsrat (soweit vorhanden) einen Monat vor Beschluss
3. Zuleitung Entwurf an Gesellschafter/Einladung Gesellschafterversammlung
4. Verschmelzungsbericht, Ausnahme: alle Gesellschafter erklären notariell Verzicht
5. Anmeldung Handelsregister

VI. Einbringung betrieblicher Sachgesamtheiten in Personengesellschaften (Mitunternehmerschaften)

1. Einbringung eines Einzelunternehmens in eine neu zu gründende Personengesellschaft (Aufnahme eines Dritten in ein Einzelunternehmen)

Gesetzlich geregelt ist nur der Fall der **Ausgliederung** – Unterfall der Spaltung – des (in das Handelsregister eingetragenen) Unternehmens eines Einzelkaufmanns zur Aufnahme in eine Personengesellschaft oder zur Neugründung (§§ 152–160 UmwG).

Die Ausgliederung eines Einzelunternehmens aus dem Vermögen des im Handelsregister eingetragenen Einzelkaufmanns (§§ 1 Abs. 1, 2 Abs. 1 S. 1 , § 5 HGB) zur Aufnahme einer bestehenden Personenhandelsgesellschaft ist in den §§ 153–157 UmwG geregelt. Die Ausgliederung durch Neugründung, die nach dem UmwG im Gegensatz zur GmbH als Zielgesellschaft nicht möglich ist, lässt sich dadurch erreichen, dass mit einem Dritten eine OHG oder KG gegründet wird, auf die das Einzelunternehmen im Wege der Ausgliederung übertragen wird. Voraussetzung ist, dass der Einzelkaufmann spätestens im Zeitpunkt der Eintragung der Ausgliederung im Handelsregister eingetragen ist. Die Eintragung kann gleichzeitig mit der Ausgliederung erfolgen. Voraussetzung ist ferner, dass die neu gegründete Personengesellschaft im Zeitpunkt der Anmeldung der Ausgliederung im Handelsregister eingetragen ist, und zwar selbst dann, wenn die Eintragung nur deklaratorische Wirkung hat.

52   Erforderlich für die Ausgliederung sind

- Ausgliederungs- und Übernahmevertrag (notariell zu beurkunden) zwischen dem Einzelunternehmer und der aufnehmenden Gesellschaft (§ 125 S. 1 i.V.m. § 6 UmwG).

- ein Ausgliederungsbericht für die aufnehmende Gesellschaft (§ 127 UmwG), nicht für den Einzelunternehmer (§ 153 UmwG)

- die Zustimmung des Einzelunternehmers (einseitig notariell zu beurkundende Erklärung, §§ 135, 136 i.V.m. § 6 UmwG)

- Unterrichtung der Gesellschafter der Personengesellschaft (§ 42 UmwG)

- Unterrichtung der Betriebsräte (§ 126 Abs. 3 UmwG), soweit vorhanden

- Zustimmungsbeschluss der Gesellschafter der aufnehmenden Gesellschaft (§§ 13, 14 UmwG)

- Erstellung einer Schlussbilanz für das Einzelunternehmen auf den Spaltungsstichtag (§ 125 S. 1 i.V.m. § 17 Abs. 2 UmwG).

- die Anmeldung der Ausgliederung zu den zuständigen Handelsregistern für den Einzelunternehmer und der aufnehmenden Gesellschaft.

Zusätzlich sind sämtliche Vorschriften über den Eintritt eines weiteren Gesellschafters in eine Personengesellschaft zu beachten.

53   Mit der Eintragung der Spaltung in das Handelsregister des Einzelunternehmers wird diese wirksam; das Vermögen des Unternehmens des Einzelunternehmers geht auf die aufnehmende Gesellschaft über. Die Firma des Einzelunternehmers erlischt.

Der **Vorteil** der Spaltung ist die **partielle Gesamtrechtsnachfolge**. Dieser ist jedoch nach § 132 Abs. 1 1. Alt UmwG beschränkt. Schließen andere Vorschriften die Übertragbarkeit eines Gegenstandes aus oder knüpfen sie an die Übertragung besondere Voraussetzungen, sind diese zu beachten, d.h. ein Übergang im Wege der Gesamtrechtsnachfolge erfolgt nicht, bzw. erfolgt nur, wenn die notwendigen Voraussetzungen erfüllt sind. Gehört z.B. die Beteiligung an einer Personengesellschaft zum Vermögen des Einzelunternehmers und enthält der Gesellschaftsvertrag dieser Gesellschaft keine Klausel über die Abtretbarkeit oder bedarf die Abtretung der Zustimmung der Mitgesellschafter, geht die Beteiligung nicht im Wege der Gesamtrechtsnachfolge über, sofern die übrigen Gesellschafter dem Übergang nicht zustimmen. Entsprechendes gilt z.B. für gesetzliche Vorkaufsrechte nach dem BauGB.

54   Obwohl die Verbindlichkeiten im Wege der Gesamtrechtsnachfolge auf die Personengesellschaft übergehen, wird der Einzelunternehmer von der Haftung nicht befreit (§ 156 UmwG). Im Außenverhältnis besteht eine gesamtschuldnerische Haftung des Einzelunternehmers und der Gesellschaft. Die Haftung ist zeitlich begrenzt (§ 157 UmwG). Der Einzelunternehmer kann nur für solche Verbindlichkeiten in Anspruch genommen werden, die innerhalb einer Frist von fünf Jahren – gerechnet ab der Veröffentlichung der Eintragung der Ausgliederung in das Handelsregister durch das Gericht des Einzelunternehmers (§ 19 Abs. 3 UmwG) – fällig und gerichtlich oder durch Verwaltungsakt geltend gemacht werden.

55   Erfolgt die Abspaltung zum Zweck der Begründung einer (mitunternehmerischen) Betriebsaufspaltung, ist die erweiterte Haftung nach § 134 UmwG zu beachten. Nach § 134 Abs. 1 UmwG haftet die „reiche Anlagegesellschaft auch für Forderungen der Arbeitnehmer der Betriebsgesellschaft als Gesamtschuldner, die binnen fünf Jahren nach Wirksamwerden der Spaltung auf Grund der §§ 111–113 des Betriebsverfassungsgesetzes begründet werden.[8]

---

8   Schmitt/Hörtnagl/Stratz/Hörtnagl, § 134 UmwG, Rn. 2.

2. Einbringung

Besteht bereits eine Personengesellschaft, erfolgt die Einbringung zivilrechtlich durch Tausch gegen Gewährung von Gesellschaftsrechten im Wege der Kapitalerhöhung durch Sacheinlage. **56**

Rechtstechnisch erfolgt die Einbringung des Einzelunternehmens in die mit einer weiteren Person oder einer Mehrzahl von Personen gegründete Personengesellschaft im Wege der **Sacheinlage**. **Zivilrechtlich** liegt ein **Tausch** des Einzelunternehmens gegen Gesellschaftsrechte vor und aus der Sicht des Einbringenden eine Betriebsveräußerung. **57**

Sowohl gesellschaftsrechtlich als auch steuerrechtlich kann ein Unternehmen mit negativem Verkehrswert (=Überschuldung) in eine Personengesellschaft eingebracht werden, weil im Gegensatz zu Kapitalgesellschaften das Gebot der Kapitalaufbringung nicht gilt. § 24 UmwStG ist demgemäß auch in diesem Fall anwendbar. **58**

Bei der Einbringung mehrerer Einzelunternehmen in eine neu gegründete oder eine bestehende Personengesellschaft ist jeder Einbringungsvorgang getrennt zu betrachten. Der Ansatz der eingebrachten Wirtschaftsgüter kann in der Handelsbilanz nach unterschiedlichen Bewertungskriterien erfolgen. In der Steuerbilanz (Steuerbilanz der Gesellschaft einschließlich der Ergänzungsbilanzen der Gesellschafter) können jeweils – bezogen auf die einzelnen Einbringungsvorgänge – unterschiedliche Ansätze gewählt werden. **59**

Mehrere Einzelunternehmen können auch im Wege der Abspaltung in eine bestehende Personengesellschaft eingebracht werden.

3. „Verschmelzung" von Personengesellschaften

Nach den §§ 2–45 c UmwG können Personenhandelsgesellschaften und Partnerschaftsgesellschaften miteinander verschmolzen werden, und zwar im Wege der Aufnahme oder der Neugründung (§ 2 UmwG). An der Verschmelzung kann eine GbR nicht beteiligt sein. **60**

4. Verschmelzung durch Anwachsung

Die Zusammenführung von Personenhandelsgesellschaften im Wege der **Verschmelzung** ist **umständlich und kostenintensiv**. **61**

Der gesetzliche geregelten Verschmelzung sind die „Anwachsungsmodelle" vorzuziehen. Auch die Anwachsung kann im Wege der Aufnahme oder der Neugründung erfolgen.

Das Anwachsungsmodell beinhaltet eine Art von Gesamtrechtsnachfolge, weil das Vermögen der untergehenden Gesellschaften und damit alle bestehenden Rechtsverhältnisse im Wege einer Anwachsung auf die aufnehmende Personengesellschaft übergehen. § 613 a BGB gilt zwar auch für Fälle der Gesamtrechtsnachfolge, allerdings kann die durch Anwachsung untergehende Personengesellschaft nicht neben dem neuen Arbeitgeber noch für ein Jahr für die Verpflichtungen aus den Arbeitsverhältnissen haften. Auch ein Widerspruch der Arbeitnehmer gegen den Übergang der Arbeitsverhältnisse ist ebenso wenig möglich wie im Erbfall des Einzelunternehmers. Dem neuen Arbeitgeber ist es allerdings versagt, ein Arbeitsverhältnis wegen der Anwachsung zu kündigen (§ 613 a Abs. 4 S. 1 BGB).

5. Identitätswahrende Umwandlungen Personengesellschaft (GbR, stille Gesellschaft) in Personenhandelsgesellschaft (OHG, GmbH & Co. KG, KG)

62 Eine GbR wird automatisch zur OHG ab dem Zeitpunkt, ab dem sie objektiv die Voraussetzungen des § 105 Abs. 1 HGB erfüllt, gleichgültig, ob ihre Gesellschafter dies wollen oder nicht.[9] Die Eintragung als OHG in das Handelsregister hat nur **deklaratorische** Wirkung. Liegen die Voraussetzungen des § 105 HGB nicht vor, wird die GbR mit ihrer Eintragung in das Handelsregister OHG oder KG. In diesem Fall wirkt die Eintragung **konstitutiv**.

Eine GbR wird dadurch zur GmbH & Co. KG, dass eine GmbH als weitere Gesellschafterin in die GbR aufgenommen und zum Handelsregister angemeldet wird, so dass mit Eintragung der Gesellschaft eine KG entsteht, deren persönlich haftende Gesellschafterin die A-GmbH und deren Kommanditisten mit Hafteinlangen von X EURO die Personen 1, 2 und 3 sind. Die Aufnahme der GmbH als weitere Gesellschafterin und die Eintragung zum Handelsregister bedarf eines entsprechenden Gesellschafterbeschlusses.

Reine Innengesellschaften wie die stille Gesellschaft und die Unterbeteiligungsgesellschaft verfügen gegenüber den Außen-Personengesellschaften nicht über ein Gesamthandsvermögen. Eine identitätswahrende Umwandlung ist deshalb nur im wirtschaftlichen Sinne bei der stillen Gesellschaft und der Unterbeteiligungsgesellschaft in ihrer atypischen Ausgestaltung als Mitunternehmerschaft i.S.v. § 15 Abs. 1 Nr. 2 EStG denkbar.

6. Personenhandelsgesellschaft in Personengesellschaft

63 Stellt eine Personenhandelsgesellschaft (OHG, KG) ihren Geschäftsbetrieb ein, bleibt sie auf Grund ihrer Eintragung im Handelsregister weiterhin Personenhandelsgesellschaft. Erst mit ihrer Löschung im Handelsregister wird sie zur GbR.

7. Personenhandelsgesellschaft in Personenhandelsgesellschaft

64 Die Umwandlung einer im Handelsregister eingetragenen OHG in eine (GmbH & Co.) KG erfordert nur einen entsprechenden Gesellschafterbeschluss und die Anmeldung zum Handelsregister, dass (außer der Person 1 bzw. der GmbH) die (übrigen) Gesellschafter 2–5 in die Rechtsstellung von Kommanditisten zurückgetreten sind und ihre Hafteinlagen beziffert werden. Mit der Eintragung des Rücktritts in die Stellung als Kommanditisten haften diese Gesellschafter für künftige Schulden der Gesellschaft nur beschränkt auf die Höhe ihrer Hafteinlagen (§ 172 Abs. 1 HGB). Die Haftung für die Altschulden der Gesellschaft verjährt nach Ablauf von fünf Jahren, gerechnet ab Ablauf des Tages der Eintragung in das Handelsregister (§ 160 Abs. 3 i.V.m. Abs. 1 HGB).

Die Umwandlung einer GmbH & Co. KG in eine OHG bedarf ebenfalls eines entsprechenden Gesellschafterbeschlusses und der Anmeldung zum Handelsregister, dass die Kommanditisten in die Rechtsstellung von persönlich haftenden Gesellschaftern wechseln.

---

9 Baumbach/Hopt, § 105 Rn. 7.

C. Steuern

Nachfolgend werden die zuerst zivilrechtlich betrachteten Sachverhalte auf die jeweiligen steuer- 65
lichen Auswirkungen hin beschreiben.

I. Umwandlung der Kapitalgesellschaft in eine Personengesellschaft

1. Steuerliche Schlussbilanz der übertragenden Kapitalgesellschaft – Wertansatz

Bei der Umwandlung einer Kapitalgesellschaft in eine Personengesellschaft hat die übertragende Kapitalgesellschaft eine steuerliche Schlussbilanz aufzustellen;

Nach § 3 Abs. 1, 2 UmwStG besteht die Verpflichtung, den gemeinen Wert (Teilwert und Wertaufschlag) anzusetzen, von der nur bezüglich des Buch- oder Zwischenwerts abgewichen werden kann, wenn die übertragenen Wirtschaftsgüter Betriebsvermögen bei der übernehmenden Personengesellschaft werden, das Besteuerungsrecht Deutschlands nicht eingeschränkt wird und eine Gegenleistung nicht gewährt wird oder in Gesellschaftsrechten besteht. Der Wertansatz erfolgt unabhängig von einer Handelsbilanz. Das bislang von der Finanzverwaltung vertretene **Maßgeblichkeitsprinzip gilt** damit **nicht mehr**.

Ausdrücklich geregelt wurde, dass im Regelfall auch nicht entgeltliche erworbene und **selbst geschaffene immaterielle Wirtschaftsgüter** (z.B. originär erworbener Firmenwert; § 3 Abs. 1 UmwG) in der Schlussbilanz anzusetzen sind.

Nur **Pensionsrückstellungen** sind nach § 3 Abs. 1 S. 2 UmwStG mit dem Wert nach § 6a EStG anzusetzen.

Auf Antrag – der gem. § 3 Abs. 2 S. 2 UmwStG spätestens bis zur erstmaligen Abgabe der steuerlichen Schlussbilanz bei dem für die Besteuerung der übertragenden Körperschaft zuständigen Finanzamt zu stellen ist – ist unter Wahrung der Tatbestandsvoraussetzungen den § 3 Abs. 2 S 1 UmwStG der Ansatz des Buchwerts oder eines Zwischenwerts zulässig.

2. Übertragungsergebnis, § 3 UmwStG[10]

Bei **Buchwertansatz** in der Übertragungsbilanz entsteht auf Seiten der Kapitalgesellschaft kein 66
Übertragungsgewinn. Die Umwandlung kann damit steuerlich neutral erfolgen.

Wird ein **höherer Wert als der Buchwert** angesetzt, führt dies in Höhe der Differenz zu einem **Übertragungsgewinn** bei der übertragenden Kapitalgesellschaft. Dieser unterliegt der Körperschaftsteuer und der Gewerbesteuer (Ausnahme § 8b Abs. 2 KStG).

Regelmäßig interessant ist eine Aufstockung der Wertansätze in der Übertragungsbilanz dann, wenn die übertragenden Kapitalgesellschaft über **Verlustvorträge** verfügt, weil diese nach § 4 Abs. 2 S. 2 UmwStG nicht auf die übernehmende Personengesellschaft übergehen. Dem Über-

---

10 Hegemann/Querbach, UmwR, S. 59 ff.

tragungsgewinn steht dann ein entsprechender Verlustabzug gegenüber (der Ansatz der Zwischenwerte kann entsprechend gewählt werden), so dass es auf Seiten der GmbH grundsätzlich nicht zu steuerlichen Folgen kommt, während die übernehmende KG von höheren AfA-Bemessungsgrundlagen ausgehen kann (Einschränkung durch § 8 Abs. 1 KStG i.V.m. R 32 Abs. 1 Nr. 1 KStR 2005).

3. Körperschaftsteuerguthaben und Körperschaftsteuererhöhung[11]

67 In § 10 UmwStG wird nur noch die Körperschaftsteuererhöhung, nicht aber die Körperschaftsteuerminderung geregelt. Ursächlich dafür ist, dass nach § 37 Abs. 4 KStG i.d.F. des SEStEG das Körperschaftssteuerguthaben letztmalig auf den 31.12.2006 ermittelt und festgestellt wird. Es wird dann ausschüttungsunabhängig in zehn gleichen Jahresbeträgen ausgezahlt, wobei der Auszahlungsanspruch mit Ablauf des 31.12.2006 entsteht (§ 37 Abs. 5 A. 1, 2 KStG). Der Anspruch wird für den gesamten Auszahlungszeitraum festgesetzt und für das Jahr der Bekanntgabe des Bescheids innerhalb eines Monats nach Bekanntgabe des Bescheids, für jedes weitere Jahr des Auszahlungszeitraums jeweils am 30.09., erstmals aber am 30.09.2008, ausgezahlt.

68 Diese Sonderregelung gilt auch für den Fall der Umwandlung der Kapitalgesellschaft, welche zum Übertragungsstichtag noch über ein Körperschaftsteuerguthaben verfügt. Die übernehmende Personengesellschaft hat lediglich einen Anspruch auf eine zeitliche bis 2017 gestreckte Auszahlung des Körperschaftsteuerguthabens – ebenso, wie bei Fortbestand der Kapitalgesellschaft verfahren worden wäre.

69 Nach § 37 Abs. 7 KStG führen Erträge und Gewinnminderungen aus der zeitlich gestreckten Rückzahlung des Körperschaftsteuerguthabens nur bei der Körperschaft nicht zu steuerpflichtigen Einkünften. Erfolgt hingegen nach einer Umwandlung die Auszahlung an die übernehmende Personengesellschaft, ist insoweit eine Besteuerung nach Maßgabe des Halbeinkünfteverfahrens (soweit die Rückzahlung des Körperschaftsteuerguthabens auf beteiligte natürliche Personen entfällt) oder nach Maßgabe des § 8 b KStG vorzunehmen (soweit die Rückzahlung des Körperschaftsteuerguthabens auf Körperschaften entfällt, die an der übernehmenden Personengesellschaft beteiligt sind).

Umgekehrt führt eine Körperschaftsteuererhöhung zu einer Minderung eines Übernahmegewinns oder zu einer Erhöhung eines Übernahmeverlusts.

4. Ermittlung des Übernahmeergebnisses und Kapitalertragsteuer

70 Nach § 4 Abs. 4 S. 1 UmwStG ergibt sich infolge des Vermögensübergangs ein **Übernahmegewinn** oder **Übernahmeverlust** in Höhe des Unterschiedsbetrags, mit dem die übergegangenen Wirtschaftgüter (§ 5 Abs. 2 UmwStG) zu übernehmen sind, abzüglich der Kosten für den Vermögensübergang und dem Wert der Anteile an der übertragenden Körperschaft. Das Übernahmeergebnis ist personenbezogen zu ermitteln.

---

11 Hegemann/Querbach, UmwR, S. 69 ff.

Soweit ein Übernahmegewinn auf eine natürliche Person als Gesellschafter der übernehmenden Personengesellschaft entfällt, gelangt das Halbeinkünfteverfahren (bis einschließlich VZ 2008) zur Anwendung, danach das Teileinkünfteverfahren (§ 4 Abs. 7 S. 2 UmwStG).

Soweit der Übernahmegewinn auf eine beteiligte Kapitalgesellschaft entfällt, ist er damit grundsätzlich – ebenso wie eine Gewinnausschüttung an eine Kapitalgesellschaft gem. § 8b Abs. 1, 5 KStG – in einem Umfang von 5 % steuerpflichtig.

🛈 Praxishinweis:

Ein Übernahmeverlust bleibt nach § 4 Abs. 6 UmwStG außer Ansatz. Auf Grund dieser Regelung ist bereits seit dem Systemwechsel vom Anrechnungs- zum Halbeinkünfteverfahren dem sog. Step-up-Modell der Boden entzogen worden, nach dem der Erwerber von Anteilen einer Kapitalgesellschaft durch Umwandlung der Gesellschaft in eine Personenunternehmung in dem Umfang Abschreibungspotential generieren konnte, indem die Anschaffungskosten der Anteile an der Kapitalgesellschaft die Buchwerte der Gesellschaft übersteigen.

5. Streubesitzanteile im Privatvermögen

Rechnen die Anteile an der übertragenen Körperschaft zu einem Privatvermögen, ohne dass die Beteiligungsgrenze i.S.d. § 17 Abs. 1 S. 1 EStG von mindestens 1 % erreicht wird, gelten sie nicht gem. § 5 Abs. 2, 3 UmwStG als in das Betriebsvermögen der übernehmenden Personengesellschaft eingelegt. Der entsprechende Anteilseigner nimmt also an der Ermittlung eines Übernahmegewinns oder -verlusts nicht teil. Vielmehr findet auf ihn ausschließlich die Regelung des § 7 S. 1 UmwStG Anwendung, wonach ihm der auf ihn entfallende Anteil der Gewinnrücklagen als Einnahmen i.S.d. § 20 Abs. 1 Nr. 1 EStG zuzurechnen sind.

II. Umwandlung der Personenunternehmung in eine Kapitalgesellschaft

1. Begünstigte Einbringungsvorgänge

Die einschlägigen Normen zur Einbringung begünstigten Vermögens in eine Kapitalgesellschaft finden sich im Sechsten Teil (§§ 20 bis 23 UmwStG). Sie sind einschlägig, wenn Gegenstand der Einbringung ein Betrieb, Teilbetrieb oder ein Mitunternehmeranteil ist (Sacheinlage, § 20 Abs. 1 UmwStG) oder aber Anteile an einer Kapitalgesellschaft eingebracht werden, falls die übernehmende Kapitalgesellschaft eine mehrheitsvermittelnde Beteiligung an der Gesellschaft hat, deren Anteile eingebracht werden, oder eine solche Beteiligung auf Grund der Einbringung erlangt (§ 21 Abs. 1 UmwStG, sog. **qualifizierter Anteilstausch**).

a) Betriebe und Teilbetriebe

Sind Gegenstand der Einbringung Betriebe, Teilbetriebe[12] oder Mitunternehmeranteile (Beteiligung am Gesamthansvermögen und Sonderbetriebsvermögen), setzt die Anwendbarkeit des

---

12 Schmitt/Hörtnagl/Stratz/Schmitt, § 20 UmwStG, Rn. 65.

§ 20 UmwStG nach der Rechtsprechung und der Verwaltungsauffassung voraus, dass sämtliche in funktionaler Hinsicht **wesentliche Betriebsgrundlagen** eingebracht werden.

Soll ein Wirtschaftsgut, meist sind in der Beratungspraxis Grundstücke betroffen, nicht auf die übernehmende Kapitalgesellschaft zu Eigentum übergehen, muss es zuvor aus dem Betriebsvermögen der übertragenden Personengesellschaft ausscheiden.

Die Ausgliederung vor Einbringung kann steuerlich neutral nach § 6 Abs. 5 Satz 3 EStG oder § 6 b EStG erreicht werden.

🔴 Praxishinweis:

Sollen einzelne, in funktionaler Hinsicht wesentliche Betriebsgrundlagen nicht in die Kapitalgesellschaft eingebracht werden, ist deswegen eine Abtrennung oder Ausgliederung der wesentlichen Betriebsgrundlage in inhaltlicher und zeitlicher Hinsicht zu empfehlen. Eine exakte zeitliche Grenze, bei deren Überschreiten Gestaltungssicherheit gegeben ist, kann mangels entsprechender Äußerungen der Finanzverwaltung nicht benannt werden. Es spricht aber vieles dafür, dass bei einem zeitlichen Abstand von mehr als zwei Jahren zwischen der Ausgliederung der wesentlichen Betriebsgrundlage (Grundstück) und der Einbringung des Betriebsvermögens gegen Gewährung von Gesellschaftsrechten eine zusammenfassende Beurteilung nicht erfolgen kann, welche die Anwendung des § 20 UmwStG hindert.

b)   Mitunternehmeranteile und -teilanteile

74   Die Einbringung eines Mitunternehmeranteils in eine Kapitalgesellschaft gegen Gewährung von Gesellschaftsrechten nach Maßgabe des § 20 UmwStG setzt voraus, dass auch die zum Sonderbetriebsvermögen rechnenden Wirtschaftsgüter eingebracht werden, soweit sie in funktionaler Betrachtungsweise wesentliche Betriebsgrundlagen sind. Eine Nutzungsüberlassung an die Kapitalgesellschaft ist nicht ausreichend.

c)   Mehrheitsvermittelnde Anteile an Kapitalgesellschaften

75   Die begünstigte Einbringung von Anteilen in eine Kapitalgesellschaft ist in § 21 Abs. 1 UmwStG geregelt. Ein qualifizierter Anteilstausch, der nach Maßgabe des § 21 Abs. 1 Satz 2 UmwStG grundsätzlich den Buchwertansatz auf Seiten der aufnehmenden Kapitalgesellschaft gestattet, liegt dabei vor, wenn die übernehmende Gesellschaft nach der Einbringung unmittelbar die Mehrheit der Stimmrechte an der Gesellschaft erlangt, deren Anteile eingebracht werden.

2.   Rückwirkungswahlrecht

76   Grundsätzlich ist eine Einbringung steuerrechtlich erst wirksam, sobald das wirtschaftliche Eigentum an dem eingebrachten Vermögen übergeht, i.d.R. also mit Übergang von Nutzungen und Lasten.

§ 20 Abs. 5, 6 UmwStG gestattet allerdings auf Antrag für die Ertragsbesteuerung der übernehmenden Kapitalgesellschaft die **Rückwirkung** auf einen bis zu acht Monate vor der Anmeldung des Gründungs- oder Kapitalerhöhungsvorgangs liegenden „steuerlichen Übertragungsstichtag (Einbringungszeitpunkt)". Das gilt gleichermaßen für Verschmelzungen (§ 20 Abs. 6 Satz 1 UmwStG), für Aufspaltungen, Abspaltungen und Ausgliederungen nach § 123 UmwG (§ 20

Abs. 6 Satz 2 UmwStG), für den Formwechsel (§ 25 Satz 1 i.V.m. § 20 Abs. 6 UmwStG) und für Übertragungen durch Einzelrechtsnachfolge (§ 20 Abs. 6 Satz 3 UmwStG).

Der Rückwirkungsantrag bewirkt nach § 20 Abs. 5 Satz 1 UmwStG, dass das „Einkommen ... des Einbringenden und der übernehmenden Gesellschaft so zu ermitteln" ist, „als ob das eingebrachte Betriebsvermögen mit Ablauf des steuerlichen Übertragungsstichtags (Absatz 6) auf die Übernehmerin übergegangen wäre."   **77**

Die Rückbeziehung führt dazu, dass die als Gegenleistung gewährten Gesellschaftsanteile dem Einbringenden mit Ablauf des steuerlichen Übertragungsstichtags zuzurechnen sind. Gleichwohl werden kraft ausdrücklicher Regelung in § 20 Abs. 5 Satz 2 UmwStG Entnahmen und Einlagen im Rückwirkungszeitraum von der Rückwirkung nicht erfasst, sondern ihr Buchwert erhöht oder vermindert gem. § 20 Abs. 5 Satz 3 UmwStG die Anschaffungskosten der Anteile an der aufnehmenden Kapitalgesellschaft.   **78**

3.   Bewertungswahlrecht und Wertansatzpflicht

Das UmwStG sieht als Grundfall in § 20 Abs. 2 Satz 1, § 21 Abs. 1 Satz 1 UmwStG vor, dass die übernehmende Kapitalgesellschaft das eingebrachte **Betriebsvermögen** mit dem **gemeinen Wert** anzusetzen hat. Nur Pensionsrückstellungen sind mit dem Wert nach § 6 a EStG anzusetzen.   **79**

Vom Regelwertansatz des gemeinen Werts kann aber in folgenden Fällen abgewichen werden: **80**

Wird ein Betrieb, Teilbetrieb oder Mitunternehmeranteil in die Kapitalgesellschaft eingebracht, kann nach § 20 Abs. 2 Satz 2 UmwStG das übernommene Betriebsvermögen auf Antrag des Einbringenden einheitlich mit dem **Buchwert oder** einem **Zwischenwert** angesetzt werden, soweit

- sichergestellt ist, dass es später bei der übernehmenden Körperschaft der Besteuerung mit Körperschaftsteuer unterliegt (damit soll sichergestellt werden, dass das Betriebsvermögen nicht auf eine steuerbefreite Gesellschaft übertragen wird) **und**

- die Passivposten des eingebrachten Betriebsvermögens die Aktivposten nicht übersteigen (dabei ist das Eigenkapital nicht zu berücksichtigen) – damit gilt die genannte Restriktion hinsichtlich des Buchwertansatzes fort **und**

- das Recht Deutschlands hinsichtlich der Besteuerung des Gewinns aus der Veräußerung des eingebrachten Betriebsvermögens bei der übernehmenden Gesellschaft nicht ausgeschlossen oder beschränkt wird.

Wenn mehrheitsvermittelnde Anteile an einer Kapitalgesellschaft gegen Gewährung von Gesellschaftsrechten in eine Kapitalgesellschaft eingebracht werden, kann nach § 21 Abs. 1 Satz 2 UmwStG der Buchwertansatz gewählt werden, soweit keine sonstige Gegenleistung gewährt wird, die über den Buchwert der eingebrachten Anteile hinausgeht. Zudem darf nach § 21 Abs. 2 Satz 3 UmwStG   **81**

- das Recht Deutschlands hinsichtlich der Besteuerung des Gewinns aus der Veräußerung der erhaltenen Anteile nicht ausgeschlossen oder beschränkt sein oder

- bei Beschränkung des deutschen Steuerrechts – der Gewinn aus dem Anteilstausch auf Grund von Art. 8 der Richtlinie 90/434/EWG nicht besteuert werden. In diesem Fall unterliegt aber nach § 21 Abs. 2 Satz 3 Nr. 2 Halbsatz 2 UmwStG der Gewinn aus einer späteren Veräußerung der erhaltenen Anteile ungeachtet der Bestimmungen eines DBA in Deutschland der Besteuerung.

82   Sind bei einer Personengesellschaft steuerliche Ergänzungsbilanzen vorhanden, gehen diese bei Umformung der Personengesellschaft in eine Kapitalgesellschaft (durch Formwechsel oder Einbringung der Mitunternehmeranteile) unter. Die aktuellen Wertansätze in den Ergänzungs- bilanzen müssen aber für die Ertragsbesteuerung der Einbringung Berücksichtigung finden, weil aus dem Wertansatz in der Hauptbilanz und der Ergänzungsbilanz sich die steuerrelevanten Buchwerte ergeben.

83   Wesentlichste Folge der **Buchwertfortführung** für den Einbringenden ist, dass die Umformung für ihn keine ertragsteuerlichen Belastungen auslöst. Bei Zwischenwertansatz sowie bei Ansatz des gemeinen Werts sind hingegen die Differenzen zwischen dem Buchwert (bei Einbringung von Anteilen aus dem steuerlichen Privatvermögen: Anschaffungskosten) und dem Wertansatz durch die aufnehmende Kapitalgesellschaft der Einkommensteuer zu unterwerfen. Nur bei Ansatz des gemeinen Werts – nicht aber bei Wahl eines Zwischenwertansatzes – ist der Gewinn nach § 20 Abs. 4 UmwStG i.V.m. §§ 16, 34 Abs. 1 und 3 EStG tarifbegünstigt. Das Halbeinkünfteverfahren ist anwendbar, soweit Gewinnrealisierungen auf isoliert oder als Bestandteil der eingebrachten Wirtschaftseinheiten übertragene Anteile an Kapitalgesellschaften entfallen.

4.   (Einbringungs-)Nachgelagerte Anteilsveräußerung

84   Eine vollkommene Umstellung hat die Besteuerung des Anteilseigners nach einem begünstig- ten Einbringungsvorgang gem. § 20 Abs. 2 Satz 2, § 21 Abs. 1 Satz 1 UmwStG n.F. mit dem SES- tEG erfahren. Die bisherigen Regelungen zum Entstehen einbringungsgeborener Anteile bei einer Einbringung zu einem Wert unterhalb des Teilwerts entfallen, ebenso wie die Ausnahmebestim- mungen zur Veräußerung einbringungsgeborener Anteile in § 3 Nr. 40 Sätze 3, 4 EStG und § 8b Abs. 4 KStG (sie sind aber für Alt-Anteile" nach § 52 Abs. 4 b Satz 2 EStG n.F., § 34 Abs. 7 a KStG n.F. weiterhin anwendbar).

Statt dessen wird die rückwirkende Besteuerung des Anteilseigners konstituiert, wenn die erhal- tenen Anteile innerhalb eines Zeitraums von sieben Jahren nach der Einbringung veräußert wer- den. Dazu bestimmt § 22 Abs. 1 Satz 2, Abs. 2 Satz 2 UmwStG, dass die Veräußerung der erhal- tenen Anteile als rückwirkendes Ereignis i.S.d. § 175 Abs. 1 Satz 1 Nr. 2 AO gilt.

85   Kommt es mithin zu einer Veräußerung der erhaltenen Anteile innerhalb von sieben Jahren nach einer Sacheinlage oder zu einem Verkauf der von einer Kapitalgesellschaft übernommenen An- teile innerhalb von sieben Jahren nach einem qualifizierten Anteilstausch, ist die Steuerfestset- zung des einbringenden Gesellschafters für den Veranlagungszeitraum der Einbringung zu än- dern.

86   Eine erhebliche Verkomplizierung erfährt die Rechtslage durch § 22 Abs. 3 UmwStG. Danach gilt, dass der Einbringende in den sieben Jahren nach der Einbringung jährlich spätestens bis zum 31.5. den Nachweis darüber zu erbringen hat, wem nach einer Sacheinlage die erhaltenen Anteile (und die etwaig auf diesen beruhenden Anteile) sowie nach Anteilstausch die eingebrachten An- teile (und die etwa auf diesen beruhenden Anteile) zuzurechnen sind.

5.   Ausnahmetatbestand zur Realteilung

87   Ausfluss des Übergangs zur rückwirkenden Besteuerung im Rahmen der Neufassung des UmwStG ist die Neukodifikation des § 16 Abs. 5 EStG. Sie betrifft den Fall, dass im Rahmen einer Real- teilung, die nach § 16 Abs. 3 Satz 2 EStG steuerlich neutral erfolgt, weil Teilbetriebe auf die ein-

zelnen Mitunternehmer übertragen werden, Anteile an einer Körperschaft, Personenvereinigung oder Vermögensmasse unmittelbar oder mittelbar von einer natürlichen Person auf einen nach § 8 b Abs. 2 KStG begünstigten Mitunternehmer (i.d.R. eine Kapitalgesellschaft) übertragen werden. Da die 100 %-Beteiligung an einer Kapitalgesellschaft im Anwendungsbereich des § 16 Abs. 3 EStG einem Teilbetrieb gleichsteht, kann von der Neuregelung sowohl der Fall betroffen sein, dass im Zuge einer Realteilung eine das gesamte Nennkapital umfassende Beteiligung an einer Kapitalgesellschaft auf eine als Mitunternehmer beteiligte Kapitalgesellschaft übergeht, wie auch jene Konstellation, dass Anteile an einer Kapitalgesellschaft einem an einer Kapitalgesellschaft als Mitunternehmer übergehenden Teilbetrieb zugeordnet werden.

6. Besonderheiten beim Formwechsel[13]

Nach § 25 Satz 1 UmwStG sind in Fällen des Formwechsels einer Personengesellschaft in eine 88 Kapitalgesellschaft gem. § 190 UmwG die Vorschriften der §§ 20 bis 23 UmwStG entsprechend anzuwenden. Die formwechselnde Umwandlung unterliegt nicht der Grunderwerbsteuer. Grunderwerbsteuerbar ist dagegen die Übertragung von Sonderbetriebsvermögen anlässlich des Formwechsels.

III. Verschmelzung von Kapitalgesellschaften[14]

1. Rechtsfolgen bei der übertragenden Kapitalgesellschaft

§ 11 i.V.m. § 1 UmwStG hat den folgenden Anwendungsbereich: 89

- Verschmelzung inländischer Kapitalgesellschaften;
- grenzüberschreitende Verschmelzung inländischer und ausländischer Kapitalgesellschaften;
- Verschmelzung ausländischer Kapitalgesellschaften mit Inlandsbezug.

§ 11 Abs. 1 UmwStG sieht nunmehr auch im Fall der Verschmelzung von Kapitalgesellschaften als **Regelfall** den **Ansatz des gemeinen Wertes** bei der übertragenen Kapitalgesellschaft vor. In die steuerliche Übertragungsbilanz sind ausdrücklich auch nicht entgeltlich erworbene oder selbst geschaffene immaterielle Wirtschaftsgüter mit dem gemeinen Wert aufzunehmen (vgl. § 11 Abs. 1 Satz 1 UmwStG). Andererseits wird die bisherige Möglichkeit, den Verlustvortrag zu übertragen, gestrichen (vgl. § 12 Abs. 3 Satz 2 UmwStG a.F.).

Der Buchwert oder ein Zwischenwert kann nach neuer Rechtslage gem. § 11 Abs. 2 UmwStG auf 90 Antrag (spätestens bis zur erstmaligen Abgabe der steuerlichen Schlussbilanz bei dem für die übertragende Kapitalgesellschaft zuständigen Finanzamt zu stellen; § 11 Abs. 3 i.V.m. § 3 Abs. 2 Satz 2 UmwStG) angesetzt werden, soweit

- sichergestellt ist, dass die übergehenden Wirtschaftsgüter später bei der übernehmenden Kapitalgesellschaft der Besteuerung mit Körperschaftsteuer unterliegen,
- das Recht der Bundesrepublik Deutschland hinsichtlich der Besteuerung der übertragenen Wirtschaftsgüter bei der übernehmenden Kapitalgesellschaft nicht eingeschränkt wird **und**
- eine Gegenleistung nicht gewährt wird oder in Gesellschaftsrechten besteht.

---

13 Hegemann/Querbach, UmwR, S. 153 ff.
14 S. ausführlich Hegemann/Querbach, UmwR, S. 48 ff.

Das **Maßgeblichkeitsprinzip** ist damit auch in Fällen der Verschmelzung **aufgegeben** worden.

2. Übertragungsstichtag – Rückwirkung

91 Die Besteuerung eines Übertragungsgewinns erfolgt unter ertragsteuerlicher Rückwirkung auf den Ablauf des Stichtages der Bilanz, die der Vermögensübertragung zu Grunde gelegt worden ist (vgl. § 2 Abs. 1 UmwStG). Der steuerliche Übertragungsstichtag liegt stets einen Tag vor dem handelsrechtlichen Verschmelzungsstichtag. Der Bilanzstichtag, d.h. der steuerliche Stichtag, darf zum Zeitpunkt der Anmeldung der Verschmelzung zum Handelsregister nicht älter als acht Monate sein.

Die ertragsteuerliche Rückwirkung führt dazu, dass der Gewinn der übernehmenden Gesellschaft so zu ermitteln ist, als ob das Ergebnis der übertragenen Gesellschaft nach dem Verschmelzungsstichtag bei ihr angefallen wäre.

Erstreckt sich der Zeitraum zwischen dem Verschmelzungsstichtag und der Eintragung der Verschmelzung in das Handelsregister über einen Bilanzstichtag der übernehmenden Gesellschaft hinaus, muss die übertragende Gesellschaft weiter bilanzieren. Das Ergebnis ist steuerlich der übernehmenden Gesellschaft zuzurechnen.

3. Rechtsfolgen bei der übernehmenden Kapitalgesellschaft

92 Die übernehmende Kapitalgesellschaft hat die übernommenen Wirtschaftsgüter mit den Schlussbilanzwerten der übertragenden Kapitalgesellschaft in ihrer Bilanz anzusetzen (vgl. § 12 Abs. 1 UmwStG).

Das durch die Verschmelzung einströmende Vermögen stellt sich aus der Sicht der übernehmenden Kapitalgesellschaft als eine Einlage ohne Gewinnauswirkung dar. Sie gewährt hierfür neue Anteile aus einer Kapitalerhöhung.

93 Im Übrigen ist nach § 12 Abs. 2 Satz 2 UmwStG ein Übernahmegewinn, der sich aus dem Differenzbetrag aus dem Wertansatz der übergegangenen Wirtschaftsgüter und dem Buchwert der Anteile an der übertragenden Kapitalgesellschaft abzüglich der Kosten für den Vermögensübergang ergibt, nach § 8b KStG steuerfrei, soweit der Gewinn dem Anteil der übernehmenden Kapitalgesellschaft an der übertragen den Kapitalgesellschaft entspricht. Er unterliegt damit zumindest mit einem Anteil von 5 % der Besteuerung (vgl. § 8b Abs. 3 KStG). Zudem sind die Umwandlungskosten nicht abzugsfähig (vgl. § 12 Abs. 2 Satz 2 UmwStG).

Ein Übernahmegewinn ist aber voll zu versteuern, wenn es sich um einbringungsgeborene Anteile bisherigen Rechts der letzten sieben Jahre oder solche handelt, die die übernehmende Kapitalgesellschaft zu einem Wertansatz unterhalb des Nennwerts innerhalb der letzten sieben Jahre von einer natürlichen Person erworben hat (vgl. § 8b Abs. 4 Satz 1 KStG a.F.; § 34 Abs. 7a KStG n.F.).

Ein Übernahmeverlust ist nicht abzugsfähig.

94 Aus § 12 Abs. 3 UmwStG und dem darin enthaltenen Verweis auf § 4 Abs. 2 UmwStG ergibt sich, dass ein verbleibender Verlustvortrag der übertragenden Kapitalgesellschaft nicht auf den übernehmenden Rechtsträger übergeht.

Eine Einschränkung erfährt die Nutzung des Verlustabzugs durch die anzuwendende Mindestbesteuerung nach § 10d Abs. 2 EStG (der Verlustabzug ist nur bis zur Höhe von 1 Mio. €, ein darüber hinausgehender Verlust im Umfang von 60 % des verbleibenden Gesamtbetrags der Einkünfte abzugsfähig, vgl. § 8 Abs. 1 KStG i.V.m. R 32 Abs. 1 Nr. 1 KStR 2005).

Die übernehmende Kapitalgesellschaft tritt nach § 12 Abs. 3 UmwStG in die steuerliche Rechtsstellung der übertragenden Kapitalgesellschaft ein. Das hat bezüglich der AfA zur Folge, dass die übernehmende Kapitalgesellschaft die AfA der übertragenden Kapitalgesellschaft betreffend übernommene Gebäude auf der Basis der Buchwerte der übertragenden Kapitalgesellschaft fortführt, auch wenn in der Übertragungsbilanz ein höherer Wert angesetzt ist (vgl. §§ 12 Abs. 3, 4 Abs. 3 UmwStG). Bezüglich anderer Wirtschaftsgüter als Gebäude kann durch Ansatz eines höheren Wertes als dem Buchwert ein höheres AfA-Volumen für die übernehmende Kapitalgesellschaft generiert werden.

4. Rechtsfolgen bei den Gesellschaftern der übertragenden Kapitalgesellschaft

Nach der Neufassung des § 13 Abs. 1 UmwStG gelten die Anteile an der übertragenden Kapitalgesellschaft als zum gemeinen Wert veräußert; die Anteile an der übernehmenden Kapitalgesellschaft gelten als zum gemeinen Wert angeschafft. Diese Grundregelung gilt unabhängig davon, zu welchem Wert die übertragende Kapitalgesellschaft und die übernehmende Kapitalgesellschaft die übergehendes Wirtschaftsgüter ansetzen. Der durch die Verschmelzung ausgelöste Anteilstausch ist also im Grundsatz steuerpflichtig.

Auf Antrag sind nach § 13 Abs. 2 UmwStG die Anteile an der übernehmenden Kapitalgesellschaft mit dem Buchwert der Anteile an der übertragenden Kapitalgesellschaft anzusetzen. Ein Zwischenwertansatz ist nicht zulässig. Voraussetzung ist dass das Recht der Bundesrepublik Deutschland hinsichtlich der Besteuerung der Anteile an der übernehmenden Kapitalgesellschaft nicht eingeschränkt wird oder auf die Verschmelzung die Fusionsrichtlinie anzuwenden ist.

Die Anteile an der übernehmenden Kapitalgesellschaft treten dann in die „Rechtsstellung" der bisherigen Anteile ein (vgl. § 13 Abs. 2 Satz 2 UmwStG). Das hat z.B. zur Folge, dass etwaige vorangegangene Teilwertabschreibungen auf die untergegangenen Altanteile ggf. bei den Neuanteilen wieder steuerwirksam aufzuholen sind. Ebenso bleibt die Eigenschaft einer wesentlichen Beteiligung i.S.d. § 17 EStG erhalten, auch wenn an der übernehmenden Kapitalgesellschaft die Beteiligungsgrenze nicht überschritten wird, diese aber an der übertragenden Kapitalgesellschaft überschritten war. Ein Gewinn wird im Fall der späteren Veräußerung besteuert.

12

IV. Spaltung von Kapitalgesellschaften in Kapitalgesellschaften[15]

1. Allgemeines

Soll das Vermögen einer Kapitalgesellschaft zu Buch- oder Zwischenwerten auf andere Kapitalgesellschaften aufgespalten oder ein Teil des Vermögens auf eine andere Kapitalgesellschaft in der Weise abgespalten werden, dass Gesellschafter der Ursprungsgesellschaft Gesellschafter der auf-

---

15 S. ausführlich: Hegemann/Querbach, UmwR, S. 123 ff.

nehmenden Gesellschaft(en) im Wege der Sonderrechtsnachfolge werden, kann dies zivilrechtlich nur nach den Vorschriften der §§ 123 ff. UmwG geschehen. Bei der Spaltung von Kapitalgesellschaften in Kapitalgesellschaften bilden das UmwG und das UmwStG eine Exklusiv-Verbindung. So ist die Buchwertfortführung nur über §§ 15 UmwStG und §§ 123 ff. UmwG erreichbar.

100 Auch nach neuer Rechtslage gelten nach § 15 Abs. 1 Satz 1 UmwStG die Regelungen der Verschmelzung von Kapitalgesellschaften (§§ 11 bis 13 UmwStG) entsprechend. Diese Verweisungsregelung führt dazu, dass das übertragene Vermögen grundsätzlich mit dem gemeinen Wert anzusetzen ist, aber der Ansatz der Buchwerte oder eines Zwischenwerts gewählt werden kann, soweit sichergestellt ist, dass die übergehenden Wirtschaftsgüter später bei der übernehmenden Kapitalgesellschaft der Besteuerung mit Körperschaftsteuer unterliegen, das Recht Deutschlands hinsichtlich der Besteuerung des Gewinns aus der Veräußerung der übertragenen Wirtschaftsgüter bei der übernehmenden Kapitalgesellschaft nicht ausgeschlossen oder beschränkt wird und eine Gegenleistung nicht gewährt wird oder in Gesellschaftsrechten besteht (vgl. § 15 Abs. 1 Satz 1 i.V.m. § 11 Abs. 2 1 UmwStG).

Grenzüberschreitende Auf- und Abspaltungen sind derzeit gesellschaftsrechtlich nach Maßgabe des UmwG **noch nicht möglich**.

2. Teilbetriebserfordernis[16]

101 Eine erfolgsneutrale Spaltung setzt nach § 15 Abs. 1 Satz 2 UmwStG voraus, dass auf die übernehmende Kapitalgesellschaft ein Teilbetrieb übertragen wird und in Fällen der Abspaltung oder Teilübertragung bei der übertragenden Kapitalgesellschaft ein Teilbetrieb verbleibt (sog. doppeltes Teilbetriebserfordernis). Als Teilbetrieb gilt auch ein Mitunternehmeranteil oder eine 100%-Beteiligung an einer anderen Kapitalgesellschaft (vgl. § 11 Abs. 1 UmwStG). Ein Teilmitunternehmeranteil gilt im Rahmen des § 15 UmwStG ebenfalls als Teilbetrieb.

Es sind jedoch Mitunternehmeranteile ausgenommen, die innerhalb eines Zeitraums von drei Jahren vor dem steuerlichen Übertragungsstichtag durch Übertragung von Wirtschaftsgütern, die kein Teilbetrieb sind, erworben oder aufgestockt worden sind (vgl. § 15 Abs. 2 Satz 1 UmwStG).

Die Finanzverwaltung interpretiert den Begriff des Teilbetriebes entsprechend § 16 EStG, wonach die wesentlichen (Teil-)Betriebsgrundlagen zu Eigentum übertragen werden müssen; Nutzungsüberlassung genügt nicht.

Die Teilbetriebe müssen zum Zeitpunkt des Beschlusses der beteiligten Rechtsträger über die Spaltung vorliegen. Es genügt ein Teilbetrieb im Aufbau.

3. Wertansatzwahlrecht

102 Es gilt der Grundsatz, dass der **gemeine Wert anzusetzen** ist (vgl. § 15 Abs. 1 Satz 1 UmwStG). Das Teilbetriebserfordernis ist Voraussetzung für die Wahl von Buch- oder Zwischenwerten (vgl. § 15 Abs. 1 Satz 2 UmwStG).

---

16 Hegemann/Querbach, UmwR, S. 126.

4.   Verlustvortrag der zu spaltenden Kapitalgesellschaft

Wegen der Verweisung auf die Besteuerung im Fall der Verschmelzung (§§ 15 Abs. 1 Satz 1, 12   103
Abs. 3, 4 Abs. 2 UmwStG) wird auch in Fällen der Spaltung der Übergang eines Verlustvortrags
verhindert.

Der Verlustvortrag bleibt lediglich in Fällen der Abspaltung nach § 15 Abs. 3 UmwStG bei der
übertragenden Kapitalgesellschaft in dem Verhältnis erhalten, in dem bei Zugrundelegung des
gemeinen Werts das Vermögen bei der übertragenden Kapitalgesellschaft verbleibt (in Fällen der
Aufspaltung geht er vollständig unter). Der gemeine Wert ist für die Aufteilung des Verlustvortrags
stets der Aufteilungsmaßstab, auch wenn ansonsten die Buchwerte zu Grunde gelegt werden.

5.   Besteuerung eines Übernahmegewinns; Besteuerung der Anteilseigner[17]

Nach § 15 Abs. 1 Satz 1 i.V.m. § 12 Abs. 2 Satz 2 UmwStG findet auf einen Übernahmegewinn der   104
übernehmenden Kapitalgesellschaft § 8 b KStG Anwendung. Ein derartiger Übernahmegewinn
ergibt sich aus dem Differenzbetrag aus dem Wertansatz der übernommenen Wirtschaftsgüter
und dem Buchwert der Anteile an der übertragenden Kapitalgesellschaft, soweit der Gewinn dem
Anteil der übernehmenden Kapitalgesellschaft an der übertragenden Kapitalgesellschaft entspricht. Er unterliegt damit zumindest mit einem Anteil von 5 % der Besteuerung. Die Spaltungs-
kosten sind nicht abzugsfähig (vgl. § 12 Abs. 2 Satz 1 UmwStG).

Der Übernahmegewinn ist aber voll zu versteuern, wenn es sich bei den Anteilen an der übertra-   105
genden Kapitalgesellschaft um einbringungsgeborene Anteile der letzten sieben Jahre oder solche
handelt, die die übernehmende Kapitalgesellschaft zu einem Wertansatz unterhalb des Nennwerts
innerhalb der letzten sieben Jahre von einer natürlichen Person erworben hat (vgl. § 8 b Abs. 4
Satz 1 KStG a.F.; § 34 Abs. 7 a KStG n.F.).

Für die Besteuerung der Anteilseigner der auf- oder abgespaltenen Kapitalgesellschaft gelten die
Regelungen der Verschmelzung entsprechend (vgl. §§ 15 Abs. 1, 13 UmwStG).

Nach § 13 Abs. 1 UmwStG gelten die Anteile an der übertragenden Kapitalgesellschaft als zum   106
gemeinen Wert veräußert; die Anteile an der übernehmenden Kapitalgesellschaft gelten als zum
gemeinen Wert angeschafft. Auf Antrag sind nach § 13 Abs. 2 UmwStG die Anteile an der übernehmenden Kapitalgesellschaft mit dem Buchwert der Anteile an der übertragenden Kapitalgesellschaft anzusetzen, sofern die Besteuerung der stillen Reserven im Inland sichergestellt ist. Die
Anteile an der übernehmenden Kapitalgesellschaft treten dann in die „Rechtsstellung" der bisherigen Anteile ein.

6.   Missbrauchsregelungen[18]

Unverändert bleiben die bisherigen Missbrauchsregelungen, die sich nunmehr in § 15 Abs. 2   107
UmwStG finden.

---

17   Hegemann/Querbach, UmwR, S. 130 ff.
18   Hegemann/Querbach, UmwR, S. 135 f.

7.   Ausgliederung

108   Der Fall der Ausgliederung auf eine Kapitalgesellschaft zur Begründung einer Mutter-Tochter-Konstruktion stellt sich steuerrechtlich als Fall der Einbringung eines Betriebes, Teilbetriebes oder (Teil-)Mitunteranteils in eine Kapitalgesellschaft gegen Gewährung von Gesellschaftsrechten dar (vgl. § 20 UmwStG). Nur die genannten Sachgesamtheiten können zum Buchwert ausgegliedert werden.

Eine Rückwirkung ist optional bis zu acht Monaten zulässig, auch wenn nicht der zivilrechtliche Weg der Ausgliederung, sondern derjenige der Einzelrechtsübertragungen gewählt wird (§ 20 Abs. 6 UmwStG). Im Fall der Aufspaltung und Abspaltung von und in Kapitalgesellschaften ist hingegen die Rückwirkung zwingend vorgeschrieben (§ 2 Abs. 1 UmwStG).

Die für Mitunternehmeranteile und 100 %-Anteile an Kapitalgesellschaften geltenden Restriktionen nach § 15 Abs. 2 Satz 1 UmwStG sind im Rahmen des § 20 UmwStG nicht vorgesehen.

V.   Einbringung betrieblicher Sachgesamtheiten in Personengesellschaften (Mitunternehmerschaften)

1.   Allgemeines zu § 24 UmwStG

109   Für die Einbringung von Betrieben, Teilbetrieben und Mitunternehmeranteilen (im Folgenden als betriebliche Sachgesamtheiten bezeichnet) in betriebliche Personengesellschaften (Mitunternehmerschaften) sieht § 24 UmwStG ein Bewertungswahlrecht zwischen Buchwert (Mindestwert) und gemeinem Wert (Höchstwert) vor, wenn der Einbringende Mitunternehmer der Gesellschaft wird (gegen Gewährung von Gesellschaftsrechten) und soweit das Besteuerungsrecht der Bundesrepublik Deutschland nicht eingeschränkt wird.

2.   Einbringungsvorgänge

110   Erstmals bestimmt das UmwStG i.d.F. des SEStEG ausdrücklich (ohne dass dadurch eine Rechtsänderung eingetreten ist), welche Umstrukturierungswege von § 24 UmwStG umfasst sind, nämlich gem. § 1 Abs. 3 UmwStG

- Verschmelzung, Aufspaltung und Abspaltung i.S.d. §§ 2 und 123 Abs. 1 und 2 UmwG von Personenhandelsgesellschaften (OHG, KG) und Partnerschaftsgesellschaften oder vergleichbare ausländische Vorgänge,

- die Ausgliederung von Vermögensteilen i.S.d. § 123 Abs. 3 UmwG oder vergleichbare Vorgänge,

- die Einbringung von Betriebsvermögen durch Einzelrechtsnachfolge in eine Personengesellschaft.

Dabei sind die Auf- und Abspaltung von Personenhandels- und Partnerschaftsgesellschaften Vorgänge, die ertragsteuerrechtlich unter den Aspekten der Realteilung bzw. Sachwertabfindung zu würdigen sind. § 24 UmwStG ist nach h. A. anwendbar, wenn Teilbetriebe oder Mitunternehmeranteile Gegenstand sind.

Einschränkungen, die § 1 Abs. 4 UmwStG n.F. für die Anwendung des UmwStG vorsieht, gelten nach Satz 2 des § 1 Abs. 4 UmwStG nicht „in den Fällen der Einbringung eines Betriebs oder Mitunternehmeranteils in eine Personengesellschaft nach § 24 UmwStG". Deshalb ist § 24 UmwStG unabhängig davon einschlägig, ob der Einbringende bzw. die aufnehmende Personengesellschaft in einem EU-oder EWR-Staat oder in einem Drittstaat ansässig ist. Der wahlweise Ansatz des auf die Personengesellschaft übergehenden Vermögens mit einem unter dem gemeinen Wert liegenden Wert ist aber nach § 24 Abs. 2 Satz 2 UmwStG n.F. nunmehr ausdrücklich davon abhängig, dass „das Recht der Besteuerung des eingebrachten Betriebsvermögens nicht ausgeschlossen oder beschränkt wird". **111**

Die ertragsteuerliche Beurteilung der Umformung von Einzelunternehmen in mitunternehmerische Personengesellschaften, der Übertragung von Mitunternehmeranteilen auf mitunternehmerische Personengesellschaften oder der Verschmelzung von Personengesellschaften ist nicht davon abhängig, welcher Rechtsweg beschritten wird (Einzelrechtsnachfolge oder Gesamtrechtsnachfolge nach dem UmwG). Es ist ertragsteuerrechtlich ferner irrelevant, ob es sich um Personenhandelsgesellschaften (z.B. OHG, KG, GmbH & Co KG) oder nichtkaufmännische Personengesellschaften (z.B. GbR, Partnerschaftsgesellschaft) handelt. Irrelevant ist ferner die betriebliche Einkunftsart (Gewerbe i.S.d. § 15 EStG, selbständige Arbeit i.S.d. § 18 EStG, Land- und Forstwirtschaft i.S.d. § 13 EStG) und die Gewinnermittlungsmethode (Bestandsvergleich gem. §§ 4 Abs. 1 bzw. 5 EStG oder Einnahmenüberschussrechnung gem. § 4 Abs. 3 EStG). **112**

§ 24 UmwStG ist unabhängig davon anzuwenden, ob der eine betriebliche Sachgesamtheit Einbringende bereits Mitunternehmer ist und seinen Mitunternehmeranteil weiter aufstockt.

Die wesentlichen praktischen Anwendungsfälle des § 24 UmwStG sind danach die Folgenden: **113**

- „Aufnahme" eines Gesellschafters (oder mehrerer Gesellschafter) in ein Einzelunternehmen gegen Geldeinlage oder Einlage anderer Wirtschaftsgüter unter Gründung einer Personengesellschaft (i.S.d. § 24 UmwStG bringt der Einzelunternehmer seinen Betrieb in die neu entstehende Personengesellschaft ein)

- Übertragung betrieblicher Sachgesamtheiten auf eine bereits bestehende oder neue Personengesellschaft oder der Zusammenschluss von mehreren, ein Unternehmen betreibenden natürlichen oder juristischen Personen oder Personengesellschaften zu einer Personengesellschaft

- Eintritt eines weiteren Gesellschafters oder mehrerer Gesellschafter in eine bestehende Personengesellschaft gegen Geld- oder Sacheinlage, auch gegen Übertragung betrieblicher Sachgesamtheiten

- Übertragung von Mitunternehmeranteilen an einer Personengesellschaft auf eine bestehende oder neu gegründete Personengesellschaft

- Übertragung aller Mitunternehmeranteile in eine andere Mitunternehmerschaft (Zielgesellschaft) mit der Folge des Anwachsens des Gesellschaftsvermögens bei der Zielgesellschaft und Erlöschen der ursprünglichen Personengesellschaft nach § 738 BGB, § 142 HGB („unechte" Verschmelzung)

- („echte") Verschmelzung von Personenhandelsgesellschaften bzw. Partnerschaftsgesellschaften nach §§ 2, 39 ff. UmwG"

- Ausgliederung aus Körperschaften, Personenhandelsgesellschaften, Partnerschaftsgesellschaften oder Einzelunternehmen auf Personenhandelsgesellschaften nach § 123 Abs. 3 UmwG.

- Auf- oder Abspaltung bei einer Personenhandelsgesellschaft nach § 123 UmwStG durch Übertragung von Teilbetrieben oder Mitunternehmeranteilen auf bestehende oder neu gegründete Personenhandelsgesellschaften.

3. Bewertungswahlrecht

114 Die Einbringung einer betrieblichen Sachgesamtheit gegen Gewährung von Gesellschaftsrechten ist nach h.A. ein entgeltliches Tauschgeschäft. Nach § 24 Abs. 3 UmwStG gilt der Wert, mit dem das eingebrachte Betriebsvermögen in der Personengesellschaft einschließlich der Ergänzungsbilanzen für ihre Gesellschafter angesetzt wird, als Veräußerungspreis (dem der Buchwert des eingebrachten Vermögens gegenüber zu stellen ist). Zur Steuerbilanz der Mitunternehmerschaft gehören danach sämtliche Ergänzungsbilanzen der Mitunternehmerschaft für ihre Mitunternehmer; das konsolidierte Ergebnis aus der steuerlichen Hauptbilanz ergibt den steuerlichen Bilanzansatz sowie das steuerliche Bilanzergebnis i.S.d. §§ 4 Abs. 1, 5 EStG. Daraus folgt, dass steuerbilanzielle Wertauf- und -abstockungen wahlweise mit denselben Konsequenzen in der Hauptbilanz und den steuerlichen Ergänzungsbilanzen erfolgen können.

Die Buchwertfortführung oder der Zwischenwertansatz können auch dann gewählt werden (anders als bei Einbringungen in Kapitalgesellschaften), wenn das eingebrachte Betriebsvermögen negativ ist.

Die wirksame Ausübung des Wahlrechts ist unwiderruflich; eine rückwirkende Bilanzänderung i.S.d. § 4 Abs. 2 Satz 2 EStG kommt nicht in Betracht.

115 Soll ein Zwischenwertansatz gewählt werden, sind sämtliche stille Reserven gleichmäßig (nach dem Verhältnis der gesamten stillen Reserven zu dem Aufstockungsbetrag insgesamt) zu bedienen; eine selektive, auf einzelne Wirtschaftsgüter bezogene Aufstockung wird steuerlich nicht anerkannt.

Bei Buchwertfortführung tritt die Personengesellschaft voll und ganz in die Rechtsstellung des Einbringenden ein (§§ 23 Abs. 1, 4 Abs. 1 UmwStG), d.h. der Gewinn für die eingebrachte betriebliche Sachgesamtheit ist exakt so zu ermitteln, wie dies bei dem Einbringenden zuvor geschehen ist. Seine Buchwerte und Abschreibungen werden fortgesetzt.

- Für den Fall des Zwischenwertansatzes setzt sich die AfA-Bemessungsgrundlage aus den bisherigen Buchwerten zuzüglich der Aufstockungsbeträge zusammen; bei degressiver AfA gem. § 7 Abs. 2 EStG tritt an die Stelle des letzten Buchwerts der gewählte Wertansatz für das Wirtschaftsgut. Die bisherigen der Abschreibung zu Grunde gelegten Nutzungsdauern ändern sich nicht.

- Nach Ansatz der gemeinen Werte gelten für den Fall der Einbringung durch Einzelrechtsnachfolge die Wirtschaftsgüter als angeschafft, so dass die AfA völlig neu zu berechnen ist. Erfolgt die Einbringung im Wege der Gesamtrechtsnachfolge nach dem UmwG, wird wie beim Zwischenwertansatz verfahren (§ 23 Abs. 4 UmwStG).

- Gem. § 24 Abs. 4, 23 Abs. 6 UmwStG sind § 6 Abs. 1 und 3 UmwStG anzuwenden, d.h. es ist für Einbringungsfolgegewinne die steuerfreie Rücklage zu bilden und über drei Jahre aufzulösen.

Auch nach einer Realteilung zu Buchwerten können die Realteiler die bei ihnen entstandene betriebliche Sachgesamtheit unter Ausschöpfung der Bewertungswahlrechte einbringen, z.B. auch zum gemeinen Wert. Zu beachten ist aber die Sperrfrist in § 16 Abs. 3 Satz 3 EStG.

4. Von § 24 UmwStG nicht erfaßte Umstrukturierungen

a) Identitätswahrende Rechtsformänderungen

Ohne Übertragung von Vermögen kann sich die Rechtsform einer Personengesellschaft durch identitätswahrenden Rechtsformwechsel ändern, und zwar z.B. **116**

- von einer GbR in eine OHG (GmbH & Co.) KG oder Partnerschaftsgesellschaft oder umgekehrt,
- von einer OHG in eine (GmbH & Co.) KG oder eine Partnerschaftsgesellschaft oder umgekehrt.

b) Umformung mitunternehmerischer Innen- in Außengesellschaften

Die Umformung einer mitunternehmerischen Innengesellschaft (atypisch stille Gesellschaft oder mitunternehmerische Unterbeteiligung) in eine mitunternehmerische Außengesellschaft und umgekehrt ist zivilrechtlich nicht in Gestalt des identitätswahrenden Rechtsformwechsels möglich. Weil die stillen Beteiligungen oder Unterbeteiligungen Mitunternehmeranteile sind, können sie i.S.d. § 24 UmwStG mit den entsprechenden Anwendungswahlrechten eingebracht werden. Der bloße Wechsel der zivilrechtlichen Rechtsposition (z.B. die „Umwandlung" einer mitunternehmerischen Unterbeteiligung in eine Kommanditbeteiligung oder atypisch stillen Gesellschaft in eine Kommanditbeteiligung oder umgekehrt) ist gleichwohl ertragsteuerrechtlich mit dem identitätswahrenden Rechtsformwechsel ein Fall zwingender Buchwertfortführung. **117**

c) Unentgeltliche Übertragungen

Vollends unentgeltliche Übertragungen betrieblicher Sachgesamtheiten auf eine Personengesellschaft sind keine Einbringungen i.S.d. § 24 UmwStG, wenn dadurch nicht die Mitunternehmerstellung des Einbringenden begründet oder erweitert wird. **118**

d) Gesellschafterwechsel

Der bloße Gesellschafterwechsel (Übergang eines Mitunternehmeranteils auf einen anderen Rechtsträger) fällt nicht unter § 24 UmwStG. Erfolgt dieser entgeltlich und liegt das Entgelt über dem Buchwert, liegt insoweit eine Veräußerung i.S.d. § 16 EStG vor. In anderen Fällen ist Buchwertfortführung gem. § 6 Abs. 3 EStG geboten. **119**

5. Zeitpunkt und Rückwirkung von Einbringungen

Für die Einbringung von Betrieben, Teilbetrieben oder Mitunternehmeranteilen besteht – auf Antrag der Personengesellschaft – eine gesetzliche Rückwirkungsmöglichkeit bis zu acht Monaten gem. § 24 Abs. 4 Halbsatz 2 UmwStG, falls die Einbringung im Wege der Gesamtrechtsnachfolge vollzogen wird, z.B. durch Ausgliederung oder Verschmelzung. **120**

Im Fall der Einbringung betrieblicher Sachgesamtheiten im Wege der Einzelrechtsnachfolge ist die Übertragung des wirtschaftlichen Eigentums maßgebend und ausreichend, wenn dies vom zivilrechtlichen Eigentum abweicht.

Soweit nach § 24 Abs. 4 UmwStG die Einbringung zurückwirkt, bedeutet dies, dass der Betrieb ertragsteuerrechtlich bereits für die Zeit ab Ablauf des gewählten steuerlichen Übertragungsstichtags der Personengesellschaft zuzurechnen ist. Es entsteht ggf. ein Rumpf-Wirtschaftsjahr. Am Übertragungsstichtag entsteht ein etwaiger Einbringungsgewinn.

Die Sonderregelung in § 20 Abs. 5 Satz 2 UmwStG, derzufolge von der Rückwirkung Entnahmen und Einlagen ausgeschlossen sind, gilt trotz der uneingeschränkten Verweisung in § 24 Abs. 4 UmwStG auf § 20 Abs. 5 und 6 UmwStG nicht, weil sie der besonderen Sachlage der rückwirkenden Entstehung einer Kapitalgesellschaft Rechnung tragen und vGA bzw. verdeckte Einlagen vermeiden soll.

6.   Anwendung der Veräußerungsprivilegien

121 Grundsätzlich ist der Veräußerungsgewinn, wenn es zum Ansatz des gemeinen Werts einschließlich Geschäfts- oder Praxiswert kommt (und somit sämtliche stille Reserven der eingebrachten betrieblichen Sachgesamtheit besteuert werden zum Ansatz des Geschäftswerts), nach §§ 16, 34 EStG begünstigt (§ 24 Abs. 3 Satz 2 UmwStG).

Ausnahmen nach § 16 Abs. 3 Sätze 2 und 3 EStG sowie § 24 Abs. 3 Satz 3 UmwStG:

- ■ Die Einbringung von Teilen von Mitunternehmeranteilen ist – obwohl ein Anwendungsfall des § 24 UmwStG vorliegt – nicht begünstigt.
- ■ Die Anwendung des § 34 Abs. 1 und 3 EStG entfällt, soweit der Gewinn auf Anteile an Kapitalgesellschaften entfällt und nach §§ 3 Nr. 40 Satz 1 Buchst. b, 3c Abs. 2 EStG teilweise begünstigt ist, also der Halbeinkünftebesteuerung unterliegt.

Soweit der Einbringende an der Mitunternehmerschaft beteiligt ist, in welche die Einbringung erfolgt, gilt § 16 Abs. 2 Satz 3 EStG gem. § 24 Abs. 3 Satz 3 UmwStG entsprechend, d.h. insoweit ist der Einbringungsgewinn laufender Gewinn. Das gilt auch für zur Nutzung überlassenes Sonderbetriebsvermögen, dessen stille Reserven entsprechend aufzudecken sind, wenn für die übertragenen Wirtschaftsgüter ein Wertansatz über den Buchwerten gewählt wird. Weil die Gewinne einkommensteuerrechtlich als laufende Gewinne gelten, geht die Finanzverwaltung davon aus, dass sie der GewSt unterliegen: dies ist nicht unproblematisch, denn dem Grunde nach handelt es sich um eine Veräußerung. Die Gewerbesteuer ist jedoch nach § 35 EStG anrechenbar.

§ 13 Insolvenz

A. Allgemeines

Ein Punkt in der Entwicklung eines Unternehmens, der oft vernachlässigt wird, ist die Insolvenz von Unternehmen. Hier sind die Zahlungsunfähigkeit, die drohende Zahlungsunfähigkeit und die Überschuldung (für juristische Personen) eines Unternehmens zu unterscheiden. 1

I. Phasen der Insolvenz

1. Die Krise

Der Insolvenz eines Unternehmens geht normalerweise eine Krise voraus, die aus betriebswirtschaftlicher und (insolvenz-)rechtlicher Sicht betrachtet werden kann. Sie ist an einer Vielzahl von Parametern erkennbar. Es werden spezifische Pflichten der Leitungs- und Aufsichtsorgane zur Krisenprävention und -bewältigung begründet. Solange die Krise andauert werden Gesellschafterdarlehen in Eigenkapital umqualifiziert. 2

a) Unterscheidung

Es sind drei Krisenbegriffe zu unterscheiden, die sich durch jeweilige unterschiedliche Blickwinkel ergeben; der **betriebswirtschaftliche**, der **rechtliche** und der **insolvenzrechtliche Krisenbegriff**. Die Rechtsfolgen dieser zum Teil inhaltsgleichen Begriffe, sind wegen der daran geknüpften unterschiedlichen Rechtsfolgen zu unterscheiden. 3

aa) Betriebswirtschaftliche Krise

■ die Ressourcen eines Unternehmens entwickeln sich so ungünstig, dass in letzter Konsequenz seine Existenz bedroht ist. Hier liegen meist vier Stufen vor, die bei ungehindertem Ablauf der Entwicklung hintereinander verlaufen. 4

Strategische Krise: Störung der Erfolgsfaktoren, wie z.B. bei einer falschen Standortwahl oder fehlendem Ersatz für nicht mehr nachgefragte Produkte.

Erfolgskrise: Verluste und Aufzehrung des Eigenkapitals (beruhend auf internen oder externen Ursachen); z.B. Umsatzrückgang, Steigerung der variablen Kosten und Preisverfall bei den eigenen Produkten

Liquiditätskrise: das Unternehmen verfügt nicht mehr über ausreichende liquide Mittel (Kassenbestand, Guthaben auf Geschäftskonten, Kreditlimit), um die fälligen Verbindlichkeiten zu tilgen. Ist das Unternehmen auf Dauer nicht mehr in der Lage seine fälligen Verbindlichkeiten zu tilgen, ist Zahlungsunfähigkeit und damit gleichzeitig eine insolvenzrechtliche Krise eingetreten

Existenzkrise ist das letzte Krisenstadium. Sie ist gekennzeichnet durch Zahlungsunfähigkeit und Überschuldung. Sie deckt sich mit der insolvenzrechtlichen Krise.

ab)   Rechtliche Krise

5   Bei dieser wird durch Gesetz oder Rechtsprechung eine **Umqualifizierung** von Gesellschafter-leistungen in Eigenkapital vorgenommen (**eigenkapitalersetzende Leistungen**). Sie **betrifft nur Kapitalgesellschaften** und kapitalistische Personengesellschaften. Die Umqualifizierung tritt dabei ein, wenn die Gesellschaft bei der Darlehensgewährung kreditunwürdig, d.h. überschuldet ist oder von dritter Seite zu marktüblichen Bedingungen keinen Kredit mehr erhalten könnte und ohne die Zuführung von Eigenkapital oder Gesellschafterdarlehen liquidiert werden müsste.

ac)   Insolvenzrechtliche Krise

6   Sobald ein Insolvenzgrund im Sinne der Insolvenzordnung vorliegt, d.h. (drohende) Zahlungs-unfähigkeit oder Überschuldung.

b)   Krisensymptome

7   Die Krise eines Unternehmens ist i.d.R. das Ergebnis einer mehr oder weniger langsamen Entwicklung, die sich über mehrere Jahre erstrecken kann. Nachfolgend erfolgt eine Aufzählung einiger Merkmale, die in einer Krise meist gehäuft auftreten, und Anzeichen für eine sich anbahnende oder bereits eingetretene Unternehmenskrise sein könnten (z.B. unzureichendes Eigenkapital, einseitige Abhängigkeit von einzelnen Lieferanten und Abnehmern, hohe Personalkosten, Fehlen von Einlagen durch die Gesellschafter, Rückforderung von Gesellschafterdarlehen, Reduzierung des Grund- oder Stammkapitals auf weniger als die Hälfte, Einschränkungen des Wirtschaftsprüfer-Testats, Auflösung von Reserven durch Wertberichtigungen im größerem Umfang, Auflösung von Rückstellungen und Rücklagen, Zahlung erst nach Mahnung, Anwaltsschreiben oder Vollstreckungstitel, Nichtzahlung von Pacht, Miete, Telefon und Löhnen, Globalzession und Sicherungsübereignung von Warenlagern, Veräußerung von betriebsnotwendigem Vorratsvermögen, insbesondere von Grundstücken des Anlagevermögens, Zwangsvollstreckungsmaßnahmen gegen das Unternehmen durch Privatgläubiger, Finanzbehörden und Sozialversicherungsträger)

2.   Krisenprävention

8   Der einzelne **Gesellschafter** einer Personen- oder Kapitalgesellschaft – auch wenn ihn eine Treuepflicht trifft – ist nicht verpflichtet, die Erhaltung der Gesellschaft anzustreben, Maßnahmen der Krisenprävention zu ergreifen oder eine Krise der Gesellschaft zu bekämpfen. Die Treuepflicht verbietet es ihm nur, eine sinnvolle und mehrheitlich angestrebte Sanierung der Gesellschaft aus eigennützigen Gründen zu verhindern. Den Gläubigern der Gesellschaft gegenüber ist er aber auch insoweit nicht verpflichtet. Sofern nichts anderes vereinbart ist, hat er in der Krise keine Nachschusspflichten und auch niemals eine Pflicht zur Stellung eines Insolvenzantrags.

9   Die **Organe** der Kapitalgesellschaften (GmbH, AG) sind verpflichtet, möglichen Krisen vorzubeugen sowie eingetretene Krisen nach Möglichkeit zu bereinigen; gleiches gilt für die Personengesellschaften, bei denen kein persönlich haftender Gesellschafter eine natürliche Person ist. In der Praxis ist dies insbesondere die GmbH & Co. KG. Keine entsprechende Pflichten gibt es dagegen bei Personengesellschaften, bei denen zumindest eine natürliche Person auch mit ihrem Privatvermögen haftet.

10   Der **Krisenprävention** dient in erster Linie die Unternehmensorganisation, die darauf ausgerichtet ist, auf Krisensymptome schnell und mit den richtigen Mittel zu reagieren. Daneben gibt

es Risikofrüherkennungssysteme, die es ermöglichen, Gegenmaßnahmen einzuleiten, bevor sich eine Krise verfestigt.

Unternehmensorganisation   11

Geschäftsführer und Vorstände müssen das Unternehmen so organisieren, dass sie Krisen des Unternehmens nach Möglichkeit verhindern. Dazu gehören insbesondere:

■ ordnungsgemäße Buchführung und Rechnungslegung

■ Vermeidung zu riskanter Geschäfte

■ laufende Überwachung der Kreditgeschäfte

■ Berechnung und Überwachung des Bedarfs an liquiden Mitteln sowie die fortlaufende Liquiditätsplanung.

Gesetzliche Überwachungssysteme   12

Nur von der AG wird per Gesetz die Einrichtung eines Systems zur Risikofrüherkennung verlangt. § 91 Abs. 2 AktG verpflichtet den Vorstand einer AG, geeignete Maßnahmen zu treffen, insbesondere ein Überwachungssystem einzurichten, damit Entwicklungen früh erkannt werden, die den Fortbestand der Gesellschaft gefährden (entsprechende Anwendung auf den Geschäftsführer einer GmbH).

3.   Pflichten in der Krise

In der Krise haben Geschäftsführung und Vorstand eine Reihe von Pflichten.   13

In der Krise müssen Geschäftsführer oder Vorstand ein **Sanierungskonzept/-plan** erarbeiten und in diesem die Krisenursachen analysieren und auf dieser Grundlage finanzwirtschaftliche und strukturelle Sanierungsmaßnahmen entwickeln. Hierzu gehören eine Plan-GuV, eine Plan-Bilanz und ein Finanzplan. Als sanierungsfähig gilt eine Gesellschaft nur dann, wenn sie nach Durchführung eines Sanierungsplans mit hinreichender Wahrscheinlichkeit aus eigener Kraft am Markt nachhaltig Einnahmeüberschüsse erwirtschaften kann.

Der Vorstand einer AG hat unverzüglich die **Hauptversammlung einzuberufen**, wenn sich bei   14   **13**
der Aufstellung der Jahresbilanz oder einer Zwischenbilanz ergibt, dass ein Verlust in Höhe der Hälfte des Grundkapitals aufgetreten ist oder ein solcher Verlust nach pflichtgemäßem Ermessen angenommen werden muss (§ 92 Abs. 1 AktG). Für den Geschäftsführer der GmbH gilt Entsprechendes, wenn die Hälfte des Stammkapitals verloren ist. Hier ist unverzüglich eine Gesellschafterversammlung einzuberufen (§ 49 Abs. 3 GmbHG). Der Geschäftsführer muss die Gesellschafterversammlung immer dann einberufen, wenn Anzeichen einer kritischen Entwicklung erkennbar sind.[1] Eine Ausnahme von dieser Pflicht besteht bei einer Einpersonen-GmbH und dann, wenn alle Gesellschafter gleichzeitig Geschäftsführer sind.

Nach Eintritt von Zahlungsunfähigkeit oder Überschuldung dürfen Geschäftsführer und Vorstand grundsätzlich **keine Zahlungen mehr leisten** (keine Schmälerung der späteren Insolvenzmasse); ein Verstoß gegen diese Zahlungsverbot führt zu einem Erstattungsanspruch der Gesellschaft (§ 93 Abs. 6 AktG, § 43 Abs. 4 GmbHG). Fließt für getätigte Geschäfte ein Gegenwert in die Masse, so mindert dies den Ersatzanspruch. Zahlungsverbot und Erstattungsanspruch richten sich auch gegen den faktischen Geschäftsführer.   15

---

1   BGH v. 20.02.1995, II ZR 9/94.

16   Eine Ausnahme von der Erstattungspflicht besteht nur für solche Zahlungen, die mit der Sorgfalt eines ordentlichen oder gewissenhaften Geschäftsleiters vereinbar sind. Darunter fallen ebenfalls Zahlungen in Erfüllung vorteilhafter Verträge, die auch ein Insolvenzverwalter leisten würde (§ 103 InsO), zur Abwendung höherer Schäden aus einer sofortigen Betriebsstillegung oder solche, die in der Absicht geleistet werden, den Betrieb im Interesse einer ernstlich erwarteten Sanierung aufrecht zu erhalten

17   Die wirtschaftliche Lage des Unternehmens ist durch die Geschäftsführung (bei der GmbH; § 36 Nr. 6 GmbHG; Kontrolle durch die Gesellschafterversammlung) und den Vorstand (bei der AG; Überwachung durch den Aufsichtsrat, § 111 Abs. 1 AktG) laufend zu überwachen. Bei Anzeichen einer kritischen Entwicklung sind sie verpflichtet sich einen Überblick über den Vermögensstand verschaffen. Bei Anzeichen einer Überschuldung müssen sie eine dreistufige Überschuldungsbilanz aufstellen. Ist Zahlungsunfähigkeit oder Überschuldung eingetreten, so müssen sie innerhalb einer Frist von drei Wochen Antrag auf **Eröffnung des Insolvenzverfahrens** stellen; andernfalls drohen straf- und zivilrechtliche Sanktionen wegen Insolvenzverschleppung.

II.   Eigenkapital ersetzende Leistungen

1.   Allgemeines

18   Das Recht der Eigenkapital ersetzenden Leistungen dient dem Gläubigerschutz durch Erhaltung des Stammkapitals. Gesellschaften soll es erschwert werden, eine Gesellschaft durch Darlehen am Markt zu halten, obwohl sie liquidiert oder ihr nach kaufmännischen Gesichtspunkten Eigenkapital zugeführt werden müsste. Erfasst werden dabei nicht nur die Gesellschafterleistungen, sondern auch mittelbare Gesellschafterleistungen (Leistungen Dritter, für die ein Gesellschafter eine Sicherheitsleistung bestellt).

19   Die Regeln über den Eigenkapitalersatz wurden zur GmbH entwickelt und sind daher im GmbHG niedergelegt; sie sind jedoch – mit Modifikationen – auch auf weitere Gesellschaftsformen anwendbar. Auf Kommanditisten einer KG mit natürlichen Personen als Komplementäre finden die Regelungen keine Anwendung; dies ist jedoch höchstrichterlich noch nicht geklärt.[2]

20   Personenhandelsgesellschaften, bei denen kein persönlich haftender Gesellschafter eine natürliche Person ist (**kapitalistische Personengesellschaft**), werden im Insolvenzfall hinsichtlich des Eigenkapitalersatzes wie eine GmbH behandelt.

Die Regeln über den Eigenkapitalersatz wird auf den Aktionär einer AG (bei Beteiligung von mehr als 25 %) entsprechend angewandt (**Sperrminorität**, § 179 Abs. 2 AktG).

Für die Rechtsfolgen Eigenkapital ersetzender Leistungen werden im Bereich der AG das aktienrechtliche Rückzahlungsverbot (§ 57 AktG) und der aktienrechtliche Rückgewähranspruch (§ 62 AktG) analog angewandt.

Die Regeln über den Eigenkapitalersatz gelten nicht für nicht geschäftsführende kleinbeteiligte Gesellschafter, d.h. für solche, die mit 10 % oder weniger am Stammkapital einer GmbH beteiligt sind (§ 32 a Abs. 3 S. 2 GmbHG). Diese Sperrwirkung ist, mit Ausnahme der AG, analog auch auf andere Gesellschaftsformen anzuwenden, die den Regeln des Eigenkapitalersatzrechts unterliegen.

---

2   Strittig, Baumbach/Hopt, § 712 a Rn. 2.

2. MoMiG

Das Bundesjustizministerium hat einen Referentenentwurf für eine Reform der GmbH vorgelegt (Entwurf eines Gesetzes zur Modernisierung des GmbH-Rechts und zur Bekämpfung von Missbräuchen, MoMiG, vom 29.05.2006). Am 23.05.2007 hat das Bundeskabinett den Regierungsentwurf des MoMiG beschlossen. Vorgesehen ist eine umfassende Novellierung des geltenden Rechts. Ziel ist es, die Rechtsform der GmbH für den Deutschen Mittelstand attraktiver zu machen, indem die Gründung der GmbH erleichtert und beschleunigt wird, die GmbH für internationalen Wettbewerb um ausländischen Rechtsformen gewappnet wird und sie gegen Missbrauch besser geschützt wird, vor allem in der Insolvenz. In der öffentlichen Anhörung zum Regierungsentwurf am 23.01.2008 wurde klar, dass erheblicher Nachbesserungsbedarf gegeben ist. Der Gesetzentwurf wird nunmehr im Rechtsausschuss und im Ausschuss für Wirtschaft und Technologie abschließend beraten. Dann folgt die zweite und dritte Lesung des Gesetzes im Deutschen Bundestag und der „zweite Durchgang" der Reform im Bundesrat. Wahrscheinlich tritt das Gesetz zu Beginn des zweiten Quartals 2008 in Kraft.

21

Durch das geplante Gesetz zur Modernisierung des GmbH-Rechts und zu Bekämpfung von Missbräuchen (MoMiG) wird das **Recht der Eigenkapitalersetzenden Leistungen abgeschafft** und durch folgende Neuerungen ersetzt (Artikel 9):

a) Gesetzlicher Nachrang
    Alle Forderungen auf Rückgewähr von Gesellschafterdarlehen und ihnen wirtschaftlich gleichgesetzte Leistungen werden in der Insolvenz per Gesetz als nachrangig behandelt (§ 39 Abs. 1 Nr. 5 InsO-E). Der Regierungsentwurf für ein Gesetz zur Modernisierung des GmbH-Rechts und zur Bekämpfung von Missbräuchen (MoMiG) sieht u.a. die Abschaffung der Rechtsprechungsregelungen zum Eigenkapitalersatz vor (§ 30 Abs. 1 S. 3 GmbHG-E). Die Problematik der Gesellschafterfremdfinanzierung soll zukünftig abschließend im Insolvenzrecht geregelt sein. Gesellschafterdarlehen sollen wie normale Darlehen behandelt werden, für die aber im Fall der Insolvenz gesetzlich die Rückstufung auf einen Nachrang angeordnet wird. Damit werden Gesellschafterdarlehen weitgehend auf eine Stufe mit Darlehen gestellt, für die freiwillig ein Nachrang vereinbart wurde. Eigenkapital ersetzende Gesellschafterdarlehen gibt es dann nicht mehr.

b) Der Anwendungsbereich der Neuregelung erfasst alle Kapitalgesellschaften, alle kapitalistischen Personengesellschaften (§ 39 Abs. 4 S. 1 InsO-E).

c) Das Sanierungsprivileg und die Privilegierung kleinbeteiligter Gesellschafter bleiben erhalten, werden jedoch ins Insolvenzrecht verlagert § 39 Abs. 4 S. 2 und § 39 Abs. 5 InsO-E). In diesen Fällen tritt also kein Nachrang ein.

d) In der Überschuldungsbilanz sind Forderungen auf Rückgewähr von Gesellschafterleistungen nicht mehr zu passivieren (§ 19 Abs. 2 s InsO-E).

e) Gesellschaftsbesicherte Leistungen Dritter ohne Rückzahlung. Hat ein Dritter der Gesellschaft ein Darlehen gegeben, für die ein Gesellschafter eine Sicherheit bestellt oder sich verbürgt hat, so nimmt der Dritte am Insolvenzverfahren nur mit dem Betrag teil, mit dem er bei Inanspruchnahme des sicherungsgebenden oder bürgenden Gesellschafters ausgefallen ist (§ 44 a Abs. 1 InsO-E). Es handelt sich dabei um eine Übernahme des bisherigen § 32 a Abs. 2 GmbHG in das Insolvenzrecht in angepasster Form, nämlich unter Verzicht auf das Tatbestandsmerkmal der Krise.

13

f) Gesellschafterbesicherte Leistungen Dritter mit Rückzahlung

Hat in den Fällen des Buchstaben e, die Gesellschaft den Kredit des Dritten im letzten Jahr vor Insolvenzeröffnung oder danach getilgt, so muss der sicherungsgebende oder bürgende Gesellschafter den zurückgezahlten Betrag zur Insolvenzmasse erstatten (§ 44 a Abs. 2 InsO-E). Auch hier handelt es sich um Übernahme einer Regelung des GmbH-Rechts (§ 32 b GmbHG) in die Insolvenzordnung wiederum unter Verzicht auf das Kriterium der Krise.

g) Anfechtbarkeit

Nach bisheriger Regelung können Rückzahlungen von Eigenkapital ersetzenden Gesellschafterdarlehen oder Sicherungen für deren Rückgewähr aus Gesellschaftsmitteln innerhalb bestimmter Fristen angefochten werden (§ 135 InsO). Diese Anfechtungsmöglichkeit wird auf alle Gesellschafterdarlehen ausgedehnt (§ 135 InsO-E).

3.   Geltende Rechtslage

22   **Grundfall** einer Eigenkapital ersetzenden Leistung ist das **Eigenkapital ersetzende Gesellschafterdarlehen** in der GmbH: Führt der Gesellschafter einer GmbH ihr zu einem Zeitpunkt, in dem ihr die Gesellschafter als ordentliche Kaufleute Eigenkapital zugeführt hätten (Krise der Gesellschaft), statt dessen ein Gesellschafterdarlehen zu, so wird sein Rückzahlungsanspruch in einem etwaigen Insolvenzverfahren nur als nachrangige Forderung behandelt (§ 32 a Abs. 1 GmbHG); in der Praxis führt diese Umqualifizierung von Fremdkapital zu funktionellem Eigenkapitals regelmäßig zum Totalverlust der Forderung.

23   In welcher Form die Gesellschafter ihre Gesellschaft finanzieren steht ihnen im Grundsatz frei (**Finanzierungsfreiheit**). Sie können ihr daher Kapital nicht nur als Eigenkapital, sondern auch in Form von Fremdkapital (Gesellschafterdarlehen, Gesellschaferfremdfinanzierung) zur Verfügung stellen und haben dann Rückzahlungsansprüche wie andere Gläubiger (etwa Banken) auch. Hiermit wird erreicht, dass Fremdkapital grundsätzlich kein Haftkapital ist.

24   In der Krise der Gesellschaft ist die Finanzierung über Gesellschafterleistungen problematisch. Hier sollen die Gesellschafter das Finanzierungsrisiko nicht durch die gewählte Finanzierungstechnik (Darlehen) auf die Gläubiger der Gesellschaft abwälzen können. Entscheiden sie sich dafür, der Gesellschaft hier nur Fremdkapital in Form von Gesellschafterdarlehen zuzuführen, oder lassen sie bereits gewährte Darlehen stehen, obwohl nach den Grundsätzen ordnungsgemäßer Unternehmensführung eine Liquidation oder Zuführung weiteren Eigenkapitals geboten wäre, so können die Gesellschafter diese Leistungen nicht mehr abziehen; die Finanzierungsleistung wird von Fremdkapital in Eigenkapital gewandelt und die Gesellschafter müssen die Beträge zur Verfügung der Gesellschaft überlassen.

25   Das Institut der Eigenkapital ersetzenden Gesellschafterdarlehen geht auf eine analoge Anwendung des Rückzahlungsverbots (§§ 30, 31 GmbHG) durch die Rechtsprechung zurück.

a)   Anwendungsbereich

Im Hinblick auf das Eigenkapitalersatzrecht bei Gewährung eines Gesellschafterdarlehns ist auf drei weitere Punkte zu achten:

■ Teilweise wird die **Leistung eines Dritten** eigenkapitalersatzrechtlich so behandelt, als habe der Gesellschafter selbst gehandelt.

- es ist auch auf die **Leistungen Dritter** anwendbar, wenn ein Gesellschafter dafür eine **Sicherheit bestellt** hat (§ 32a Abs. 2 GmbHG; mittelbares Gesellschafterdarlehen).

- Das Eigenkapitalersatzrecht greift auch bei sonstigen Rechtshandlungen ein, die der **Darlehensgewährung wirtschaftlich entsprechen**, wie z.B. eine Gebrauchsüberlassung (§ 32a Abs. 3 GmbHG). Eigenkapital ersetzenden Darlehen gleichgestellt sind weitere Fallgruppen, die keine Darlehensgewährung darstellen, dieser jedoch wirtschaftlich entsprechen (§ 32a Abs. 3 GmbHG). Hauptfälle ist die Eigenkapital ersetzende Gebrauchs- oder Nutzungsüberlassung.

Bei einer Leistung, die als Eigenkapital ersetzend einzustufen ist, gibt es je nach Situation, verschiedene Rechtsfolgen: 26

- Rückzahlung der Leistung bereits erfolgt
- Gesellschaferleistung oder gellschafterbesicherte Leistung Dritter handelt
- Insolvenzverfahren findet statt oder nicht

	Im Insolvenzverfahren		außerhalb des Insolvenzverfahrens	
	Gesellschafterleistung	Gesellschafterbesicherte Leistung	Gesellschafterleistung	gesellschafterbesicherte Leistung
Rückzahlung nicht erfolgt	Nachrang der Forderung (§ 32 Abs. 1 GmbHG; § 39 Abs. 1 Nr. 5 InsO).	Zunächst muss 3. den sicherungsgebenden Gesellschafter in Anspruch nehmen; soweit er dabei ausfällt, ist er einfacher Insolvenzgläubiger (§ 32a Abs. 2 GmbHG)	Rückzahlungsverbot, soweit Stammkapital betroffen ist (§ 30 Abs. 1 GmbHG analog)	Grundsätzlich Rückzahlungsanspruch des 3.; Rückzahlungsverbot nur, wenn Dritter dem Gesellschafter gleichzustellen ist (§ 30 Abs. 1 GmbHG analog)
Rückzahlung erfolgt	Anfechtbarkeit der Rückzahlung (§ 135 Nr. 2 InsO) und Anspruch auf Rückgewähr (§ 143 InsO), wenn Rückzahlung im letzten Jahr vor Insolvenzeröffnung oder danach erfolgte	Erstattungsanspruch der Gesellschaft gegen den sicherungsgebenden Gesellschafter (§ 32b S. 1 GmbHG), der durch Anfechtung geltend zu machen ist	Erstattungsanspruch der Gesellschaft (§ 31 Abs. 1 GmbHG analog)	Erstattungsanspruch der Gesellschaft gegen den sicherungsgebenden Gesellschafter (§§ 30 Abs. 1, 31 Abs. 1 GmbHG analog)

Ist die Rückzahlung erfolgt, so ist bei der **Beweislast** wie folgt zu unterscheiden   27

- Leistung auf ein Gesellschafterdarlehen ein Jahr vor Stellung des Insolvenzantrags mit Eigenkapital ersetzendem Charakter (§ 135 Nr. 2 InsO): dem Gesellschafter ist der Nachweis abgeschnitten, dass im Zahlungszeitpunkt ein Krise nicht mehr bestanden habe (Durchsetzungssperre entfallen); vielmehr wird im Interesse des Gläubigerschutzes der Eigenkapital ersetzenden Charakter der Gesellschafterhilfe für den Zeitpunkt der Rückzahlung unwiderleglich vermutet.

- Für alle anderen Fälle gilt: Verlangt eine Gesellschaft oder in ihrer Insolvenz der Insolvenzverwalter von einem Gesellschafter die Rückzahlung der Leistung nach den Grundsätzen des Eigenkapitalersatzes, so muss die Gesellschaft/ der Insolvenzverwalter darlegen und beweisen, dass sich die Gesellschaft im Zeitpunkt der Leistung in der Krise befand.

28 Die Eigenkapitalfunktion von Gesellschafterleistungen kann sich auch aufgrund schuldrecht-licher Vereinbarungen ergeben. Vereinbaren der darlehensgewährende Gesellschafter und die Gesellschaft, dass die Forderung des Gesellschafters im Rang hinter die Forderungen aller ande-ren Gläubiger zurücktritt (**Rangrücktritt**) und nur aus künftigen Gewinnen oder sonstigem un-gebundenem Vermögen getilgt wird (**qualifizierter Rangrücktritt**), folgt der Eigenkapital erset-zende Charakter bereits aus dieser Vereinbarung.

Die **Verjährung** von Ansprüchen der Gesellschaft auf Erstattung von zu Unrecht zurückgezahlten Eigenkapital ersetzenden Leistungen ergibt sich aus einer analogen Anwendung entsprechender Verjährungsregeln im GmbH- und Aktienrecht (§ 62 Abs. 3 AktG, § 31 Abs. 5 GmbHG).

b) Eigenkapitalersatz bei Gesellschafterleistungen

ba) Darlehensgewährung

29 Die Umqualifizierung von Fremd- in Eigenkapital tritt ein, wenn ein Gesellschafter seiner Gesell-schaft in der Krise ein **Darlehen** gewährt, obwohl ihr ein ordentlicher Kaufmann Eigenkapital zu-geführt hätte; Rechtsfolge ist dann die Stellung als nachrangiger Gläubiger im Insolvenzverfahren (§ 32a Abs. 1 GmbHG). In bestimmten Fällen werden Leistungen Dritter wie Gesellschafterleis-tungen behandelt. Die Krise der Gesellschaft muss im Zeitpunkt der Überlassung der Leistungen bestehen; vor einer Krise und nach einer nachhaltigen Behebung der Krise greifen die Eigenkapi-talersatzregelungen nicht.

Bei einem **Darlehen** handelt es sich in der Regel um die Überlassung eines Geldbetrags (§ 488 BGB); daneben fallen unter den Begriff auch Sachdarlehen (die Überlassung vertretbarer Sachen, § 607 BGB; etwa Rohstoffe, Waren oder beleihbarer Wertpapiere), die Einräumung einer Kre-ditlinie oder laufende Vorfinanzierung von Lieferantenforderungen ähnlich einem Dispositions-kredit.

bb) Gesellschafter

30 Die Regeln des Eigenkapitalersatzes bei Gesellschafterleistungen greifen nur ein, wenn der **Leis-tende** zum maßgebenden Zeitpunkt eine **Gesellschafterstellung** innehatte. Deshalb ist ein vor dem Eintritt in die Gesellschaft gewährtes Darlehen – sowie nicht das Sanierungsprivileg eingreift – nur dann Eigenkapital ersetzend, wenn die Voraussetzungen des Stehenlassens vorliegen. Das spätere Ausscheiden eines Gesellschafters ändert nichts an der Eigenschaft als Kapitalersatz, wenn eine Gesellschafterleistung in der Krise gewährt oder belassen wird.

Ein der Gesellschaft in gesunden Verhältnissen gewährtes Darlehen wird zum Eigenkapital er-setzenden Darlehen, wenn der Gesellschafter die Leistung in der Krise trotz Möglichkeit einer Rückforderung belassen hat (**Stehen lassen eines Darlehens**) und er erkennen konnte, dass die Darlehensvaluta nunmehr als Kaitalgrundlage unentbehrlich ist. Es wird daher bewertet wie ein erstmalig in der Krise hingegebenes Darlehen.

bc) gleichgestellte Dritte

31 Unter bestimmten Voraussetzungen werden Darlehen von Nichtgesellschaftern (Dritten) wie Gesellschafterdarlehen behandelt (**gleichgestellte Dritte**). Zu unterscheiden sind dabei zwei Fall-gruppen:

- das Darlehen stammt wirtschaftlich von einem Dritten, dieser muss sich aber aus bestimmten Gründen eigenkapitalersetzrechtlich wie ein Gesellschafter behandeln lassen (z.B. **mittelbare Beteiligung**, Nießbrauch, Pfandrecht).

- Das Darlehen stammt wirtschaftlich von einem Gesellschafter, formal wird es jedoch über einen Dritten gewährt (**Umgehungsfälle**)

bd)   Krise der Gesellschaft

Krise der Gesellschaft   32

Die Gesellschaft befindet sich in der Krise, wenn sie kredit- bzw. überlassungsunwürdig ist. Hier lassen sich die nachstehend genannten Fallgruppen unterscheiden, die für das Vorliegen einer Krise nicht kumulativ vorliegen müssen, bei denen es sich also um eigenständige, in ihren Anwendungsvoraussetzungen voneinander unabhängige Tatbestände einer Krise im Sinne des Eigenkapitalersatzrechts handelt.

Insolvenzreife   33

Kreditunwürdigkeit liegt immer vor, wenn die Gesellschaft insolvenzreif ist, also wegen Zahlungsunfähigkeit oder Überschuldung Insolvenzantragspflicht besteht oder sie von dritter Seite zu marktüblichen Bedingungen ohne Besicherung durch ihre Gesellschafter keinen Kredit erhalten könnte und ohne die Zuführung oder stehen lassen von Gesellschaftermitteln liquidiert werden müsste.

Kreditunwürdigkeit ohne Insolvenzreife   34

Aber auch ohne das Vorliegen von Insolvenzgründen befindet sich eine Gesellschaft in der Krise, wenn die zur Fortführung der Gesellschaft erforderlichen Mittel von einem Dritten nicht gewährt werden. Diese Kreditunwürdigkeit ist nach objektiven Kriterien danach zu beurteilen, ob ein vernünftiger Dritter bei Kenntnis aller Umstände unter denselben Bedingungen wie der Gesellschafter ein Darlehen oder eine vergleichbare Leistung gewährt hätte. Dies ist im Wege des Rückschlusses aus den Indizien des Einzelfalls im Rahmen der Gesamtwürdigung aller Umstände abzuleiten.

c)   Rechtsfolgen der Umqualifizierung

Die Rechtsfolgen der Einstufung einer Gesellschafterleistung als Eigenkapital ersetzend hängen   35
davon ab, ob sich die Gesellschaft im Insolvenzverfahren befindet oder nicht und ob die Gesellschafterleistung zurückgezahlt wurde oder nicht.

ca)   Insolvenzverfahren

- **Leistung** wurde der Gesellschaft **belassen**:der Rückzahlungsanspruch des Gesellschafters   36
  ist im Insolvenzverfahren eine nachrangige Insolvenzforderung (§ 32a Abs. 1 GmbHG, § 39 Abs. 1 Nr. 5 InsO); in der Praxis wird eine solche bei der Verteilung regelmäßig nicht einmal teilweise bedient.

- **Leistung bereits zurückbezahlt**: der Insolvenzverwalter kann die Rückzahlung anfechten und Rückgewähr an die Insolvenzmasse verlangen (falls die Rückzahlung im letzten Jahr vor dem Eröffnungsantrag oder nach dem Antrag vorgenommen worden ist; § 135 Nr. 2 InsO, § 143 Abs. 1, S. 1 InsO).

cb) Außerhalb des Insolvenzverfahrens

37 Die Rechtsprechung wendet – mangels gesetzlicher Regelung – außerhalb eines Insolvenzverfahrens die Vorschriften des GmbHG zum Rückzahlungsverbot an.

- **Leistung** wurde der Gesellschaft **belassen**: die Leistung darf an den Gesellschafter nicht zurückgezahlt werden, wenn und soweit das zur Erhaltung des Stammkapitals erforderlich ist (§ 30 Abs. 1 GmbHG analog). Eine Rückzahlung darf erst erfolgen wenn das Stammkapital der Gesellschaft nachhaltig wiederhergestellt ist (Darlehensrückzahlung kann aus freiem, die Kapitalziffer übersteigendem Vermögen erfolgen).

- **Leistung bereits zurückbezahlt**: die Gesellschaft hat einen Erstattungsanspruch gegen den Gesellschafter soweit die Rückzahlung zu einer Unterbilanz oder einer Überschuldung geführt hat (§ 31 Abs. 1 GmbHG analog). Ist die Erstattung von dem Empfänger nicht zu erlangen, so haften für den zu erstattenden Betrag, soweit er zur Befriedigung der Gesellschaftsgläubiger erforderlich ist, die übrigen Gesellschafter nach dem Verhältnis ihrer Geschäftsanteile (§ 31 Abs. 3 GmbHG).

d) Sonderfälle

da) Sanierungsprivileg

38 Für die Fälle, in welchen ein Darlehensgeber bereit ist, der Gesellschaft weitere Mittel zuzuführen, aber Mitwirkungsrechte auf Gesellschafterebene beansprucht, hat der Gesetzgeber das sog. **Sanierungsprivileg** geschaffen.

Erwirbt ein Darlehensgeber in der Krise der Gesellschaft Geschäftsanteile zum Zweck der Überwindung der Krise, führt dies für seine bestehenden oder neu gewährten Kredite nicht zur Anwendung der Regeln über den Eigenkapitalersatz (§ 32 a Abs. 3 S. 3 GmbHG; **Sanierungsprivileg**). Besondere Anforderungen an die Höhe der Beteiligung oder die Person des Sanierungsgesellschafters stellt das Gesetz nicht.

db) Finanzplandarlehen

39 Weiter werden Finanzplandarlehen wie Eigenkapital behandelt, ohne dass es einer Umqualifizierung nach dem Eigenkapitalersatzrecht bedarf. Bei einem **Finanzplandarlehen** handelt es sich nicht um Eigenkapital ersetzende Gesellschafterleistungen, sondern um Kredite oder sonstige Gesellschafterleistungen, die der Gesellschaft durch die Gesellschafter auf Grund einer besonderen schuldrechtlichen Vereinbarung zusätzlich zu ihren Einlagen zur Verfügung gestellt werden (**gesplittete Einlageverpflichtung**) und auf welche die Gesellschaft nach ihrer Finanzplanung dringend angewiesen ist (Finanzierung der Gesellschaft durch die Kombination von Eigen- und Fremdfinanzierung durch die Gesellschafter). Diese Finanzplandarlehen sind bereits aufgrund der schuldrechtlichen Vereinbarung des Gesellschafters mit der Gesellschaft Eigenkapital.

40 Als Voraussetzungen gelten:

- Verpflichtung zur langfristigen Überlassung
- Fehlen einer Kündigungsmöglichkeit
- ungewöhnliche Darlehensbedingungen
- Unentbehrlichkeit des Darlehens für die Aufnahme weiterer Drittkredite

dc)   mittelbare Gesellschafterleistungen

Um Umgehungen zu verhindern, kommt das Recht der Eigenkapital ersetzenden Leistungen auch zur Anwendung, wenn zwar die Leistung durch einen Dritten erfolgt, jedoch ein Gesellschafter für die Leistung eine Sicherung bestellt, oder sich dafür verbürgt hat (Eigenkapitalersatz bei gesellschafterbesicherten Leistungen Dritter, **mittelbare Gesellschafterleistung**, § 32a Abs. 2 GmbHG). Eigenkapital ersetzende Gesellschafterleistungen können damit auch durch die Gewährung von Kreditsicherheiten erbracht werden, weil der Gesellschafter zwischen beiden Formen der Fremdfinanzierung in Ausübung seiner Finanzierungsfreiheit beliebig wählen kann und sie unter dem Gesichtspunkt der Erhaltung der Lebensfähigkeit der Gesellschaft wirtschaftlich austauschbar sind. Nicht zu verwechseln sind diese Fälle mit Leistungen Dritter, die wie Leistungen eines Gesellschafters behandelt werden (**Drittleistungen**).   41

Mittelbare Gesellschafterleistungen sind unter den folgenden Voraussetzungen Eigenkapital ersetzend (§ 32a Abs. 2 , 3 GmbHG):   42

- als unmittelbare Leistung durch den Gesellschafter würden sie den Eigenkapitalersatzregeln unterliegen (in der Krise gewährt oder stehen gelassen werden),
- sie werden von einem gesellschaftsfremden Dritten gestellt **und**
- ein Gesellschafter oder ein diesem Gleichgestellter stellt hierfür eine Sicherheit.

Die Leistung des Dritten (**Drittleistung**) kann grundsätzlich aus jeder Art Fremdmittel bestehen, die den benötigten Finanzbedarf der Gesellschaft befriedigt. In der Praxis ist der Drittgläubiger häufig ein Kreditinstitut; möglich ist jedoch jeder andere Dritte, der nicht Gesellschafter, oder diesem gleichgestellt ist (z.B. Lieferanten, Vermieter oder Arbeitnehmer). Auch hier kommt neben der Stellung der Sicherheit auch das Stehen lassen einer Kreditsicherheit in der Krise in Betracht.   43

Als gestellte Sicherheiten kommen neben der im Gesetz genannten Bürgschaft (§ 32a Abs. 2 GmbHG) alle Real- und Personalsicherheiten (Grundpfandrechte, Sicherungsübereignung, Sicherungszession, Schuldbeitritt etc.) in Betracht.   44

Die Rechtsfolgen, die eine Gesellschaftersicherung als Eigenkapital ersetzend hat, wird auch hier nach den oben bereits erläuterten Grundsätzen beurteilt.

B.   (Regel-)Insolvenzverfahren

Das **Insolvenzverfahren** soll die bestmögliche und gemeinschaftliche, d.h. gleichmäßige und anteilige Befriedigung der Insolvenzgläubiger (§ 1 S. 1 InsO) herbeiführen; die Erhaltung des Schuldnerunternehmens ist dabei nur ein möglicher Weg zur Gläubigerbefriedigung. Wird ein Insolvenzverfahren eröffnet, so bietet das Gesetz im Rahmen des Hauptverfahrens zwei Wege an, die jeweils mit der Eigenverwaltung verknüpft werden können.   45

Das **Regelinsolvenzverfahren** führt im Normalfall zur Zerschlagung des Unternehmens und Liquidation des Vermögens, schließt aber eine (übertragende) Sanierung nicht aus.

Weiter steht das **Insolvenzplanverfahren** zur Verfügung, das in der Praxis insbesondere der Sanierung insolventer Unternehmen dient, aber auch eine vom Regelinsolvenzverfahren abweichende Form der Verwertung und Verteilung zum Inhalt haben kann.

Im Folgenden wird nur auf das Regelinsolvenzverfahren abgestellt werden.

I.   Eröffnungsverfahren

1.   Allgemeines

46   Das Insolvenzverfahren wird **nur auf Antrag** der schuldnerischen Gesellschaft oder eines Gläubiger **eröffnet** (keine Verfahrenseröffnung von Amts wegen; § 13 Abs. 1 InsO). Geht ein **Eröffnungsantrag** beim Insolvenzgericht ein, so beginnt damit das **Eröffnungsverfahren**, in dem geprüft wird, ob die Voraussetzungen zur Eröffnung des Insolvenzverfahrens vorliegen (Zuständigkeit des Gerichts, Insolvenzfähigkeit der schuldnerischen Gesellschaft und Vorliegen eines Insolvenzgrundes).

Weiterhin ordnet das Gericht Sicherungsmaßnahmen an, um bis zur Entscheidung über den Antrag eine nachteilige Veränderung in der Vermögenslage der Gesellschaft zu verhindern. Weiter wird geprüft, ob das schuldnerische Vermögen voraussichtlich ausreichen wird, um die Kosten des Verfahrens zu decken; ist das der Fall, so eröffnet das Gericht das Insolvenzverfahren. Andernfalls weist es den Eröffnungsantrag mangels Masse ab.

Das **zuständige Insolvenzgericht** ist grundsätzlich das Amtsgericht, in dessen Bezirk ein Landgericht seinen Sitz hat; ausschließlich zuständig ist es dann für den Bezirk dieses Landgerichts.

Örtlich zuständig ist das Insolvenzgericht, in dessen Bezirk die schuldnerische Gesellschaft zu Zeit des Antrags ihren allgemeinen Gerichtsstand hat (§ 3 Abs. 1 S. 1 InsO).

Mit Ausnahme der stillen Gesellschaft sind alle Kapital- und Personengesellschaften **insolvenzfähig** (§ 11 Abs. 1 S. 2 InsO).

2.   Insolvenzgründe

47   Als **Insolvenzgründe** kommen in Betracht die (drohende) Zahlungsunfähigkeit und die Überschuldung. Bei Eintritt eines Insolvenzgrundes besteht abhängig von der Gesellschaftsform die Pflicht zur Stellung eines fristgerechten Insolvenzantrags sowie ein Zahlungsverbot. Besonderheiten bestehen bei mehreren Antragsberechtigten und bei der Antragsrücknahme.

a)   Zahlungsunfähigkeit

48   Die **Zahlungsunfähigkeit** als Insolvenzgrund ist der in der Praxis Häufigste. Ein Schuldner ist zahlungsunfähig, wenn er gegenwärtig **nicht in der Lage** ist, die fälligen **Zahlungsverpflichtungen zu erfüllen** (§ 17 Abs. 2 S. 1 InsO). Abzugrenzen ist die Zahlungsunfähigkeit von der vorübergehenden bloßen Zahlungsstockung. Eine solche liegt vor, wenn dabei der Zeitraum nicht überschritten wird, den eine kreditwürdige Person benötigt, um sich die erforderlichen Finanzmittel zu beschaffen; dafür sind drei Wochen erforderlich, aber auch ausreichend.[3]

Bei der Liquiditätsbetrachtung sind dabei zu einem bestimmten Stichtag die fälligen Zahlungsverbindlichkeiten der Summe an liquiden Mitteln gegenüberzustellen.

Beträgt die innerhalb von drei Wochen nicht zu beseitigende Liquidationslücke weniger als 10 % der fälligen Gesamtverbindlichkeiten, ist regelmäßig von **Zahlungsfähigkeit** auszugehen.

---

3   BGH v. 24.05.2005, IX-ZR-123/04; BB 2005, 1923.

Beträgt die Liquiditätslücke 10 % oder mehr ist regelmäßig von einer **Zahlungsunfähigkeit** auszugehen.

Indizien für die Zahlungsunfähigkeit können z.B. sein: Zahlungen mit ungedeckten oder vordatierten Schecks, Verschleuderungsverkäufe, eine Vielzahl von Einzelvollstreckungsmaßnahmen, Nichtzahlung von Lohn an Arbeitnehmer, Kreditkündigungen durch die Bank, Verkauf von betriebsnotwendigem Anlagevermögen.

Die Zahlungseinstellung begründet eine widerlegbare Vermutung für das Vorliegen von Zahlungsunfähigkeit (§ 17 Abs. 2 S. 1 InsO); diese liegt bereits dann vor, wenn der Schuldner nur noch Neuschulden begleicht, Altforderungen hingegen, insbesondere solche, die wesentlich höher sind als die Neuverbindlichkeiten, nicht innerhalb eines Zeitraums von etwa einem Monat bedient.

b)   Drohende Zahlungsunfähigkeit

Die **drohende Zahlungsunfähigkeit** liegt vor, wenn der Schuldner voraussichtlich nicht in der Lage sein wird, die bestehenden Zahlungspflichten im Zeitpunkt der Fälligkeit zu erfüllen (§ 18 Abs. 2 InsO). Sie erfordert eine **Prognose der zukünftigen Zahlungsströme**. Hierbei ist zu beurteilen, ob der Eintritt der Zahlungsunfähigkeit wahrscheinlicher ist als deren Vermeidung. Außer Betracht bleibt bei der Prognose eine vorübergehende Zahlungsstockung oder eine geringfügige Liquidationslücke. Zur Begründung des Antrags müssen die vorhandene Liquidität und die Einnahmen den Verbindlichkeiten, die bereits fällig sind oder bis zum Zeitpunkt der Antragsstellung voraussichtlich fällig werden, gegenübergestellt werden. Der Schuldner, der seinen Eröffnungsantrag auf drohende Zahlungsunfähigkeit stützt, kann vom Gericht aufgefordert werden, einen Liquidationsplan einzureichen, der die zu erwartenden Einnahmen mit berücksichtigt.

49

c)   Überschuldung

Die **Überschuldung** liegt vor, wenn das Vermögen des Schuldners die bestehenden Verbindlichkeiten nicht mehr deckt (§ 19 Abs. 2 InsO). Bei der Bewertung des Vermögens des Schuldners ist jedoch die Fortführung des Unternehmens zugrundezulegen, wenn diese nach den Umständen überwiegend wahrscheinlich ist. Daraus ergibt sich, dass die Überschuldung im Wege einer (maximal) dreistufigen Prüfung festzustellen ist.

50

ca)   Überschuldungsbilanz mit Liquidationswerten

Als **erstes** ist eine Sonderbilanz (Überschuldungsbilanz) zu erstellen, bei der die Bewertung nach Liquidationswerten erfolgt (**Überschuldungsbilanz mit Liquidationswerten**), also so, als würde das Unternehmen liquidiert werden. Ergibt sich danach eine Überschuldung, so ist in einem **zweiten Schritt** zu ermitteln, ob das Unternehmen fortführungsfähig ist.

51

cb)   Fortführungsprognose

Die **Fortführungsprognose** ist ein zentrales Element der Überschuldungsprüfung. Sie erfordert die Erstellung eines schlüssigen Unternehmenskonzeptes und eine darauf gründende Finanzplanung sowie einer Liquiditätsprognose. Der Prognosezeitraum wird meist zwei Jahre umfassen. Die Fortbestehensprognose sollte als integrierte Bilanz-, Liquiditäts- und Ergebnisplanung ausgestaltet sein (unterjähriger Abrechnungszeitraum; in der Regel der Monat). Ist die Fortführungs-

52

prognose negativ, so liegt Überschuldung vor. Ist sie positiv, so ist in einem **dritten Schritt** eine Überschuldungsbilanz zu erstellen, jedoch mit **Fortführungswerten**.

cc)   Überschuldungsbilanz mit Fortführungswerten

53   Im Rahmen dieser Prüfung werden die Aktiva und Passiva so bewertet, als würde das Unternehmen fortgesetzt (§ 19 Abs. 2 S. 2 InsO). Sie sind also mit einem Betrag anzusetzen, der ihnen als Bestandteil des Gesamtkaufpreises zukäme. Auf der **Aktivseite** sind auch nicht bilanzierungsfähige oder einem Bilanzierungsverbot unterliegende Vermögenswerte anzusetzen (z.B. selbst geschaffene immaterielle Wirtschaftsgüter), stille Reserven sind aufzulösen.

Auf der **Passivseite** sind grundsätzlich alle Verbindlichkeiten zu berücksichtigen, also auch Rückzahlungspflichten aus Eigenkapital ersetzenden Darlehen. Dies gilt nur dann nicht, wenn der darlehensgebende Gesellschafter einen qualifizierten Rangrücktritt (Erklärung, dass die Forderung erst nach der Befriedigung sämtlicher Gläubiger gleichzeitig mit den Einlagenrückgewähransprüchen der Mitgesellschafter zurückzuzahlen ist).

Ergibt sich danach immer noch, dass Überschuldung vorliegt, so ist ein Insolvenzantrag zu stellen.

3.   Antragspflicht und Antragsrecht des Schuldners

54

Rechtsform/ Insolvenzgrund	AG, GmbH KGaA, Limited	GmbH & Co. KG (§ 19 Abs. 3 InsO)	Personengesellschaften (§ 19 Abs. 3 InsO)
Überschuldung	Antragspflicht	Antragspflicht	kein Insolvenzgrund
Zahlungsunfähigkeit	Antragspflicht	Antragspflicht	Antragsrecht
drohende Zahlungs- unfähigkeit	Antragsrecht	Antragsrecht	Antragsrecht

Die Antragspflicht und das Antragsrecht bestehen bei der AG für jeden Vorstand (§ 92 Abs. 2 AktG), bei der GmbH für jeden Geschäftsführer (§ 64 Abs. 1 GmbHG).

Antragspflicht und Antragsrecht bestehen für die GmbH & Co. KG für jeden Geschäftsführer der Komplementär-GmbH (§ 130 a Abs. 1 HGB, § 177 a HGB).

55   Antragsfrist und Insolvenzverschleppung

Besteht eine **Pflicht zur Stellung eines Insolvenzantrags**, so ist dieser **ohne schuldhaftes Zögern** (§ 121 Abs. 2 S. 1 BGB), spätestens aber drei Wochen nach Eintritt des Insolvenzgrunds zu stellen. Diese Antragsfrist ist eine Ausschlussfrist, die unter keinen Umständen verlängert werden kann. Die Frist ist unbedingt für Sanierungsmaßnahmen zu nutzen. Führen diese kurzfristig zum Wegfall des Insolvenzgrundes, so entfällt die Antragspflicht. Ist abzusehen, dass mit einer fristgerechten Sanierung nicht ernsthaft zu rechnen ist, ist der Insolvenzantrag früher zu stellen. Der Antragspflichtigen Person ist dabei ein gewisser Beurteilungsspielraum zuzubilligen, wobei es auf die **Sicht eines ordentlichen Geschäftsleiters** ankommt, der sich **notfalls fachkundig beraten** lassen muss.

Wird die Frist nicht gewahrt, so drohen der antragspflichtigen Person Sanktionen wegen Insolvenzverschleppung:

■   Freiheitsstrafe bis zu drei Jahren oder Geldstrafe (§ 84 Abs. 1 Nr. 2 GmbHG, § 401 Abs. 1 Nr. 1 AktG, § 130 b HGB)

- Pflicht zur Erstattung von Massekostenvorschüssen
- Schadenseratzpflicht gegenüber den Gläubigern der Gesellschaft (§ 823 Abs. 2 BGB i.V.m. § 64 Abs. 1 GmbHG, § 92 Abs. 2 AktG, § 130 a Abs. 1 HGB; Verjährung fünf Jahre, nicht wie sonst drei Jahre).

Gläubiger können einen Insolvenzantrag nur bei Zahlungsunfähigkeit und Überschuldung stellen. Der Antrag eines Gläubigers hat folgende Voraussetzungen: 56

- formgerecht gestellt (schriftlich oder zu Protokoll der Geschäftsstelle, § 4 InsO i. v. m. § 496 ZPO)
- Antragsberechtigung
- rechtliches Interesse an der Eröffnung des Insolvenzverfahren **und**
- Glaubhaftmachung der Forderung und des Insolvenzgrundes.

Ist der Antrag zulässig, so hat das Insolvenzgericht den Schuldner zu hören (14 Abs. 2 InsO).

Stellt die Gesellschaft den Antrag, so sind die folgenden Voraussetzungen zu beachten: 57

a) Form und Inhalt des Antrags

Der Antrag kann **schriftlich gestellt** oder **mündlich zu Protokoll** der Geschäftsstelle erklärt werden (§ 4 InsO i.V.m. § 496 ZPO). Weitere Unterlagen (z.B. Gläubiger- und Schuldnerverzeichnis, Übersicht über die Vermögensmasse) müssen dem Antrag noch nicht unbedingt beigefügt sein; die Einforderung dieser Unterlagen ist Sache des Insolvenzgerichts. Jedoch muss der Schuldner in seinem Antrag in nachvollziehbarer Form Tatsachen mitteilen, welche die wesentlichen Merkmale eines Eröffnungsgrundes enthalten. Hat der Schuldner die notwendigen Tatsachen mitgeteilt, so beginnt die Amtsermittlungspflicht des Gerichts; fehlende Angaben und Unterlagen müssen notfalls mit Zwangsmitteln eingefordert werden (§ 20 Abs. 1 S. 2 InsO).

b) Mehrere Antragsberechtigte/-verpflichtete

Gibt es zwischen mehreren antragsberechtigten/-verpflichteten Personen Uneinigkeit über das Vorliegen eines Insolvenzgrundes und wird deshalb der Antrag nicht von allen gestellt, so ist zu unterscheiden: 58

Zahlungsunfähigkeit und Überschuldung: jede dieser Personen ist für sich allein antragsberechtigt (egal ob allein- oder gesamtvertretungsberechtigt); besteht Antragspflicht, so hat der Antrag einer einzelnen Person (oder mehrerer Personen) befreiende Wirkung für diejenigen Verpflichteten, die den Antrag nicht gestellt haben. 59

drohende Zahlungsunfähigkeit: der Antragsteller muss alleinvertretungsberechtigt oder mehrere Antragsteller müssen gesamtvertretungsberechtigt sein (§ 18 Abs. 3 InsO). 60

c) Rücknahme des Schuldnerantrags

Der Antrag kann wieder zurückgenommen werden bis das Insolvenzverfahren eröffnet oder der Antrag rechtskräftig abgewiesen ist (§ 13 Abs. 2 InsO). Im Fall einer Rücknahme gilt der Antrag als nicht gestellt; die Kostenlast trifft die Gesellschaft (§ 4 InsO; § 269 Abs. 3 ZPO). Eventuell bestehende Antragspflichten leben deshalb nach Rücknahme für alle Betroffenen wieder auf. 61

4.   Maßnahmen zur Sicherung des Schuldnervermögens

62   Ist der Insolvenzantrag zulässig, so muss das Insolvenzgericht alle **Sicherungsmaßnahmen treffen**, um bis zur Entscheidung über den Antrag nachteilige Veränderungen in der Vermögenslage des Unternehmens zu verhindern (§ 21 InsO).

a)   Anordnung und Aufhebung der Sicherungsmaßnahmen

63   Sicherungsmaßnahmen werden durch Beschluss angeordnet und aufgehoben. Sollen Haft oder eine vorläufige Postsperre angeordnet werden, so ist der **Schuldner vorher zu hören**. Gegen den Beschluss kann der Schuldner sofortige Beschwerde einlegen (keine aufschiebende Wirkung, § 21 Abs. 1 S. 1 InsO).

64   Sicherungsmaßnahmen müssen **verhältnismäßig** sein. Die vorgesehene Maßnahme muss geeignet, erforderlich und angemessen sein, um den angestrebten Zweck zu erreichen. Dabei ist bei mehreren tauglichen Maßnahmen diejenige erforderlich, die den Schuldner am wenigsten belastet.

65   Die Sicherungsmaßnahmen sind aufzuheben, wenn die Erforderlichkeit der Maßnahme zur Erfüllung des Sicherungszwecks entfallen ist oder das Sicherungsinteresse entfallen ist, weil eine Entscheidung über den Eröffnungsantrag nicht mehr ergeht (Rücknahme des Antrags, Abweisung des Antrags mangels Masse).

66   Das Gericht hat von Amts wegen alle Umstände zu ermitteln, die für das Insolvenzverfahren von Bedeutung sind, dazu beauftragt es häufig zunächst einen **Sachverständigen** mit der Erstellung eines Gutachtens, welches feststellt, ob ein Insolvenzgrund vorliegt, welche Aussichten für eine Fortführung des Unternehmens bestehen und ob eine kostendeckende Masse vorhanden ist.

67   Da die vom Gericht zu treffenden **Maßnahmen** vom Gesetzgeber nicht abschließend festgelegt sind, kann das Gericht neben den im Gesetz ausdrücklich genannten Maßnahmen, je nach Lage des Einzelfalls, auch eine Vielzahl sonstiger Maßnahmen anordnen.

68   Durch die Anordnung eines **allgemeinen Verfügungsverbots** (§ 21 Abs. 2 Nr. 2 InsO) werden rechtsgeschäftliche Verfügungen des schuldnerischen Unternehmens über sämtliche Gegenstände der Insolvenzmasse unwirksam (§§ 24 Abs. 1, 81 Abs. 1 InsO). Das Verfügungsverbot ist das wirksamste Mittel um Handlungen zu verhindern, welche die Insolvenzmasse schmälern und damit die Gläubiger benachteiligen könnten. Da das schuldnerische Unternehmen sonst handlungsunfähig wäre, wird gleichzeitig ein **vorläufiger Insolvenzverwalter** bestellt, der eine nichtberechtigte Verfügung des Schuldners nachträglich durch Genehmigung wirksam machen kann (§ 185 Abs. 2 BGB).

69   Ein solcher Beschluss eines Verfügungsverbots ist öffentlich bekannt zu machen und wie die Eröffnung des Verfahrens in verschiedenen Registern und im Grundbuch einzutragen. Er ist dem Schuldner, den Schuldnern des Schuldners (Drittschuldnern) und dem vorläufigen Insolvenzverwalter besonders zuzustellen; zugleich werden die Drittschuldner aufgefordert, nur noch unter Beachtung des Beschlusses zu leisten (§ 23 Abs. 1 InsO).

70   Das Gericht bestellt als Sicherungsmaßnahme einen **vorläufigen Insolvenzverwalter** (§ 21 Abs. 2 Nr. 1 InsO), dessen Stellung unterschiedlich stark ausgeprägt sein kann. Der vorläufige Verwalter ist berechtigt, die Geschäftsräume des schuldnerischen Unternehmens zu betreten und dort Nachforschungen anzustellen. Im Rahmen der Auskunfts- und Mitwirkungspflicht des Schuld-

ners muss ihm auch Einsicht in die Bücher, Geschäftspapiere, Konten und sonstige dem Betriebsgeheimnis unterliegenden Unterlagen gewährt werden (§ 22 Abs. 3 InsO).

Wird ein vorläufiger Inslovenzverwalter bestellt und dem Schuldner zugleich ein allgemeines 71 Verfügungsverbot auferlegt, so geht die Verwaltungs- und Verfügungsbefugnis über das schuldnerische Vermögen auf den vorläufigen Insolvenzverwalter über (§ 22 Abs. 1 InsO; **starker vorläufiger Insolvenzverwalter**). Dieser ist mit weitreichenden Kompetenzen ausgestattet, die den Rechten des endgültigen Insolvenzverwalters im Hauptverfahren nahe kommen. Verwertungsmaßnahmen sind im Eröffnungsverfahren allerdings nur zulässig, wenn dies für die Sicherung des schuldnerischen Unternehmens unverzichtbar sind oder zeitlich befristete extrem günstige Verwertungsmöglichkeiten bestehen. Die **Aufgabenbereiche** des **starken vorläufigen Insolvenzverwalters** sind dabei im wesentlichen:

- Sicherung und Erhaltung des schuldnerischen Vermögens
- Fortführung des schuldnerischen Unternehmens
- Prüfung der Massekostendeckung
- Prüfung des Insolvenzgrundes und der Fortführungsaussichten
- Führung von Prozessen

Wird ein vorläufiger Insolvenzverwalter ohne allgemeines Verfügungsverbot für die schuldne- 72 rische Gesellschaft bestellt, so bleibt die Verfügungsbefugnis grundsätzlich beim schuldnerischen Unternehmen; das Gericht legt dann die Pflichten des vorläufigen Insolvenzverwalters im Einzelnen fest (§ 22 Abs. 2 InsO; **schwacher vorläufiger Insolvenzverwalter**). Seine Stellung kann von der eines bloßen Beraters bis hin zur faktischen Position eines starken Verwalters reichen, darf aber nicht über dessen Pflichten und Befugnisse hinausgehen (§ 22 Abs. 2 InsO). Möglich ist es, der schuldnerischen Gesellschaft ein besonderes Verfügungsverbot für bestimmte Positionen aufzuerlegen, dem Insolvenzverwalter insoweit die Verfügungsbefugnis zu übertragen und ihn zu ermächtigen, diesbezügliche Masseverbindlichkeiten zu begründen. Dadurch wird die Möglichkeit eröffnet, profitable Firmenteile bereits im Eröffnungsverfahren zu verkaufen und damit die Sanierungschancen zu erhöhen.

Das **Amt des vorläufigen Insolvenzverwalters** endet mit der Abweisung des Insolvenzantrags 73 mangels Masse oder mit der Eröffnung des Verfahrens, wenn das Gericht für das Hauptverfahren einen anderen Insolvenzverwalter benennt.

13

Erst im Berichtstermin nach Eröffnung des Haupterfahrens entscheiden die Gläubiger, ob das schuldnerische Unternehmen saniert und fortgeführt, oder liquidiert werden soll. Damit eine eventuelle Sanierung nicht durch **Zwangsvollstreckungsmaßnahmen** von vornherein unmöglich gemacht wird, können solche bereits im Eröffnungsverfahren unterbunden werden.

Ordnet das Gericht auf Antrag des vorläufigen Insolvenzverwalters oder von Amts wegen eine 74 **vorläufige Postsperre** an (§ 21 Abs. 2 Nr. 4 InsO, § 99 InsO), so sind alle für die betroffenen Personen eingehenden, die Insolvenzmasse betreffenden Sendungen dem vorläufigen Insolvenzverwalter zuzuleiten; dieser ist berechtigt, sie zu öffnen und einzusehen. Mit dieser Maßnahme sollen Informationen über die Insolvenzmasse erhalten werden und der Schuldner davon abgehalten werden, seinen Briefverkehr (auch e-mail) dazu zu benutzen, den Zugriff der Gläubiger auf Gegenstände der Insolvenzmasse zu erschweren oder zu vereiteln. Die Postsperre darf nur bei Anzeichen einer Gefährdung der Insolvenzmasse durch das Gericht angeordnet werden (Grund: Eingriff in das Grundrecht des Brief-, Post- und Fernmeldegeheimnisses, Art. 10 GG). Die Sicherungsmaßnahme betrifft die Mitglieder der Vertretungs- und Aufsichtsorgane und die vertretungsberechtigten persönlich haftenden Gesellschafter (§ 101 Abs. 1 S. 1 InsO).

b)   Entscheidung des Insolvenzgerichts

75   Das Eröffnungsverfahren endet mit einem Beschluss des Insolvenzgerichts, durch den die Eröffnung des Verfahrens mangels Masse abgewiesen oder aber das Verfahren eröffnet wird. Die Verfahrenseröffnung erfolgt bereits dann, wenn eine die Verfahrenskosten deckende Insolvenzmasse vorhanden ist. Der Beschluss kann mit einer sofortigen Beschwerde angefochten werden.

ba)   Abweis mangels Masse

76   Wird die Insolvenzmasse voraussichtlich nicht ausreichen, im die Verfahrenskosten zu decken (**Masselosigkeit**), so weist das Gericht den Antrag auf Eröffnung des Verfahrens ab, sofern kein Massekostenvorschuss geleistet wird (§ 26 Abs. 1 InsO; **Abweisung des Eröffnungsantrags mangels Masse**). Die Abweisung des Antrags auf Eröffnung des Insolvenzverfahrens mangels Masse unterbleibt, wenn ein Geldbetrag vorgeschossen wird, der die voraussichtlichen Verfahrenskosten abdeckt (§ 26 Abs. 1 S. 2 InsO). Der Vorschussleistende hat einen Anspruch auf Erstattung des geleisteten Bertrags, wenn nach der Eröffnung des Verfahrens Geldmittel frei werden und dadurch die Verfahrenskosten gedeckt sind.

77   Ob die Insolvenzmasse werthaltig genug ist, um die Verfahrenskosten zu decken, berechnet sich durch einem Vergleich zwischen dem verwertbaren, d.h. dem in angemessener Zeit in Geld umwandelbaren Vermögen der schuldnerischen Gesellschaft mit den voraussichtlichen Kosten für das gesamte Insolvenzverfahren.

78   Zur **Insolvenzmasse** zählt das gesamte Vermögen, das dem schuldnerischen Unternehmen zur Zeit der Eröffnung des Verfahrens gehört und das es während des Verfahrens erlangt (§ 35 InsO); erwirbt der Insolvenzverwalter mit Mitteln der Insolvenzmasse einen Gegenstand, so fällt dieser kraft Surrogation zur Masse.

79   Zu den Kosten des Verfahrens gehören;

- Gerichtskosten

- die Vergütungen und Auslagen des vorläufigen Insolvenzverwalters, des Insolvenzverwalters und der Mitglieder des Gläubigerausschusses (§ 54 InsO).

80   Abhängig von der Rechtsform der Gesellschaft hat die Abweisung des Eröffnungsantrags mangels Masse die Auflösung oder das weitere Bestehen der Gesellschaft zur Folge.

- **Auflösung der Gesellschaft**
    - Kapitalgesellschaften: GmbH (§ 60 Abs. 1 Nr. 5 GmbHG), AG (§ 262 Abs. 1 Nr. 4 AktG) und
    - haftungsbeschränkten Personenhandelsgesellschaften, d.h. bei der OHG und KG **ohne natürliche Person** als Vollhafter (§ 131 As. 2 Nr. 1 HGB, § 161 Abs. 2 HGB).

Die der Auflösung nach Abweisung des Eröffnungsantrags folgende Liquidation und Löschung unterliegt den allgemeinen Regeln.

- **Keine Auflösung der Personengesellschaften** GbR, OHG, KG. Der BGH begründet diese Entscheidung damit, dass durch die Abweisung des Antrags die Befugnis der Gesellschaft, ihr etwaiges Restvermögen zu verwalten, nicht berührt werde. Es bestehe kein Grund, den Gesellschaftern die Möglichkeit zu nehmen, selbst zu entscheiden, was nun weiter geschehen soll. Gläubigerinteressen und solche der Allgemeinheit würden dadurch nicht beeinträchtigt

❗ Praxishinweis:

*Bei Abweisung eines Gläubigerantrags mangels Masse wird in der Rechtspraxis der Gläubiger als Schuldner der **Gerichtskosten** herangezogen, da nach dem Tenor des Beschlusses sein Antrag abgewiesen wurde, er also die unterliegende Partei ist (§ 91 Abs. 1 ZPO). **Im Einzelfall** ist **sorgfältig zu prüfen**, ob die Höhe der Forderung das Risiko rechtfertigt, einen u.U. erfolglosen Insolvenzantrag zu stellen. Die Vergütung des vorläufigen Insolvenzverwalters ist allerdings vom Schuldner zu tragen.*

II.   Eröffnungsbeschluss

Wird das Verfahren **nicht mangels Masse beendet**, so ist der **Eröffnungsbeschluss öffentlich be-   81
kannt zu machen** und auszugsweise im Bundesanzeiger zu veröffentlichen; den Gläubigern, den Drittschuldnern und dem Schuldner ist er gesondert zuzustellen (§ 30 InsO).

Der Eröffnungsbeschluss enthält allgemeine Angaben (§ 27 InsO) wie z.B.   82

■ Schuldnerdaten wie Firma, Geschäftszweig und gewerbliche Niederlassung

■ Name und Anschrift des vom Gericht ernannten Insolvenzverwalters

■ die Stunde der Eröffnung;

■ Eine Aufforderung an die Drittschuldner, nicht mehr an den Schuldner, sondern ausschließ-   83
   lich an die vom Insolvenzverwalter verwaltete Insolvenzmasse zu leisten (§ 28 Abs. 3 InsO).

■ Eine Aufforderung an die **Gläubiger**, ihre Forderungen innerhalb einer vom Gericht zu be-   84
   stimmenden Frist beim Insolvenzverwalter anzumelden; die Anmeldefrist beträgt mindestens
   zwei Wochen und höchstens drei Monate (§ 28 Abs. 1 InsO). Gleichzeitig wird den **absonde-
   rungsberechtigten Gläubigern** aufgetragen, dem Verwalter unverzüglich mitzuteilen, welche
   Sicherungsrechte sie an beweglichen Sachen oder an Rechten des Schuldners haben; wer die
   Mitteilung schuldhaft unterläßt oder verzögert, haftet für den dadurch entstehenden Schaden
   (§ 38 Abs. 2 InsO).

■ Terminbestimmungen für Gläubigerversammlungen im Hauptverfahren (§ 29 InsO)   85

■ für den Berichtstermin (Termin für eine Gläubigerversammlung, in der auf der Grundlage
   eines Berichts des Insolvenzverwalters über den Fortgang des Insolvenzverfahrens beschlossen wird)

■ für den Prüfungstermin (Termin für eine Gläubigerversammlung, in der die angemeldeten
   Forderungen geprüft werden)

Der Eröffnungsbeschluss ist einzutragen im   86

■ Handels- oder Partnerschaftsregister

■ im Grundbuch

III.   Hauptverfahren

Mit der Eröffnung des Verfahren ist nicht automatisch eine Entscheidung in Richtung auf eine   87
Liquidation verbunden; vielmehr ergibt sich die Zielsetzung eines Insolvenzverfahrens oftmals
erst in seinem Verlauf.

13

1. Folgen für die Gesellschaft und ihre Vertragspartner

88   Die Eröffnung des Insolvenzverfahrens hat folgende Auswirkungen auf die Gesellschaft und ihre Vertragspartner:

- die Gesellschaft wird **aufgelöst**; das heißt aber nicht, dass die Gesellschaft beendet ist. Vielmehr **ändert sich** durch die Auflösung der **Gesellschaftszweck**: Aus einer werbenden Gesellschaft wird eine Gesellschaft, deren ausschließlicher Zweck die Verwertung des Gesellschaftsvermögens ist.

  Rechtsgrundlagen der Auflösung:

Gesellschaftsform	Rechtsgrundlage der Auflösung
GbR	§ 728 Abs. 1 BGB
OHG/KG	§ 131 Abs. 1 Nr. 3 HGB, 161 Abs. 2 HGB
GmbH & Co. KG	§ 131 Abs. 1 Nr. 3 HGB, 161 Abs. 2 HGB
GmbH	§ 60 Abs. 1 Nr. 4 GmbHG
AG	§ 262 Abs. 1 Nr. 3 AktG

  Ist das Insolvenzverfahren durchgeführt und liegen keine Anhaltspunkte mehr vor, dass die Gesellschaft noch Vermögen besitzt (**Vollbeendigung**), so erlöschen die **Kapitalgesellschaften**; sie werden dann von Amts wegen im Handelsregister gelöscht (§ 141 a Abs. 3 S. 1 FGG). Vor **Löschung** der Firma wird das Registergericht seine Absicht den Vertretern der Gesellschaft und dem Insolvenzverwalter mitteilen und diesen Gelegenheit zur Stellungnahme geben.

  Auch die **Personengesellschaften** erlöschen mit Vollbeendigung (Beendigung der Liquidation). Das Erlöschen der Firma ist vom Insolvenzverwalter zur Eintragung ins Handelsregister anzumelden (§ 157 Abs. 1 HGB). Eine Löschung von Amts wegen gib es hier nicht; ggf. erzwingt das Registergericht die Anmeldung durch Festsetzung von Zwangsgeld (§ 14 HGB).

- das Verwaltungs- und Verfügungsrecht über die Insolvenzmasse geht auf den Insolvenzverwalter über (§ 80 Abs. 1 S. 1 InsO). Dies hat Auswirkungen auf die Wirksamkeit der Verfügungen des Schuldners und auf die Erfüllungswirkung der Leistungen an den Schuldner.

  Der Insolvenzverwalter des eröffneten Verfahrens nimmt die gesamte Insolvenzmasse sofort in Besitz und Verwaltung (§ 148 InsO). Der Schuldner bleibt bis zur Aufhebung des Verfahrens von der Verwaltung seines Vermögens ausgeschlossen. Aus dem Verlust der Verwaltungs- und Vermögensverfügungsbefugnis ergibt sich die Unwirksamkeit von Verfügungen des Schuldners nicht nur gegenüber dem Insolvenzgläubigern, sondern gegenüber jedermann (§ 81 InsO).

  Wird nach Eröffnung des Insolvenzverfahrens zur Erfüllung einer Verbindlichkeit direkt an den Schuldner und nicht an die Insolvenzmasse geleistet, so wird der leistende Drittschuldner nur dann befreit, wenn er zur Zeit der Leistung die Eröffnung des Verfahrens nicht kannte, er also gutgläubig war (§ 82 Abs. 1 InsO).

- laufende Prozesse werden unterbrochen (§ 240 ZPO), sofern sie nicht bereits im Eröffnungsverfahren durch Übergang der Verwaltungs- und Verfügungsbefugnis auf einen starken vorläufigen Insolvenzverwalter unterbrochen worden waren.

  Handelt es sich um einen Rechtsstreit, in dem das schuldnerische Unternehmen Anspruchssteller ist (**Aktivprozess**), so hat der Verwalter abhängig von seiner Einschätzung der Erfolgsaussichten zwei Möglichkeiten:

- **gute Erfolgsaussichten**: er kann den Prozess, in der Lage, in der er sich vor der Unterbrechung befand, wieder aufnehmen (§ 85 Abs. 1 S. 1 InsO)

- **schlechte oder gar keine Erfolgsaussichten**: die Aufnahme des Prozesse kann durch Erklärung gegenüber dem Prozessgegner abgelehnt werden. Die Ablehnung wirkt als Freigabe des streitbefangenen Vermögensgegenstandes aus der Insolvenzmasse. Damit endet die Unterbrechung des Verfahrens, so dass sowohl das schuldnerische Unternehmen als auch der Prozessgegner den Rechtsstreit wieder aufnehmen können (§ 85 Abs. 2 InsO).

Ist zur Zeit der Verfahrenseröffnung ein gegen das schuldnerische Unternehmen gerichteter Rechtsstreit anhängig (**Passivprozess**), so ist eine Wiederaufnahme durch den Insolvenzverwalter und Kläger zulässig, wenn

- die Aussonderung des Gegenstandes aus der Insolvenzmasse

- die abgesonderte Befriedigung oder

- eine Masseforderung (§ 86 Abs. 1 InsO)

betrifft.

- bei abgeschlossenen, aber im Zeitpunkt der Eröffnung noch nicht abgewickelten Rechtsgeschäften hängt die Auswirkung der Verfahrenseröffnung vom Vertragstyp ab. Bei gegenseitigen Verträgen kann der Verwalter die Erfüllung wählen oder diese ablehnen. Besonderheiten bestehen insbesondere bei Miete und Pacht sowie bei Arbeitsverhältnissen.

  - Miete und Pacht

    Bei **beweglichen Gegenständen** kann sich der Verwalter entscheiden, ob er den Vertrag erfüllen oder die weitere Erfüllung ablehnen will.

    Miet- und Pachtverhältnisse des schuldnerischen Unternehmens über **unbewegliche Gegenstände** und Räume werden durch die Eröffnung des Verfahrens nicht berührt. Vielmehr bestehen diese mit Wirkung für die Insolvenzmasse fort (§ 108 Abs. 1 S. 1 InsO). Das Gesetz sieht jedoch besondere Kündigungs- und Rücktrittsrechte vor. Auch werden bestimmte Vorausverfügungen des Schuldners über die Miet- oder Pachtforderung unwirksam.

    Ist der Schuldner Mieter oder Pächter, so steht dem Insolvenzverwalter ein Sonderkündigungsrecht zu (§ 109 Abs. 1 s. 1 InsO).

    Ist der Schuldner Vermieter oder Verpächter, so stehet keiner Partei ein Sonderkündigungsrecht zu.

    War der Schuldner bereits vor dem Eröffnungsantrag in Zahlungsrückstand geraten, kann der Vermieter nach Antragstellung nicht kündigen.

    Werden dagegen nach dem Eröffnungsantrag fällig werdende Mietzahlungen nicht geleistet, so ist eine Kündigung des Vertrage wegen Zahlungsrückstands möglich.

  - Mit Eröffnung des Insolvenzverfahren erlöschen die **Geschäftsbesorgungsverträge** (§ 116 InsO).

  - Bei Vertragsverhältnissen mit **Eigentumsvorbehalt** muss unterschieden werden, ob der Schuldner Verkäufer oder Käufer der unter Eigentumsvorbehalt gelieferten Sache ist.

    Ist der Schuldner der Verkäufer, kann der Käufer Vertragserfüllung verlangen (§ 107 Abs. 1 InsO).

    Ist der Schuldner Käufer, so hat der Insolvenzverwalter ein Wahlrecht, das er erst nach dem Berichtstermin ausüben muss.

- Bei der Insolvenz des Arbeitgebers sind im Hinblick auf die **Arbeitnehmer** einige in der Insolvenzordnung geregelte Besonderheiten zu beachten.

  Durch einen Insolvenzantrag und die Eröffnung des Insolvenzverfahrens allein wird der Bestand laufender Arbeitsverhältnisse nicht berührt. Sowohl ein starker vorläufiger Insolvenzverwalter als auch der endgültige Insolvenzverwalter des Hauptverfahrens treten in die Arbeitgeberstellung des Schuldners ein und nehmen die damit verbundenen Rechte und Pflichten wahr. Sie haben den Arbeitnehmer zu beschäftigen und das Arbeitsentgelt zu bezahlen (§ 108 Abs. 1 InsO).

  Hinsichtlich einer Kündigung gelten im gesamten Insolvenzverfahren grundsätzlich die Vorschriften des Kündigungsschutzgesetzes.

  Im Hauptverfahren, d .h. nach Eröffnung des Verfahrens, gelten einige Besonderheiten:

  Beginn nach der Eröffnung des Verfahrens: hier hat der Verwalter ein Wahlrecht; er kann also die Erfüllung des Arbeitsvertrages verlangen oder dessen Erfüllung ablehnen.

  laufendes Arbeitsverhältnis: der Insolvenzverwalter und der Arbeitnehmer können ein Arbeitsverhältnis unabhängig von anders lautenden Vereinbarungen mit einer Kündigungsfrist von drei Monaten zum Monatsende kündigen, sofern nicht ohnehin eine noch kürzere Zeit vereinbart ist.

  Die vor Eröffnung des Verfahrens entstandenen **Entgeltansprüche** sind Masseforderungen, sofern ein starker vorläufiger Insolvenzverwalter die Mitarbeiter weiterbeschäftigt (§ 55 Abs. 2 S. 2 InsO); ansonsten handelt es sich um einfache Insolvenzforderungen (§ 108 Abs. 2 InsO).

  Für die letzten drei Monate vor Eröffnung des Insolvenzverfahrens oder vor Abweisung des Insolvenzantrags mangels Masse haben die Arbeitnehmer **Anspruch auf Insolvenzgeld** gegen die Bundesagentur für Arbeit, soweit ihnen für diesen Zeitraum noch nicht erfüllte Ansprüche auf Arbeitsentgelt zustehen (§ 183 Abs. 1 SGB III). Mit der Stellung des Antrags auf Insolvenzgeld bei der Agentur für Arbeit gehen die Ansprüche des Arbeitnehmers gegen das schuldnerische Unternehmen auf die Bundesagentur für Arbeit über (§ 187 S. 1 SGB III). Diese ist stets einfacher Insolvenzgläubiger (§ 55 Abs. 3 InsO).

- Vollmachten

  Damit die dem Insolvenzverwalter zustehende Verwaltungs- und Verfügungsbefugnis nicht beeinträchtigt wird, erlöschen mit Eröffnung des Verfahrens die vom Schuldner erteilten Vollmachten, die sich auf das zur Insolvenzmasse gehörende Vermögen beziehen.

2. Folgen für die Gesellschafter

89   Die Eröffnung des Verfahrens hat für die Gesellschafter, insbesondere in den nachfolgend aufgezeigten vier Bereichen Bedeutung.

a) Persönliche Haftung

90   Bei Gesellschaften, bei denen **mindestens ein Gesellschafter den Gläubigern persönlich** für Gesellschaftsverbindlichkeiten **haftet**, kann diese persönliche akzessorische Haftung während der Dauer des Insolvenzverfahrens nur vom Insolvenzverwalter geltend gemacht werden (§ 93 InsO).

Bei **Kapitalgesellschaften** werden die Vorschriften entsprechend bei Ansprüchen aus einer Durchgriffshaftung wegen Existenz vernichtenden Eingriffs, sittenwidriger vorsätzlicher Schädigung oder Vermögensvermischung angewendet.

b)　Persönliche Insolvenz des Gesellschafters

Reicht das Vermögen eines persönlich haftenden Gesellschafters nicht aus, um die Gesellschaftsverbindlichkeiten und die Forderungen seiner persönlichen Gläubiger zu befriedigen, so ist ein **weiteres Insolvenzverfahren** über das Privatvermögen des Gesellschafters zu eröffnen. Der **Insolvenzverwalter** ist in diesem Verfahren einfacher Insolvenzgläubiger 91

c)　Haftung wegen ausstehender Einlagen

Der Anspruch einer Gesellschaft auf Leistung ausstehender Einlagen gehört zur Insolvenzmasse. Der Insolvenzverwalter muss die Gesellschafter bei der Geltendmachung gleich behandeln und darf die Einlagen nur insoweit einfordern, als sie zur Befriedigung der Insolvenzgläubiger erforderlich sind. 92

d)　Nachschüsse zur Insolvenzmasse

Die Gesellschafter sind gesetzlich nicht verpflichtet, ihre durch Gesellschaftsverluste inzwischen geminderte Einlage wieder aufzufüllen. Etwas anderes gilt nur, wenn z.B. im Gesellschaftsvertrag eine Nachschusspflicht für den Insolvenzfall vereinbart ist. 93

3.　Folgen für die Gesellschaftsorgane

Die Eröffnung des Verfahrens ist für die Gesellschaftsorgane im Wesentlichen in den folgenden drei Bereichen relevant. 94

a)　Dienstverträge von Geschäftsführern und Vorständen

Die Verfahrenseröffnung lässt die Dienstverträge von Geschäftsführern und Vorständen unberührt. Allerdings haben diese, aber auch der Insolvenzverwalter ein Sonderkündigungsrecht mit einer Frist von drei Monaten zum Monatsende, wenn nicht eine kürzere Frist vereinbart ist. 95

Die Organstellung des jeweiligen Betroffenen bleibt durch die Kündigung unberührt; er ist also auch nach einer Kündigung zur Wahrnehmung seiner gesellschaftsrechtliche Kompetenzen befugt.

b)　Befugnisse der Gesellschaftsorgane im Hauptverfahren

Die Verwaltungs- und Verfügungsbefugnis des Insolvenzverwalters besteht nur in dem Umfang, wie es der Insolvenzzweck erfordert. Die Gesellschaftsorgane bleiben deshalb unabhängig von einer Kündigung ihre Anstellungsverhältnisses in den Bereichen zuständig, die nicht unter der Verwaltung des Insolvenzverwalters stehen. 96

c)   Pflicht zur Erstattung von Massekostenvorschüssen

97   Besteht eine Antragspflicht und hat die antragspflichtige Person entgegen den Vorschriften des Gesellschaftsrechts den Antrag auf Eröffnung des Insolvenzverfahrens pflichtwidrig und schuldhaft nicht gestellt, so muss sie dem den Massekostenvorschuss erstatten, der einen solchen geleistet hat, um die Abweisung eines Insolvenzantrags oder der Einstellung eines eröffneten Verfahrens (§ 207 Abs. 1 InsO) mangels Masse zu verhindern (26 Abs. 3 S. 1 InsO).

4.   Folgen für die Gesellschaftsgläubiger

98   Welche Chancen ein Gläubiger zur Realisierung seiner Forderung hat, hängt davon ab, zu welcher Gläubigergruppe er gehört. Nachfolgend werden die einzelnen auftretenden Gläubigergruppen näher erläutert.

a)   Aussonderungsberechtigte Gläubiger

99   wenn ein anderer an bestimmten Vermögensgegenständen ein **dingliches oder persönliches Recht** hat, gehören diese nicht zur Insolvenzmasse; dieses Recht macht es ihm möglich den Gegenstand auszusondern; der Aussonderungsanspruch richtet sich nach den allgemeinen Vorschriften (§ 47 InsO). Der aussonderungsberechtigte Gläubiger ist nicht Insolvenzgläubiger, nimmt nicht am Insolvenzverfahren teil und muss die Forderung deshalb auch nicht anmelden. Aussonderung ist nur möglich, wenn die Sache individuell und bestimmbar im Vermögen des Schuldners vorhanden (keine Vermischung).

b)   Absonderungsberechtigte Gläubiger

100   diese haben ein **Sicherungsrecht an einem zur Insolvenzmasse gehörenden bestimmten Gegenstand** und damit ein Recht auf **vorzugsweise Befriedigung** aus dessen Erlös. Im Eröffnungsbeschluss werden die Gläubiger – um Überblick über die bestehenden Sicherungsrechte zu erhalten – aufgefordert, Sicherungsrechte an beweglichen Sachen und Rechten des schuldnerischen Unternehmens dem Verwalter unverzüglich mitzuteilen.

Dabei berechtigen zur abgesonderten Befriedigung:

- Befriedigung aus Immobilien (§ 49 InsO)
- Pfandrechte (§ 50 InsO)
- Sicherungseigentum und Sicherungsabtretung (§ 51 Nr. 1 InsO)
- verlängerter und erweiterter Eigentumsvorbehalt (§ 51 Nr. 1 InsO)
- bestimmte Zurückbehaltungsrechte (§ 51 Nr. 2, 3 InsO)

c)   Massegläubiger

101   diese haben einen **Anspruch auf bevorzugte Befriedigung** aus der Insolvenzmasse (§ 55 InsO); sie werden, sofern keine Masseunzulänglichkeit vorliegt, in vollem Unfang befriedigt.

Zu den Masseverbindlichkeiten gehören:

- Verbindlichkeiten, die durch Handlungen des starken vorläufigen Insolvenzverwalters entstanden sind, nach Eröffnung des Verfahrens (§ 55 Abs. 2 InsO).
- Verbindlichkeiten, die durch Handlungen des endgültigen Insolvenzverwalters entstanden sind (§ 55 Abs. 1 InsO).
- die Kosten des Insolvenzverfahrens (§ 54 InsO)
- Verbindlichkeiten, die durch Verwaltung, Verwertung und Verteilung der Insolvenzmasse entstanden sind (§ 55 Abs. 1 Nr. 1 InsO; insbesondere Steuern und andere öffentliche Abgaben)
- Verbindlichkeiten aus gegenseitigen Verträgen, soweit deren Erfüllung zur Insolvenzmasse verlangt wird oder für de Zeit nach der Eröffnung des Verfahrens erfolgen muss (§ 55 Abs. 1 Nr. 2 InsO).
- Verbindlichkeiten aus einer ungerechtfertigten Bereicherung der Masse (§ 55 Abs. 1 Nr. 3 InsO).

d)   Insolvenzgläubiger

Gläubiger, die einen zur Zeit der Eröffnung des Insolvenzverfahrens begründeten Anspruch gegen den Schuldner haben (Insolvenzforderung). Sie haben einen Anspruch auf **quotale Befriedigung** aus der Insolvenzmasse zu (§ 38 InsO).   102

Hierbei gibt es eine Rangfolge; neben den gewöhnlichen gibt es nachrangige Insolvenzgläubiger.

Nachrangige Insolvenzgläubiger: Die Forderungen dieser Insolvenzgläubiger sind nach allen anderen Insolvenzforderungen zu befriedigen (§ 39 InsO). Das führt in der Praxis dazu, dass nachrangige Gläubiger in aller Regel nicht zum Zug kommen. Nachrangige Forderungen sind z.B. die seit der Eröffnung des Insolvenzverfahrens laufenden Zinsen auf Forderungen der Insolvenzgläubiger, auch Säumniszuschläge auf Steuerforderungen (§ 240 AO) oder die Kosten, die den einzelnen Insolvenzgläubigern durch ihre Teilnahme am Verfahren entstehen   103

5.   Anmeldung der Insolvenzforderungen

Im Eröffnungsbeschluss werden die Insolvenzgläubiger aufgefordert, ihre Forderungen innerhalb einer bestimmten Frist beim Insolvenzverwalter zur Eintragung in die Insolvenztabelle anzumelden (§ 28 Abs. 1 InsO). Alle anderen Gläubiger sind zur Anmeldung nicht verpflichtet. Durch eine wirksame Anmeldung wird die Verjährung der Forderung gehemmt (§ 204 Abs. 1 Nr. 10 BGB).   104

a)   Form und Inhalt der Anmeldung

Die Anmeldung der Forderung hat schriftlich beim Insolvenzverwalter zu erfolgen (§ 174 Abs. 1 S. 1 InsO). Die Anmeldung sollte die folgenden Voraussetzungen erfüllen (Beifügung von Urkunden in Kopie, § 174 Abs. 1 S. 2 InsO; Angabe von Grund und Betrag der Forderung, § 174 Abs. 2 InsO; mehrere Forderungen sind abschließend zu einer Gesamtsumme in EURO zusammenzufassen, Zinsen können grundsätzlich nur für die Zeit bis zur Eröffnung des Insolvenzverfahrens angemeldet werden).   105

b) Anmeldefrist

106 Die Anmeldefrist beträgt mindestens 2 Wochen und höchstens drei Monate und beginnt mit dem Eröffnungsbeschluss (§ 28 Abs. 1 S. 2 InsO).

6. Verwaltung der Insolvenzmasse

107 Mit der Eröffnung des Insolvenzverfahrens hat der Insolvenzverwalter die Insolvenzmasse in Besitz zu nehmen und zu verwalten (§ 148 Abs. 1 InsO).

Der Insolvenzverwalter muss ein **Masseverzeichnis** (§ 151 InsO) und ein Gläubigerverzeichnis (§ 152 InsO) aufstellen, die schließlich bis zur Eröffnung des Verfahrens zu einer **Vermögensübersicht** zusammenzuführen sind (§ 153 InsO).

Der Insolvenzverwalter hat im Interesse einer möglichst weitgehenden Gläubigerbefriedigung alle Maßnahmen zu ergreifen, um die Insolvenzmasse anzureichern. Er hat insbesondere Forderungen einzuziehen, die persönliche Haftung der Gesellschafter geltend zu machen und Rechtshandlungen anzufechten, die die Insolvenzgläubiger benachteiligen.

a) Berichtstermin und Verwertung der Insolvenzmasse

108 Im Berichtstermin entscheiden die Gläubiger über das weitere Schicksal des Unternehmens. Nach diesem Termin muss der Insolvenzverwalter die Insolvenzmasse unverzüglich verwerten, soweit die Gläubiger keine entgegenstehenden Beschlüsse gefasst haben (§ 159 InsO).

b) Befriedigung der Insolvenzgläubiger

109 Hat ein Gläubiger seine Forderung form- und fristgerecht angemeldet, so trägt der Insolvenzverwalter diese in die **Insolvenztabelle** ein. Im Prüfungstermin werden die angemeldeten Forderungen ihrem Betrag und ihrem Rang nach geprüft und bei fehlendem Widerspruch freigestellt. Danach schließt sich die Befriedigung der Insolvenzgläubiger durch Verteilung der Barmittel an.

7. Beendigung des Verfahrens

110 Ein Insolvenzverfahren endet durch die Aufhebung oder Einstellung. Unter bestimmten Voraussetzungen können die Gesellschafter danach eine Fortsetzung der Gesellschaft beschließen.

a) Aufhebung

111 Nach der **Schlussverteilung** wird das Verfahren durch nicht anfechtbaren Beschluss des Insolvenzgerichts aufgehoben (§ 200 InsO). Der Beschluss ist öffentlich bekannt zu machen. Als Folge der Aufhebung können die Insolvenzgläubiger ihre restlichen Forderungen gegen den Schuldner wieder unbeschränkt geltend machen (§ 201 Abs. 1 InsO). Außerdem fällt die **Verwaltungs- und Verfügungsbefugnis wieder an den Schuldner** zurück.

b)   Einstellung

Das Insolvenzgericht stellt das Verfahren ein, wenn sich nach Eröffnung des Verfahrens Masse-   112
losigkeit oder die Masseunzulänglichkeit herausstellt. Unter Umständen ist auch eine Einstellung
auf Antrag des Schuldners möglich.

Das Verfahren wird vom Insolvenzgericht eingestellt, wenn sich nach der Eröffnung herausstellt,
dass die Insolvenzmasse nicht ausreicht, um alle Kosten des Verfahrens zu decken. In diesem Fall
(**Masselosigkeit**) muss der Verwalter vor der Einstellung aus eventuell vorhandenen Barmitteln
soweit wie möglich die Verfahrenskosten begleichen.

Wenn sich nach Eröffnung des Verfahrens herausstellt, dass die Insolvenzmasse zwar ausreicht,
um die Verfahrenskosten zu decken, aber entweder nicht ausreicht, um voraussichtlich die bestehenden sonstigen Masseverbindlichkeiten im Zeitpunkt ihrer Fälligkeit zu erfüllen (drohende
Masseunzulänglichkeit) so muss der Insolvenzverwalter dies dem Insolvenzgericht anzeigen.

c)   Insolvenzplan

Nicht immer führt das auf Zerschlagung und Liquidation ausgerichtete Regelinsolvenzverfahren   113
zu einer optimalen Lösung. In vielen Fällen können die Sanierung oder abweichende Formen
der Liquidation zu einer besseren Befriedigung von Gläubigeransprüchen führen. Mit dem In-
solvenzplan (§§ 127 ff. InsO) hat der Gesetzgeber ein Instrument geschaffen, das Schuldnern und
Gläubigern ermöglicht, eine dem Einzelfall angepasste flexible und wirtschaftlich sinnvolle Lösung zu entwickeln.

Im Plan wird festgelegt, in welcher Form die Gläubigeransprüche realisiert werden können und
wie die Zukunft des insolventen Unternehmens aussehen soll. Das Planverfahren kann mit der
Eigenverwaltung verbunden werden.

13

§ 14 Mitbestimmung

1 In Deutschland ist zwischen der (inner-)betrieblichen Mitbestimmung in Gestalt von Betriebsräten und der unternehmerischen Mitbestimmung durch Beteiligung der Arbeitnehmer an Unternehmensentscheidungen über einen Aufsichtsrat zu unterscheiden. Im Folgenden wird ausschließlich die unternehmerische Mitbestimmung thematisiert, da diese einen weit stärkeren Eingriff in die Rechte des Unternehmers darstellt als die betriebliche Mitbestimmung. Deshalb stellt sich in der Praxis häufig die Frage nach den Möglichkeiten zur Vermeidung der unternehmerischen Mitbestimmung, die eng mit der Rechtsform, in der das Unternehmen betrieben wird, zusammenhängt.

A.   Grundlagen

2 In der Praxis am bedeutendsten sind die Mitbestimmung nach dem Drittelbeteiligungsgesetz (DrittelbG) und die Mitbestimmung nach dem Mitbestimmungsgesetz (MitbestG).[1] Von den Rechtsfolgen her unterscheiden sich diese beiden Arten der Mitbestimmung darin, dass nach dem DrittelbG das Aufsichtsgremium zu einem Drittel mit Arbeitnehmern zu besetzen ist. Das MitbestG fordert zwingend eine paritätische Besetzung des Aufsichtsrates, d.h. 50 % der Aufsichtsratsmitglieder sind von den Arbeitnehmern zu wählen, wobei sich unter den von den Arbeitnehmern gewählten Aufsichtsratsmitgliedern je nach Größe des Aufsichtsrates zwei bzw. drei „Vertreter von Gewerkschaften" befinden müssen (vgl. § 7 Abs. 2 MitbestG).

3 Außerdem unterscheiden sich diese beiden Gremien bei der GmbH in den ihnen zugeteilten Kompetenzen. Diese sind bei einem paritätisch besetzten Aufsichtsrat wesentlich umfangreicher als bei einem Aufsichtsrat nach dem DrittelbG. Z.B. steht dem Aufsichtsrat nach DrittelbG bei einer GmbH nicht die Personalkompetenz zu.

4 DrittelbG und MitbestG unterscheiden sich nicht nur in den Rechtsfolgen, sondern auch in den Voraussetzungen, bei deren Vorliegen ein mitbestimmter Aufsichtsrat einzurichten ist. Das DrittelbG findet nur auf Kapitalgesellschaften, VVaG sowie Erwerbs- und Wirtschaftsgenossenschaften Anwendung (keine Einbeziehung der Kapitalgesellschaft & Co. KG) und kommt bereits dann zum tragen, wenn in der Gesellschaft in der Regel mehr als 500 Arbeitnehmer im Inland beschäftigt sind. Nach dem MitbestG ist für die paritätische Mitbestimmung neben der Rechtsform der Gesellschaft ebenfalls die Anzahl der regelmäßig beschäftigten inländischen Arbeitnehmer maßgeblich. Hier liegt die maßgebliche Grenze aber bei 2.000 Arbeitnehmern.

5 Sowohl die Mitbestimmung nach dem DrittelbG als auch die nach dem MitbestG tritt hinter die Montan-Mitbestimmung zurück. Außerdem sind in beiden Gesetzen Ausnahmen von der Mitbestimmung für sog. Tendenzunternehmen sowie für Unternehmen von Religionsgemeinschaften vorgesehen (§ 1 Abs. 4 MitbestG, § 1 Abs. 2 DrittelbG).

---

1 Auf die Mitbestimmung nach dem MontanMitbestG und dem MontanMitbestErgG wird nachfolgend nicht eingegangen.

B.   Einzelunternehmen, Gesellschaft bürgerlichen Rechts, OHG und KG

Einzelunternehmen, Gesellschaften bürgerlichen Rechts, OHG und Kommanditgesellschaften, bei   6
denen ausschließlich natürliche Personen unbeschränkt haften, fallen nicht in den Anwendungsbereich des MitbestG bzw. des DrittelbG. Begründet wird dies damit, dass bei Einzelunternehmen und bei den vorgenannten Personengesellschaften die Anwendung des Gesetzes dazu führen
würde, dass der Inhaber bzw. die Komplementäre, die regelmäßig auch die Geschäfte führen, für
die Folgen von unternehmerischen Entscheidungen persönlich haften, für die sie aufgrund der
Arbeitnehmermitbestimmung nicht mehr allein verantwortlich gemacht werden können. Dies
bedeutet aber nicht per se, dass diese Gesellschaftsformen insgesamt vor einer Mitbestimmung
schützen. Vielmehr können die Vorschriften über die Konzernmitbestimmung (§ 5 MitbestG)[2]
selbst in den Fällen, in denen die Obergesellschaft einer Unternehmensgruppe eine Rechtsform
hat, die nicht in den Anwendungsbereich des Mitbestimmungsgesetzes fällt, zu einer Mitbestimmung auf einer der unteren Ebenen führen.

C.   GmbH und Aktiengesellschaft

Gemäß § 1 Abs. 1 MitbestG bzw. § 1 Abs. 1 DrittelbG werden Unternehmen, die in der Rechts-   7
form einer Aktiengesellschaft, einer Kommanditgesellschaft auf Aktien, einer Gesellschaft mit beschränkter Haftung sowie einer Erwerbs- und Wirtschaftsgenossenschaft betrieben werden, von
dem Geltungsbereich des MitbestG bzw. des DrittelbG erfasst. Sind zusätzlich noch die weiteren
Voraussetzungen erfüllt,[3] haben die Arbeitnehmer ein Mitbestimmungsrecht nach Maßgabe des
MitbestG bzw. des DrittelbG. Bei den betroffenen Kapitalgesellschaften ist zwingend ein Aufsichtsrat mit Arbeitnehmervertretung zu installieren, dessen Rechte und Pflichten sich nach den
§§ 25 ff. MitbestG i.V.m. den Vorschriften, auf die § 25 MitbestG verweist bzw. nach § 1 Abs. 1
DrittelbG i.V.m. den darin genannten Vorschriften des Aktiengesetzes bzw. des Genossenschafts-
gesetzes oder des VAG ergeben.

D.   Kapitalgesellschaft & Co. KG

Für die Kapitalgesellschaften & Co. KG können die Gründe, die gegen eine Einbeziehung der   8
unter Abschnitt A. genannten Rechtsformen in den Anwendungsbereich der unternehmerischen
Mitbestimmung sprechen, nicht herangezogen werden. Das MitbestG enthält daher mit § 4 eine
spezielle Regelung für die Kapitalgesellschaft & Co. KG. Danach sind der Kapitalgesellschaft als
persönlich haftendem Gesellschafter einer Kommanditgesellschaft die Arbeitnehmer der Kommanditgesellschaft zuzurechnen, wenn die Mehrheit der Kommanditisten der Kommanditgesellschaft, berechnet nach der Mehrheit der Anteile oder der Stimmen, die Mehrheit der Anteile oder
der Stimmen in der Kapitalgesellschaft inne haben und die persönlich haftende Kapitalgesellschaft
keinen eigenen Geschäftsbetrieb mit in der Regel mehr als 500 inländischen Arbeitnehmern hat.
Sind die weiteren Voraussetzungen des MitbestG erfüllt, wird das Aufsichtsratsgremium, in wel-

---

2   Vgl. Abschnitt E.
3   Vergleiche die Voraussetzungen in § 1 Abs. 1 MitbestG bzw. § 1 Abs. 1 DrittelbG und Abschnitt A.

chem die Arbeitnehmer vertreten sind, bei dem persönlich haftenden Gesellschafter, der Komplementär-Kapitalgesellschaft, installiert.

9   Die Möglichkeit, die Arbeitnehmermitbestimmung über den Aufsichtsrat durch Ausschluss des persönlich haftenden Gesellschafters von der Geschäftsführung zu vermeiden, wird durch § 4 Abs. 2 MitbestG verhindert. Danach kann der mitbestimmte, persönlich haftende Gesellschafter nicht von der Geschäftsführung der Kommanditgesellschaft ausgeschlossen werden. Trotzdem können durch entsprechende Gestaltung der Gesellschaftsverträge der Komplementär-Kapitalgesellschaft und der Kommanditgesellschaft bestimmte Kompetenzen von der Komplementär-Kapitalgesellschaft auf die Kommanditgesellschaft (z.B. auf die Gesellschafterversammlung) verlagert und dadurch dem Zuständigkeitsbereich des mitbestimmten Aufsichtsrates entzogen werden.

10   Nach dem Wortlaut des Gesetzes ist unerheblich, ob die AG oder GmbH der einzige Komplementär ist oder ob daneben noch weitere natürliche oder juristische Personen als persönlich haftende Gesellschafter auftreten. Die Mitbestimmung in der Kapitalgesellschaft & Co. KG kann somit auch nicht durch hinzutreten einer natürlichen Person als weiterem persönlich haftendem Gesellschafter vermieden werden. Ebensowenig stellt die Bildung einer sog. Einheitsgesellschaft (die Kommanditgesellschaft hält sämtliche Anteile an der Komplementärgesellschaft) einen Weg aus der Mitbestimmung dar.[4]

11   Nach herrschender Meinung werden von § 4 Abs. 1 MitbestG die Stiftung & Co. KG sowie die Limited & Co. KG nicht erfasst.[5]

E.   Konzernmitbestimmung

12   Sowohl nach dem DrittelbG als auch nach dem MitbestG werden unter bestimmten Umständen die Arbeitnehmer von Beteiligungsunternehmen dem „herrschenden" Unternehmen zugerechnet.

13   Das DrittelbG regelt den Konzerntatbestand in § 2 DrittelbG. Danach findet eine Zusammenrechnung der Arbeitnehmer mehrerer Gesellschaften statt, wenn

- ein Konzern i.S.d. § 18 AktG vorliegt,
- herrschendes Unternehmen eine Kapitalgesellschaft ist und
- zwischen herrschendem Unternehmen und beherrschtem Unternehmen ein Beherrschungsvertrag besteht oder
- das abhängige Unternehmen i.S.d. §§ 319 ff. AktG eingegliedert ist.

14   Nach dem MitbestG, welches den Konzerntatbestand in § 5 MitbestG regelt, bedarf es neben des Vorliegens eines Konzerns i.S.d. § 18 AktG keiner weiteren Voraussetzungen für die Zusammenrechnung der Arbeitnehmer zwischen dem herrschenden und den abhängigen Unternehmen. Zusätzlich führt § 5 Abs. 3 MitbestG dazu, dass in Unternehmensgruppen, in denen ein Unternehmen in einer Rechtsform, die grundsätzlich nicht vom Anwendungsbereich des MitbestG erfasst wird, der paritätisch mitbestimmte Aufsichtsrat bei dem Unternehmen eingerichtet wird, das der Konzernleitung am nächsten steht und das in den Anwendungsbereich des § 1 Abs. 1 Nr. 1 MitbestG bzw. § 4 Abs. 1 MitbestG fällt. Hierdurch werden Konzerne mit z.B. einer OHG oder einer Stiftung & Co. KG an der Konzernspitze in den Anwendungsbereich des MitbestG einbezogen.

---

4   Herrschende Meinung; Fitting/Wlotzke/Wißmann, § 4 Nr. 23; Ulmer/Habersack, § 4 Rn. 17 m.w.N.
5   Ulmer/Habersack, § 4 Rn. 7, 11.

Anhang 1

Vergleichende Übersicht AG und GmbH

Kriterium	AG	GmbH
I. Allgemeines		
1. Rechtsnatur	■ Kapitalgesellschaft ■ juristische Person ■ Aktionäre grds. (Ausnahme: Namensaktien) anonym (HR-Meldung bei Einmann-AG)	■ Kapitalgesellschaft ■ juristische Person ■ Gesellschafter über bei HR einzureichende Gesellschafterliste ermittelbar
2. Firma	Sach-, Personen- oder Phantasiefirma, muss die Rechtsform enthalten	Sach-, Personen- oder Phantasiefirma, muss die Rechtsform enthalten
3. Gesetzliche Vorschriften	■ vom Gesetz abweichende Regelungen in der Satzung nur soweit möglich, als diese im Gesetz ausdrücklich zugelassen sind ■ regelmäßig nur Verschärfungen der gesetzlichen Regelung zulässig	■ gesetzliche Regelungen im Außenverhältnis weiterhin zwingend ■ im Innenverhältnis weitgehende Vertragsfreiheit, d.h. strengere oder weitere Regelungen als im Gesetz in der Satzung vereinbar (individuelle Satzung)
4. Gründungsvoraussetzungen	■ ab 1 Person möglich ■ Satzung bedarf notarieller Beurkundung ■ Gründungsbericht und -prüfung (durch den Vorstand und Aufsichtsrat, zusätzlich durch unabhängigen Gründungsprüfer bei bestimmten Besonderheiten, insbes. bei Sach-/Nachgründungen) gesetzlich vorgeschrieben	■ ab 1 Person möglich ■ Satzung bedarf notarieller Beurkundung ■ keine Gründungsprüfung, Gründungsbericht durch Gesellschafter nur bei Sacheinlagen
5. Kapital		
a) Mindestkapital	■ Grundkapital mindestens 50.000 Euro ■ Mindesteinzahlung 25 % des Nennbetrags zzgl. volles Agio ■ bei Einmann-Gründungen ist für ausstehende Einlagen Sicherheit zu leisten	■ Stammkapital mind. 25.000 Euro ■ Mindesteinzahlung 25 % der Stammeinlage, mind. 12.500 Euro ■ bei Einmann-Gründung ist für ausstehende Einlagen Sicherheit zu leisten **geplante Änderung durch MoMiG:** Unternehmergesellschaft verringertes Stammkapital: 10.000 €

Kriterium	AG	GmbH
b) Gesellschaftsrechte	■ Mindestnennbetrag pro Aktie 1 Euro ■ ausgegebene Aktien sind unteilbar ■ Aktiensplitting ist möglich ■ bei Gründung Übernahme einer Anzahl von Aktien, die jeweils gesonderte Rechte vermitteln und gesondert übertragbar sind	■ Mindestnennbetrag der Stammeinlage 50 Euro ■ Teilung nur bei Veräußerung und Vererbung; grds. nur mit Zustimmung der Gesellschaft, kann durch Satzung erleichtert werden ■ bei Gründung nur Übernahme einer einheitlichen Stammeinlage, aus der nur einheitliche Rechte resultieren
c) Finanzierung	■ Verbreiterung der Eigenkapitalbasis durch Börseneinführung möglich	■ kein Zugang zu „anonymen" Eigenkapital
d) Kapitalerhöhung	■ verschiedene Formen (Bar-, Sacheinlagen, genehmigtes Kapital, bedingtes Kapital) ■ Bezugsrechte der Altaktionäre, Ausschluss unter bestimmten Bedingungen	■ Kapitalerhöhungen gegen Sach- oder Bareinlagen ■ ausschließbares Bezugsrecht der Altgesellschafter
6. Fungibilität der Anteile	Verkauf der Anteile je nach Aktiengattung (Nennbetrags- oder Stückaktien): ■ Inhaberaktie Einigung und Übergabe ■ Namensaktie Einigung und Indossament (schriftliche Abtretung) ■ vinkulierte Namensaktien zusätzliche Zustimmung der Gesellschaft notwendig ■ Schutz vor Überfremdung durch gesellschaftsvertragliche Vereinbarung möglich (z.B. vinkuliert Namensaktien)	■ notariell beurkundete Abtretung ■ Veräußerung eines Anteils grds. nur mit Zustimmung der Gesellschaft ■ durch Satzungsregelung können strengere oder weitere Voraussetzungen geschaffen werden (z.B. freie Veräußerbarkeit)
7. Vererblichkeit	■ Grundsatz der Vererblichkeit im Ganzen, d.h. grundsätzlich keine Aufteilung der Aktien; diese gehen insgesamt auch auf mehrere Erben über, die die Rechte gemeinschaftlich ausüben ■ Erbauseinandersetzung nur über einzelne Aktien möglich	■ Grundsatz der Vererblichkeit im Ganzen, d.h. grundsätzlich keine Aufteilung des Geschäftsanteils, dieser geht im Ganzen auch auf mehrere Erben über, die die Rechte gemeinschaftlich ausüben ■ Erbauseinandersetzung durch Teilung mit Zustimmung der Gesellschaft möglich

Kriterium	AG	GmbH
8. Organisation	■ zwingende interne Dreiteilung der Organe mit Hauptversammlung, Aufsichtsrat und Vorstand ■ eingeschränkte Rechte der Aktionäre und der Hauptversammlung ■ starke, eigenverantwortliche Stellung des Vorstands, Überwachung durch Aufsichtsrat	■ zwingende Zweiteilung mit Gesellschafterversammlung und Geschäftsführer ■ Aufsichts- oder Beratungsgremium durch Satzung einführbar, zwingend nur bei Arbeitnehmermitbestimmung ■ Gesellschafterversammlung ist höchstes Gremium mit Weisungsbefugnis ggü. Geschäftsführung auch in operativen Fragen
9. Image	■ Rechtsform großer Industrieunternehmen, daher gutes Image bzgl. Seriosität und wirtschaftlicher Leistungskraft – dies kann sich jedoch mit der Verteilung der Gesellschaften mit geringem Grundkapital bald ändern wegen Haftungsbegrenzung Insolvenzgefahr durch Überschuldung ■ Bonität hängt bei rationaler Beurteilung nicht von der Rechtsform, sondern von Eigenkapitalausstattung, Liquidität und zukünftiger wirtschaftlicher Entwicklung ab ■ obligatorischer Aufsichtsrat wird als Gewähr für ordnungsgemäße Führung der Gesellschaft gewertet	■ Standardrechtsform für mittelständische Unternehmen ■ wegen Haftungsbegrenzung Insolvenzgefahr durch Überschuldung ■ Banken verlangen regelmäßig persönliche Sicherheiten der Gesellschafter für Kredite an die Gesellschaft **Änderungen durch MoMiG:** Rechtsform wird durch Einführung der Unternehmergesellschaft an Image verlieren
II. Finanzielle Stellung des Gesellschafters, Haftung		
1. Gewinnbeteiligung	■ es besteht ein Anspruch auf den Jahresüberschuss bzw. den Bilanzgewinn; kein „Entnahmerecht" ■ Vorabausschüttungen grds. nicht zulässig ■ i.d.R. kein Einfluss auf Bilanzpolitik bei Feststellung Jahresabschluss durch Vorstand/ Aufsichtsrat ■ Bildung gesetzlicher Rücklage (bis 10 % des Grundkapitals, je 5 % Jahresüberschuss) sowie freiwillige Rücklagenbildung durch den Vorstand/Aufsichtsrat ■ Gewinnverwendung/-ausschüttung durch die HV	■ es besteht ein Anspruch auf den Jahresüberschuss bzw. den Bilanzgewinn; kein „Entnahmerecht" ■ Vorabausschüttungen sind zulässig ■ Gesellschafter können Bilanzpolitik beeinflussen, bzw. letztinstanzlich gegenüber der Geschäftsführung entscheiden ■ Rücklagenbildung grds. nur durch Gesellschafterversammlung ■ Gewinnverwendung/-ausschüttung durch Gesellschafterversammlung

Kriterium	AG	GmbH
2. Verträge mit Gesellschaftern	■ strenge Regelungen zur verschleierten Sachgründung ■ Nachgründungsvorschriften ■ Gesetzliche Beschränkungen z.B. für Dienstvertrag als Vorstand, Dienstleistungen außerhalb der Organstellung, Kreditgewährung an Vorstand/Aufsichtsrat	■ Regelungen zur verschleierten Sachgründung/verdeckte Sacheinlage mit Heilungsmöglichkeit ■ grds. Prüfung auf steuerliche Angemessenheit (Problematik der verdeckten Gewinnausschüttung)
3. Haftung allgemein	■ Haftung des Gesellschafters grds. beschränkt auf Einlage ■ Haftung des Vorstands bei Pflichtverletzung ■ Haftung des Aufsichtsrats bei Pflichtverletzung	■ Haftung des Gesellschafters grds. beschränkt auf Einlage ■ Haftung des Geschäftsführers bei Pflichtverletzung
4. Durchgriff auf Privatvermögen	■ grds. nicht ■ Ausnahmen: Handelndenhaftung bei Gründung Konzernhaftung Unterbilanzhaftung Verlustdeckungspflicht	■ grds. nicht ■ Ausnahmen: Handelndenhaftung bei Gründung Differenzhaftung/Verlustausgleichshaftung bei Gründung Konzernhaftung Unterbilanzhaftung
5. Kapitalersetzende Darlehen/Nutzungsüberlassung	Übertragbarkeit der Regelungen der GmbH auf AG aber nur für Aktionäre mit Finanzierungsverantwortung	vor allem ein Problem der GmbH, §§ 32 a, 32 b GmbHG
6. Insolvenzantragspflicht	Regelungen sind gleich (Zahlungsunfähigkeit und Überschuldung)	
7. Informationspflicht bei Verlusten	Vorstand muss HV einberufen, wenn Verlust in Höhe der Hälfte des Grundkapitals entsteht	Geschäftsführer muss Gesellschafterversammlung einberufen, wenn Verlust in Höhe der Hälfte des Stammkapitals entsteht
III. Organisation		
1. Gesellschafterversammlung		
a) Einberufung	■ grds. Bekanntgabe in den Gesellschaftsblättern und im Bundesanzeiger ■ sind alle Aktionäre namentlich bekannt, kann die Einberufung der HV und die Bekanntgabe der Tagesordnung mit eingeschriebenem Brief erfolgen	■ regelmäßig durch Geschäftsführer mittels eingeschriebenen Brief ■ Beschlussfassung auch schriftlich/telefonisch möglich ■ wenn alle Gesellschafter anwesend sind, verhindern Einberufungsmängel nicht die Beschlussfassung

Kriterium	AG	GmbH
Fortsetzung von a)	■ Unerheblichkeit von Fehlern bei der Einberufung der HV, wenn alle Aktionäre erschienen oder vertreten sind, soweit kein Wiederspruch erfolgt, oder Nachgenehmigung nicht erschienener Aktionäre	
b) Formerfordernisse	■ grds. notarielle Beurkundung von satzungsändernden Beschlüssen erforderlich ■ bei nicht börsennotierten AG's entfällt dies bei Beschlüssen, für dic nicht mindestens eine ¾-Mehrheit gesetzlich vorgeschrieben ist	■ bis auf wesentliche Satzungsändernde Rechtsakte formfrei ■ Schriftform wird grds. empfohlen
c) Stimmrecht	■ nach Aktiennennbetrag oder Stückzahl (Ausnahme: stimmrechtslose Vorzugsaktien) ■ grds. einfache Mehrheit, qualifizierte Stimmen- und ggf. Kapitalmehrheiten bei einer Reihe von Beschlussgegenständen; nur in engen Grenzen und nur verschärfend disponibel	■ nach Stammeinlagen; nur einheitlich für jede Stammeinlage auszuüben ■ grds. einfache Mehrheit, qualifizierte Mehrheit bei bestimmten Beschlüssen, teilweise durch Satzung disponibel
2. Geschäftsführung	■ erfolgt durch den Vorstand, der durch den Aufsichtsrat bestellt wird ■ Aufsichtsratsmitglieder können nicht gleichzeitig dem Vorstand angehören ■ Alleinvorstand bei entsprechendem Hauptversammlungsbeschluss möglich ■ Einzelvertretungsbefugnis durch Hauptversammlungsbeschluss möglich ■ im Außenverhältnis uneingeschränkte Vertretungsmacht (Ausnahme: § 112 AktG) ■ Einschränkung der Geschäftsführung im Innenverhältnis durch Aufnahme zustimmungspflichtiger Geschäfte durch den Aufsichtsrat in die Satzung oder Geschäftsordnung möglich	■ Der Geschäftsführer der GmbH wird durch die Gesellschafterversammlung bestimmt ■ Alleingeschäftsführer möglich ■ Einzelvertretungsbefugnis und Befreiung von § 181 BGB durch Gesellschafterbeschluss (und Eintragung in HR) möglich ■ im Außenverhältnis uneingeschränkte Vertretungsmacht (in Grenzen Einzelvertretungsbefugnis und § 181 BGB) ■ Einschränkung im Innenverhältnis durch Gesellschaftsvertrag oder Gesellschaftsbeschluss möglich, insbesondere Bindung an Zustimmung durch Gesellschafterversammlung

Kriterium	AG	GmbH
3. Kontroll- und Informationsrechte		
a) Aufsichtsrat/ Mitbestimmung	■ Aufsichtsrat ist gesetzliches Pflichtorgan ■ Arbeitnehmer-Mitbestimmung im AR: ■ kein Arbeitnehmer-Vertreter bei weniger als 500 AN ■ ⅓ Mitbestimmung bei mehr als 500 Arbeitnehmer und weniger als 2.000 AN ■ ½ Mitbestimmung bei mehr als 2.000 AN	■ grundsätzlich kein Aufsichtsrat ■ obligatorischer Aufsichtsrat bei Arbeitnehmermitbestimmung > 500 AN ■ wenn Aufsichtsrat vorhanden: Rechte und Pflichten und Besetzung wie bei AG bei Beirat abdingbar
b) Gesellschafter	■ Auskunftsrecht des Aktionärs in der Hauptversammlung, inhaltlich eingeschränkt	■ sehr weitgehende Auskunfts- und Einsichtsrechte der Gesellschafter, deren Ausübung grds. jederzeit möglich ist
4. Weisungsrechte der Gesellschafter	■ grds. kein Weisungsrecht der HV gegenüber dem Vorstand ■ bestimmte Geschäfte bedürfen der Zustimmung des Aufsichtsrats	■ Gesellschafterversammlung kann dem Geschäftsführer Anweisungen erteilen

Anhang 2

Vergleichende Übersicht KG und GmbH & Co. KG

Kriterium	KG	GmbH & Co. KG
I. Allgemeines		
1. Rechtsnatur	▪ Personengesellschaft ▪ keine juristische Person ▪ Gesellschafter nicht anonym	▪ Personengesellschaft ▪ keine juristische Person ▪ Gesellschafter nicht anonym
2. Firma	▪ Sach-, Personen- oder kombinierte Firma, muss die Rechtsform enthalten	▪ Sach-, Personen- oder kombinierte Firma, muss die Rechtsform enthalten
3. Gesetzliche Vorschriften	▪ Handelsgesetz regelt gesetzlich nicht detailliert und zwingend Aussen- und Innenverhältnis ▪ weitgehend vom Gesetz abweichende Regelungen im Gesellschaftsvertrag möglich	▪ gesetzliche Regelungen im Aussenverhältnis bzgl. der GmbH weitgehend zwingend ▪ im Innenverhältnis weitgehende Vertragsfreiheit, d.h. strengere oder weitere Regelungen als im Gesetz im Gesellschaftsvertrag vereinbar (individueller Gesellschaftsvertrag)
4. Gründungsvoraussetzungen	▪ ab zwei Personen möglich ▪ Vertrag bedarf nicht der notariellen Beurkundung, aber Anmeldung zum Handelsregister	GmbH: ▪ ab einer Person möglich ▪ Gesellschaftsvertrag der GmbH bedarf notarieller Beurkundung ▪ keine Gründungsprüfung, Gründungsbericht durch Gesellschafter nur bei Sacheinlagen KG: siehe linke Spalte
5. Kapital		
a) Mindestkapital	keine Mindestkapitalausstattung nötig	GmbH: ▪ Stammkapital mindestens 25.000 Euro für GmbH ▪ Mindesteinzahlung 25 % der Stammeinlage, mind. 12.500 Euro ▪ bei Einmann-Gründung ist für ausstehende Einlagen Sicherheit zu leisten Änderungen durch MoMiG: verringertes Stammkapital: 10.000 € KG: siehe linke Spalte
b) Gesellschaftsrechte	keinerlei verbriefte Rechte	▪ GmbH siehe dort ▪ KG siehe linke Spalte

Kriterium	KG	GmbH & Co. KG
c) Finanzierung	kein Zugang zu „anonymen" Eigenkapitalquellen	kein Zugang zu anonymen Eigenkapitalquellen
d) Kapitalerhöhung	verschiedene Formen (Bar-, Sachkapitalerhöhungen)	Kapitalerhöhung gegen Sach- und Bareinlage
6. Fungibilität der Anteile	Anteile nicht frei veräußerbar	GmbH siehe dort KG-Anteile siehe linke Spalte
7. Vererblichkeit	■ Kommanditistenstellung grds. vererblich ■ Komplementärstellung grds. nicht vererbbar, jedoch dispositiv, § 131 Abs. 2 S. 1 Nr. HGB	■ Kommanditistenstellung grds. vererblich ■ quasi ewige Komplementärstellung, da GmbH nicht stirbt
8. Organisation	■ Kommanditist und Komplementär ■ Kommanditisten haben nur eingeschränkte Kontrollrechte ■ Komplementäre übernehmen die Geschäftsführung	■ Kommanditist und Komplementär (GmbH) ■ Kommanditisten haben nur eingeschränkte Kontrollrechte ■ Komplementär-GmbH übernimmt die Geschäftsführung
9. Image	positiv wegen persönlicher Haftung	wie GmbH
II. Finanzielle Stellung des Gesellschafters, Haftung		
1. Gewinnbeteiligung	■ richtet sich nach Gesellschaftsvertrag; ■ aus Kommanditistenstellung selbst erwächst kein Einfluss der Kommanditisten auf Bilanzpolitik ■ Entnahmerecht grundsätzlich Komplementär und Kommanditist, aber durch Gesellschaftsvertrag einschränkbar und eingeschränkt durch Gesetz	■ GmbH siehe dort ■ KG siehe linke Spalte
2. Verträge mit Gesellschaftern	■ grundsätzlich möglich ■ Fremdvergleich	■ GmbH siehe dort ■ KG: grundsätzlich möglich; aber Fremdvergleich
3. Haftung allgemein	■ Haftung des Kommanditisten beschränkt auf Einlage ■ Komplementär haftet uneingeschränkt	■ Haftung des Kommanditisten beschränkt auf Einlage ■ Komplementär haftet uneingeschränkt (GmbH – Beschränkung auf Gesellschaftsvermögen)
4. Durchgriff auf Privatvermögen	■ grds. nicht ■ **Ausnahme:** Komplementär Kommanditist hat Einlage nicht bezahlt	■ GmbH: grds. nicht (siehe dort) ■ Kommanditist: siehe KG

Kriterium	KG	GmbH & Co. KG
6. Insolvenzantragspflicht	Zahlungsunfähigkeit	Zahlungsunfähigkeit, Überschuldung
7. Informationspflicht bei Verlusten	keine Informationspflichten	keine Informationspflichten
III. Organisation		
1. Gesellschafterversammlung		
a) Einberufung	grundsätzlich formlos; Schriftform wird empfohlen	grundsätzlich formlos; Schriftform wird empfohlen
b) Formerfordernisse	formfrei in den Grenzen des Gesellschaftsvertrags	formfrei in den Grenzen des Gesellschaftsvertrags
c) Stimmrecht	grds. für alle Gesellschafter gegeben	grds. für alle Gesellschafter gegeben
2. Geschäftsführung	■ erfolgt durch Komplementär ■ Kommanditisten völlig von der Geschäftsführung ausgeschlossen; lediglich Prokura oder Handlungsvollmacht möglich	■ erfolgt durch Komplementär; ■ Kommanditisten völlig von der Geschäftsführung ausgeschlossen; lediglich Prokura oder Handlungsvollmacht möglich
3. Kontroll- und Informationsrechte		
a) Aufsichtsrat/ Mitbestimmung	kein Aufsichtsrat	grds. kein Aufsichtrat; obligatorischer Aufsichtsrat bei der GmbH unter den Voraussetzungen des § 4 MitbestG
b) Gesellschafter	Auskunftsrecht des Kommanditisten inhaltlich eingeschränkt	Auskunftsrecht des Kommanditisten inhaltlich eingeschränkt
4. Weisungsrechte der Gesellschafter	keine Weisungsrechte der Kommanditisten	keine Weisungsrechte der Kommanditisten
5. Publizitätspflicht	PublG	siehe GmbH

Anhang 3

Überblick Steuerrecht AG und GmbH

Kriterium	AG	GmbH
1. Steuerliche Stellung der Gesellschafter	■ Anteile sind grundsätzlich Privatvermögen ■ steuerliche Erfassung ggf. nach § 17 EStG, § 23 EStG, § 22 UmwStG	■ Anteile sind grundsätzlich Privatvermögen ■ steuerliche Erfassung ggf. nach § 17 EStG, § 23 EStG, § 22 UmwStG
2. Qualifikation der Einkünfte	Finanzierung aus thesauriertem Gewinn ist stets mit 15 % Körperschaftsteuer belastet	Finanzierung aus thesauriertem Gewinn ist stets mit 15 % Körperschaftsteuer belastet
3. Zeitpunkt der Besteuerung der Einkünfte	grundsätzlich mit Zufluss der Dividende	grundsätzlich mit Zufluss der Dividende
4. Bewertung der Anteile	nach § 11 BewG mit Börsenkurs oder gemeinem Wert (Einzelveräußerungspreis)	nach § 11 BewG mit gemeinem Wert
5. Gewerbesteuer	kein Freibetrag	kein Freibetrag
6. Eigenfinanzierung	Finanzierung aus thesauriertem Gewinn ist stets mit 15 % Körperschaftsteuer belastet	Finanzierung aus thesauriertem Gewinn ist stets mit 15 % Körperschaftsteuer belastet
7. Abschluss von Miet- und Pachtverträgen oder ähnlichen Verträgen mit Gesellschaftern	■ steuerlich anerkannt, wenn zivilrechtlich korrekt ■ überlassene WG sind Privatvermögen des Vermieters, außer bei Betriebsaufspaltung	■ steuerlich anerkannt, wenn zivilrechtlich korrekt ■ überlassene WG sind Privatvermögen des Vermieters, außer bei Betriebsaufspaltung
8. Abzugsfähigkeit der Vorstands- bzw. Geschäftsführergehälter	■ ja ■ Vergütung wird vom AR festgelegt ■ keine Sozialversicherungspflicht ■ grds. Angemessenheitsprüfung wegen der Festsetzung durch Aufsichtsrat (AR) ■ AR-Vergütung nur zu 50 % Betriebsausgabe	■ ja ■ Gesellschafterbeschluss erforderlich ■ keine Sozialversicherungspflicht bei beherrschender Gesellschafterstellung ■ Angemessenheitsprüfung bei Gesellschaftern durch Finanzverwaltung (verdeckte Gewinnausschüttung)
9. Pensionszusagen an Gesellschaftergeschäftsführer/-vorstand	steuerlich grundsätzlich anerkannt	steuerlich grundsätzlich anerkannt

Anhang 4

Übersicht Steuerrecht KG und GmbH & Co. KG

Kriterium	KG	GmbH & Co. KG
1. Steuerliche Stellung der Gesellschafter	■ steuerlich gibt es keine Anteile an Personengesellschaften, sondern nur Beteiligungen an anteiligen Wirtschaftsgütern ■ steuerliche Erfassung gem. § 16 EStG	■ steuerlich gibt es keine Anteile an Personengesellschaften, sondern nur Beteiligungen an anteiligen Wirtschaftsgütern ■ steuerliche Erfassung gem. § 16 EStG
2. Qualifikation der Einkünfte	grundsätzlich Einkünfte aus Gewerbebetrieb (§ 15 EStG)	grundsätzlich Einkünfte aus Gewerbebetrieb (§ 15 EStG)
3. Zeitpunkt der Besteuerung der Einkünfte	in der Einkommensteuerveranlagung der Gesellschafter in dem Veranlagungszeitraum in dem das Wirtschaftsjahr der KG endet	in der Einkommensteuerveranlagung der Gesellschafter in dem Veranlagungszeitraum in dem das Wirtschaftsjahr der KG endet
4. Bewertung der Anteile	Substanzwert	Substanzwert
5. Gewerbesteuer	Freibetrag (§ 11 GewSt)	Freibetrag (§ 11 GewStG)
6. Eigenfinanzierung	Besteuerung mit individuellem Steuersatz der Gesellschafter	Besteuerung mit Steuersatz der Gesellschafter
7. Abschluss von Miet- und Pachtverträgen oder ähnlichen Verträgen mit Gesellschaftern	■ steuerlich Sonderbetriebseinnahmen, wenn zivilrechtlich zulässig ■ überlassene WG sind Sonderbetriebsvermögen oder eigenes Betriebsvermögen	■ steuerlich Sonderbetriebseinnahmen, wenn zivilrechtlich zulässig ■ überlassene WG sind Sonderbetriebsvermögen oder eigenes Betriebsvermögen
8. Abzugsfähigkeit der Vorstands- bzw. Geschäftsführergehälter	■ nein ■ Sonderbetriebseinnahmen der Gesellschafter	■ nein ■ Sonderbetriebseinnahmen der Gesellschafter
9. Pensionszusagen an Gesellschaftergeschäftsführer/-vorstand	steuerlich nicht anerkannt; Sonderbetriebseinnamen der Gesellschafter anders: Zusagen an reine AN	steuerlich nicht anerkannt; Sonderbetriebseinnamen der Gesellschafter anders: Zusagen an reine AN

Stichwortverzeichnis

fette Zahlen = Paragraph

andere Zahlen = Randnummer